CIDADES MORTAS

Mike Davis

CIDADES MORTAS

Tradução
Alves Calado

1ª edição

Paz & Terra

Rio de Janeiro, 2025

© 2002 Mike Davis. Esta edição 2025

Título original: *Dead Cities*

Direitos de tradução da obra em língua portuguesa no Brasil adquiridos pela EDITORA PAZ & TERRA. Todos os direitos reservados. Nenhuma parte desta obra pode ser apropriada e estocada em sistema de bancos de dados ou processo similar, em qualquer forma ou meio, seja eletrônico, de fotocópia, gravação etc., sem permissão do detentor do copyright.

EDITORA PAZ & TERRA
Rua Argentina, 171 – 3º andar – São Cristóvão
Rio de Janeiro, RJ – 20921-380
Tel.: (21) 2585–2000.

Seja um leitor preferencial Record.
Cadastre-se e receba informações sobre nossos lançamentos e nossas promoções.

Seja um leitor preferencial Record.
Cadastre-se no site www.record.com.br
e receba informações sobre nossos lançamentos e nossas promoções.

Atendimento e venda direta ao leitor:
sac@record.com.br

CIP-BRASIL. CATALOGAÇÃO NA PUBLICAÇÃO
SINDICATO NACIONAL DOS EDITORES DE LIVROS, RJ

D294c   Davis, Mike
          Cidades mortas / Mike Davis ; tradução Alves Calado. - 1. ed. - Rio de Janeiro : Paz e Terra, 2025.

          Tradução de: Dead cities
          ISBN 978-65-5548-141-9

          1. Sociologia urbana - Estados Unidos. 2. Ecologia urbana - Estados Unidos. 3. Política urbana - Estados Unidos. 4. Conflito social - Estados Unidos. I. Calado, Alves. II. Título.

25-95720   CDD: 307.760973
                        CDU: 316.334.56(73)

Gabriela Faray Ferreira Lopes - Bibliotecária - CRB-7/6643

Impresso no Brasil
2025

Para dois velhos heróis que fazem tremenda falta:
Sid Schneck e Mike ("Scotty") Napier

Sumário

APRESENTAÇÃO POR REBECCA SOLNIT — 11

PREFÁCIO: AS CHAMAS DE NOVA YORK — 17

PARTE I OESTE DE NÉON

1. "Os brancos não passam de um pesadelo..." — 45
2. Ecocídio na Terra de Marlboro — 57
3. O esqueleto de Berlim no armário de Utah — 99
4. Las Vegas x natureza — 125
5. Memórias do tsunami — 153

PARTE II ESPÍRITOS SANTOS

6. Terremoto pentecostal — 169
7. A sombra de Hollywood — 179
8. O jogo infinito — 197
9. O metrô que comeu Los Angeles — 251
10. Os novos peões da indústria — 261

PARTE III CIDADE DOS PROTESTOS

11. "Ruim como a Bomba H" — 281
12. Queimando todas as ilusões — 305
13. Quem matou L.A.? Uma autópsia política — 319
14. Medo e abominação em Compton — 363
15. A escolha de Dante — 375

PARTE IV CIÊNCIA RADICAL

16. Dançarinos cósmicos no palco da história?   401
17. Cidades mortas: uma história natural   473
18. Tempos estranhos começam   525

AGRADECIMENTOS   547

ÍNDICE REMISSIVO   549

Mas ele diz: "Livre-se desses pensamentos sombrios",
E se livra desses pensamentos sombrios.
E o que poderia dizer,
E o que poderia fazer
De melhor?

Robert Desnos

APRESENTAÇÃO

Rebecca Solnit

As pessoas tinham razão ao dizer que Mike Davis era um profeta, mas se equivocavam sobre o que realmente é um profeta. Existe uma versão distorcida que equipara profetas a oráculos, como Nostradamus e bruxas fitando bolas de cristal em filmes ruins, dotados de uma habilidade sobrenatural de enxergar o futuro invisível para o resto de nós. Mike, no entanto, tinha uma habilidade completamente natural, conquistada por meio de décadas de leitura, observação e prática, de ver o passado e o presente com profundidade e amplitude, e, a partir daí, prever as consequências de nossas ações e alguns dos futuros possíveis. "Não é preciso ser meteorologista para saber para que lado o vento sopra", cantou Bob Dylan, mas, se quiséssemos saber para que lado o vento ainda poderia soprar, seria bom estudar meteorologia. Lembrar que semeamos o vento nos ajuda a saber que colheremos a tempestade.

A ideia de que Mike era um profeta parecia andar de mãos dadas com a percepção de que as coisas pareceram calmas e estáveis por muito tempo, mas estavam prestes a desandar, um sinal de que o apocalipse se aproximava. Aqueles que achavam que o caos, a violência e a destruição iminentes eram intrusões inesperadas em uma realidade estática com frequência deixavam de perceber que tudo isso sempre esteve presente. O futuro os surpreendia porque esqueciam o passado e, muitas vezes, nem sequer analisavam o presente. Um perfil de 2003 relata: "À medida que Davis catalogava as perturbações naturais na história de Los Angeles – tornados, deslizamentos de terra, incêndios –, três características o impressionavam: os desastres ocorrem com regularidade; a mídia dá a esses eventos uma cobertura desigual; e esses acontecimentos são sempre rotulados como 'catástrofes, incomuns, excepcionais', o que, na visão de Davis, faz deles o oposto do que realmente são – algo esperado." É algo esperado quando se conhece a história.

Mike sabia que os apocalipses vinham até nós o tempo todo – e esse *nós* inclui, por exemplo, o apocalipse que desabou sobre os nativos californianos na forma de homens em trajes franciscanos e a cavalo, portando armaduras de conquistadores. Isso está no título de seu livro de 2000, *Holocaustos coloniais*. E, claro, o outro significado de apocalipse – o original – é revelação, e os lugares estão cheios de revelações para quem os estuda com profundidade. Nesse sentido, *Cidades mortas* é um livro de revelações sobre cidades e lugares alhures cujo destino está ligado, de forma inseparável, à vida urbana, ao poder urbano e ao voraz apetite urbano por matéria-prima, assim como a vida urbana nunca está separada do mundo natural, como a água em abundância durante as enchentes e sua escassez durante as secas, em tempestades, condições climáticas e caos ambiental.

Um profeta nada mais é que alguém capaz de falar com uma voz moral, que se ergue alta e enxerga longe. Não se trata apenas de um poder retórico; é a capacidade de ver combinada à paixão de enxergar. Frederick Douglass declarou, em um texto que imagino que Mike poderia ter gostado: "Pois não é de luz que precisamos, mas sim de fogo; não do chuvisco suave, mas do trovão. Precisamos da tempestade, do turbilhão e do terremoto. O sentimento da nação deve ser despertado; a consciência da nação deve ser incitada; o decoro da nação deve ser abalado; a hipocrisia da nação deve ser exposta."

Este livro tempestuoso tem predecessores; há uma profética tradição americana que inclui (mas não se limita a) Thomas Paine, Henry David Thoreau, Abraham Lincoln, Frederick Douglass, cacique Seattle, Wovoka, Alce Negro, Dorothy Day, Martin Luther King Jr., Ella Baker, James Baldwin, Gloria Anzaldúa, Octavia Butler, Ursula K. LeGuin,

APRESENTAÇÃO

Patti Smith, reverendo William Barber II, Julian Aguon. A profecia é a capacidade de se mover livremente na imaginação e na linguagem, de olhar para o vasto espectro do tempo com uma visão panorâmica, de traçar conexões através da distância, de enxergar os padrões que não podem ser vistos quando se está perto do solo.

Ayana Mathis escreve: "Os profetas na Bíblia hebraica e na Tanakh judaica são numerosos e complexos, mas compartilham a proximidade com períodos de grandes provações para os antigos israelitas – o tipo de problema que altera uma nação e seu povo para sempre." O teólogo Walter Brueggemann, em seu livro *A imaginação profética*, diz que sua tarefa é "nutrir, alimentar e evocar uma consciência e uma percepção alternativas à consciência da cultura dominante ao nosso redor". Isso funciona. Mike escreveu sobre um profeta no sentido teológico em *Cidades mortas*, o messias dos paiute, Wovoka, de Nevada, cujos ensinamentos e visões levaram à religião da Dança dos Fantasmas entre os sobreviventes da devastação do genocídio indígena. "A essência da Dança dos Fantasmas talvez seja de fato a resistência moral para sobreviver a essa grande miragem", escreve.

Cidades mortas é o terceiro livro de uma trilogia sobre urbanismo que começou com *Cidade de quartzo*, o livro de 1990 que estabeleceu a reputação de Mike como profeta – mas seu subtítulo era *Escavando o futuro em Los Angeles*, defendendo que se chega ao futuro por meio de uma profunda imersão no passado. No ensaio de abertura do segundo livro, *Ecologia do medo*, há um trecho que em parte resume no que consiste o poder profético. Ele louva a exuberância essencial da bacia de Los Angeles, enquanto contradiz as descrições que a caracterizam como um lugar árido e desolado: "O sul da Califórnia colheu enchentes, incêndios e terremotos, tragédias tão evitáveis, tão antinaturais quanto a surra em Rodney King e a explosão subsequente nas ruas." Daí, uma página depois, ele cita o padre Juan Crespi, que escreveu em 1769 sobre a paisagem "admirável" da bacia de Los Angeles, com seu "solo [...] escuro e argiloso". É preciso uma espécie de atletismo mental para mencionar Rodney King e emendar com os frades espanhóis em um espaço tão exíguo para alternar entre o social, o econômico e o ecológico com tanta fluidez, capturando o grande espectro da história de um lugar e entrelaçando tantos detalhes.

Esses breves trechos já violam muitas regras da escrita acadêmica, incluindo as noções sobre "manter-se em sua área" de especialização, definida de maneira restrita. O uso da brutalidade policial como metáfora ecológica – também não tenho certeza se isso é permitido, e o estilo de prosa de Mike tinha audácia e pirotecnia que não são normais para essa arena em geral, assim como seu engajamento apaixonado em prol dos oprimidos e marginalizados. A escrita acadêmica costuma se esforçar para parecer desapaixonada por meio do distanciamento; Mike mergulhou de cabeça na direção oposta com frases como esta, em *Cidades mortas*: "Las Vegas, além disso, é uma base importante para as divisões panzer dos brinquedos motorizados – buggies de areia, motos de trilha, lanchas, *jet skis* e semelhantes – que a cada fim de semana travam uma guerra contra o frágil ambiente do deserto."

Mike parecia ter lido tudo sobre ciência política, geologia, geografia, ciência ambiental, história ocidental e urbana — tudo isso parecia convergir dentro dele, e quando falava, era como se apenas parasse de represar o fluxo de ideias que se acumulavam a partir de sua contemplação desse colossal banco de dados. Conheci-o em 1995, depois de ter mandado para ele meu segundo livro, *Savage Dreams* (Sonhos selvagens), sobre as guerras nucleares que não deveriam ter começado, as guerras indígenas supostamente havia muito encerradas, que se desenrolavam em um oeste americano em que a maioria das pessoas fora das zonas de impacto parecia incapaz de enxergar. Eu estava apenas começando, e ele foi infinitamente gentil comigo, e encorajador, assim como com muitas outras pessoas. Lembro-me de um homem, um prisioneiro com quem se correspondia fielmente, cujo filho havia se suicidado, a quem Mike oferecia apoio com regularidade, e me pergunto se eu era apenas mais um cordeiro perdido que ele estava pastoreando. Durante

APRESENTAÇÃO

a década seguinte, trocamos cartas e depois e-mails, às centenas, e nos encontramos pessoalmente de vez em quando ao longo desses anos, mas depois, sem nenhum motivo particular, perdemos contato. Porém, sua generosidade significou muito para mim em um momento crucial da minha vida como escritora e pessoa do oeste.

Os ensaios neste livro são ferozes. Ferozes, mas longe de ser desesperançados. Alguns podem parecer datados – mas esse tempo nos assombra e tem lições a nos ensinar, enquanto uma nova geração de comentaristas de direita promove o medo do crime e dos imigrantes e faz lobby por mais policiamento e menos direitos civis. Mike nasceu em 1946 em Fontana, a leste de Los Angeles. Octavia Butler nasceu um ano depois, perto de Pasadena, e seus visionários romances de ficção científica – em especial *A parábola do semeador* – surgem de um mundo que tem muito em comum com aquele descrito nos livros de Mike. Ela percebeu a agressividade, as turbulências, o racismo, a destruição ambiental, e também não estava disposta a se render. Ela escreveu em um ensaio: "O próprio ato de tentar vislumbrar o futuro para discernir possibilidades e oferecer advertências é, em si, um ato de esperança." Ou seja, pressupõe que ainda temos algumas escolhas a fazer sobre que tipo de futuro teremos. Um profeta, no sentido superficial, nos diz o que acontecerá como se fosse inevitável, encorajando a passividade. Um alerta, contudo, nos diz que ainda há tempo para decidir o que acontecerá, que estamos moldando o presente no futuro. As advertências clamam por ações.

O próprio Mike reafirmou a esperança no final de sua vida quando disse a um entrevistador: "Esta parece ser uma era de catástrofes, mas também uma era equipada, em um sentido abstrato, com todas as ferramentas necessárias. A utopia está ao nosso alcance. Se, como eu, você viveu o movimento dos direitos civis, o movimento contra a guerra, jamais poderá descartar a esperança. Eu vi milagres sociais em minha vida, milagres que me deixaram surpreso – a coragem das pessoas comuns em uma luta." Aqui, em *Cidades mortas,* estão as catástrofes, as ferramentas, os movimentos e a coragem.

José Clemente Orozco, *Los Muertos* (1931)

PREFÁCIO
As chamas de Nova York

> Logo o sul de Manhattan era uma fornalha de chamas rubras, de onde não havia como fugir. Carros, ferrovias, balsas, tudo havia parado, e jamais uma luz clareava o caminho dos fugitivos atordoados naquela confusão penumbrosa além da luz dos incêndios. Pó e fumaça preta se derramavam na rua e eram golpeados pela chama vermelha.
>
> H. G. Wells, *The War in the Air*
> (*A guerra no ar*, 1908)

Essa imagem, parte de uma longa nota de alerta sobre o "Massacre de Nova York", ficou adormecida por quase um século numa prateleira dos fundos da Biblioteca Pública de Nova York. H. G. Wells, aquele Nostradamus socialista, escreveu-a em 1907. A edição americana de seu livro *The War in the Air* inclui uma ilustração extraordinária (não é da CNN?) sobre uma tempestade de fogo devorando Wall Street, com a igreja Trinity fumegando em segundo plano. Wells também ofereceu algumas ideias astutas e pouco amistosas sobre a crença messiânica de que Nova York estaria livre do lado ruim da história:

> Por muitas gerações, Nova York não prestou atenção à guerra, a não ser como algo que acontecia muito longe, que afetava os preços e fornecia aos jornais manchetes e fotos empolgantes. Os nova-iorquinos achavam que a guerra em seu território era uma coisa impossível... Viam a guerra como viam a história, através de uma névoa iridescente, desodorizada, até mesmo perfumada, com todas as suas crueldades essenciais taticamente

escondidas. Saudavam a bandeira por hábito e tradição, desprezavam outras nações, e sempre que havia uma dificuldade internacional eram intensamente patrióticos, isto é, ardorosamente contra qualquer político nativo que não dissesse, ameaçasse e agisse de modo duro e intransigente contra o opositor.[1]

Quando uma política externa dominada pelos conglomerados e monopólios envolve os Estados Unidos numa Guerra dos Poderes generalizada, os nova-iorquinos, ainda cegos a qualquer perigo real, vão às ruas agitar bandeiras, jogar confete e saudar uma presidência imperial.

E de repente, num mundo pacificamente ocupado principalmente com armamentos e com a perfeição dos explosivos, a guerra chegou [...] O efeito imediato em Nova York [...] foi meramente intensificar sua veemência normal... Grandes multidões se reuniram [...] para ouvir e aplaudir discursos patrióticos, e houve uma verdadeira epidemia de bandeirinhas e botões de lapela [...] homens fortes choravam ao ver o pavilhão nacional [...] o comércio de armas de pequeno porte foi enormemente estimulado [...] e era perigoso não usar um bóton que saudasse a guerra.

Um dos fatos historicamente mais impressionantes dessa guerra, e que marca a separação completa entre os métodos da guerra e da democracia, foi o eficiente sigilo de Washington. [...] Eles não se deram ao trabalho de revelar ao público um único fato sobre seus preparativos. Não se dignaram a falar nem ao Congresso. Sufocaram e reprimiram qualquer indagação. A guerra foi travada pelo presidente e o secretário de Estado de um modo totalmente autocrático.[2]

Mas os americanos, ofuscados pela ilusão solipsística de que vivem numa história criada apenas por si próprios, são alvos fáceis para essa ardilosa Nova Assíria: a Alemanha Guilhermina. Atacados de surpresa pela frota imperial de zepelins, a Nova York do *ragtime* se torna a primeira cidade moderna a ser destruída pelo ar. Num único dia os emproados moradores de Manhattan são rebaixados a massacrados nativos:

PREFÁCIO

Do alto, as aeronaves esmagavam a cidade como uma criança despedaça suas construções de blocos e cartas. Abaixo, deixavam ruínas e grandes labaredas, mortos empilhados e espalhados: homens, mulheres e crianças misturados como se não fossem mais do que mouros, zulus ou chineses.[3]

A MÁSCARA FANTÁSTICA

> A Máscara, Olhe a Máscara.
> Areia, Crocodilo e Medo sobre Nova York.
>
> *Federico García Lorca, "Dança da morte" (1929)*

Se Wells, olhando através de sua luneta eduardiana, previu o fim do excepcionalismo americano num foco fantasmagoricamente acurado, sua visão é apenas uma dentre inúmeras outras que nos foram relembradas desde que o World Trade Center se tornou a matriz de todo o terror. Há, por exemplo, a feroz pintura de José Clemente Orozco de 1931, *Los Muertos*, que representa os arranha-céus de Manhattan sendo despedaçados como *piñatas* numa festa de aniversário satânica. Orozco, ainda anarcossindicalista no temperamento, passou oito anos na cidade, observando os crescentes exércitos de "homens duros, desesperados e furiosos, com olhos opacos e punhos cerrados". Suas paisagens urbanas eram dominadas por alarmantes tensões tectônicas: uma entrada da ponte de Queensboro se dobra, a Oitava Avenida é amortalhada numa névoa sulfurosa, o Elevado é retratado como o feroz portal do inferno, e assim por diante. Orozco parece estar alertando sobre terremotos, vulcões, infernos.[4]

Seu colega saudoso de casa, Federico García Lorca, também previu o apocalipse de Manhattan. Os poemas nova-iorquinos de Lorca são tão saturados de medo e profecia que ele originalmente os intitulou de "Introdução à Morte". Na Terça-Feira Negra original, em 1929, o poeta andaluz vagueou pelos cânions de Wall Street, observando com espanto investidores arruinados saltar de janelas de prédios monstruosos. "As ambulâncias recolhiam suicidas com as mãos cheias de anéis", escreveu. Em meio ao "implacável silêncio do dinheiro", Lorca teve "a sensação da morte real, morte sem esperança, morte que não passa de podridão". Na época era fácil para ele visualizar a inevitável destruição do sul de Manhattan por "furacões de ouro" e "turbulências de janelas" – uma intuição cigana, talvez, da mortal nuvem escura que engolfou Wall Street em setembro passado.[5] Ou talvez a nuvem da morte fosse de fato aquela "tempestade soprando do paraíso... empilhando destroços sobre destroços" sobre a qual Walter Benjamin alertou.[6] De qualquer modo, isso era não apenas "o que chamamos de progresso" (isto é, a verdadeira história do império americano no Oriente Médio) saindo pela culatra, mas também todas as nossas catástrofes imaginadas, nossos anjos vingativos e dias do juízo.

A subdivisão emparedada no Beco do Fim da História acabou sendo apenas uma parada de metrô da Guerra dos Mundos. A *fatwa* decretada numa caverna no Afeganistão lançou em fúria assassina cada invasor e monstro que algum dia empolgou os fãs da *Amazing Tales* ou da Universal Pictures. Os zepelins de Wells fazem chover a morte sobre Wall Street. King Kong e Godzilla pulverizam a Quinta Avenida. Extraterrestres cozinham o Soho em enxofre e piche. Esporos de pesadelo transformam Radio City numa cidade fantasma. Fu Manchu e o perverso Ming têm um primo no Afeganistão. A ficção científica acontece. De fato, qualquer coisa pode acontecer. Mas o *frisson* é diferente do que esperamos.

Estudos sobre o medo

De fato, o 11 de Setembro foi um exorcismo social ao contrário. É importante recordar a condição coletiva já frágil antes que o Terror Verdadeiro chegasse em uma frota de aviões sequestrados. *Arquivo X* definiu os anos 1990 do mesmo modo que *Honeymooners* definiu os anos 1950. Foi uma época de ansiedade inexplicável. Ainda que agora pareça risível, milhões de pessoas supostamente tremiam diante das ameaças ocultas de helicópteros pretos, asteroides assassinos, adolescentes violentos, lembranças recuperadas, mal de Lyme, crianças satânicas, fúria nas estradas, vírus Ebola, cartéis da droga colombianos, vírus de computador e espiões atômicos chineses. Havia um diagnóstico consensual entre os cientistas sociais e teóricos da cultura de que os americanos sofriam de hipocondria aguda. Nas vésperas do não apocalipse do bug do milênio, os "Estudos sobre o Medo" – ou "Sociofobia", como algumas vezes são chamados – tinham emergido como o mais interessante nicho recente na produção acadêmica. Dezenas de donos da verdade arengavam sobre a "generalização da cultura da conspiração", a chegada de uma "sociedade do risco", a "hermenêutica da suspeita", a "praga da paranoia", a "síndrome do mundo mau" ou o recém-descoberto papel da amígdala como o "centro da roda do medo [do cérebro]".[7]

No melhor do gênero, Barry Glassner desmascarava sistematicamente parte dos fantasmas mais comuns – jovens negros, traficantes de rua, o terrorismo do politicamente correto e assim por diante – que deliberadamente assombravam o caminho da compreensão pública de problemas sociais como desemprego, escolas ruins, racismo e fome mundial. Ele demonstrou cuidadosamente como os temores conjurados pela mídia eram culpadas "expressões oblíquas" da recusa pós-liberal em reformar as verdadeiras condições de desigualdade. O medo tinha se tornado o principal lastro da virada para a direita desde 1980. Segundo seu ponto de vista, os americanos "tinham medo das coisas erradas" e estavam sendo fraudados pelos equivalentes atuais da famosa transmissão radiofônica de Orson Welles para a "A guerra dos Mundos". "Os marcianos não estão vindo", enfatizou ele.[8]

Mas infelizmente vieram, brandindo estiletes. Ainda que os filmes, como as pipas e os rostos das mulheres, tivessem sido banidos da versão Kush hindu da utopia, os ataques a Nova York e Washington foram organizados como cinema de terror épico, com meticulosa atenção à *mise-en-scène*. Os aviões sequestrados deveriam se chocar exatamente contra a fronteira vulnerável entre a fantasia e a realidade. Em contraste com a invasão de 1937 transmitida pelo rádio, milhares de pessoas que ligaram a televisão em 11 de setembro se convenceram de que o cataclismo era apenas um programa de TV, uma fraude. Achavam que estavam assistindo a trechos do último filme de Bruce Willis. Desde então, nada interrompeu esse sentimento de ilusão. Quanto mais improvável o acontecimento, mais familiar a imagem. O "Ataque Contra a América", e suas continuações, "A América Contra-Ataca" e "A América Pira de Vez" continuaram se desenrolando como uma sucessão de alucinações em celuloide, e todas podem ser apanhadas na videolocadora da esquina: *Nova York Sitiada*, *Independence Day*, *O assassinato de um presidente*, *Epidemia*, *A soma de todos os medos*, e assim por diante. Enquanto isso, George W. Bush, que tem um estúdio maior, responde a Osama bin Laden como um *auteur* a outro, com suas próprias ferozes hipérboles em grande angular.

Então a história tornou-se simplesmente uma montagem de horrores pré-fabricados nos chalés dos escritores de Hollywood? Certamente o Pentágono pensou assim quando secretamente convocou um grupo de roteiristas famosos, inclusive Spike Jonze (*Quero ser John Malkovich*) e Steven de Souza (*Duro de matar*) para "discutir sobre alvos e planos terroristas nos Estados Unidos e oferecer soluções a essas ameaças". O grupo de trabalho está baseado no Instituto de Tecnologia Criativa, um empreendimento do Exército em conjunto com a Universidade do Sul da Califórnia, que busca o conhecimento de Hollywood para desenvolver jogos de guerra interativos com enredos sofisticados. Um de seus produtos é o *Real War*, um videogame que ajuda a treinar líderes militares para "lutar contra insurgentes no Oriente Médio". Quando, em 20 de setembro, uma não identificada "agência de informações estrangeira" alertou o FBI sobre um ataque potencial contra um grande estúdio de Hollywood, foi a última virada numa tira de Möbius que trazia a simulação para a realidade e a levava de volta.[9]

PREFÁCIO

A estranheza interminável

O mero ceticismo parece incapaz de remover a máscara fantástica tecida por esses eventos. Quando os hipocondríacos contraem a doença que mais temem, suas ontologias tendem a ser desestruturadas. Assistindo à Torre Sul do World Trade Center desmoronar sobre suas milhares de vítimas, o filho de um amigo falou: "Mas isso não é de verdade do modo como as coisas de verdade são de verdade." Exatamente. Não parece verdadeiro como as coisas verdadeiras. Claro, há um nome para essa fantasmagórica sensação da realidade invadida pela fantasia. "Um efeito de *estranheza*", escreveu Freud, "é frequente e facilmente produzido quando a distinção entre imaginação e realidade é obliterada, como quando algo que até então consideramos imaginário aparece realmente diante de nós."[10]

Mas não tenho certeza de que Freud antecipou tal noite de Walpurgis com tantos duplos e repetições estranhos. A psicanalista israelense Yolanda Gampel, especialista nos legados do Holocausto para as segundas gerações, abordou esse estado mais extremo, que chama de "estranheza interminável". É uma sensibilidade – agora talvez com franquia de massa – que usurpa a vida dos que testemunharam uma "realidade espantosa, inacreditável e irreal" como o assassinato em massa. "Eles não acreditavam mais totalmente nos próprios olhos: tinham dificuldade para distinguir entre essa realidade irreal e sua própria imaginação. [Além disso], esse ataque à fronteira entre a fantasia e a realidade se torna traumático em si e leva a um medo maior de nossos pensamentos e expectativas."[11]

Há também uma dimensão grande, e talvez efêmera, da antiquada histeria. Quando o prefeito de Chicago tem de ir à TV para tranquilizar seus cidadãos de que uma mancha de guacamole na calçada não é algum vírus mortal, estamos de volta ao reino do pânico familiar como o dos marcianos radiofônicos de Welles em Nova Jersey ou o do "bombardeio" japonês em Los Angeles, depois de Pearl Harbor. Mas quando a histeria passa, a estranheza provavelmente permanecerá, como explica Gampel, "não como sintoma, comportamento ou organização neurótica", mas como "experiência vivida": uma premonição permanente sobre o espaço urbano como um potencial Marco Zero.[12]

UTOPIA NEGRA

> O chapéu do burguês voa de sua cabeça pontuda.
> [...]
> Trens caem das pontes
>
> *Jakob van Hoddis, "World's End" (1910)*

Segundo uma perspectiva psicanalítica, claro, há mais coisas nessa história. Freud definiu a estranheza como sempre envolvendo algum "retorno do reprimido" como quando, "depois do colapso de sua religião, os deuses [de um povo] se transformam em demônios".[13] (Ou seus arranha-céus em infernos?) Mas qual é a raiz reprimida do medo urbano moderno? Qual é o substrato psicossocial definitivo em que a *política* (e o que mais seria?) depositou camada após camada de perigos espectrais: o medo dos pobres, o medo do crime, o medo dos negros e agora o medo de Bin Laden?

A resposta mais interessante, pelo menos dentro da tradição marxista, vem de Ernst Bloch. Apesar de conhecido principalmente como estudioso da dialética da esperança, Bloch também prestou atenção às qualidades estranhas da cidade grande. Como único expressionista não arrependido nas fileiras do marxismo ocidental, manteve aquela sensibilidade apocalíptica que tinha explodido primeiro no poema revolucionário "World's End", que Jakob van Hoddis leu no Das Neopathetische Cabaret no final de 1910. "Havia algo estranho no ar", e o *Expressionismus* foi o para-raio que capturou o medo urbano às vésperas da Primeira Guerra Mundial e o converteu numa visão premonitória

PREFÁCIO

dos horrores que viriam.¹⁴ Os poemas de George Heym e Georg Trakl, as telas de Franz Marc, Ernst Kirchner, Erich Heckel e, acima de todos, Ludwig Meidner estavam incendiadas por imagens antecipatórias de vítimas de assassinato, cortiços desmoronando, cidades explodindo e corpos voando. De fato, Meidner – que escreveu que "a rua carrega o apocalipse dentro de si" – não podia olhar pela janela sem ser esmagado pela iminência do desastre. "Meu cérebro sangrava visões pavorosas", escreveu sobre o tórrido verão de 1913. "Não conseguia ver nada além de milhares de esqueletos dançando enfileirados. Muitas sepulturas e cidades incendiadas se contorciam nas planícies."¹⁵

No igualmente sinistro ano de 1929, Bloch voltou ao nervosismo escatológico. Em *The Anxiety of an Engineer* explica o "burguês temeroso", de modo intrigante, usando as contrastantes ecologias urbanas das cidades capitalistas e pré-capitalistas. Nestas últimas (ele usa Nápoles como exemplo), não há ilusão de comando total sobre a natureza, apenas uma constante adaptação ecológica. A cidade é um improviso imperfeito e carnavalesco que cede aos luxos de um ambiente mediterrâneo dinâmico: "As coisas têm permissão de continuar numa condição meio real, e sente-se encanto no modo como elas encontram seu próprio equilíbrio e realização." Ainda que os acasos objetivos que ela enfrenta (vulcões, terremotos, deslizamentos de terra e tsunamis) possam ser maiores do que os de qualquer outra grande cidade europeia, Nápoles está familiarizada (*heimlich*, no sentido dado por Freud) com o "velho dragão" da natureza catastrófica. A ansiedade não preenche a vida cotidiana nas encostas do Vesúvio.¹⁶

Na "grande cidade americanizada", em contraste, a busca da utopia burguesa de um ambiente totalmente previsível e seguro, paradoxalmente, gerou a insegurança radical (*unheimlich*). De fato, "ainda que a tecnologia tenha alcançado uma vitória aparente sobre os limites da natureza... o coeficiente do perigo conhecido e, mais ainda, do desconhecido, aumentou proporcionalmente". Em parte porque os sistemas tecnológicos interdependentes da metrópole – como os americanos descobriram no outono de 2001 – se tornaram "simultaneamente muito complexos e muito vulneráveis". De modo mais profundo, a grande cidade capitalista é "extremamente perigosa" porque domina a natureza mais do que coopera com ela. (Ainda que Bloch tenha em mente a antiquada cidade industrial centralizada, seu argumento também se aplicaria presumivelmente à região metropolitana interligada e policêntrica.)[17]

A estranheza é exatamente aquele "nada [a não integração com a natureza] que está por trás do mundo mecanizado". Ainda que tivesse uma consciência aguda dos perigos iminentes do fascismo e de uma nova guerra mundial, Bloch insistia em que a estrutura mais profunda do medo urbano não é a guerra aérea de Wells, e sim "o afastamento e a distância da paisagem natural".

> O tema está beirando o niilismo absoluto; e se essa mecanização com ou sem propósito, esse esgotamento universal de significado, se confirmar, o vazio futuro pode se mostrar igual a todas as ansiedades sobre a morte, do fim da antiguidade e a todas as ansiedades medievais com relação ao inferno.[18]

Anos depois, em *O princípio da esperança* (1938–1947), Bloch de novo refletiu sobre o relacionamento entre a ansiedade moderna e a "perversão" urbano-tecnológica. Dessa vez se concentrou na ficção científica e na catástrofe. Seu pretexto era o bizarro livro *Another World*, escrito por Grandville em 1844, com suas imagens de uma natureza monstruosamente tecnologizada: gigantescos insetos de ferro, lampiões a gás grandes como a lua, homens com incríveis próteses mecânicas, e assim por diante. Segundo a interpretação de Bloch, o "pequeno-burguês esquizofrênico" Grandville (que "morreu três anos depois num hospício") era o Hieronymus Bosch da era do vapor, e seu livro um gigantesco sonho de ansiedade "cheio do terror do desafio tecnológico e do que este invoca". No entanto, como em Bosch, a paisagem do terror também é voluptuosa e quase infinita em sua ironia. Lembrando-nos de que o inferno é cheio de risos, Bloch chama de "utopia negra" esse cataclismo em que tudo de ruim é previsto num humor sombrio.[19] Ele podia estar pensando em Nova York.

PESADELOS DE MANHATTAN

> Em todas essas noites de abril, sozinho esquadrinhando as ruas, um arranha-céu o obcecava – um prédio cheio de reentrâncias atulhado de incontáveis janelas luminosas caindo sobre ele de um céu batido pelo vento.
>
> *John dos Passos, Manhattan Transfer*
> *(Estação Manhattan, 1925)*

A "ironia", claro, é agora um estrangeiro ilegal na terra da liberdade. Até mesmo os irônicos profissionais como Christopher Hitchens policiam a sagrada zona "sem ironias" que rodeia as ruínas do World Trade Center. Caso contrário seria possível fazer vários paralelos entre o pesadelo de Jimmy Herf em *Manhattan Transfer*, de um arranha-céu caindo sobre ele, e a burguesia sem chapéu do apocalipse expressionista. A ansiedade urbana atravessa como uma corrente de 50 mil volts o famoso romance de Dos Passos (chamado de "expressionista" por vários críticos), escrito alguns anos depois de anarquistas italianos terem explodido (em 19 de setembro de 1920) uma carroça cheia de dinamite na frente dos escritórios da J.P. Morgan na Wall Street.

> O cavalo e a carroça foram despedaçados. Cacos de vidro choveram das janelas dos escritórios e toldos doze andares acima da rua se incendiaram. As pessoas fugiram aterrorizadas enquanto uma grande nuvem de poeira envolvia a área. No escritório de Morgan, Thomas Joyce, do departamento

de segurança, caiu morto em sua mesa no meio de um monte de reboco e vidro. Do lado de fora, montes de corpos atulhavam as ruas. Havia sangue em toda parte.[20]

A Nova York de Dos Passos, como a Berlim de Bloch, é um grande motor rugindo sobre trilhos que os engenheiros ainda não construíram, indo para um destino desconhecido. A simples velocidade descontrolada da metrópole, inclusive o bamboleio bêbado de seu horizonte arrogante, é o tema principal de *Manhattan Transfer*. Não surpreende que os passageiros desse trem desgovernado sejam bastante ansiosos. No fim, Jimmy Herf responde à sua própria pergunta retórica – "Mas de que adianta passar a vida inteira fugindo da Cidade da Destruição?" – pegando uma carona para fora da cidade. ("Aonde você vai?", pergunta o motorista do caminhão. "Não sei", responde ele. "...Bem longe.")[21]

Foi arrogância dos proprietários de terra e policiais de Nova York nos anos 1990 achar que a implacável "tolerância zero" poderia expurgar essa ansiedade constitutiva: a "tensão" que gerações de jovens de vinte e poucos anos procuravam com o desespero de viciados. O expresso de Gotham foi desviado para um ramal secundário suburbano, uma vitrine nacional dizendo que "as cidades grandes são seguras de novo". Governando de seu chamado "bunker" (o Centro de Comando de Emergência) no vigésimo terceiro andar do World Trade Center, o prefeito Giuliani transformou Manhattan num "parque temático urbano elétrico tão seguro e, segundo alguns, tão estéril quanto um shopping de subúrbio".[22]

O bicho da maçã

Numa selvagem nova biografia de Giuliani, Wayne Barrett, do *Village Voice*, mostra como um departamento de polícia com nível perigosamente alto de testosterona se tornou a agência de planejamento urbano da cidade. "O bunker era emblemático de uma administração que tinha fechado inconstitucionalmente o parque da prefeitura a tudo que não fosse espetáculos públicos sancionados pela maioria; bloqueado pontes para impedir um protesto de taxistas; montado barricadas nas passarelas de *midtown* para regular os pedestres; e arrancado os sem-teto das camas dos albergues na noite mais fria do ano para cumprir antigos mandados judiciais emitidos para quem foi pego andando com lata de cerveja aberta."[23] A mídia geralmente via os fascistas atormentando camelôs, pedintes, motoristas de táxi e pobres que viviam do auxílio social como um pequeno preço a pagar pelos triunfos de ter trazido a Disney (a marca definitiva da segurança suburbana) à Times Square e o turismo de volta a Nova York.

Agora o pessoal de Iowa assiste a horrendas imagens do FBI remexendo o lixo em Fresh Kills procurando pedaços de corpos apodrecidos (fogos de artifício são usados para manter longe os abutres gigantescos) e agradecem a Deus por ainda viver na fazenda ou, pelo menos, num subúrbio protegido em Des Moines. Por mais que possam admirar a pose à la Churchill de Rudolf Giuliani ou a força física dos trabalhadores de resgate em Nova York, em geral as férias de família não são vistas como exercícios de "superação do medo". Por isso, ficam em casa amontoados: assim como fazem os milhares de mal remunerados trabalhadores de hotéis e restaurantes, geralmente imigrantes, postos de lado pela depressão do turismo. Cada conotação antiga da Cidade Grande como a sinistra moradia do perigo, da morte e da infecção foi revalorizada pelos "alertas de terrorismo" praticamente semanais e pelo constante anúncio da administração Bush sobre as iminentes ameaças de bombas nucleares ou "sujas" contra Nova York, Washington e outras metrópoles. As autoridades de turismo da Big Apple devem ter ficado especialmente pasmas com o recente alerta da Federação dos Cientistas Americanos ao Congresso, sobre as prováveis consequências de um ataque radiológico de baixa tecnologia contra Manhattan:

...uma bomba feita com um único lápis de cobalto com trinta centímetros de comprimento, tirado de uma instalação de irradiação de alimentos, e apenas cinco quilos de TNT, detonada na Union Square sob vento fraco, lançaria uma nuvem de radiação sobre três estados. Boa parte de Manhattan estaria tão contaminada quanto a área permanentemente fechada ao redor da usina nuclear de Chernobyl. Qualquer pessoa que morasse em Manhattan teria pelo menos uma chance em cem de morrer de câncer causado pela radiação. Uma área que chegaria ao fundo do Vale do Hudson, pelos atuais padrões da Agência de Proteção Ambiental, teria de ser descontaminada ou destruída.[24]

Ainda que muitas surpresas sem dúvida espreitem rio abaixo, já está claro que o advento do "terrorismo catastrófico" acompanhado da recessão continuada produzirá grandes mutações na cidade americana. De fato, é concebível que Bin Laden e outros mais tenham enfiado uma estaca de prata no coração da "ressurreição do centro urbano" em Nova York e outros lugares. O tradicional centro da cidade, onde os prédios e os valores dos terrenos vão até o céu, ainda não está morto, mas a pulsação vai enfraquecendo. A atual globalização do medo vai acelerar a dispersão tecnológica das organizações centralizadas, inclusive bancos, firmas de seguro, escritórios governamentais e centros de telecomunicação para redes regionais multissituadas. O terror, com efeito, tornou-se sócio dos fornecedores de tecnologia como a Sun Microsystems e a Cisco Systems, que há muito argumentam que o processamento distribuído (enormes redes de PCs) exige um "local de trabalho distribuído". Nesse modelo espacial (do qual a rede al-Qaeda pode ser um exemplo), escritórios-satélites, o trabalho a distância e, se necessário, bunkers confortáveis substituirão a maioria das funções daquele monstro obsoleto, o arranha-céu. Há bastante tempo os prédios muito altos vêm sendo fundamentalmente pouco econômicos; de fato, o absurdamente exagerado World Trade Center – um clássico desperdício estilo Rockefeller – foi enormemente subsidiado por inquilinos do setor público.[25] (Será que um dia os aviões sequestrados serão vistos representando o mesmo papel na extinção dos arranha-céus que o asteroide Chicxulub teve no desaparecimento dos dinossauros?)

A economia do medo

Enquanto isso, a "economia do medo", como a imprensa empresarial rotulou o complexo militar e de firmas de segurança doidos para explorar o colapso nervoso nacional, engorda em meio à fome geral. O medo, claro, vem moldando a vida dos Estados Unidos desde pelo menos o final dos anos 1970; mas o novo terror proporciona um poderoso multiplicador keynesiano: "Segundo a revista *Fortune*, o setor privado gastará mais de 150 bilhões de dólares em despesas relacionadas à segurança interna como seguros, segurança no trabalho, logística e tecnologia de informação – aproximadamente o quádruplo do orçamento de segurança interna anunciado pelo governo federal."[26] O exército de milhões de seguranças com baixos salários deve aumentar em 50% na próxima década, enquanto a vigilância por vídeo, finalmente elevada ao padrão britânico com os programas de reconhecimento facial, vai afastar o resto de privacidade da rotina cotidiana. O regime de segurança dos saguões de partida dos aeroportos provavelmente determinará um padrão para o controle de multidões nos shopping centers, nos eventos esportivos e em outros lugares. Os americanos deverão exprimir gratidão enquanto são escaneados, revistados, fotografados, gravados e interrogados "para sua própria proteção". O capital especulativo inundará os setores de vanguarda que desenvolvem sensores de guerra bacteriológica e sistemas de segurança cibernéticos. Alguns comentaristas preveem que o verdadeiro herói da Guerra Contra o Terrorismo será um "exército do setor privado" composto por capitalistas especuladores e técnicos de segurança. ("Suas melhores tropas serão regimentos de *nerds* em vez de as Forças Especiais que deram os primeiros golpes contra o Talibã no Afeganistão. Essas brigadas de protetores de bolsos vivem com rações de pizza fria e café... Recebem ordens não de generais ou almirantes, e sim dos mercados e dos acionistas.")[27] De qualquer modo, como já ilustra a evolução da segurança interna, as discretas tecnologias de vigilância, o monitoramento ambiental, o processamento de dados, o projeto dos prédios e até o entretenimento se transformarão num único sistema integrado. Em outras palavras, a "segurança" irá se tornar um serviço urbano integral, como água, energia elétrica e telecomunicações.

No entanto, apesar de enormes planos de "endurecer" e "colocar à prova de terrorismo" os espaços públicos do centro da cidade e os prédios monumentais,[28] a maioria dos trabalhadores de escritórios e executivos preferirão consumir a segurança incrementada mais perto de seus lares suburbanos. Os ajustes de segurança física – reforço de estruturas dos prédios, sistemas de detecção de vapor e outras substâncias, barricadas no trânsito, invólucros para contenção de bombas, portas inteligentes, detectores de metal, latas de lixo à prova de bombas, portais de vigilância biométrica, menos estacionamentos de superfície e subterrâneos – imporão gastos gigantescos e inevitáveis para as cidades que estão tentando abrigar suas economias nos centros, mas elas provavelmente não conseguirão estancar o novo êxodo de empregos e recursos de impostos. Os enormes subsídios do setor público a empreendedores imobiliários e inquilinos corporativos podem diminuir, mas provavelmente não reverterão a tendência de descentralização. Além disso, enquanto as autopropagadas "cidades mundiais" se preparam para o longo cerco, os economistas urbanos e analistas fiscais devem lutar contra o novo demônio da "desglobalização": a porção da produção de serviços globais e do turismo internacional que pode ser perdida para sempre.

Desnecessário dizer que tudo isso só faz aumentar uma crise fiscal de uma magnitude que pode deixar no chinelo a notória insolvência municipal de meados dos anos setenta. Certamente este é o caso em Nova York, onde Felix Rohatyn, o guru financeiro da cidade entre 1973 e 1993, nomeado pelos bancos, alertou para uma bancarrota enquanto a prefeitura enfrenta um déficit projetado de 6 bilhões de dólares num orçamento de 40 bilhões.²⁹ A crise da cidade foi ampliada pelo desaparecimento de 22 mil empregos e sua contribuição à arrecadação de impostos de Lower Manhattan até Nova Jersey, depois do 9 de setembro. Os defensores de Manhattan morrem de medo de que gigantes de Wall Street como a American Express, o Deutsche Bank, a Merrill Lynch e a Dow Jones aprendam a amar a dispersão para os bairros de aluguel barato e "à prova de bombas" da megalópole.³⁰ A crise fiscal e a desconcentração corporativa são notícias especialmente ruins para a nova classe trabalhadora imigrante já enterrada sob os entulhos da queda da indústria do turismo e dos serviços. Como alertou Mark Green, o candidato a prefeito democrata que mais parece um android, a reconstrução do sul de Manhattan "pode exigir sacrifício dos outros". Como desde a era Giuliani o controle do crime é sacrossanto, bem como a boa vontade dos grandes empresários, os cortes no orçamento atacarão serviços públicos básicos – moradia, bibliotecas, saneamento, recreação, programas de criação de empregos e coisas assim – nos negligenciados bairros negros e latinos de Nova York. Qualquer que seja a réplica das torres gêmeas ou a novidade monumental que eventualmente preencha o vazio no sul de Manhattan, ela provavelmente será financiada por uma selvagem redução de despesas em Washington Heights, Mott Haven e Brownsville. Isso é que é a famosa "solidariedade" dos nova-iorquinos.³¹

GUERRA DOS MUNDOS

> De um modo imediato e inclusivo a suspeita contra os árabes se transformou numa segunda natureza.
>
> *Frantz Fanon, "Racist Fury in France"*
> *("Furor racista na França", 1959)*

Tempos atrás, um turista em Nova York mandou para casa um cartão-postal. "Se o mundo inteiro se transformasse nos Estados Unidos", escreveu o poeta Sayyid Qutb, "seria indubitavelmente o desastre da humanidade". Enviado pelo governo egípcio para estudar os métodos educacionais americanos, Qutb desembarcou no píer da rua 42 no outono de 1948 como um admirador da modernidade liberal. Mas sentiu-se repelido pelos EUA de Truman e passou por uma profunda reconversão religiosa. Voltou ao Cairo, dois anos depois, como fervoroso defensor da irmandade muçulmana e logo foi preso como seu principal propagandista. Depois de 11 anos na prisão, foi enforcado em 1966 sob acusações exageradas de conspirar para a derrubada de Nasser. Qutb é universalmente aclamado como o maior filósofo do islamismo radical, ainda que não seja literalmente, como propõe o *New York Times*, o "avô intelectual de Osama bin Laden e de seus colegas terroristas". Sua obra-prima, *Milestones* (1964), é rotineiramente descrita como a versão islâmica do *Que fazer?*, de Lenin.[32]

Por que Qutb se tornou o anti-Whitman, recuando enojado da lendária empolgação de Manhattan? Compreender sua hostilidade à autoproclamada "capital do século XX" pode lançar alguma luz sobre a genealogia do antiamericanismo nos meios que aplaudiram a destruição do símbolo mais monumental do capitalismo dos EUA. A análise *pop*, claro, ajusta a pessoa ao estereótipo pré-fabricado. Assim, para Robert Worth e Judith Shulevitz (escrevendo separadamente no *Times*), o crítico literário e poeta egípcio de 42 anos, como todos os fanáticos muçulmanos, era um puritano escandalizado pela "decadência" da cidade grande, pelo *Relatório Kinsey*, pela dança e pela promiscuidade sexual. De fato, Qutb reclamou do conteúdo "pornográfico" de boa parte da cultura popular americana, assim como criticou a obsessão nacional pelo cuidado com os gramados diante da negligência da vida familiar e o materialismo crasso que abafava a caridade. Mas o grande escândalo de Nova York – e sua reação foi a mesma de García Lorca 20 anos antes – era "*a discriminação racial maligna e fanática*". Sem dúvida Qutb, um homem negro do Alto Egito, teve encontros dolorosos com racistas.[33]

PREFÁCIO

Hoje, as experiências turísticas de Qutb poderiam ser ainda mais dramáticas. Ele poderia estar preso em uma solitária, sem acesso a parentes ou a um advogado, pelo crime "terrorista" de ter deixado vencer o visto ou simplesmente levantado a suspeita dos vizinhos. O verdadeiro fardo do novo medo urbano – a parte que não é alucinatória ou hiperbolizada – é carregado pelos que se ajustam ao perfil racial da ansiedade branca: americanos, árabes e muçulmanos, mas também qualquer pessoa com algo incomum cobrindo a cabeça, um passaporte do Oriente Médio ou ideias pouco simpáticas sobre Israel. Para os que são apanhados no meio dessa *gestalt* paranoica – por exemplo um taxista paquistanês em Nova York ou um engenheiro eletrônico sikh na Califórnia –, existe a ameaça de violência, porém, mais ainda, a certeza da vigilância por parte de poderes "vastos, frios e antipáticos".[34] Os "outros" – na forma de árabes, do Corão e suas sementes – tornaram-se a obsessão central daquela interminável reunião do Pentágono e celebração de George W. Bush que se finge de televisão americana. De fato, a "Ameaça à América" (outro rótulo dado pelas redes) é representada como algo essencialmente extraterrestre: o Oriente Médio é o furioso planeta vermelho mandando seus monstros para viver entre nós e nos assassinar.

Tous Martiens

Muito pouco da reação de violência interna foi divulgado na mídia convencional. Os diários e as redes de notícias das cidades grandes mostraram uma preocupação patriótica com a imagem dos EUA fora do país, reduzindo a importância do que, de outro modo, poderia ser reconhecido como o equivalente nacional da *Kristallnacht*. No entanto, até mesmo as estatísticas fragmentadas são arrepiantes. Nas seis semanas depois do 11 de Setembro, grupos defensores dos direitos civis estimam que houve pelo menos seis assassinatos e mil agressões sérias contra pessoas percebidas como "árabes" ou "muçulmanas", inclusive várias centenas de ataques contra sikhs.[35] O *Texas Observer*, um semanário progressista que se recusou a desconsiderar o terror doméstico, informou no início de outubro sobre a violência que havia "ricocheteado" através dos subúrbios de Dallas logo depois dos ataques contra Nova York e Washington. Além do assassinato por ódio de um imigrante paquistanês proprietário de uma mercearia, três mesquitas foram bombardeadas ou atacadas a tiros, um corredor romeno foi espancado porque parecia ser do "Oriente Médio", e dois etíopes foram esfaqueados enquanto passeavam pelo Jardim Botânico de Fort Worth. Líderes muçulmanos locais culparam a mídia, particularmente o *Dallas Morning News*, por ajudar a instigar a violência com manchetes incendiárias como "Soldados do terror são nossos vizinhos!".[36]

Se esses incidentes lembram as "caçadas aos árabes" na França metropolitana durante a Guerra da Argélia que Franz Fanon descreveu ("até um sul-americano foi crivado de balas porque parecia norte-africano"),[37] a busca frenética do Departamento de Justiça por "agentes" da al-Qaeda provoca lembranças daquela outra "caçada humana terrorista", os notórios ataques de Palmer em 1919-1920, quando milhares de imigrantes radicais foram presos sem mandado nem motivo – e depois centenas deles foram deportados – após uma série de explosões de bombas em Washington. (A bomba em Wall Street foi supostamente uma vingança dos anarquistas contra as deportações.) Desta vez, mais de 1.100 "suspeitos de terrorismo" desapareceram num secreto labirinto federal onde muitos tiveram negada a presença de um advogado, foram espancados por guardas e outros prisioneiros, vendados e sujeitos a privação sensorial e obrigados a fazer testes com detector de mentiras. Pelo menos um detido morreu e muitos outros, contra quem não foi feita qualquer acusação criminal, estão sendo mantidos sob a detenção por tempo indeterminado permitida pela lei de imigração. Apenas quatro supostamente teriam qualquer ligação direta com Bin Laden. A maioria simplesmente estava com visto vencido ou usava identidade

PREFÁCIO

falsa: uma situação que não é incomum em um país onde de cinco a sete milhões de imigrantes sem documentos fornecem a indispensável mão de obra barata.

Fanon provavelmente não ficaria surpreso ao saber que frustrados investigadores do FBI, como os da Sûreté francesa antes, estão fazendo lobby para levar suspeitos recalcitrantes para o porão à prova de gritos onde são guardados as baterias e os eletrodos. Pela primeira vez na história americana há uma séria campanha pública para justificar a tortura. Com o apoio editorial de liberais importantes como Jonathan Alter na *Newsweek*, o FBI quer acesso a métodos que o *Washington Post* caracterizou, em um eufemismo, como "empregados ocasionalmente por interrogadores israelenses". Se os tribunais dos EUA resistem a esse tipo de trabalho grosseiro, a alternativa é exportar a tarefa a profissionais estrangeiros como o Mossad. "Outra ideia", explica o *Post*, "é extraditar os suspeitos para países aliados onde algumas vezes os serviços de segurança empregam ameaças a membros das famílias ou recorrem à tortura".[38] No mesmo tom, o *Los Angeles Times* entrevistou um veterano da CIA sobre os atuais debates dentro da Agência. "Muita gente está dizendo que precisamos de alguém na Agência que possa arrancar unhas... Outros dizem: 'Deixem que outras pessoas usem métodos de interrogatório que nós não usamos.' A única dúvida, então, é: vocês querem ter pessoas da CIA na sala?"[39]

Não podendo usar eletrodos, entretanto, o Congresso (menos um partido de oposição) recentemente deu ao Departamento de Justiça uma cornucópia de poderes redigidos de modo vago e sinistro. A lei dos "Instrumentos Comprovadamente Adequados Necessários para Interceptar e Obstruir o Terrorismo" (cuja sigla em inglês é PATRIOT) encarcera não cidadãos, inclusive milhões de imigrantes latinos e asiáticos, dentro de implacáveis novas categorias de vigilância, processo e possibilidade de deportação. Mas essa é apenas uma pedra angular do Estado de Segurança Nacional visualizado pelos escalões inferiores da administração Bush. Em uma entrevista coletiva durante o Halloween,

Colin Powell, parecendo ter acabado de ler *Neuromancer*, alardeou planos de um vasto armazém de dados centralizado que guardaria "cada migalha de informação prejudicial" sobre visitantes e pretensos imigrantes. O Departamento de Justiça, com forte apoio dos governantes republicanos sulistas, quer convocar as polícias municipal e estadual numa enorme campanha para prender e deportar imigrantes ilegais. As agências policiais federais estão sendo reestruturadas de modo que o FBI possa se concentrar permanentemente na Guerra contra o Terrorismo – o que significa que se tornará principalmente uma polícia de elite para a imigração – enquanto uma nova e misteriosa entidade do Pentágono, o Comando de Defesa Nacional, presumivelmente adotará a fronteira mexicana como principal campo de batalha. Tanto o México quanto o Canadá estão sofrendo enorme pressão para endurecer suas políticas de imigração segundo os padrões de Washington. De fato, para deleite uivante de nativistas e neofascistas de toda parte, todo o bloco da Organização para a Cooperação Econômica e o Desenvolvimento (OCDE) parece estar construindo pontes levadiças e trancando a porta contra o resto da humanidade.

Assim a globalização do medo torna-se uma profecia autorrealizada. Automaticamente a OTAN endossou o cheque em branco que o Congresso deu à Casa Branca para "livrar o mundo do mal", deixando que pilotos de caças americanos joguem sobre as ruínas de Cabul bombas onde foi escrito o nome de bombeiros de Manhattan mortos – sem pensar que Cabul é uma cidade infinitamente mais trágica do que Nova York. O terror se tornou o esteroide do Império. E o imperialismo é de novo politicamente correto. Ainda que nervosamente, a ordem estabelecida em outros lugares se juntou ao redor da bandeira americana. Como observou um Henry Kissinger espalhafatoso e meio morto-vivo, é a melhor coisa que aconteceu desde que Metternich jantou pela última vez com o czar.

2002

NOTAS

1. H. G. Wells, *The War in the Air*, p. 181–82.
2. Ib., p. 182–83 e 186.
3. Ib., p. 211.
4. José Clemente Orozco, *An Autobiography*, Mineola, N.Y. 1962, p. 132. Uma excelente reprodução em cores de *Os mortos* aparece em Renato Gonzalez Mello e Diane Miliotes, orgs., *José Clemente Orozco in the United States*, 1927–1934, Nova York, 2002, p. 58. Muitas de suas gravuras e pinturas mostram a óbvia influência do expressionismo alemão: Beckmann, Dix, Meidner e Grosz.
5. Lorca, "Lecture: A Poet in New York", ib., p. 192–93.
6. "This Storm is What We Call Progress" (Walter Benjamin, "Theses on the Philosophy of story", *Illuminations*, Nova York, 1969, p. 257 e segs.).
7. Alguns estudos representativos: Marina Warner, *No Go the Bogeyman: Scaring, Lulling and Making Mock*, Nova York, 1998; Jane Franklin, org., *The Politics of the Risk Society*, Oxford, 1998; Nancy Schultz, org., *Fear Itself: Enemies Real and Imagined in American Culture*, West Lafayette Ind., 1999; Paul Newman, *A History of Terror: Fear and Dread Through the Ages*, Nova York, 2000; e Robert Goldberg, *Enemies Within: The Culture of Conspiracy in Modern America*, New Haven, Conn., 2001.
8. Barry Glassner, *The Culture of Fear: Why Americans Are Afraid of the Wrong Things*, Nova York, 1999, p. 203.
9. *Los Angeles Times*, 21 de setembro de 2001; e Reuters, 8 de outubro de 2001.
10. "The Uncanny" (1919) em *Volume 14: Art and Literature*, The Penguin Freud Lib: Londres, 1985, p. 367.
11. Yolanda Gampel, "The Interminable Uncanniness", em Leo Rangell e Rena Moses-Hrushovski, orgs., *Psychoanalysis at the Political Border*, Madison, Conn., 1996, p. 85–86.
12. Ib.
13. "A estranheza [*unheimlich*] é algo que é secretamente familiar [*heimlich-heimisch*], passou pela repressão e depois retornou dela..." (Freud, p. 358–68).

14. "Essas duas estrofes, esses oito versos [do poema de Van Hoddis] parecem ter nos transformado em seres diferentes, para nos ter levado a um mundo de burguesia apática que desprezamos..." Becher chamaria isso de "Marselhesa da Revolução Expressionista". (Becher, p. 44).
15. Citado em Carol Eliel, *The Apocalyptic Landscapes of Ludwig Meidner*, Los Angeles, pp. 65 e 72.
16. Ernst Bloch, "*The Anxiety of the Engineer*", em *Literary Essays*, Stanford, Calif., 1998, p. 306-8 e 312.
17. Ib.
18. Ib.
19. Ernst Bloch, *The Principle of Hope, Volume One*, Cambridge, Mass., 1986, p. 434-35.
20. Paul Avrich, *Sacco and Vanzetti: The Anarchist Background*, Princeton, NJ, 1991, p. 205.
21. Dos Passos, *Manhattan Transfer*, p. 366 e 404.
22. Wayne Barrett, *Rudy! An Investigative Biography of Rudolph Giuliani*, Nova York, 2000, p. 2.
23. Ib., p. 6.
24. Testemunho parafraseado por Bill Keller ("Nuclear Nightmares", *New York Times Magazine*, 26 de maio 2002, p. 51).
25. Robert Fitch observa que a abertura de terreno para o WTC afastou 30 mil empregos e, ainda que tenha estimulado o desenvolvimento do Battery Park City, adjacente, eliminou também as importantes docas da baixa Manhattan. "Algo estava seriamente errado com as prioridades e políticas de uma cidade onde 30 mil pessoas podem ser obrigadas a desaparecer de seus empregos e lojas para dar lugar a um edifício do Estado [o WTC é de propriedade da Port Authority]" (Robert Fitch, *Assassination of New York*, Nova York, 1993, p. 140-41.)
26. David Rothkopf, "Business Versus Terror", *Foreign Policy* (maio/junho de 2002), p. 58.
27. Ib., p. 56.

PREFÁCIO

28. Para uma séria discussão dos custos de proteger a Times Square, a estação Grand Central, a catedral de St. Patrick e a Estátua da Liberdade, ver David Barstow, "Envisioning an Expensive Future in the Brave New World of Fortress New York", *New York Times*, 16 de setembro de 2001.
29. Felix Rohatyn, "Fiscal Disaster the City Can't Face Alone", *New York Times*, 9 de outubro de 2001.
30. *Business Week*, 19 de novembro de 2001, p. 45.
31. "Na nova ética do sacrifício compartilhado, que sacrifício ele [o próximo prefeito] pedirá à comunidade empresarial? Nem Bloomberg nem Green puderam me dar uma resposta satisfatória" (James Traub, "No-Fun City", *New York Times Magazine*, 4 de novembro 2001, p. 41).
32. Robert Worth, "The Deep Intellectual Roots of Islamic Terror", *New York Times*, 13 de outubro de 2001; e Anthony Shadid, *Legacy of the Prophet: Despots, Democrats, and the New Politics of Islam*, Boulder, Colo., 2001, p. 58. Para uma avaliação equilibrada do anarco-humanismo e do quiliasmo corânico, ver Ahmad Moussalli, *Moderate and Radical Islamic Fundamentalism*, Tallahassee, Fla., 1999, Cap. 5.
33. Worth, Ib.; Judith Shulevitz, "The Close Reader: At War with the World", *New Times Book Review*, 21 de outubro 2001; e Shadid, p. 57. Ver também John Calvert, "The World is an Undutiful Boy: Sayyid Qutb's American Experience", *Islam and Christian-Muslim Relations*, 11, nº 1 (2000).
34. H. G. Wells, *The War of the Worlds*, Londres, 1898, p. 1.
35. Contagem dos crimes de ódio feita pelo Council on American-Islamic Relations, 22 de outubro; para o número de assassinatos, ver *Washington Post*, 26 de outubro de 2001.
36. Karen Olsson, "Letter from Dallas", *Texas Observer*, 12 de outubro de 2001.
37. Fanon, "Racist Fury in France", p. 163.
38. Walter Pincus, "Silence of 4 Terror Probe Suspects Poses Dilemma", *Washington Post*, 21 de outubro de 2001.
39. Bob Drogin e Greg Miller, reproduzido no *Miami Herald*, 28 de outubro de 2001.

PARTE I
OESTE DE NÉON

James Mooney (1893)

1. "Os brancos não passam de um pesadelo..."

O redemoinho! O redemoinho!
O redemoinho! O redemoinho!

Canto da Dança Fantasma

O INVESTIGADOR

Mason Valley, Nevada, 1º de janeiro de 1892.

Era uma noite gelada, sem lua. Uma nevasca recente havia coberto a estepe de artemísias com neve que ia até os joelhos. Um pequeno grupo de homens, nervosos e meio congelados, está cavalgando em fila, seguido por uma carroça. O único lampião banha o terreno adiante com uma pálida luz amarela. A leve marca de uma trilha acaba se dissolvendo num emaranhado de caminhos de gado na neve. Eles não fazem ideia da direção em que devem ir. Os cavaleiros e seus animais estão cansados e desorientados. O vento começa a uivar agourento e cada homem luta contra um pequeno nó de pânico no estômago.

É uma noite ruim para se estar perdido. Em condições como essas, caubóis ficam em casa, pastores abandonam os rebanhos, caçadores desistem de perseguir a presa e foras da lei morrem congelados em trilhas solitárias. Mas esse grupo – três paiutes e dois brancos – tem uma missão de urgência incomum. Estão procurando um messias chamado Wovoka.

"Depois de seguir uma dúzia de trilhas falsas e gritar repetidamente na esperança de ouvir um grito de resposta", eles tentam um expediente desesperado. Usando a carroça coberta de gelo como ponto de referência estacionário, cada homem cavalga uma curta distância numa direção diferente. Quando não conseguem encontrar a trilha, mudam a carroça de lugar e recomeçam. Por fim o cocheiro ouve sons. Algumas centenas de metros adiante o grupo descobre três pequenas cabanas cobertas de bunho. Numa delas o messias está silenciosamente esperando perto de sua fogueira.

O líder do grupo é James Mooney, um linguista e antropólogo autodidata. Trabalha para o Departamento de Etnologia, que recentemente foi transferido da US Geological Survey para o Instituto Smithsonian. Seu chefe é o lendário John Wesley Powell, herói da Guerra Civil com apenas um braço e explorador do Grand Canyon. A sombria missão de última hora, ordenada pelo departamento, é testemunhar cientificamente a extinção da América Nativa. Os mais eminentes servidores da nação haviam determinado a destruição da maioria das culturas dos povos originários. Agora Mooney e seus colegas estão tentando documentar o máximo possível desses modos de vida condenados antes que sejam aniquilados pelos assentamentos brancos e pelo progresso industrial.

Mooney tem o temperamento melancólico perfeito para o serviço. Nacionalista irlandês de Ohio, encontra um profundo paralelo entre o declínio dos povos nativos dos Estados Unidos e a tragédia dos celtas. Como os kiowa e os cherokee, cujas línguas fala fluentemente, a aldeia de Mooney, os irlandeses de língua gaélica, é um anacronismo humano na era das cidades de aço, das bolsas de valores e dos canhões Hotchkiss. Seus informantes e amigos indígenas – com nomes empolgantes como Urso de Pé, Trovão de Fogo, Cavalo Americano, Jorge Espada, Coiote Preto e Touro Sentado – detectam em Mooney uma sensibilidade mais profunda do que sua brancura. Talvez Mooney lhes tenha citado, na língua deles, o amargo epitáfio do patriota irlandês John Mitchell: "A nação que conheci como Irlanda está partida e destruída; e o lugar que a conheceu não a conhecerá mais." De qualquer modo, sua empatia é envolvente e ele conseguiu ser recebido num mundo para sempre lacrado aos outros brancos pelos massacres e pelas promessas violadas. Sancionado pela honra de seus amigos famosos, Mooney passa de aldeia em aldeia numa busca de informações sobre uma estranha religião nova.

Algumas semanas antes estivera com os lakota em Dakota do Sul. Todo povo condenado sonha com um renascimento mágico. No sofrimento de suas reservas, os lakota, que apenas uma década antes tinham sido os mais poderosos cavaleiros do continente, passaram a fazer uma cerimônia de renovação conhecida como "Dança Fantasma". Com a velocidade da esperança, essa profecia de um mundo restaurado se espalhara a partir da cabana no vale de Mason até cada canto da América do Norte indígena. Como um grande fole, reacendeu os fogos agonizantes da autoconfiança e da resistência espiritual dos indígenas.

Mais tarde Mooney veria uma ressonância do milenarismo indígena num contexto irlandês. A versão irlandesa da Dança Fantasma – não menos fabulosa e utópica – foi o Renascimento Celta da década de 1890 que, seguindo as sucessivas derrotas dos fenianos, de Davitt e depois Parnell, buscava reconstruir uma nação irlandesa sob os alicerces de sua cultura esquecida. Seus profetas e curandeiros chamavam-se Yeats, Synge, Hyde e Pearse. (E para os que estão dispostos a fazer a jornada conceitual, realmente houve um ponto de contato anterior entre os lakota e os irlandeses na espantosa rebelião das pradarias comandada pelo místico e socialista utópico dos métis, Louis Riel. Ele contou com Touro Sentado e a Irmandade Republicana Irlandesa como aliados na luta contra o Canadá inglês.)

O despertar irlandês acabou produzindo uma pequena república numa ilha dividida. Mas os lakota pagaram imediatamente um preço terrível por seu sonho: 146 refugiados de Pine Ridge, inclusive 44 mulheres e 18 crianças, foram despedaçados às margens do riacho Wounded Knee pelas grandes cargas explosivas dos novos canhões

Hotchkiss, do Exército. (Alguns sobreviventes, grotescamente, foram levados em desfile pela Europa no Show do Oeste Selvagem de Buffalo Bill.) Mooney, entre expedições etnográficas para a Exposição Internacional Colombiana de Chicago, montava o primeiro relato amplo sobre o massacre, que o governo dos EUA ainda caracteriza falsamente como "levante".

Mais tarde, no prefácio de seu *The Ghost-Dance Religion and the Sioux Outbreak of 1890* (A religião da dança fantasma e a revolta dos sioux de 1890), ele notará que viajou espantosos 51.500 quilômetros em 22 meses (1890–1892) e visitou 20 aldeias. Seu relato meticulosamente detalhado da defesa do amor e da não violência por parte da nova religião, num contraste com as fotos de mulheres e crianças lakota trucidadas e amontoadas na pradaria, irá desacreditar moralmente seu empregador, o governo federal, por desonestidade e assassinato. Também garantirá seu próprio ostracismo nos círculos oficiais.

O massacre de Wounded Knee aconteceu em 29 de dezembro de 1890. Quase exatamente um ano depois, Mooney está sentado perto de uma fogueira de artemísia com Wovoka.

O MESSIAS

Wovoka – o nome significa "Homem com o Machado" – tem 35 anos. Ironicamente, é filho de Tavibo, ou "Homem Branco", e quando tinha 4 anos testemunhou a famosa batalha do lago Pyramid. Mineiros de prata brancos tinham sequestrado várias mulheres paiute, e quando seus maridos as resgataram isso foi considerado "um ultraje indígena", ainda que nenhum dos mineiros tenha sido ferido. Um grande grupo de brancos foi mandado para destruir o acampamento indígena, mas foram emboscados pelos paiute numa passagem estreita. Apenas com arcos e flechas o bando de Wovoka matou quase 50 mineiros e obrigou o resto a fugir em terror. Sem ser derrotados no campo de batalha, mesmo assim os paiute perderam sua liberdade diante da inexorável expansão das fronteiras de mineração e gado dos brancos. Depois da morte do pai, Wovoka foi entregue a um rancheiro local chamado David Wilson. Ainda que se recuse a aprender inglês ou morar numa casa, ele é chamado pelos brancos de "Jack Wilson" e considerado um trabalhador confiável e dedicado. Passará toda a vida cuidando de bois e ovelhas no vale de Mason.

Como outros grandes profetas, de Moisés a Joseph Smith, teve sua revelação numa montanha. Um dia, no fim de 1888, ou início de 1889, ele estava cortando lenha para David Wilson quando o céu começou a escurecer. Olhando para cima viu "o sol morrendo" (um eclipse), seguido por grande clamor nas árvores. Pousando o machado, ele correu na direção do estrondo. Instantaneamente "morreu", ou ficou inconsciente. Então, como explica a Mooney, foi "levado ao outro mundo".

> Ali viu Deus, com todas as pessoas que tinham morrido há muito tempo envolvidas em seus antigos esportes e ocupações, todas felizes e jovens para sempre. Era uma terra agradável e cheia de caça. Depois de mostrar tudo, Deus lhe disse que ele deveria retornar e contar ao seu povo que eles deveriam ser bons e amar uns aos outros, não brigar e viver em paz com os brancos... que deveriam deixar de lado todas as antigas práticas que lembravam a guerra; que se obedecessem fielmente suas instruções finalmente iriam se reunir com os amigos no outro mundo, onde não haveria morte, doença ou velhice [ou, por implicação, brancos]... (p. 772)

Como um presente ao povo indígena, Deus lhe deu uma dança sagrada. Realizada a intervalos, durante cinco dias de cada vez, a dança beatificaria quem a dançasse e apressaria o advento do novo tempo. Wovoka também recebeu poderes de prever e controlar o tempo. Mais tarde Mooney entrevistaria um ex-agente indígena em Walker Lake, que afirmou que Wovoka "uma vez lhe pediu para redigir e enviar ao presidente [Grover Cleveland] uma declaração sobre seus supostos poderes sobrenaturais, com uma proposta de que, se recebesse um pequeno pagamento regular, passaria a morar na reserva e concordaria em manter o povo de Nevada informado sobre as últimas notícias do céu e fornecer chuva sempre que necessário". O agente, rindo sozinho enquanto fingia levar Wovoka a sério, jamais enviou a carta como havia prometido.

Os brancos do local, inclusive os que conheciam "Jack Wilson" e gostavam dele, interpretaram de modo paternalista a revelação como pouco mais do que uma reação histérica ao inesperado eclipse solar. Para os paiutes, por outro lado, era um sinal esperado há muito. A primeira Dança Fantasma aconteceu na reserva do lago Walker em janeiro de 1889. Ela produziu um terremoto espiritual com diâmetro de meio continente. Logo cada povo nativo desde a Grande Bacia – washoo, ute, shoshone, bannock e gosiúte – tinha ouvido que o próprio "Cristo" estava no lago Walker, ensinando aos paiutes uma dança sagrada que restauraria o mundo de seus pais. Essas aldeias espalharam a boa nova aos vizinhos, que por sua vez a passaram aos vizinhos. Delegações chegaram rapidamente ao lago Walker vindas de reservas na Califórnia, em Utah, Idaho, Montana e eventualmente Oklahoma, Nebraska, Iowa e Dakota do Sul. Em dois anos, quase 40 nações tinham entrado para o círculo sagrado de Wovoka. Apenas os navajos, cuja religião proíbe qualquer menção aos mortos, ficaram imunes ao fervor de restauração que varreu o oeste nativo do Pacífico ao Mississippi.

Contrariando uma infinidade de conflitantes relatos orais ou de segunda mão sobre os ensinamentos de Wovoka, há uma carta – publicada por Mooney – que o profeta ditou a um delegado arapahoe do grupo de Nariz Chato Preto, em 1891. O jovem arapahoe escreveu no "inglês de Carlisle" de Wovoka, que então foi transcrito para o inglês propriamente dito pela filha de Nariz Chato Preto, que era estudante em Oklahoma. Como enfatiza Mooney, "é a genuína declaração oficial da doutrina da Dança Fantasma segundo foi dada pelo próprio messias aos seus discípulos". Além disso, é um modelo de concisão espiritual.

"OS BRANCOS NÃO PASSAM DE UM PESADELO..."

Não contem aos brancos sobre isso. Jesus está na terra. Ele parece uma nuvem. Todos os mortos estão vivos de novo. Não sei quando estarão aqui; talvez neste outono ou na primavera. Quando chegar a hora não haverá mais doença e todo mundo será jovem de novo.

Não se recusem a trabalhar para os brancos e não criem problemas com eles até os deixarem. Quando a terra tremer – na chegada do novo mundo – não tenham medo. Isso não vai ferir vocês.

Quero que dancem a cada seis semanas. Façam uma festa durante a dança e tenham comida que todos possam comer. Depois se banhem na água. Vocês receberão boas palavras outra vez de mim, em algum momento. Não mintam.

Como lembra Mooney aos leitores de seu relatório, o código moral pregado por Wovoka é "tão puro e amplo quanto qualquer elemento de sistemas religiosos desde os dias de Gautama Buda até os tempos de Jesus Cristo". De fato, segundo Mooney, a Dança Fantasma é o Novo Testamento, ou pelo menos seu núcleo espiritual, numa vestimenta distintamente indígena. Para um povo dividido e derrotado, Wovoka prega a unidade, o amor e a esperança de renovação. "Só os que conheceram o ódio mortal recíproco que um dia sentiram os ute, cheyenne e pawnee, e conseguem compará-lo ao atual espírito de amor fraterno entre eles, podem saber o que a religião da Dança Fantasma conseguiu... É o tipo de revolução que surge apenas uma vez na vida de uma raça."

Para ilustrar mais o significado humano da Dança Fantasma, Mooney cita o exemplo de um amigo arapahoe que tinha acabado de perder o filho pequeno. "Não devo atirar em nenhum pônei, e minha mulher não deve arranhar os braços. Nós fazíamos isso quando nossos amigos morriam porque achávamos que nunca mais iríamos vê-los de novo, e isso nos deixava mal. Mas agora sabemos que todos nos uniremos outra vez." Quanto à cerimônia em si, especialmente o papel hipnótico da dança, Mooney alerta seus leitores brancos a considerar como algumas de suas próprias práticas religiosas podem parecer aos estranhos. "Num país que produz curandeiros magnéticos, milenaristas, médiuns de transe e outros do tipo, tudo isso pode ser facilmente comparado sem se precisar ir muito longe."

A MIRAGEM

No centenário da conversa de Mooney com Wovoka, em janeiro de 1991, visitei o lago Walker, Nevada. Tinha pouca coisa em mente além de um simples desejo de ver a sepultura do profeta e as condições de vida de seus tataranetos. Inicialmente não consegui achar o túmulo, por isso pedi ajuda a um jovem paiute de vinte e poucos anos. Ele estava sentado em sua picape Ford Ranger tomando um copo de café e ouvindo Ice-T cantando "Fuck the police...". Ele baixou o volume do som e me deu a informação com um sorriso. Depois aumentou de novo o volume de Ice-T.

Na modesta sepultura de Wovoka, encontrei uma concha de madrepérola contendo uma pena de águia e vários cartuchos 30-30. Também havia algumas flores deixadas recentemente. Era óbvio que isso era mais do que uma comemoração. A religião da Dança Fantasma não morreu em Wounded Knee e Wovoka permanece uma presença viva para muitos nativos americanos: seu legado espiritual é dinâmico e continua se desenvolvendo.

Mooney maravilhou-se diante dos diversos modos como a mensagem de Wovoka fora assimilada em seus pontos fundamentais, ao mesmo tempo em que tinha os detalhes trabalhados para se ajustar às visões individuais e às histórias específicas de cada cultura indígena. Os arapahoe, por exemplo, acreditavam que o mundo restaurado avançaria por trás de uma parede de fogo que empurraria os brancos de volta para a Europa, ao passo que os lakota, mais amargos, tinham uma visão da civilização branca enterrada viva por terremotos e deslizamentos de terra, com os sobreviventes transformados em pequenos peixes de rio. Os cheyenne preferiam uma versão nativa do Êxtase, com povos indígenas ascendendo através das nuvens até um lindo local de caça, enquanto os shoshone previam um paraíso onde indígenas e brancos viveriam juntos em paz. Mas em quase todas as versões o caminho espiritual para a nova terra era o sono profundo induzido pela Dança Fantasma que durava quatro dias. Depois de acordar, o Primeiro Povo perceberia que os brancos simplesmente tinham sido um pesadelo.

Um ano depois de visitar a sepultura de Wovoka, tive a oportunidade de discutir seu legado com alguns ativistas paiute e shoshone que organizavam as manifestações de "Cura Global" na Área de Testes Nucleares em Nevada. Com o deserto nuclearizado formando um pano de fundo dramático, eles enfatizaram que, apesar de as expectativas milenaristas imediatas de seus bisavôs (como as dos primeiros cristãos) terem sido frustradas, a visão de Wovoka de um povo indígena unificado retomando a guarda do oeste depois da destruição da civilização branca por um cataclismo criado por ela própria é mais envolvente do que nunca. Varrendo o horizonte com o dedo, um deles me desafiou: "Você realmente acha que tudo isso pode durar?" Seu gesto pretendia abarcar não somente a Área de Testes, mas todos os principais monumentos ao esforço de conquista do século passado: as represas, os cassinos, os subúrbios provisórios, as áreas de testes de bombas, as prisões, os parques temáticos, os depósitos de lixo tóxico, as salas de troféus e os estacionamentos de trailers.

Os paiute e shoshone de hoje, claro, vivem também em casas com eletricidade, dirigem picapes, mandam os filhos para a faculdade e fazem lobby com congressistas – mas tudo isso com uma consciência aguçada da radical instabilidade deste mundo artificial e suas paisagens de néon. É uma catástrofe à qual se ajustaram dolorosamente, que transformou os adereços externos de sua vida mas à qual continuam a resistir por dentro. A essência da Dança Fantasma talvez seja exatamente a energia moral para sobreviver a essa grande miragem.

A PROFECIA

É interessante especular o que Frederick Jackson Turner estava fazendo no dia em que Mooney se encontrou com Wovoka. Enquanto se sentava com a família para o jantar de ano-novo diante de uma lareira, será que já estava ruminando o famoso discurso que faria dois anos depois na Exposição Internacional Colombiana de Chicago? Qual tinha sido sua reação aos sangrentos relatos jornalísticos do recente levante dos sioux em Dakota do Sul? Será que sabia quem era Wovoka? Ou Mooney?

Jamais visitei o túmulo de Turner, por isso não sei se alguém colocou flores frescas lá recentemente, menos ainda conchas do mar, penas de águia e cartuchos de Winchester. No entanto seu culto sombrio permanece. Historiadores passaram pelo seu túmulo durante quatro gerações, e raro é o artigo ou a monografia, mesmo nesta era pós-modernista, que não tire o chapéu para o chefe. Certo, há outras grandes tradições na historiografia do oeste, mais notavelmente a escola de Bolton, dos estudos comparativos das fronteiras e as geografias históricas de Innes, sobre o comércio de matérias-primas. Além disso ocorreu um número suficiente de cruzamentos nesse campo para produzir revisionistas que ainda são excepcionalistas americanos e turnerianos que estudam as cidades e os circuitos de mercadorias. Mas praticamente todo mundo que trabalhe nesse campo, quer sua genealogia teórica comece em Berkeley, Toronto, Madison ou até mesmo Paris, quer lamentem as vítimas ou cantem vantagem com os vencedores, aceita o caminho evolucionário que vai de fronteira a região, de periferia colonial ao Cinturão do Sol (o sul e o sudoeste dos EUA). Praticamente por definição eles reconhecem um certo núcleo estável de identidade regional e continuidade histórica.

Isto é, todo mundo menos os herdeiros de Wovoka. Eles rejeitam o *telos* do produto final, a paisagem conquistada, a narrativa histórica linear, o ecossistema administrado. Veem um caos mais ontológico do que o ciclo criação-destruição. Sabem que as estruturas supostamente "permanentes" da tradição e de significado no oeste branco raramente sobrevivem por mais de uma única geração antes de serem derrubadas e substituídas. Como um certo filósofo alemão, eles têm plena consciência de que "tudo que é sólido se desmancha no ar", inclusive nossas mais queridas concepções sobre o oeste como região.

Wovoka, em outras palavras, sustenta seus tataranetos com uma visão apocalíptica da história do oeste americano. Como "apocalipse" é uma palavra usada e barateada demais, é importante lembrar seu significado exato nas religiões abraâmicas. Um apocalipse é literalmente a revelação da História Secreta do mundo tornada possível sob a terrível clareza dos Últimos Dias. É a história alternativa, desprezada, das classes subalternas, dos povos derrotados, das culturas extintas. Em outras palavras, estou reivindicando que Wovoka oferece uma epistemologia neocatastrofista para reinterpretar a história ocidental segundo o ponto de vista de certas características terminais da paisagem do milênio que se aproxima. Ele nos convida a reabrir a história segundo o ponto de vista de um futuro já visível em que as megalópoles, o lixo, o vício, a violência e a simulação terão suplantado cada espaço vital a oeste das montanhas Rochosas. Isto é história turneriana, se você quiser, despida até a paranoia definitiva: o oeste transformado em Los Angeles.

Para os que mantêm a tradição da Dança Fantasma, esse ponto final também é paradoxalmente o ponto de renovação e restauração. É através desse buraco negro que o oeste desaparecerá na singularidade da catástrofe, para ressurgir, do outro lado, com rios cheios de salmões e planícies escuras de tanto bisão.

1999

Richard Misrach, *Dead Animals* #327

2. Ecocídio na Terra de Marlboro

Será que a Guerra Fria foi o pior desastre ecológico nos últimos dez mil anos na Terra? Chegou a hora de pesar os custos ambientais da grande "luta crepuscular" e a corrida nuclear que fez parte dela. Até recentemente a maioria dos ecologistas subestimava o impacto da guerra e da produção de armas sobre a história natural.[1] No entanto, há provas incontestáveis de que áreas gigantescas da Eurásia e da América do Norte, particularmente os militarizados desertos da Ásia Central e da Grande Bacia, se tornaram inadequados para habitação humana, talvez por mil anos, como resultado direto dos testes com armas (convencionais, nucleares e biológicas) feitos pela União Soviética, pela China e pelos Estados Unidos.

PRIMEIRA PARTE: RETRATOS DO INFERNO

Essas "zonas de sacrifício nacional",[2] agora mal reconhecíveis como parte da biosfera, também são lares de culturas nativas (cazaque, paiute, shoshone, dentre outras) cujos povos podem ter sofrido irreparáveis danos genéticos. Milhões de outras pessoas – soldados, trabalhadores da indústria de armamentos e civis "a favor do vento" – se tornaram as baixas silenciosas das pragas atômicas. Se, no fim da antiga era das superpotências, um apocalipse nuclear global foi finalmente evitado, isso aconteceu graças ao custo desses holocaustos secretos.[3]

Essa história oculta se desenrolou mais dramaticamente na ex-União Soviética, onde o ativismo ambiental e antinuclear, estimulado pela primeira vez por Chernobyl em 1986, emergiu maciçamente durante a crise de 1990-1991. Protestos populares feitos por mineiros, crianças, trabalhadores dos serviços de saúde e povos nativos forçaram revelações oficiais que confirmaram as acusações sensacionais feitas por escritores *samizdat* anteriores como Zhores Medvedev e Boris Kamarov (Ze'ev Wolfson). O *Izvestiya* finalmente publicou relatos arrepiantes da catástrofe nuclear de 1957 na cidade militar secreta de Chelyabinsk-40, bem como o envenenamento do lago Baikal por um complexo industrial-militar. Até mesmo o glacial muro de silêncio ao redor dos acidentes com radiação no "Polígono" de Semipalatinsk, a principal área soviética de testes nucleares no Cazaquistão, começou a derreter.[4]

Como resultado, o público ex-soviético tem agora uma visão mais ampla e honesta do que seus semelhantes americanos e britânicos sobre os custos ecológicos e humanos da Guerra Fria. De fato, a Academia Russa de Ciências compilou um extraordinário mapa que mostra a degradação ambiental de "proporções irreparáveis, catastróficas" em 45 áreas diferentes, englobando nada menos do que 3,3% da superfície da ex-URSS. De modo pouco surpreendente, boa parte da devastação se concentra nas áreas do sul dos Urais e da Ásia Central, que eram o núcleo geográfico do complexo industrial-militar da URSS.[5]

Veteranos especialistas no Kremlin, com disfarces verdes ligeiramente desconfortáveis, se prenderam a essas revelações para escrever mordazes epitáfios para a URSS. Segundo o pesquisador da Radio Liberty e da Rand, D.J. Peterson, "a destruição da natureza veio servir como solene metáfora do declínio de uma nação".[6] Para o ex-conselheiro de lorde Carrington, Murray Feshbach, e seu auxiliar literário Al Friendly (ex-chefe do bureau da *Newsweek* em Moscou), por outro lado, o relacionamento entre o cataclismo ecológico e a desintegração da URSS é mais do que uma metáfora: "Quando os historiadores finalmente realizarem uma autópsia da União Soviética e do comunismo soviético talvez cheguem ao veredicto de morte por ecocídio."[7]

Troubled Lands, de Peterson, e especialmente *Ecocide in the USSR*, de Feshbach e Friendly, tiveram divulgação espetacular na mídia americana. Explorando a nova riqueza de fontes não censuradas em língua russa, eles descrevem uma crise ambiental de proporções bíblicas. A ex-Terra dos Soviéticos é retratada como uma antiutopia de lagos poluídos, plantações envenenadas, cidades tóxicas e crianças doentes. O que a indústria pesada e a monocultura insensata do algodão durante o stalinismo não arruinaram, os militares soviéticos conseguiram bombardear ou irradiar. Para Peterson esse "terrorismo ecológico" é prova conclusiva da irracionalidade de uma sociedade que não tem um mecanismo de mercado para "valorizar" adequadamente a natureza. Pesando as chances de qualquer limpeza ambiental ele sustenta apenas a triste esperança de que o colapso econômico e a radical desindustrialização possam livrar a Rússia e a Ucrânia de seus piores poluidores.[8]

Os ecopirados do Pentágono, Feshbach e Friendly, são ainda mais implacáveis. Parece que o bolchevismo foi uma conspiração deliberada contra Gaia, bem como contra a humanidade. "O ecocídio na URSS surge da força, e não do fracasso, de ambições utópicas." É a "expressão definitiva da brutalidade física e espiritual da Revolução". Com uma suposta integridade digna do Velho Testamento, eles repetem a opinião de que "não há pior situação ecológica no planeta".[9]

Obviamente Feshbach e Friendly nunca estiveram em Nevada ou no oeste de Utah.[10] Os horrores ambientais de Chelyabinsk-40 e do Polígono de Semipalatinsk têm suas fantasmagóricas contrapartidas nas paisagens envenenadas e agonizantes da Terra de Marlboro.

O INFERNO DE MISRACH

Uma cabeça de cavalo brota de uma cova coletiva escavada precariamente. Um potro morto – as patas dianteiras erguidas graciosamente como num galope – é abraçado pela mãe. Amarilhos albinos brotam aleatoriamente sobre uma pirâmide podre de bois, ovelhas, cavalos domésticos e selvagens emaranhados. Inchada pela podridão, toda a massa cadavérica parece estar lutando para se levantar. Um touro minoico projeta da areia a cabeça sem olhos. Um esqueleto estranho, quase jurássico – a não ser por um casco, poderiam ser os restos de um pterossauro –, está esparramado junto a um poço ferruginoso de alguma coisa medonha e indizível. O deserto fede a putrefação.

O fotógrafo Richard Misrach fez essa sequência de imagens coloridas, de 20 por 25 centímetros, entre 1985 e 1987 em vários locais de desova de animais mortos localizados perto de supostas "áreas quentes" de plutônio e lixo tóxico militar em Nevada. Como explica um texto curto, é comum os animais domésticos morrerem misteriosamente ou dar à luz crias monstruosas. Os vaqueiros são oficialmente encorajados a amontoar os cadáveres, sem fazer perguntas, em poços sem identificação, feitos pelas autoridades do condado. Misrach ouviu falar originalmente dessa paisagem "parecida com Bosch" através de um poeta paiute. Quando pediu informações foi aconselhado a entrar de carro no deserto e procurar bandos de corvos. As aves de rapina se refestelam com os olhos dos animais mortos.[11]

"The Pit" foi comparado a *Guernica*, de Picasso. Certamente é uma reconfiguração de pesadelo dos tradicionais clichês dos caubóis. As fotos exuberantes são ao mesmo tempo repelentes, elegíacas e hipnóticas. Misrach pode ter produzido a imagem mais perturbadora do Oeste americano desde que o etnólogo James Mooney contrapôs os populares quadros de Frederic Remington sobre heroicas cargas de cavalaria com fotos nítidas dos cadáveres imobilizados de mulheres e crianças indígenas trucidadas pelos canhões Hotchkiss da Sétima Cavalaria em Wounded Knee, em 1890.[12]

Mas esse holocausto de animais é apenas um volume ("Canto V") de um gigantesco mural de visões proibidas chamado *Desert Cantos*. Misrach é um praticante de invasões desde que no fim dos anos 1970 penetrou em alguns dos espaços mais secretos do deserto do Pentágono na Califórnia, em Nevada e Utah. Cada um dos seus 14 cantos completos (a obra ainda está inacabada) monta um drama ao redor de uma "metáfora encontrada" que dissolve as fronteiras entre documentário e alegoria. Invariavelmente há uma tensão inquietante entre a violência das imagens e a elegância da composição.

Os primeiros cantos (seu período de "*noir* desértico"?) eram experiências estéticas formais influenciadas pela leitura de várias fontes cabalísticas. São fantasmagorias misteriosas destacadas de qualquer contexto sociopolítico explícito: o deserto pegando fogo, um quiosque afogado no mar de Salton, uma palmeira sendo engolida por uma sinistra duna de areia e assim por diante.[13] Mas em meados dos anos 1980, Misrach deixou de lado Blake e Castañeda e começou a produzir denúncias politicamente engajadas do impacto da Guerra Fria sobre o Oeste americano. Concentrando-se em Nevada, onde os militares controlam 1,6 milhão de hectares de terra e 70% do espaço aéreo, ele ficou fascinado pelas estranhas histórias contadas por fazendeiros furiosos: "ataques noturnos de helicópteros da Marinha, vacas queimadas por laser, bombardeio de cidades históricas e voos supersônicos insuportáveis". Com a ajuda de dois improváveis ativistas anti-Pentágono, um físico de cidade pequena chamado Doc Bargen e um corajoso piloto chamado Dick Holmes, Misrach passou 18 meses fotografando um enorme trecho de terras públicas no centro de Nevada que fora bombardeado, ilegal e continuamente, por quase 40 anos. Para a Marinha, essa paisagem de devastação quase incompreensível, semeada de munição viva e obuses não explodidos, é simplesmente a "Bravo 20". Para Misrach, por outro lado, é "o epicentro... o coração do apocalipse":

> Foi o ambiente mais explicitamente devastado que já vi... Caminhei durante horas em meio às crateras. Havia milhares. Algumas pequenas, buraco rasos do tamanho de uma banheira, outras eram escavações gargantescas, grandes como uma garagem suburbana para dois carros. Algumas eram totalmente secas, com paredes cheias de "terra traumatizada"

espirrada, outras eram poços fantasmagóricos de água vermelho-sangue ou verde-esmeralda. Algumas tinham se cristalizado em estranhas formações salinas. Algumas eram decoradas com os restos de jipes, tanques e caminhões explodidos.[14]

Ainda que as fotos das propriedades públicas pulverizadas, feitas por Misrach e publicadas em 1990, tenham atraído a atenção nacional para o bombardeio do Oeste, essa proeza deixou um gosto amargo. Seu amigo piloto Dick Holmes, que ele fotografou erguendo a bandeira americana sobre uma colina lunar, numa deliciosa paródia dos astronautas da Apolo, foi morto num inexplicável acidente aéreo. Enquanto isso a administração Bush acelerava a modernização das áreas de testes de bombas em Nevada, Utah e Idaho. Enormes regiões do Oeste remoto, inclusive a Bravo 20, foram transformadas numa série de grades operadas eletronicamente, para alvos múltiplos, que, vistas de cima agora devem parecer um colossal tabuleiro de jogo do Pentágono.

Em sua mais recente coletânea de cantos, *Violent Legacies* (que inclui "*The Pit*"), Misrach oferece uma arqueologia visual assombrosa do "Projeto W-47", a supersecreta montagem final e os testes de voo das bombas largadas em Hiroshima e Nagasaki. O hangar que abrigou o *Enola Gay* ainda está de pé (um cartaz alerta: "O uso de força mortal é autorizado") em meio às ruínas da Base Aérea Wendover no Grande Deserto de Sal de Utah. No contexto do genocídio incipiente, o humor fossilizado da tripulação de voo em 1945 é irritante. Assim, em um desbotado slogan no prédio onde ocorreu a montagem da bomba A, lê-se: SANGUE, SUOR E CERVEJA, enquanto pichações no quartel-general administrativo dizem ENGULA MINHA POEIRA RADIOATIVA. O resto do complexo da base, inclusive os bunkers para armazenamento das bombas atômicas e os poços de carga, foi erodido até se transformar em abstrações megalíticas que evocam o amontoado no marco zero do famoso conto de J.G. Ballard "The Terminal Beach". Delineada contra as montanhas de ocre do deserto (a Cordilheira Newfoundland, acredito), a arquitetura esquecida e os detritos casuais da primeira guerra nuclear são quase belos.[15]

Ao cultivar um estilo neopictórico, Misrach faz truques sutis com o sublime. É capaz de olhar para o Horror de Kurtz bem nos olhos e fazer com ele um cartão-postal. Essa atenção à estética do assassinato enfurece alguns partidários do tradicional documentário político em preto e branco, mas também explica a extraordinária popularidade de Misrach. Ele revela a beleza terrível e hipnotizante da natureza nas garras da morte, da Paisagem como Inferno. Não temos opção além de olhar.

Se há poucos precedentes nas fotografias anteriores do Oeste americano, esse trabalho provoca uma rica ressonância na ficção política contemporânea – especialmente latino-americana. Discutindo o papel do apocalipse folclórico nos romances de García Márquez e Carlos Fuentes, Lois Zamora inadvertidamente fornece uma caracterização adequada para os *Desert Cantos*:

> Os instrumentos literários do apocalipse bíblico e do realismo mágico coincidem em sua narrativa hiperbólica e em suas *imagens surreais do caos absoluto e da perfeição impronunciável*. E em ambos os casos esse surrealismo não é concebido para efeito psicológico, como em exemplos anteriores da moda na Europa, mas, em vez disso, é baseado em realidades sociais e políticas e se destina a comunicar a objeção dos escritores a essas realidades.[16]

Relevantamento do Oeste

Assim como Márquez e Fuentes nos guiaram através do labirinto alucinatório da moderna história latino-americana, Misrach se tornou um infatigável guia turístico do Reino Apocalíptico que o Departamento de Defesa construiu no Oeste desértico. Sua visão é singular, mas ao mesmo tempo *Desert Cantos* reivindica a participação num movimento mais amplo da fotografia politizada do Oeste que fez da destruição da natureza seu tema dominante.

Seus vários segmentos, nos últimos 15 anos, incluíram, primeiro, os chamados Novos Topográficos em meados dos anos 1970 (Lewis Baltz, Robert Adams e Joel Deal),[17] seguidos de perto pelo Projeto de Pesquisa Refotográfica (Mark Klett e colegas),[18] e, em 1987, pela explicitamente ativista Associação dos Fotógrafos Atômicos (Robert Del Tredici, Carole Gallagher, Peter Goin, Patrick Nagatani e 12 outros).[19] Se cada um desses momentos tem sua própria virtude (e pretensão) artística, eles compartilham uma estrutura comum de princípios revisionistas.

Em primeiro lugar, montaram um ataque frontal à hegemonia de Ansel Adams, o papa morto da "escola Sierra Club" de fotografia da natureza-igual-a-Deus. Adams, se necessário, alterava seus negativos para retirar qualquer evidência de presença humana nas paisagens apoteóticas.[20] A nova geração desconstruiu rudemente esse mito de uma natureza virgem, ainda que correndo perigo. Rejeitou a divisão maniqueísta de Adams entre paisagem "sagrada" e "profana", que "deixa as partes já alteradas e habitadas de nosso meio ambiente perigosamente abertas à exploração descontrolada".[21] Seu Oeste, ao contrário, é uma paisagem irrevogavelmente social, transformada pelo militarismo, a urbanização, a autoestrada interestadual, o vandalismo epidêmico, o turismo de massa e os ciclos de expansão e decadência das indústrias extrativistas. Até nos "últimos lugares selvagens", as cordilheiras remotas e os cânions perdidos, os jatos do Pentágono são sempre ouvidos.

Em segundo lugar, a nova geração criou uma iconografia alternativa ao redor de objetos característicos mas anteriormente desprezados ou "infotografáveis" como lixo industrial, pichações nas rochas, saguaros mutilados, trilhas de tratores, revistas pornográficas jogadas fora, estilhaços militares e animais mortos.[22] Como os surrealistas, eles reconheceram as forças oraculares e críticas do lugar-comum, do descartado e do feio.[23] Mas, como ambientalistas, também entendem o destino do Oeste rural como o lixão nacional.

Por fim, seus projetos recebem autoridade histórica a partir de um marco de referência compartilhado: o arquivo fotográfico dos grandes levantamentos científicos e topográficos do Oeste feitos no século XIX. De fato, a maioria deles reconheceu o ponto central do "relevantamento" como estratégia ou metáfora. Os Novos Topógrafos, segundo seu próprio nome, declararam uma aliança com o distanciamento científico e a clareza geológica de Timothy O'Sullivan (famoso fotógrafo do levantamento feito por Clarence King em 1890 na Grande Bacia), quando viraram suas câmeras para as vastidões suburbanas do Novo Oeste. Os Refotógrafos "animaram" os deslocamentos entre o passado e o presente, assumindo meticulosamente as exatas posições das câmeras de seus predecessores e produzindo a mesma cena cem anos depois. Enquanto isso os Fotógrafos Atômicos, emulando as antigas pesquisas científicas, produziram estudos cada vez mais precisos da tectônica paisagística dos testes nucleares.

O relevantamento, claro, presume uma crise de definição, e é interessante especular por que a nova fotografia, em sua luta para capturar o significado do Oeste pós-moderno, tem se obcecado tanto com imagens e cânones do século XIX. Não é porque, como poderia ser imaginado, Timothy O'Sullivan e seus colegas puderam ver o Oeste límpido e intocado. Como demonstram espantosamente os "refotógrafos" de Klett, as mãos sujas do Destino Manifesto já estavam sobre a paisagem em 1870. O mais importante era a excepcional integridade científica e artística com que os levantamentos confrontavam paisagens que, como sugere Jan Zita Grover, eram culturalmente "ilegíveis".[24]

As regiões que hoje constituem a "zona de sacrifício nacional" do Pentágono (a Grande Bacia do leste da Califórnia, Nevada e o oeste de Utah) e sua "periferia do plutônio" (o platô Columbia-Snake, a bacia do Wyoming e o platô do Colorado) têm poucas paisagens análogas em qualquer outro lugar da Terra.[25] Os primeiros relatos do Oeste entre as grandes cordilheiras nas décadas de 1840 e 1850 (John Frémont, Sir Richard Burton e os levantamentos da Estrada de Ferro Pacific) questionaram ecleticamente, sem sucesso, a gigantesca abstração popular do "Grande Deserto Americano". Nevada e Utah, por exemplo, foram várias vezes comparados com a Arábia, o Turquestão, o Takla Makan, Timbuktu, a Austrália e assim por diante, mas, na verdade, as mentes vitorianas viajavam por um terreno essencialmente extraterrestre, muito distante de sua experiência cultural.[26] (Talvez literalmente, já que os geólogos planetários agora estudam formas geológicas lunares e marcianas através de analogia com paisagens notavelmente semelhantes nos platôs dos rios Colorado e Columbia-Snake).[27]

A postura corajosa dos geólogos, artistas e fotógrafos das expedições foi encarar essa "estranheza" radical em seus próprios termos.[28] Como Darwin nas Galápagos, John Wesley Powell e seus colegas (especialmente Clarence Dutton e o grande Karl Grove Gilbert) eventualmente puseram de lado um baú cheio de preconcepções vitorianas para reconhecer novas formas e processos na natureza. Assim Powell e Gilbert tiveram de inventar uma nova ciência, a geomorfologia, para explicar o incrível sistema paisagístico do Platô do Colorado onde os rios frequentemente eram "antecedentes" de planaltos e as montanhas "lacolíticas" eram na verdade vulcões impotentes. (De modo semelhante, décadas mais tarde, outro revolucionário silencioso na tradição dos levantamentos, Harlen Bretz, jogaria fora a ortodoxia geológica uniformizante para mostrar que enchentes cataclísmicas da Era do Gelo foram responsáveis pelas estranhas "terras escamosas canalizadas" esculpidas na lava do Platô de Columbia.)[29]

Se os levantamentos "trouxeram os estranhos pináculos, as majestosas fachadas dos penhascos e os cânions fabulosos para o âmbito da explicação científica", então (observa o biógrafo de Gilbert) eles "também lhes deram um significado estético crítico" através das fotografias, dos desenhos e das narrativas estonteantes que acompanhavam e ampliavam os relatórios técnicos.[30] Assim Timothy O'Sullivan (que com Mathew Brady havia fotografado as fileiras da morte em Gettysburg) abandonou os paradigmas ruskinianos da representação da natureza para se concentrar na forma nua, essencial, de um modo que pressagiava o modernismo. Seus "planos nítidos, as enormes paredes bidimensionais, não tinham paralelo imediato na história da arte e da fotografia. Ninguém antes vira a natureza em tais formas abstratas e arquitetônicas."[31] De modo semelhante, Clarence Dutton, "o *genius loci* do Grand Canyon", criou uma nova linguagem paisagística – também amplamente arquitetônica, mas algumas vezes fantasmagórica – para descrever uma dialética sem precedentes de rocha, cor e luz. (Wallace Stegner diz que ele "estetizou a geologia"; talvez, de modo mais preciso, ele a tenha erotizado.)[32]

Mas essa convergência entre ciência e sensibilidade (que não tem uma verdadeira contrapartida no século XX) também forçava uma visão moral do meio ambiente, uma vez que este era desnudado para a exploração. Estabelecendo um precedente com alguns de seus descendentes modernos que tiveram coragem de ir atrás, Powell, o herói maneta da Guerra Civil, revelou as implicações políticas dos levantamentos no Oeste com honestidade rigorosa em seu famoso *Report on the Lands of the Arid Region* [Relatório sobre as terras da região árida], de 1877. Sua mensagem, que Stegner chamou de "revolucionária" (e outros de "socialista"), era que a única salvação para a região entre as cordilheiras era o cooperativismo baseado na administração comunitária e na conservação da pastagem escassa e dos recursos hídricos. O capitalismo puro e simples, pelo que Powell dava a entender, destruiria o Oeste.[33]

Os levantamentos não eram apenas mais um episódio na medição do Oeste para a conquista e a pilhagem; na verdade, foram um momento autônomo na história da ciência americana quando novas percepções radicais criaram temporariamente um caminho para uma alternativa utópica ao futuro que se tornou o Project W-47 e The Pit. Atualmente esse ponto de vista está extinto. Ao reivindicar essa tradição, os fotógrafos contemporâneos optaram por moldar sua própria clareza sem a ajuda do otimismo vitoriano que levou Powell aos abismos do Colorado. Mas o "Relevantamento", ainda que seja um slogan sonoro, é uma missão difusa. Para alguns, significa pouco mais do que verificar se os pedregulhos foram mudados de lugar depois de cem anos. Para outros, no entanto, implicou perigosas jornadas morais ao fundo das paisagens do interior da Bomba.

Bebês água-viva

Se Richard Misrach viu "o coração do apocalipse" no Bravo 20, Carole Gallagher passou uma década no *American Ground Zero* (O ponto zero americano, título de seu novo livro), em Nevada e no sudeste de Utah, fotografando e coletando as histórias de suas vítimas.[34] Ela está entre os fundadores da Associação dos Fotógrafos Atômicos, que podemos considerar a mais importante colaboração social-documentária desde a década de 1930, quando a Farm Security Administration Photography Unit, de Roy Stryker, juntou as famosas lentes de Walker Evans, Dorothea Lange, Ben Shahn, Russell Lee e Arthur Rothstein. Assim como os fotógrafos da FSA dramatizaram o sofrimento dos pobres das áreas rurais durante a Depressão, a Associação decidiu documentar os custos humanos e ecológicos da corrida armamentista nuclear. Dentre suas realizações estão o instigante *Nuclear Landscapes* (Paisagens nucleares), de Peter Goin (fotografado em áreas de testes no Oeste americano e nas ilhas Marshall) e a cortante denúncia feita por Robert Del Tredici sobre a manufatura nuclear, *At Work in the Fields of the Bomb* (Trabalho nos campos da bomba).[35]

Mas é a obra de Gallagher que proclama a continuidade mais explícita com a tradição da FSA, particularmente com os clássicos retratos em preto e branco de Dorothea Lange. De fato, ela prefacia seu livro com uma reflexão sobre um lema de Lange e incorpora algumas assombrosas fotografias de St. George, Utah, em 1953, feitas por Lange. Não há dúvida de que *American Ground Zero* pretende ficar na mesma estante com clássicos da era do New Deal como *An American Exodus*

(Um êxodo americano), *Let Us Now Praise Famous Men* (Vamos agora elogiar homens famosos) e *You Have Seen Their Faces* (Você viu seus rostos).[36] No entanto, o livro dela é mais doloroso.

No início dos anos 1980, Gallagher se mudou de Nova York para St. George, para trabalhar em tempo integral em sua história oral das baixas causadas pelo programa de testes nucleares americanos. Começando com sua primeira detonação nuclear em 1951, esta pequena cidade mórmon a leste da Área de Testes de Nevada foi coberta por lixo radioativo resultante de incontáveis explosões atmosféricas e subterrâneas "ventiladas" acidentalmente. Cada nuvem letal era equivalente a bilhões de raios X e continha mais radiação do que a liberada em Chernobyl, em 1988. No entanto, nos anos 1950, a Comissão de Energia Atômica (CEA) tinha planejado deliberadamente para que a poeira radiativa soprasse sobre a região de St. George para evitar Las Vegas e Los Angeles. No gélido jargão himmleriano de um memorando secreto da CEA desenterrado por Gallagher, as comunidades-alvo eram "um segmento de baixo uso da população".[37]

Como resultado direto, essa população a favor do vento (exposta ao equivalente em poeira radioativa a, talvez, 50 Hiroshimas) está sendo comida por cânceres cumulativos, desordens neurológicas e defeitos genéticos. Gallagher, por exemplo, fala de seu silencioso temor de ir ao supermercado local e "ver crianças de quatro e cinco anos usando perucas, mortalmente pálidas e obviamente fazendo quimioterapia".[38] Mas esse horror se tornou rotina numa região onde o câncer ocorre tão densamente que quase todo morador pode enumerar longas listas de amigos e familiares com tumores ou falecidos. As cerca de oitenta e poucas vozes – ex-trabalhadores da Área de Teste de Nevada e "soldados atômicos", além de moradores a favor do vento – que compõem *American Ground Zero* soam cansadas pelas minúcias da dor e da morte.

Na maioria das histórias desses indivíduos um único momento de reconhecimento destila o terror e o espanto reverente com a catástrofe que envolveu suas vidas. Por exemplo, dois veteranos militares da explosão Hood (uma bomba de hidrogênio de 74 quilotons detonada em julho de 1957) lembram a visão do inferno que encontraram no deserto de Nevada:

> Tínhamos percorrido apenas um pequeno trecho quando um dos meus homens disse: "Meu Deus, vejam aquilo!" Olhei para onde ele estava apontando, e o que vi me horrorizou. Havia pessoas numa paliçada – uma cerca de aramado com fios de arame farpado em cima. Seus cabelos estavam caindo e a pele parecia estar se soltando. Usavam calças de brim azul mas estavam sem camisa...
>
> Eu era feliz, cheio de vida antes de ver a bomba, mas então entendi o mal e nunca mais fui o mesmo... Vi como o mundo pode acabar.[39]

Para os criadores de ovelhas era apenas o espetáculo inquietante que viam a cada nova estação nos barracões dos animais enquanto as ovelhas irradiadas tentavam dar à luz: "Você já viu um carneiro com cinco pernas?"[40] Para um marido, por outro lado, foi simplesmente ver a esposa lavando o cabelo.

> Quatro semanas depois disso [do teste atômico] eu estava sentado na sala lendo o jornal e ela havia entrado no banheiro para lavar o cabelo. De repente ela soltou um grito medonho. Corri para lá e metade do cabelo dela estava na pia! Você consegue imaginar uma mulher com cabelos lindos, pretos como um corvo, tão pretos que brilhavam azulados ao sol, como uma asa de corvo?, e era comprido, ia até os ombros. Metade estava na pia e ela estava careca como o Yul Brynner.[41]

Talvez os relatos mais arrepiantes, ainda mais do que as narrativas angustiadas de criancinhas morrendo de leucemia, sejam as histórias dos "bebês água-viva": fetos irradiados que se desenvolviam em grotescos cistos hidatiformes.

> Lembro-me de ficar preocupada porque eles disseram que as vacas comeriam o feno que tinha sido coberto por toda essa poeira radioativa, e que

> pelo leite elas produziriam iodo radioativo... Dos quatro aos seis meses, mais ou menos, fiquei pensando naquilo, porque não senti nenhum movimento dentro de mim. ...eu não tinha chegado ao tamanho de uma gravidez normal, e o médico fez um ultrassom. Ele não conseguiu ver nenhuma forma de bebê... Fez uma cesárea. Meu marido estava lá e o médico mostrou o que tinha tirado do meu útero. Eram pequenos cistos parecendo uvas. Meu marido disse que parecia um punhado de uvas sem casca.[42]

Os americanos comuns que viveram, e ainda vivem, esses pesadelos são apresentados com grande dignidade nas fotografias de Gallagher. Mas ela não consegue suprimir a frustração com a passividade de tantos mórmons que residem "a favor do vento". A submissão inquestionável a um governo da Guerra Fria em Washington e a uma hierarquia religiosa autoritária em Salt Lake City impediu o protesto efetivo durante as longas décadas de contaminação. Para os cínicos atomocratas da CEA, eles eram apenas caipiras simplórios, ansiosos por ser tranquilizados por afirmações melosas e filmes de propaganda do tipo "o átomo é seu amigo". Como uma pessoa se lembrou, falando da infância em Utah: "Recordo que na escola eles mostraram uma vez um filme chamado *A is for Atom, B is for the Bomb* [A é de átomo, B é de bomba]. Acho que a maioria de nós que cresceu naquele período... agora acrescentou *C é de Câncer, M é de Morte*."[43]

De fato, a maioria das pessoas entrevistadas por Gallagher parece ter tido mais dificuldade para aceitar as mentiras do governo do que o câncer.[44] Ironicamente, Washington travou sua guerra nuclear secreta contra o corte transversal da população mais patriótico que se possa imaginar, uma virtual tapeçaria de imagens americanas produzidas por Norman Rockwell: fuzileiros corajosos, ultra leais trabalhadores das áreas de testes, caubóis de Nevada e mineiros de tungstênio, fazendeiros mórmons e crianças sardentas de Utah. Durante 40 anos, a Comissão de Energia Atômica e seu sucessor, o Departamento de Energia, mentiram sobre os níveis de exposição, encobriram acidentes do tamanho de

Chernobyl, suprimiram a pesquisa sobre a contaminação do suprimento de leite, arruinaram a reputação de cientistas dissidentes, sequestraram centenas de partes de corpos das vítimas e conduziram uma implacável batalha legal para negar a compensação aos moradores "a favor do vento". Um estudo do Congresso, em 1980, acusava as agências de "fraude contra o tribunal", mas Gallagher usa uma palavra mais forte – "genocídio" – e nos lembra que "a falta de vigilância e controle dos criadores de armas representou" moral e economicamente "um grande papel na falência... não apenas de uma superpotência, mas de duas."[45]

E qual foi o custo definitivo? Por décadas, o encobrimento feito pela CEA impediu o acúmulo de estatísticas ou o início de pesquisas que poderiam fornecer alguns parâmetros mínimos. No entanto um relatório não publicado feito por uma força-tarefa da administração Carter (citado por Philip Fradkin) determinou que 170 mil pessoas tinham sido expostas à contaminação num raio de 400 quilômetros ao redor da Área de Testes de Nevada. Além disso, aproximadamente 250 mil militares, alguns deles agachados em trincheiras a poucos milhares de metros do marco zero, participaram de jogos de guerra atômicos em Nevada e nas ilhas Marshall durante a década de 1950 e início da de 1960. Então, junto com a força de trabalho da Área de Teste, é razoável estimar que pelo menos 500 mil pessoas foram expostas a efeitos intensos, a curta distância, de detonações nucleares. (Em comparação, este é o número *máximo* citado por estudiosos dos efeitos da radiação resultantes dos testes no Polígono de Semipalatinsk.)[46]

Mas esses números apenas sugerem a verdadeira escala da toxicidade nuclear. Outro milhão de americanos trabalhou em fábricas de armas nucleares desde 1945, e algumas dessas instalações, especialmente o gigantesco complexo Hanford, em Washington, contaminaram seu meio ambiente com secretas emissões mortais, inclusive de iodo radioativo.[47] Além disso, a maior parte do meio-oeste e do nordeste urbano estava a favor do vento durante os testes atmosféricos dos anos 1950, e as frentes de tempestade frequentemente levavam radioisótopos carcinogênicos até a cidade de Nova York. Como o comandante do esquadrão de elite da Força Aérea responsável por monitorar as nuvens dos testes nucleares durante os anos 1950 contou a Gallagher (ele estava sofrendo de câncer): "Não há ninguém nos Estados Unidos que não esteja a favor do vento... Quando seguíamos as nuvens, percorríamos todos os Estados Unidos, de leste a oeste... Onde é que você vai estabelecer o limite?"[48]

SEGUNDA PARTE: CURANDO FERIDAS GLOBAIS

Mas na última década nativos americanos, fazendeiros, ativistas da paz, gente que mora a favor do vento e até mórmons normalmente conservadores tentaram estabelecer um firme limite contra outros testes com armas, envenenamento por radiação e ecocídio nos desertos de Nevada e Utah. Os três curtos relatórios de campo que se seguem (escritos em 1992–1993 e 1996–1997) são instantâneos do mais extraordinário movimento social que emergiu no Oeste no pós-guerra.

Humilhando o "Tio Poderoso"

Voltando ao outono de 1992. Os guardas (particulares) Wackenhut no portão principal da Área de Testes Nucleares (ATN) de Nevada ajustam nervosamente as viseiras dos capacetes e ficam balançando os cassetetes. A um quarteirão de distância, logo depois da placa permanente de trânsito que alerta "Cuidado com os manifestantes!", mil pessoas reunidas num protesto antinuclear, com estandartes desfraldados, estão se aproximando num ritmo de funeral, ao toque sombrio de um tambor.

O líder improvável desse exército juvenil é um rancheiro de aparência rude das montanhas Ruby chamado Raymond Yowell. Com peito amplo que pressiona a camisa com botões imitando pérola e mãos calejadas que laçaram mil cavalos selvagens, ele faz o Homem de

Marlboro parecer um fracote. Mas quem olhar de perto vai notar uma pena de águia sagrada em seu chapéu Stetson. O sr. Yowell é chefe do Conselho Nacional Shoshone no Oeste.

Quando uma autoridade alerta aos manifestantes que eles serão presos se atravessarem a guarita que demarca a fronteira da Área de Testes, o cacique Yowell responde, com um muxoxo, que o Departamento de Energia é que está invadindo a terra sagrada dos shoshone. "Nós agradeceremos *se* vocês saírem", diz com firmeza. "E por favor levem a porcaria do seu lixo nuclear e os policiais de aluguel."

Enquanto o cacique Yowell está sendo algemado junto ao portão principal, dezenas de manifestantes atravessam a cerca do perímetro e se espalham pelo deserto. São caçados como coelhos por Wackenhut armados usando buggies rápidos e baixos. Alguns tentam se esconder atrás de iúcas, mas todos acabarão sendo apanhados e levados de volta às construções de concreto cercadas de arame-navalha que servem como cadeia da Área de Testes. É dia 11 de outubro, véspera dos 500 anos da chegada de Colombo ao Novo Mundo.

O programa de testes nucleares dos EUA está sob cerco constante desde que o American Peace Test, baseado em Las Vegas (um ramo de ação direta do antigo Moratorium), acampou pela primeira vez diante do portão Mercury da ATN em 1987. Desde então, mais de dez mil pessoas foram presas em manifestações de massa do APT ou em ações pequenas que vão desde vigílias de oração quaker até ataques do Greenpeace no próprio marco zero. (Em *Violent Legacies* (Legados violentos), Misrach incluiu uma foto maravilhosa das "Princesas contra o plutônio", vestidas com roupas antirradiação e máscaras da morte, acampadas ilegalmente dentro do perímetro da ATN.) Esquivar-se dos Wackenhut no deserto de Nevada se tornou o rito de passagem para uma nova geração de ativistas da paz.

A mobilização – "Curando feridas globais" – na Área de Testes, no outono de 1992, foi um divisor de águas na história dos protestos antinucleares. Em primeiro lugar, a ação coincidiu com a moratória de nove meses do Congresso para testes nucleares (adiando até setembro último uma explosão com o codinome "Tio Poderoso"). Por fim, o objetivo estratégico do movimento, um amplo tratado de banimento dos testes, parecia hipnoticamente ao alcance. Em segundo, a liderança do movimento começou a ser assumida pelos povos nativos cujas terras foram envenenadas por quase um século de testes nucleares.

Esses dois fatos têm uma fascinante conexão internacional. A moratória de Washington foi uma resposta de má vontade à cessação anterior e unilateral dos testes por parte de Moscou, ao passo que a iniciativa russa foi arrancada de Yeltsin por uma pressão popular sem precedentes. A revelação de um grande acidente nuclear no Polígono em fevereiro de 1989 provocou um levante não violento no Cazaquistão. O famoso escritor Olzhas Suleimenov usou uma leitura de poesias transmitida pela TV para insistir que os cazaques imitassem o exemplo das manifestações em Nevada. Dezenas de milhares de manifestantes, alguns brandindo fotos de familiares mortos pelo câncer, inundaram as ruas de Semipalatinsk e Alma-Ata, e dentro de um ano o "Movimento Nevada-Semipalatinsk" tinha se tornado "a maior e mais influente organização pública do Cazaquistão, sendo apoiada por uma vasta gama de pessoas, desde intelectuais até operários".[49] Dois anos depois, o Soviete Supremo do Cazaquistão, como parte de sua declaração de independência, baniu os testes nucleares para sempre.

Foi a primeira revolução antinuclear bem-sucedida no mundo, e os organizadores tentaram espalhar seu espírito com a formação da Aliança Antinuclear Global (AAG). Eles esperavam especificamente alcançar outras nações nativas e comunidades vitimizadas pelo colonialismo nuclear. Os shoshone do Oeste estavam entre os primeiros a responder. Diferentemente de muitas outras aldeias do Oeste, o povo do cacique Yowell nunca admitiu a soberania dos EUA na Grande Bacia de Nevada e Utah, e até insiste em usar seu próprio passaporte nacional quando viaja por outros países. Em conversas com os cazaques e ativistas das áreas de testes no Pacífico, eles descobriram um pungente parentesco que finalmente levou o patrocínio conjunto da AAG e dos shoshone para o "Curando Feridas Globais", com suas duas exigências de acabar com os testes nucleares e restaurar os direitos às terras nativas.

No passado alguns participantes criticaram os acampamentos do American Peace Test por seu caráter predominantemente contracultural. De fato, em outubro passado, como é comum, o quadro de avisos na entrada do acampamento dava orientações para grupos de afinidade, mesas de massagem, arroz integral e melhorias cármicas. Mas o ambiente estilo Grateful Dead era aliviado pela presença de uma autêntica frente unida da Grande Bacia que incluía mórmons e indígenas paiute que moravam a favor do vento com relação à área de St. George, ex-soldados expostos aos testes atmosféricos dos anos 1950, fazendeiros de Nevada lutando para desmilitarizar terras públicas (Citizen Alert), um representante de trabalhadores envenenados por plutônio na gigantesca central nuclear de Hanford e os Reese River Valley Rosses, uma banda shoshone de música country. Além disso havia amigos do Cazaquistão e de Mururoa, e também um cansado regimento de europeus que tinham feito manifestações por todo o continente.

A derrota de George Bush um mês depois do "Curando Feridas Globais" solidificou no movimento pacifista o otimismo de que a moratória do Congresso iria se transformar numa proibição permanente dos testes. Os dias da Área de Testes de Nevada pareciam contados. Mas para perplexidade dos shoshone do Oeste, dos moradores a favor do vento e do resto da comunidade, a nova administração democrata demonstrou entusiasmo pouco discreto pelo culto ardente aos poderosos complexos industriais-nucleares. Animados pelo regime dos conservadores em Londres, ansiosos para testar a ogiva nuclear do novo míssil "TASM" da RAF no deserto de Nevada, o Pentágono e os três gigantescos laboratórios atômicos (Livermore, Los Alamos e Sandia) estiveram por um fio de convencer Clinton a retomar o "Tio Poderoso". Apenas uma revolta no último minuto por parte de 23 senadores – com medo de que outros testes pudessem solapar a cruzada liderada pelos EUA contra poderes nucleares incipientes como o Iraque e a Coreia do Norte – obrigou a Casa Branca a estender a moratória.

Ainda que a proibição tenha sido mantida, há alguma evidência de que o Pentágono participou de testes, por procuração, na Polinésia Francesa. Em 1995, rompendo a política dos anos Bush, a Casa Branca permitiu que os militares franceses levassem de avião componentes da bomba H para Mururoa passando pelo espaço aéreo americano, usando o aeroporto de Los Angeles como ponto de parada. O Partido Trabalhista Britânico, ecoando relatos da imprensa francesa, acusou Washington e Londres de serem parceiros silenciosos na série de testes em Mururoa, denunciados internacionalmente, compartilhando dados franceses ao mesmo tempo que davam o apoio logístico e diplomático a Paris.[50]

Mais recentemente os refletores se voltaram de novo para Nevada, onde na primavera de 1977 pacifistas estavam se preparando para protestar contra o novo programa da ATN de testes com "produção zero". O Departamento de Energia está planejando usar altos explosivos para comprimir plutônio "velho" até a beira da reação em cadeia, uma violação explícita do acordo amplo de Proibição de Testes, com o objetivo de gerar dados para um estudo em computadores dos "efeitos da idade nas armas nucleares". Isso faz parte do programa científico da administração Clinton chamado de Stockpile Stewardship (Guarda do Estoque), que, segundo os críticos, meramente levou a corrida nuclear para laboratórios de alta tecnologia como as Instalações Nacionais de Ignição do laboratório de Livermore, no valor de 1 bilhão de dólares, onde superlasers vão produzir minúsculas explosões nucleares que por sua vez serão estudadas pela próxima geração de supercomputadores "teraflop" (um trilhão de cálculos por segundo). Os pacifistas da Grande Bacia, como sua contrapartida do Cura Global, temem que esses "testes atômicos virtuais", combinados com dados das explosões com "produção zero" em Nevada, encoragem não somente a manutenção, mas também o maior desenvolvimento de armas nucleares estratégicas. Enquanto isso, os motoristas ainda precisam "Parar para os manifestantes" na saída Mercury.[51]

O laboratório da morte

Janeiro de 1993. É um dos invernos mais frios de que se tem memória na Grande Bacia. Os caminhoneiros congelam em suas máquinas paradas na Interestadual 80 interrompida pelo gelo enquanto rebanhos de ovelhas são engolidos inteiros pelas enormes nevascas. É fácil perder a saída para o Skull Valley.

A uma hora de carro de Salt Lake City, o Skull Valley é típico da paisagem de bacia e montanhas que caracteriza boa parte do Oeste entre as cordilheiras. Há dez mil anos era o braço azul de um fiorde no pré-histórico lago Bonneville (matriz do atual Grande Lago Salgado), cujas margens antigas ainda se desenham na face das montanhas Stansbury cobertas de neve. Hoje o piso do vale (quando não está cheio de neve) é entregue principalmente aos arbustos de artemísia, ao pó de álcali e às relíquias da história incomparavelmente estranha da área.

Meia dúzia de ranchos abandonados, agora cheios de mato seco, é tudo que resta dos imigrantes que trabalhavam na tecelagem de algodão inglesa – o clássico proletariado de Lancashire, de Engels – que foram os primeiros colonos mórmons no fim da década de 1850. A cidade fantasma de Iosepa, ali perto, testemunha o sofrimento de várias centenas de nativos havaianos convertidos, chegados uma geração depois, que lutaram contra a seca, a saudade de casa e a lepra. Seu cemitério, com lindos nomes polinésios gravados na quartzita de Stansbury, é um dos locais mais inesperados e pungentes do Oeste americano.[52]

Mais ao sul algumas famílias sobreviventes do povo gosiute, de Utah – povo da Época do Sonho, e primos em primeiro grau dos shoshone do Oeste –, cuidam da "Última Estação do Poney Express" (atualmente uma loja de conveniência) e alugam o resto da reserva à Hercules Corporation para testar foguetes e explosivos. Em 1918, depois de se recusarem a se alistar, os bandos de gosiute do Skull Valley e de Deep Creek foram cercados pelo Exército no que os jornais de Salt Lake City chamaram de "último levante indígena".[53]

Por fim, na extremidade sul do vale, do outro lado de um templo mórmon de tamanho incongruente e solitário, uma placa afasta os curiosos para longe do Campo de Provas de Dugway: desde 1942, a principal área de testes para armas químicas, biológicas e incendiárias dos EUA. O napalm foi inventado aqui e experimentado em enormes réplicas de moradias de trabalhadores alemães e japoneses (parte dessa fantasmagórica "cidade condenada" ainda está de pé). Também foi testada aqui a supersecreta bomba de antraz anglo-americana (Projeto N) que Churchill, exasperado com os ataques das V-2 contra Londres, em 1945, queria usar para matar 12 milhões de alemães. O Projeto W-47 – que incinerou Hiroshima e Nagasaki – era baseado aqui perto, do outro lado da Granite Mountain.[54]

Nos anos do pós-guerra, o Pentágono realizou uma sequência de experiências de pesadelo com pessoas vivas em Dugway. Em 1955, por exemplo, um gerador de nuvens foi usado para saturar 30 voluntários – todos adventistas do Sétimo Dia que alegavam impedimento de consciência – com febre Q, potencialmente mortal. Depois, entre agosto e outubro de 1959, a força aérea deliberadamente deixou reatores nucleares derreterem em oito ocasiões e usou ar comprimido para garantir que a radiação resultante se espalhasse ao vento. Foram postos sensores numa área de 340 quilômetros para rastrear as nuvens de radiação. Quando foram detectadas pela última vez elas iam na direção da antiga US 40 (atualmente a Interestadual 80).[55]

Entre 1951–1969, o Exército realizou com maior visibilidade 1.635 testes de campo com gás dos nervos sobre Dugway, envolvendo pelo menos 230 mil quilos do agente mortal. Os lançamentos de gás dos nervos finalmente foram interrompidos depois que uma experiência que deu errado, em 1968, asfixiou seis mil ovelhas na reserva gosiute ali perto. Mesmo pagando 1 milhão de dólares pelos danos, o Exército se recusou a reconhecer qualquer responsabilidade. Envolvido em segredo e financiado por um gigantesco orçamento não declarado, Dugway continuou a operar sem fiscalização pública.[56]

Então, em 1985, o senador Jeremy Stasser e o escritor Jeremy Rifkin se juntaram para denunciar planos do Pentágono para usar engenharia genética com o objetivo de criar "linhagens de Andrômeda" de micro-organismos assassinos. Apesar de os Estados Unidos terem assinado a Convenção de Armas Biológicas de 1972, que proibia seu desenvolvimento, o Exército propunha construir um laboratório de alta segurança em Dugway para testar "defensivamente" suas novas criaturas.[57]

A oposição ao Laboratório da Morte foi liderada pelo Downwinders, Inc.* um grupo baseado em Salt Lake City que brotou da solidariedade às vítimas de radiação na área de St. George. Além de fazendeiros locais e estudantes universitários, o Downwinders conseguiu levantar o apoio de médicos no Latter Day Saints Hospital (mórmon) e, eventualmente, de toda a Associação Médica de Utah. A preocupação local com Dugway foi aumentada mais ainda pela admissão, por parte do Exército, de que organismos ultratóxicos eram regularmente enviados pelos correios.

O Pentágono, acostumado a um tratamento com tapete vermelho no superpatriótico Utah, ficou pasmo diante da tempestade de audiências públicas e protestos, bem como com o tamanho da oposição. Em setembro de 1988, o Exército cancelou com relutância os planos para seu novo laboratório "BL-4". Numa entrevista recente, Steve Erickson, organizador do Downwinders, observou que "esta foi a primeira vitória popular, em qualquer parte do mundo, contra os testes de armas biológicas ou químicas". Mas em 1990 as autoridades de Dugway ressuscitaram inesperadamente seus planos para o laboratório de guerra biológica, se bem que agora restringindo o âmbito dos testes

---

* Algo como "Moradores a favor do vento, Ltda". (*N. do T.*)

propostos a organismos letais "naturais", em vez de mutantes criados pela biotecnologia.[58]

Um ano depois, enquanto o Downwinders e seus aliados ainda travavam escaramuças com o Exército por causa do possível impacto ambiental do novo laboratório, subitamente o Escudo do Deserto se transformou na Tempestade no Deserto. Washington se preocupava abertamente com o aterrorizante arsenal de agentes biológicos e químicos do Iraque, e Dugway lançou um programa acelerado de experiências com antraz, botulismo, peste bubônica e outras microtoxinas numa instalação dos anos 1950 restaurada, o Laboratório Baker. Simulações desses organismos também foram testadas na atmosfera.

O Downwinders, junto com a Associação Médica de Utah (dominada por médicos mórmons), foi ao tribunal distrital dos EUA questionar a retomada dos testes no veterano Laboratório Baker, bem como o plano de uma "nova unidade para testes de ciências da vida". O processo foi montado a partir do não cumprimento, por parte do Exército, das leis ambientais federais bem como do escandaloso fracasso em fornecer aos hospitais locais o treinamento e o soro para enfrentar algum grande acidente de guerra biológica em Dugway. O incrivelmente tóxico vírus do botulismo, por exemplo, fora testado em Dugway por décadas, mas não havia uma única dose do antídoto em Utah (de fato, em 1993, havia apenas 12 doses em toda a Costa Oeste).[59]

Ao abrir o processo, o Downwinders também queria esclarecer o papel das armas químicas e biológicas na Guerra do Golfo. Em primeiro lugar, esperava obrigar o Exército a revelar por que vacinava dezenas de milhares de soldados com um soro antibotulismo experimental e possivelmente perigoso. Será que de novo os soldados estavam sendo usados como cobaias do Pentágono? Haveria alguma conexão entre as vacinações e a estranha doença – chamada de "Síndrome da Guerra do Golfo" – trazida para casa por tantos veteranos?

Em segundo lugar, o Downwinders esperava lançar mais luz sobre o motivo para a administração Bush ter permitido as vendas de potenciais agentes biológicos nos meses anteriores à invasão do Kuwait.

"Se a justificativa do Exército para retomar os testes em Dugway era a iminente ameaça da guerra biológica no Iraque", disse Erickson, "por que o Departamento de Comércio tinha anteriormente permitido que 20 milhões de dólares em perigosos materiais biológicos 'de uso duplo' fossem vendidos à Comissão de Energia Atômica do Iraque? Estávamos tentando defender nossas tropas contra nossos próprios vírus e bactérias descartados?"[60]

Na ocasião o Pentágono se recusou a responder às perguntas, e o Downwinders perdeu o processo, mas continua convencido de que os agentes biológicos são os principais suspeitos da "Síndrome da Guerra do Golfo". Enquanto isso, o Exército terminou a controvertida Unidade para Testes de Ciências da Vida, e começam a surgir boatos de pesquisas com fibrovírus superletais. Então, em 1994, Lee Davidson, repórter do jornal mórmon *Desert News*, usou a Lei de Liberdade de Informação para escavar os detalhes de experiências com seres humanos em Dugway durante as décadas de 1950 e 1960. Dois anos depois, ex-empregados de Dugway reclamaram publicamente pela primeira vez de cânceres e outros problemas que acreditam ser causados por testes químicos e biológicos. O Departamento de Defesa finalmente admitiu que a limpeza das 143 principais áreas tóxicas de Dugway pode custar bilhões de dólares e demorar gerações para terminar, se é que terminará algum dia.[61]

A Grande Bacia "de lixo"?

Protestos populares nos estados entre as cordilheiras têm atrapalhado repetidamente os planos mais cuidadosos do Pentágono. Ecoando sentimentos frequentemente expressos no "Curando Feridas Globais", Steve Erickson, do Downwinders, alardeia os dramáticos sucessos do movimento pacifista no Oeste na década passada. "Conseguimos derrotar os sistemas de mísseis MX e Midgetman, mandamos para longe a proposta da Canyonlands Nuclear Waste Facility, paramos com a construção do BL-4 de Dugway e impusemos uma proibição temporária dos testes nucleares. Não é um mau resultado para um punhado de caubóis e indígenas em Nevada e Utah: dois estados supostamente defensores ardorosos dos militares!"[62] Mas a luta continua. O Downwinders e outros grupos, inclusive os shoshone do Oeste e o Citizen Alert, veem uma nova e agourenta ameaça à saúde pública e ambiental sob o slogan aparentemente benigno de "desmilitarização". Com o fim abrupto da Guerra Fria, milhões de velhas armas estratégicas e táticas, além de seis toneladas de plutônio militar (a substância mais venenosa que já existiu na história geológica da Terra), devem de algum modo ser descartadas. Como alerta Seth Shulman, "o problema do lixo tóxico militar em todo o país é monumental – um pesadelo de proporções quase avassaladoras."[63]

A reação do Departamento de Defesa, de modo pouco surpreendente, tem sido jogar a maioria de seus mísseis obsoletos, armas químicas e lixo nuclear no triângulo pouco povoado entre Reno, Salt Lake City e Las Vegas: uma região que talvez já contenha mil áreas "altamente contaminadas" (o número exato é segredo) em 16 bases militares e instalações do Departamento de Energia.[64] A Grande Bacia, como em 1942 e 1950, foi indicada de novo para o sacrifício. Mas o detrito apocalíptico do Pentágono é uma nova cornucópia regional – o equivalente a um Comstock pós-moderno – para um punhado de poderosas empreiteiras ligadas à defesa e empresas de tratamento de rejeitos. Como alertou a jornalista ambientalista Triana Silton há alguns anos: "uma guerra corporativa total está surgindo enquanto parte do antigo complexo industrial-militar se transforma num novo complexo de descarte de lixo tóxico".[65]

Há enormes lucros a ganhar livrando-se de equipamentos antigos, motores de foguetes, armas químicas, subprodutos do urânio, solo radiativo e coisas assim. E os ganhos das empresas ficam ainda melhores quando a reciclagem militar é combinada com o processamento de resíduos sólidos urbanos importados, refugos médicos, produtos industriais tóxicos e lixo radiativo não militar. O grande problema tem sido encontrar governos locais dispostos a aceitar o envenenamento de suas paisagens naturais e humanas.

Nenhuma localidade tem se mostrado mais ansiosa para abraçar a nova economia política do lixo tóxico do que Tooele County, logo a oeste de Salt Lake City. Como um ativista proeminente reclamou comigo: "As autoridades do condado transformaram Tooele no maior bordel econômico do Oèste."[66] Além do Campo de Provas de Dugway e das antigas áreas de bombardeio de Wendover e Deseret, o condado também é lar do gigantesco Depósito Tooele do Exército, onde quase metade das armas químicas do Pentágono estão esperando para ser incineradas. Dentre seus bens tóxicos não militares estão a fundição local da Magnesium Corporation of America (o principal produtor nacional de poluição por gás cloro) e a West Desert Hazardous Industry Area (WDHIA), que importa lixo tóxico e radiativo de todo o país para ser queimado em seus dois enormes incineradores ou para ser enterrado em três aterros gigantescos.[67]

A maioria dessas instalações esteve envolvida em recentes escândalos de corrupção ou saúde e segurança. O ex-diretor de controle de radiação do estado de Utah, por exemplo, foi acusado, no fim de dezembro de 1996, de extorquir 600 mil dólares ("em tudo, desde dinheiro até apartamentos") de Khosrow Semnani, dono da Environcare, o depósito de lixo radiativo de baixo nível na WDHIA. Semnani contribuiu tremendamente para políticos locais numa tentativa bem-sucedida de manter os impostos estaduais e as cobranças à Environcare o mais baixos possível. Enquanto os dois outros estados que licenciam áreas comerciais para lixo de baixo nível, a Carolina do Sul e Washington, recebem 235 dólares e 13,75 dólares por pé cúbico, respectivamente, Utah cobra o valor ridículo de dez centavos de dólar por pé cúbico. Como consequência, o lixo radiativo tem se derramado no WADHIA vindo de todo o país.[68]

Enquanto isso, a ansiedade com relação à segurança cresceu até as nuvens por causa do incinerador de armas químicas de meio bilhão de dólares administrado pela EG&C Corporation no Depósito do Exército em Tooele. Como único incinerador em operação na área continental dos Estados Unidos (outro incinerador, com incontáveis acidentes, se localiza no isolado Atol Johnson, no Pacífico), o Depósito é a chave do programa de desmilitarização do Pentágono, ao custo de 31 bilhões de dólares. A veemente oposição pública bloqueou incineradores originalmente planejados para áreas em sete outros estados. Somente no condado de Tooele, faminto por empregos e impostos, que recebeu a promessa de 13 milhões de dólares em "pagamento de guerra" durante sete anos, o Exército encontrou um tapete de boas-vindas.[69]

No entanto, já em 1989, repórteres tinham obtido um relatório interno indicando que, na "pior hipótese possível", um acidente naquelas instalações poderia matar mais de dois mil moradores de Tooele e espalhar gás dos nervos por todo o urbanizado Wasatch Front. (O Centro Nacional de Informações sobre a Guerra do Golfo em Washington, D.C., mais tarde alertou que "se houver um vazamento de gás sarin do incinerador de Tooele ou de um dos depósitos de material de guerra química, moradores de Salt Lake City podem acabar vendo a doença da Guerra do Golfo chegar a um bairro vizinho".) Mesmo assim os tribunais federais rejeitaram um processo de última hora aberto pelo Sierra Club e a Fundação dos Veteranos do Vietnã da América para impedir a inauguração do incinerador em agosto de 1996.[70]

Mas 72 horas depois de dada a partida, um vazamento de gás dos nervos obrigou os operadores a fechar as instalações. Outro vazamento sério ocorreu alguns meses depois. Então, em novembro de 1996, o ex-diretor da usina corroborou o testemunho de denunciantes anteriores quando alertou publicamente às autoridades da EG&G que "300 deficiências de segurança, qualidade e operacionais" ainda assolavam a usina. Reclamou também que "o plano é administrado por ex-oficiais do Exército que desconsideram os riscos de segurança e são concentrados demais em ambiciosas programações de incineração". Enquanto isso, os grupos ambientalistas revelavam temores de que até mesmo a operação "bem-sucedida" do incinerador pode liberar perigosas quantidades de dioxinas carcinogênicas no ecossistema local.[71] De fato há evidências perturbadoras de que uma sinistra sinergia de ambientes tóxicos já pode estar criando um lento holocausto, comparável ao do sofrimento das comunidades envenenadas por radiação mostradas por Carole Gallather. Na extremidade nordeste do Vale de Tooele, por exemplo, Grantsville (5.000 habitantes) está atualmente sob as sombras superpostas da nuvem de cloro da Magnesium Corporation, das emissões dos deficientes incineradores da WDHIA, e do que quer que esteja escapando da Instalação de Desmilitarização Química. No passado, o local também esteve a favor do vento durante os testes nucleares em Nevada e das liberações de gás dos nervos de Dugway, além, obviamente, da detonação ao ar livre de velhas munições na Área Norte do Depósito do Exército, que fica próxima, porém atualmente está fechada.

Durante anos, Grantsville viveu sob um sentimento crescente de medo enquanto os casos de câncer se multiplicavam e o cemitério se enchia de mortos prematuros, especialmente mulheres na faixa dos 30 anos. Como num romance de Stephen King, houve muitos boatos de que alguma coisa estava radicalmente errada. Por fim, em janeiro de 1996, um grupo de moradores, organizado na West Desert Healthy Environment Coalition (HEAL) [Coalizão Ambiente Saudável do Deserto do Oeste] pelo bibliotecário Chip Ward e pela vereadora Janet Cook, realizaram uma pesquisa em 650 lares contendo mais de metade da população de Grantsville.

Para seu horror, descobriram 201 casos de câncer, 181 casos sérios de doenças respiratórias (sem incluir bronquite, alergias ou pneumonia) e 12 casos de esclerose múltipla. Ainda que os voluntários da HEAL acreditem que a maioria dos residentes mórmons tenha informado apenas uma parte de seus verdadeiros problemas reprodutivos, eles registraram

29 sérias anomalias congênitas e 38 casos de graves disfunções reprodutivas. Dois terços dos lares pesquisados, em outras palavras, tinham câncer ou outra doença séria na família: uma média muitas vezes maior do que a estadual e nacional. Como disse Janet Cook a um jornalista: "O sul de Utah não ficou sabendo nada sobre Grantsville."[72]

"Mais notável", observou Ward, "foi o modo como o câncer parecia concentrado entre os moradores mais antigos". Uma fonte de exposição histórica que Ward e outros agora acham que foi subestimada foram os testes de Dugway. "Uma mulher que respondeu à pesquisa, por exemplo, disse que deu à luz gêmeos seriamente deformados vários meses depois da infame matança de ovelhas em Skull Valley em 1968. Seu médico lhe disse que nunca vira tantos bebês com anomalias como naquele ano."[73]

Porém mais de um incidente, sem dúvida, está ligado ao aterrorizante índice de morbidez de Grantsville. Especialistas em saúde ambiental disseram à HEAL que "as exposições múltiplas e cumulativas, com 'virulência sinergística' [o todo é maior do que a soma das partes]" explicam melhor o grande número de cânceres e doenças pulmonares no local. Numa cidade a favor do vento, onde uma maioria de pessoas trabalha em profissões de risco, inclusive no Depósito do Exército, em Dugway, na WDHIA e na Magnesium Corporation, a exposição ambiental foi aumentada pela exposição ocupacional, e vice-versa.[74]

Consequentemente, a HEAL do Deserto Oeste, apoiada pela Aliança Progressiva trabalhista de Utah e grupos de mulheres, vem exigindo um monitoramento ambiental cada vez maior, uma moratória nas emissões e detonações ao ar livre, uma completa documentação de testes militares do passado e um estudo regional de saúde com participação significativa dos cidadãos. No início de 1997, ela havia recebido aprovação legislativa para a pesquisa de saúde e uma redução radical nas detonações feitas pelo Exército. Mas a Magnesium Corporation ainda estava liberando cloro e o Pentágono continuava fazendo um jogo de risco com 13.616 toneladas de gás dos nervos.[75]

Vista de um banco de bar no Dead Dog Saloon, Grantsville ainda parece uma relíquia viva daquele Velho Oeste de mineiros desgarrados, caubóis e indígenas. Mas a apenas alguns quilômetros pela estrada está a guarda avançada dos subúrbios que se aproximam. Desde 1995, a área metropolitana de Salt Lake City se expandiu, ou melhor, explodiu no Vale de Tooele, ao norte. A sede do condado, Tooele, foi mostrada no *New York Times* como "uma das cidades de crescimento mais rápido do Oeste". E um vasto subúrbio planejado, de bilhões de dólares, Overlake, foi colocado em seus limites.[76]

Ainda que os incorporadores locais desprezem o apelo popular dos grupos antipoluição, segmentos importantes da população urbana logo estarão à sombra tóxica das indústrias de pesadelo de Tooele. "Quando todos os novos suburbanos acordarem um dia e perceberem que também estão a favor do vento", prevê Chip Ward, "a política ambiental de Utah ficará realmente interessante".[77]

1992/1997

PÓS-ESCRITO

Interessante, de fato. Em 1997 um minúsculo grupo de gosiutes no Skull Valley (a maioria dos quais mora em Grantsville) espantou o resto de Utah assinando um contrato para abrir sua reserva a 40 mil toneladas de lixo nuclear de alto nível importado de instalações de fora do estado. Embora a maioria dos nativos americanos do Oeste tenha rejeitado os depósitos nucleares como a forma mais elevada de "racismo ambiental", o líder tribal Leon Bear (um não tradicionalista que não fala gosiute) persuadiu a maioria de seus membros de que a proposta instalação ao custo de 3 bilhões de dólares não somente enriqueceria a aldeia, mas garantiria a preservação de sua língua, em perigo de extinção. Contra a oposição séria dos tradicionalistas da aldeia, que afirmavam que o depósito destruiria uma paisagem sagrada, Bear argumentou que seria uma doce vingança contra uma sociedade branca que expulsara os gosiutes do vale de Tooele e levara sua cultura à beira da extinção. Críticos ambientais, como o Downwinders Inc., respondem que, ainda que os indígenas de Skull Valley tenham todo o direito a uma reparação, é melhor que esta não seja paga com plutônio.

De qualquer modo, o rato gosiute continua a rugir em 2002 enquanto vexadas autoridades estaduais lutam para impedir a construção em Skull Valley. O complexo do Private Fuel Storage [Depósito de Combustível Particular] é visualizado como uma sinistra instalação artística ambiental: quatro mil tonéis de aço inoxidável com seis metros de altura espalhados em cerca de 340 hectares. (O reflexo seria visto do espaço.) A organização imagina transportar milhares de conjuntos de combustível nuclear, cada um contendo dez vezes a radiatividade de longo prazo liberada pela bomba de Hiroshima, num período de 30 anos. Ainda que o combustível usado se destine a ser definitivamente armazenado por eras na cripta subterrânea da montanha Yucca, não está claro se a área de Nevada – sob o cerco dos cientistas e opositores locais – algum dia será inaugurada. Assim Skull Valley se tornaria o cemitério permanente da era nuclear, e nos pesadelos dos moradores de Salt Lake City, ali perto, o alvo terrorista mais convidativo do país.

NOTAS

1. Ainda que a caça às baleias e o esgoto sejam considerados amplamente, o impacto ambiental do militarismo no século XX é um tópico de ausência inexplicável entre os 42 estudos que compõem o marco na auditoria global: B.L. Turner e outros., orgs., *The Earth as Transformed by Human Action: Global and Regional Changes in the Biosphere over the Past 100 Years*, Cambridge, 1990.

2. Esta é a expressão usada por Michael Carricato, a ex-principal autoridade ambiental oficial do Pentágono. Ver Seth Shulman, *The Threat at Home: Confronting the Toxic Legacy of the US Military*, Boston, 1992, p. 8.
3. As paisagens nucleares, claro, também incluem parte do Ártico (Novaya Zemlya e as Aleutas), o oeste da Austrália e o Pacífico (as ilhas Marshall e Mururoa).
4. Zhores Medvedev, *Nuclear Disaster in the Urals*, Nova York, 1979; e Boris Komarov, *The Destruction of Nature in the Soviet Union*, White Plains, N.Y., 1980.
5. Ver D. J. Peterson, *Troubled Lands: The Legacy of Soviet Environmental Destruction*, uma pesquisa da Rand, Boulder, 1993, p. 7-10.
6. Ib., p. 23.
7. Murray Feshbach e Alfred Friendly Jr., *Ecocide in the USSR*, Nova York, 1992, p. 1.
8. Peterson, p. 248. Ele também cita temores de que *joint-ventures* ocidentais e investimentos internacionais possam aumentar a destruição ambiental e acelerar a conversão da ex-URSS, especialmente a Sibéria, numa "colônia ecológica" (p. 254-57).
9. Feshbach e Friendly, p. 11, 28 e 39.
10. De fato, a única citação deles sobre a degradação ambiental nos Estados Unidos refere-se aos criadouros de ostras na baía de Chesapeake (Ib., p. 49).
11. Richard Misrach, *Violent Legacies: Three Cantos*, Nova York, 1992, p. 38-59, 86. A interpretação de Misrach sobre os poços é controvertida. Oficialmente são locais de enterro para animais infectados de brucelose e outras doenças do gado. Entretanto rancheiros paiute que entrevistei corroboraram a prevalência de mortes misteriosas e nascimentos grotescos.
12. Nacionalista irlandês que simpatizava com a luta dos indígenas das planícies, Mooney se arriscou à ruína profissional ao incluir o relato de Ogalala do massacre em seu clássico *The Ghost-Dance Religion and the Sioux Outbreak of 1890*, Fourteenth Annual Report of the Bureau of Ethnology, Washington, 1896, p. 843-86. O fotógrafo foi George Trager. Ver Richard Jensen e outros, *Eyewitness at Wounded Knee*, Lincoln, Neb., 1991.

13. Richard Misrach, *A Photographic Book*, São Francisco, 1979; e *Desert Cantos*, Albuquerque, N.M., 1987.
14. Richard Misrach (com Myriam Weisang Misrach), *Bravo 20: The Bombing of the American West*, Baltimore, 1990, p. xiv.
15. Misrach, *Violent Legacies*, p. 14-37, 83-86.
16. Lois Parkinson Zamora, *Writing the Apocalypse: Historical Vision in Contemporary, US and Latin American Fiction*, Cambridge, 1989, p. 189 (a ênfase é minha).
17. William Jenkins, *New Topographics: Photographs of a Man-Altered Landscape*, International Museum of Photography, Rochester, N.Y., 1975.
18. Mark Klett *et al*, *Second View: The Rephotographic Survey Project*, Albuquerque, N.M., 1984.
19. San Francisco Camerawork, *Nuclear Matters*, São Francisco, 1991.
20. Ver o relato do próprio Adams sobre como retocou uma famosa fotografia do monte Whitney para eliminar o nome de uma cidade de um morro em primeiro plano: *Examples: The Making of Forty Photographs*, Boston, 1983, p. 165.
21. Barry Lopez, parafraseado por Thomas Southall, "I Wonder What He Saw", de Klett e outros, *Second View*, p. 150.
22. Afora Misrach, ver especialmente Mark Klett, *Traces of Eden: Travels in the Desert Southwest*, Boston, 1986; e *Revealing Territory*, Albuquerque, N.M., 1992.
23. De modo revelador, uma influência decisiva sobre o New Topographics foi o fotógrafo surrealista Frederick Sommer. Ver o ensaio de Mark Haworth--Booth em Lewis Baltz, *San Quentin Point*, Nova York, 1986.
24. Jan Zita Cover, "Landscapes Ordinary and Extraordinary", *Afterimage*, dezembro de 1983, p. 7-8.
25. Os desertos frios e as estepes de artemísia da Grande Bacia e do alto platô são colônias de flores da Ásia Central (ver Neil West, org., *Ecosystems of the World 5: Temperate Deserts and Semi-Deserts*, Amsterdã, 1983), mas as paisagens físicas são praticamente únicas (ver W. L. Graf, org., *Geomorphic Systems of North America*, Boulder, Colo., 1987).

26. É importante lembrar que a exploração inicial de boa parte desse "último Oeste" ocorreu há apenas 125 anos. Cf. Gloria Cline, *Exploring the Great Basin*, Reno, Nev., 1963. William Goetzmann, *Army Exploration in the American West, 18031863*, New Haven, Conn., 1959 e *New Lands, New Men*, Nova York, 1986.

27. Os processos eólicos do platô do Colorado se mostraram valiosos no esclarecimento da origem de certas paisagens marcianas (Julie Laity, "The Colorado Plateau in Planetary Geology Studies", em Graf, p. 288–97), ao passo que as Channeled Scablands de Washington são o equivalente mais próximo na Terra aos grandes canais de enchentes descobertos em Marte, em 1972. (Ver Baker e outros, "Columbia and Snake River Plains", em Graf, p. 403–68.) Finalmente, as planícies de basalto e as caldeiras do rio Snake em Idaho são considerados os melhores análogos dos *mares* lunares (Ib.).

28. Houve quatro levantamentos topográficos e geológicos feitos a pé no Oeste entre 1867 e 1879. O levantamento do Paralelo Quarenta foi liderado por Clarence King; o levantamento oeste do Meridiano Cem ficou sob o comando do tenente George Wheeler; o levantamento dos territórios foi dirigido por Ferdinand Vandeveer Hayden; e o levantamento da região das montanhas Rochosas foi liderado por John Wesley Powell. Eles produziram 116 publicações científicas, inclusive obras-primas como Clarence Dutton, *Tertiary History of the Grand Canyon*, Washington, 1873; Grove Karl Gilbert, *Report on the Geology of the Henry Mountains*, Washington, 1877; e John Wesley Powell, *Exploration of the Colorado River of the West*, Washington, 1873. John McPhee repetiu recentemente a expedição de King no Paralelo Quarenta (agora Interestadual 80) em seu "corte transversal dos tempos humano e geológico" em quatro volumes: *Annals of the Former World*, Nova York, 1980–1993.

29. Cf. R.J. Chorley, A. J. Dunn and R.P Beckinsale, *The History of the Study of Landforms, Volume 1: Geomorphology before Davis*, Londres, 1964, p. 469–621; e Baker e outros.

30. Stephen Pyne, *Grove Karl Gilbert*, Austin, Tex., 1980, p. 81.

31. Ann-Sargent Wooster, "Reading the American Landscape", *Afterimage*, março de 1982, p. 6–8.
32. Considerar "precipícios relapsos", "rostos murchos, caídos", "cones oscilantes do Uinkaret" e assim por diante. Ver Wallace Stegner, *Beyond the Hundredth Meridian: John Wesley Powell and the Second Opening of the West*, Boston, 1954, Cap. 2.
33. Ib., Cap. 3. O legado irônico do *Report* de Powell foi a eventual formação de uma Agência Federal de Reclamação a serviço de uma superestrutura ocidental comandada pelos monopólios de serviços públicos e da agricultura corporativa.
34. Carole Gallagher, *American Ground Zero: The Secret Nuclear War*, Boston, 1993.
35. Peter Goin, *Nuclear Landscapes*, Baltimore, 1991; e Robert Del Tredici, *At Work in the Fields of the Bomb*, Nova York, 1987. Ver também Patrick Nagatani, *Nuclear Enchantment*, Albuquerque, 1990; John Hooton, *Nuclear Heartlands*, 1988; e Jim Leager, *In the Shadow of the Cloud*, 1988. Dentre o trabalho de cineastas independentes está John Else, *The Day after Trinity* (1981); Dennis O'Rourke, *Half Life* (1985), e Robert Stone, *Radio Bikini* (1988).
36. Dorothea Lange e Paul Taylor, *An American Exodus*, Nova York, 1938; James Agee e Walker Evans, *Let Us Now Praise Famous Men*, Boston, 1941; Erskine Caldwell e Margaret Bourke-White, *You Have Seen Their Faces*, Nova York, 1937.
37. Gallagher, p. xxiii.
38. Ib., p. xxxii.
39. Israel Torres e Robert Carter, citados em ib., p. 61–62. Gallagher encontrou a história das cobaias (prisioneiros?) humanas queimadas, "repetidamente, contadas por homens que participaram da detonação Hood", p. 62.
40. Delayne Evans, citado em ib., p. 275.
41. Isaac Nelson, citado em ib., p. 134.
42. Ina Iverson, citado em ib., p. 141–43. Gallagher observa que as gravidezes com cisto também são "uma experiência comum demais para as mulheres

nativas das ilhas Marshall na Área de Testes do Pacífico depois de ser expostas à radiação das explosões de bombas de hidrogênio", p. 141.
43. Jay Truman, citado em ib., p. 308.
44. A literatura é avassaladora. Ver House Subcommittee on Oversight and Investigations, *The Forgotten Guinea Pigs*, 96th Congress, 2nd session, agosto de 1980; Thomas Saffer e Orville Kelly *Countdown Zero*, Nova York, 1982; John Fuller, *The Day We Bombed Utah: America's Most Lethal Secret*, Nova York, 1984; Richard Miller, *Under the Cloud: The Decades of Nuclear Testing*, Nova York, 1986; Howard Ball, *Justice Downwind: America's Atomic Testing Program in the 1950s*, Nova York, 1986; A. Costandina Titus, *Bombs in the Backyard: Atomic Testing and Atomic Politics*, Reno, Nev., 1986; e Philip Fradkin, *Fallout: An American Nuclear Tragedy*, Tucson, Ariz, 1989.
45. Gallagher, p. xxxi–xxxii.
46. Fradkin, p. 57; Peterson, p. 203 e 230 (fn 49).
47. Ver "From the Editors", *The Bulletin of the Atomic Scientists*, setembro de 1990, p. 2.
48. Coronel Langdon Harrison, citado em Gallagher, p. 97.
49. Peterson, p. 204; ver também Feshbach e Friendly, p. 238–39.
50. Ver meu artigo "French Kisses and Virtual Nukes", em *Capitalism, Nature, Socialism 7*, nº 1 (março de 1996).
51. Cf. Kealy Davidson, "The Virtual Bomb", *Mother Jones*, março/abril de 1995; Jacqueline Cabasso e John Burroughs, "End Run Around the NPT", *Bulletin of the Atomic Scientists*, setembro–outubro de 1995; e Jonathan Weissman, "New Mission for the National Labs", *Science*, 6 de outubro de 1995. Sobre os planos de protestos: entrevista com Trabalhadores Católicos de Las Vegas, maio de 1997.
52. Ver Tracer Panek, "Life at Iosepa, Utah's Polynesian Colony", *Utah Historical Quarterly*; e Donald Rosenberg, "Iosepa", palestra feita no centenário, Salt Lake City, 27 de agosto de 1989 (coleções especiais, biblioteca da Universidade de Utah).

53. Ronald Bateman, "Goshute Uprising of 1918", *Deep Creek Reflections*, p. 367-70.
54. Barton Bernstein, "Churchill's Secret Biological Weapons", *Bulletin of the Atomic Scientists*, janeiro-fevereiro de 1987.
55. Ver Ann LoLordo, "Germ Warfare Test Subjects" (publicado pela primeira vez no *Baltimore Sun*), republicado no *Las Vegas Review-journal*, 29 de agosto de 1994; e Lee Davidson, "Cold War Weapons Testing", *Deseret News*, 22 de dezembro de 1994.
56. Lee Davidson, "Lethal Breeze", *Deseret News*, 5 de junho de 1994.
57. Para relatos mais completos, ver Jeanne McDermott, *The Killing Winds*, Nova York, 1987; e Charles Piller e Keith Yamamoto, *Gene Wars: Military Control over the New Genetic Technologies,* Nova York, 1988.
58. Steve Erickson, Downwinders, Inc., entrevistado em setembro e novembro de 1992 e janeiro de 1993.
59. *Downwinders, Inc. v Cheney and Stone*, Processo cível nº 91-C-681j, United States Court, District of Utah, Central Division.
60. Erickson se refere a informações reveladas em dezembro de 1990 por Ted Jacobs, principal conselheiro da subcomissão do Congresso para Comércio, Consumo e Questões Financeiras.
61. Entrevistas com Steve Erickson e Cindy King, Salt Lake City, outubro de 1996.
62. Ib.
63. Schulman, p. 7.
64. A estimativa é de números publicados em Schulman, apêndice B.
65. Entrevista com Taana Silton, setembro de 1992.
66. Entrevista com Chip Ward, Grantsville, Utah, outubro de 1996.
67. Para uma descrição do WDHIA e seu cenário natural, ver Barry Wolomon, "Geologic Hazards and Land-use Planning for Tooele Valley and the Western Desert Hazardous Industrial Area", Utah Geological Survey, *Survey Notes*, novembro de 1994.
68. Jim Wolf, "Does N-Waste Firm Pay Enough to Utah?" *Salt Lake Tribune*, 10 de janeiro de 1997.

69. Ralph Vartabedian, "Startup of Incinerator Is Assailed", *Los Angeles Times*, 4 de março de 1996.
70. Lee Davidson, "An Accident at TAD Could Be Lethal," *Deseret News*, 23 May 1989; e Lee Siegel, "Burn Foes Fear Outbreak of Gulf War Ills", *Salt Lake Tribune*, 12 de janeiro de 1997.
71. Joseph Bauman, "Former Tooele Manager Calls Plant Unsafe", *Deseret News*, 26 de novembro de 1996.
72. West Desert Healthy Environment Alliance, *The Grantsville Community's Health: A Citizen Survey*, Grantsville, Utah, 1996; Diane Rutter, "Healing Their Wounds", *Catalyst*, abril de 1996. Ver também "Listen to Cancer Concerns", editorial, *Salt Lake Tribune*, 6 de abril de 1996.
73. Entrevista com Chip Ward, Grantsville, Utah, outubro de 1996.
74. Ib.
75. Entrevista com Chip Ward, janeiro de 1997.
76. James Brooke, "Next Door to Danger, a Booming City", *New York Times*, 6 de outubro de 1996.
77. Entrevista com Chip Ward, janeiro de 1997. Seu fundamental *Canaries on the Rim: Living Downwind in the West*, um amplo relato do pesadelo de Grantsville, foi publicado pela Verso em 1999.

Povoado alemão, Campo de Provas de Dugway (1998)

3. O esqueleto de Berlim no armário de Utah

> Berlim está totalmente dispersa.
>
> *Günter Grass*

O subúrbio mais distante, secreto e órfão de Berlim fica no deserto onde só crescem plantas resistentes ao sal, a uns 140 quilômetros a sudoeste de Salt Lake City. "Povoado Alemão", o rótulo oficial em mapas não mais secretos do Campo de Provas do Exército dos EUA em Dugway, é o remanescente de uma "cidade da morte", parte alemã e parte japonesa, construída pela Standard Oil em 1943. Ela representou um papel crucial no último grande projeto de obras públicas do New Deal: a incineração das cidades do leste da Alemanha e do Japão.

Em 1997, o Exército me permitiu percorrer rapidamente o Povoado Alemão com uma dúzia de meus alunos do Instituto de Arquitetura do Sul da Califórnia. Dugway, devo observar, é ligeiramente maior do que Rhode Island e mais toxicamente contaminada do que a Área de Testes Nucleares no estado de Nevada, ali perto. Como laboratório do próprio diabo durante três gerações de armas químicas, incendiárias e biológicas dos EUA, sempre foi envolto em segredo oficial e mitos da Guerra Fria. Mas a ameaça de uma reestruturação da base levou o Exército a montar uma pequena campanha de relações públicas a favor de Dugway. Como o napalm, o botulismo e o gás dos nervos não são atrações turísticas convencionais, o Campo de Provas de Dugway exalta a preservação de uma parte original da autoestrada Lincoln.[1] A maioria dos visitantes é composta por entusiastas de carros antigos que vêm admirar a decrépita ponte de uma pista só que cobre um trecho pantanoso na Baker Area, não longe do controvertido laboratório de guerra biológica, guardado por uma cerca dupla de arame cortante, onde o Exército mexe com cepas de vírus letais.

O Povoado Alemão fica cerca de 20 quilômetros mais a oeste, num amplo labirinto de misteriosas áreas de testes e de alvos que o comandante de Dugway não faz nenhuma questão de acrescentar ao itinerário dos visitantes. Ele só cedeu quando convencemos seu Departamento de Imprensa dizendo que o Povoado tinha uma aura importante que poderia incrementar a "herança da base": foi desenhado por um dos deuses do modernismo, o arquiteto judeu alemão Erich Mendelsohn.

BOMBARDEANDO BRECHT

Em 1943, o Corpo de Guerra Química recrutou Mendelsohn secretamente para trabalhar com engenheiros da Standard Oil e cenógrafos da RKO para criar uma miniatura do bairro miserável de Hohenzollern no deserto de Utah. Nada na aparência da estrutura sobrevivente – o quarteirão composto por dois cortiços conhecido como Prédio 8100 – dá qualquer ideia de que seja produto da mesma mão que desenhou marcos importantes da Berlim de Weimar como os escritórios do *Berliner Tageblatt*, a Columbushaus, a vila Sternefeld em Charlottenburg ou o Complexo Woga na Kurfürstendamm. "Tipicalidade" absoluta em todos os aspectos do projeto e da construção era o que o Corpo de Guerra Química desejava.[2]

Estavam com pressa. Apesar dos sucessos horrendos dos ataques com milhares de bombardeiros contra Colônia e Hamburgo, seus aliados britânicos estavam cada vez mais frustrados com a incapacidade de provocar uma tempestade de fogo na capital do Reich. Os principais conselheiros científicos dos Aliados insistiam num programa rápido de experimentação incendiária em réplicas exatas de moradias da classe operária. Somente os Estados Unidos – ou melhor, as forças combinadas de Hollywood e da indústria do petróleo – tinham os recursos para realizar a tarefa em alguns meses. Os processos de projeto e construção foram acompanhados por pesquisas paralelas secretas sobre as características incendiárias de casas japonesas, coordenadas pelo arquiteto Antonin Raymond, que tinha trabalhado no Japão antes da guerra.[3] O complexo de testes acabou ocupando uma área de 13 quilômetros quadrados.

O grande feito de Mendelsohn foi o anonimato de seu resultado: seis imitações dos prédios com tetos inclinados – *Mietskasernen* ou "alojamentos de aluguel" – que faziam dos bairros pobres de Berlim as favelas mais densas da Europa. Três dos prédios de apartamentos tinham tetos de telhas sobre ripas, característicos das construções de Berlim, ao passo que os outros três tinham telhados de ardósia com forro, encontrados mais facilmente nas cidades industriais do Reno. Ainda que não fossem tão altas como seus similares de sete andares em Wedding ou Kreuzberg, as estruturas de teste eram réplicas espantosamente exatas, ultrapassando em muito cada especificação que os ingleses tinham alcançado em seu complexo-alvo alemão em Harmondsworth.

Antes de desenhar qualquer planta, Mendelsohn pesquisou exaustivamente a cobertura de telhados – um parâmetro crítico para os incêndios – de bairros-alvo em Berlim e outras cidades industriais. Seus dados eram "ampliados e confirmados", informou a Companhia de Construção Civil da Standard Oil, "por um membro da Escola de Arquitetura de Harvard, especialista em construção alemã de prédios com estrutura de madeira". (Poderia ter sido Walter Gropius?) Os construtores, trabalhando com engenheiros especialistas em proteção contra fogo, deram toda atenção para garantir que a estrutura (de madeira autêntica, importada até de Murmansk) imitasse a idade e a gravidade específica das antigas construções alemãs. Quando os especialistas em fogo objetaram dizendo que o clima de Dugway era árido demais, seus parceiros da Standard Oil conseguiram manter a madeira úmida mandando soldados "aguar" regularmente os alvos, simulando a chuva da Prússia.

Enquanto isso, a mobília era encomendada na Divisão de Autenticidade da RKO, os magos que fizeram *Cidadão Kane*. Usando artesãos treinados na Alemanha, reproduziram os móveis baratos mas pesados que eram comuns nos lares proletários de Berlim. Os tecidos alemães foram cuidadosamente estudados para garantir as típicas colchas e cortinas. Enquanto os autenticadores discutiam detalhes com Mendelsohn e os engenheiros especialistas em incêndios, o processo de construção era secretamente acelerado pela convocação de internos da Prisão Estadual de Utah. Eles levaram apenas 44 dias para completar o Povoado Alemão e sua contrapartida japonesa (12 apartamentos duplos totalmente mobiliados com *hinoki* e *tatami*). Todo o complexo foi bombardeado por termita e napalm e totalmente reconstruído pelo menos três vezes entre maio e setembro de 1943. Os testes demonstraram conclusivamente a superioridade da recém-desenvolvida munição de napalm M-69.[4] Era um exemplo esplêndido da característica "abordagem americana da guerra como um vasto projeto de engenharia cujos processos essenciais são tão exatamente calculados quanto as exigências de esforço de uma represa ou uma ponte."[5]

A assinatura secreta de Mendelsohn no Povoado Alemão também é rica em ironia. Como todos os seus progressistas contemporâneos de Weimar, ele tinha um profundo interesse pelas reformas habitacionais e a criação de uma *neue Wohnkultur* (uma nova cultura de moradia). No entanto, como todos os seus biógrafos notaram, ele jamais participou dos grandes concursos para habitação social organizados pelos sociais-democratas no final dos anos 1920, que foram demonstrações cruciais das ideias urbanísticas do emergente movimento moderno. Sua ausência foi mais dramática (e misteriosa) no caso do Weissenhof Siedlung de 1927 – o projeto de habitação modelo coordenado por Mies van der Rohe e patrocinado pelo governo esquerdista de Stuttgart – que Philip Johnson chamou de "mais importante grupo de prédios na história da arquitetura moderna". Em sua biografia, Bruno Zevi diz que Mendelsohn foi *"excluído* das grandes obras do Siedlung". (Estaria ele sugerindo antissemitismo?)[6]

Se for assim, o Povoado Alemão de Dugway significou sua vingança. Ali estavam habitações de operários perversamente projetadas para acelerar a campanha para "desabrigar o operário industrial alemão", como disseram explicitamente os ingleses. As obras-primas de Gropius e dos irmãos Taut, em Weissenhof, foram incluídas nos 45% de residências alemãs que o Comando de Bombardeiros e a Oitava Força Aérea conseguiram destruir ou danificar na primavera de 1945.[7] De fato, os bombardeiros aliados transformaram em entulho mais utopias socialistas e modernistas dos anos 1920 do que mansões de nazistas. (Noventa e cinco por cento dos membros do Partido Nazista teriam sobrevivido à Segunda Guerra Mundial.)[8]

Será que Mendelsohn e outros refugiados antinazistas que trabalharam no Povoado Alemão tinham qualquer dúvida sobre as experiências incendiárias que envolviam apenas moradias plebeias? Será que captaram a agonia que o Corpo de Guerra Química estava meticulosamente planejando infligir ao proletariado de Berlim? (Parado na frente do prédio 8.100, não consegui deixar de pensar: "Isso é como bombardear Brecht.") Nenhum diário ou correspondência – Mendelsohn era notoriamente reservado – autoriza qualquer suposição. Historiadores da Força Aérea dos EUA, por outro lado, levantaram um debate complexo, algumas vezes angustiado (que jamais ocorreu no inferno racial do Teatro de Operações do Pacífico) sobre a ética de lançar bombas incendiárias sobre Berlim.

A SOCIEDADE ZOROASTRISTA

Durante os primeiros dias da Segunda Guerra Mundial, dezenas de milhões de eleitores americanos, de ascendência alemã e italiana, foram tranquilizados com a informação de que a Força Aérea do Exército jamais teria deliberadamente como alvo "o homem comum da rua". Os americanos estavam oficialmente comprometidos com a destruição limpa e de alta tecnologia de alvos estritamente militares ou industriais-militares. A Oitava Força Aérea mandava suas tripulações em ataques diurnos "de precisão" contra alvos identificados visualmente, ao contrário de seus aliados britânicos, amargurados pela Blitz, que fizeram bombardeios de saturação em cidades alemãs à noite, com uso de radar, esperando aterrorizar as populações a ponto de fugirem ou se rebelarem. As tecnologias extraordinárias do B-17 e da mira de bombardeio Norden permitiram aos Estados Unidos bombardear "com valores democráticos" (Na época, como agora, o "dano colateral" era presunçosamente varrido para baixo do tapete da consciência nacional.)

Mas, como dramatiza a construção do Povoado Alemão, a história não censurada é consideravelmente mais sinistra. Enquanto a doutrina do estado-maior, a tecnologia aeronáutica e a opinião pública doméstica preservavam um gigantesco investimento na precisão dos bombardeios, o bombardeio contra os civis, ou "moral", jamais foi excluído dos planos de guerra americanos contra a Alemanha. Como demonstraram Ronald Schaffer e outros historiadores, a AWPD-1 – a estratégia secreta para uma guerra aérea contra a Alemanha que foi adotada meses antes de Pearl Harbor – visava especificamente a que pudesse ser "altamente lucrativo lançar um ataque total, em grande escala, contra a população civil de Berlim" depois que o bombardeio de precisão tivesse prejudicado as indústrias do Rhur. Como preparativo para atacar uma metrópole industrial da escala de Berlim, a Escola Tática do Corpo Aéreo já havia "bombardeado" as infraestruturas críticas de Nova York num exercício de 1939.[9]

Além disso, os ingleses pressionavam ferozmente a Oitava Força americana a se juntar à sua cruzada de "bombardeio de área". Mesmo antes da Batalha de Berlim, Churchill havia advogado um "ataque absolutamente devastador, com bombardeiros muito pesados de seu país sobre a pátria dos nazistas".¹⁰ A Blitz gerou rapidamente uma opinião pública vingativa que apoiou essa estratégia de bombardear civis inimigos. Mas nem Churchill nem seu principal conselheiro científico e dr. Fantástico, lorde Cherwell, estavam inicialmente interessados na vingança em si. Enquanto lançavam a fúria do Comando de Bombardeiros, em março de 1942, estavam testando a hipótese havia muito apresentada por lorde Trenchard, o pioneiro teórico inglês sobre bombardeios estratégicos, de que o moral doméstico (como em 1918) era o calcanhar de aquiles alemão. Essa logo se tornou a ideia fixa ao redor da qual girava toda a política aérea britânica.¹¹

Claro que havia diferentes modos de aterrorizar os alemães a partir do céu. Por exemplo, alguém poderia ter defendido o uso das mansões dos políticos nazistas e das elites industriais para a punição aérea. Mas isso arriscava a retaliação contra a alta sociedade inglesa e foi imediatamente excluída por Cherwell. "Os bombardeios devem ser direcionados essencialmente contra casas de operários. As casas de classe média têm muito espaço ao redor, por isso podem desperdiçar bombas." Assim as esquálidas Mietskasernen viraram a mosca do alvo, e o "bombardeio de área" foi adotado como eufemismo oficial para o anterior "extermínio" de Churchill.¹² "Foi decidido", dizia a ordem oficial às tripulações aéreas em fevereiro de 1942, "que o objetivo primário de suas operações deve agora se concentrar no moral da população civil inimiga e em particular dos trabalhadores das indústrias".¹³ Em novembro de 1942, quando ataques aéreos noturnos com milhares de bombardeiros se tornaram comuns sobre o oeste da Alemanha, Churchill pôde alardear a Roosevelt as estatísticas heroicas que a RAF afirmava produzir: 900 mil civis mortos, 1 milhão seriamente ferido e 25 milhões desabrigados.¹⁴

Como escreveria mais tarde J.P. Taylor sobre "a determinação, por parte dos britânicos, logo eles, de não parar diante de nada ao travar uma guerra. As restrições civilizadas, todas as considerações de moralidade, foram abandonadas". Na época, a única dissensão pública significativa foi o protesto poderoso da escritora inglesa Vera Brittain,

Massacre by Bombing, publicado nos Estados Unidos pela Fellowship of Reconciliation. O líder socialista Norman Thomas então defendeu a Grã-Bretanha num famoso debate radiofônico com Norman Cousins, o belicoso editor do *The Saturday Evening Post*. Ainda que Brittain e Thomas fossem generalizadamente execrados pela imprensa, parte dos chefes da Força Aérea dos EUA, como o general George McDonald, diretor da inteligência da Força Aérea, compartilhava em particular sua repulsa pelo "homicídio e destruição indiscriminados".[15] O general Cabell, outro "precisionista", reclamou do "mesmo velho plano de matar bebês, defendido pelos jovens psicólogos carreiristas".[16] O secretário de Guerra Henry Stimson e o chefe do Estado-Maior George Marshall também lutaram silenciosamente para manter uma distinção moral entre a liderança nazista e a classe trabalhadora alemã. (Stimson, não querendo "que os Estados Unidos ficassem com a reputação de ultrapassar Hitler em atrocidades", se opunha igualmente ao lançamento de bombas incendiárias sobre o Japão.)[17] Enquanto isso, relatórios para o presidente Roosevelt reclamavam que tripulações da Oitava Força Aérea, "não abrigando qualquer ódio particular contra os alemães", não tinham a motivação vingativa racial de seus irmãos no Pacífico.[18] Mas o comandante-em-chefe, influenciado por seus próprios conselheiros estilo dr. Fantástico e por sua amizade com Churchill, tinha mente mais aberta quanto a massacrar civis inimigos. Quando a Operação Gomorra da RAF, em julho e agosto de 1943, conseguiu atear tempestades de fogo com a força de tornados no coração de Hamburgo (sete mil crianças estavam entre as vítimas carbonizadas), Roosevelt teria se impressionado tremendamente.[19]

A Operação Gomorra também reforçou o poder dos defensores da guerra de fogo dentro da Força Aérea do Exército e da Comissão Nacional de Pesquisas de Defesa. Seis meses antes de Pearl Harbor, o Serviço de Guerra Química tinha despachado secretamente Enrique Zanetti, um químico da Universidade de Colúmbia, para estudar a guerra incendiária em Londres. Ele se tornou um defensor fervoroso e influente do método churchilliano de enxofre e betume. Após a chegada da Oitava Força Aérea, o ambicioso chefe de sua Seção Química, o coronel Crawford Kellog, também procurou conhecimentos ingleses. Assim a RAF organizou um grupo de discussão, a chamada Sociedade Zoroastrista, para compartilhar informações técnicas e promover a estratégia de queimar cidades.[20] Logo a Sociedade se tornou um lar intelectual para jovens comandantes agressivos como Curtis Le May, contaminados pelo entusiasmo inglês pelas armas incendiárias, que queriam ver o desenvolvimento delas ser expandido em todos os teatros de operações. Seus pontos de vista eram endossados pelo subsecretário de Guerra Robert Lovett. Numa reunião para discutir a adoção de uma bomba de pesadelo, a bomba antipessoal cheia de napalm e fósforo branco, ele argumentou: "Se vamos ter uma guerra total, podemos muito bem torná-la o mais horrível que pudermos."[21]

No front doméstico, frequentemente os civis eram defensores mais ávidos da guerra total do que os militares. Walt Disney, por exemplo, popularizou as ideias arrepiantes do emigrado russo Alexander P. de Seversky – um defensor fanático do bombardeio de cidades – no filme *Victory Through Airpower* (A vitória pela Força Aérea).[22] Depois da queda de Bataan, a *Harper's* publicou um artigo amplamente discutido que exortava os ataques com bombas incendiárias a Kyoto e Kobe: "O sofrimento que um ataque incendiário causaria é terrível de se considerar. Mas nada muda o fato de que este é o modo mais barato possível de aleijar o Japão."[23] Além disso, a guerra incendiária desfrutava de um apoio poderoso por parte de influentes cientistas de Harvard (liderados pelo "pai do napalm", Louis Fieser), pelas empresas de petróleo, psicólogos (que estudavam o moral do Eixo),[24] e pela indústria de proteção contra incêndios. Os especialistas em seguros contra incêndios, segundo enfatiza um historiador, "não aconselhavam simplesmente a Força Aérea do Exército. Eles pressionavam ao máximo para que ela lançasse a guerra incendiária contra fábricas e lares". Adoravam alertar aos homens da aviação sobre o desconsiderado poder incendiário de estruturas como igrejas, que eram "bastante vulneráveis a pequenas bombas incendiárias".[25] O analista de operações de alto nível William B. Shockley (futuro inventor do transistor e notório defensor da inferioridade intelectual dos negros) defendia as bombas incendiárias com um inteligente relato de sua "lucratividade" mais destrutiva.[26]

O Povoado Alemão foi construído em maio de 1943, às vésperas do presente incendiário de Churchill a Hamburgo, para abordar questões e problemas que estavam além do terreno moral do bombardeio de precisão. Era uma apresentação comercial para o crescente lobby da guerra incendiária faminto por "lucros". Os que planejavam a próxima ofensiva aérea sobre as áreas urbanas do Japão estavam ansiosos para ver como as armas incendiárias recém-inventadas, inclusive o napalm e a incrível "bomba-morcego" (projeto raios X) que liberava centenas de morcegos vivos com minúsculas bombas incendiárias, se saíam contra as casas japonesas de Dugway.[27] Enquanto isso, a Sociedade Zoroastrista procurava pistas de como incendiar a enorme casca de alvenaria de Berlim.

O "MARXISMO" DE CHURCHILL

Em seu abalizado relatório pós-guerra "The Fire Attacks on German Cities" ("Ataques armados às cidades alemãs"), Horatio Bond, especialista em bombas incendiárias do Comitê Nacional de Pesquisas de Defesa, enfatizou a frustração dos Aliados. "Berlim era mais difícil de queimar do que a maioria das outras cidades alemãs. Havia construções melhores e melhor 'compartimentação'. Em outras palavras, os prédios residenciais não se apresentavam como grandes divisões para incêndio ou áreas de incêndio. Aproximadamente o dobro de bombas incendiárias precisava ser lançado para garantir incêndio em cada divisão." Como demonstraram os testes no Povoado Alemão, "pouco se poderia esperar em termos de livre expansão do incêndio de um prédio a outro". As construções eram perdidas "mais por ser acertadas pelas bombas do que pelo fogo espalhado de outros prédios".[28]

No entanto, até que Zhukov estivesse literalmente cuspindo no Spree, os ingleses se agarravam à crença (ou demência, como muitos americanos consideravam) de que Berlim podia ser eliminada através de bombardeios. Aquilo que as Mietskasernen se recusavam a ceder em termos de combustão, segundo os planejadores da RAF, podia ser compensado por mais bombardeiros e maior densidade incendiária. Presumiam que o sofrimento intolerável dos civis produziria inevitavelmente uma revolta proletária no coração do Terceiro Reich. "Os britânicos", explica Robert Pape, tinham nitidamente casado "o medo aéreo ao medo vermelho dos anos 1920. O poder aéreo, segundo essa lógica, bombardearia centros industriais, criando desemprego em massa e pânico, especialmente entre as classes operárias, que por sua vez derrubariam o governo. Resumindo: o ataque aéreo contra populações faria com que os trabalhadores se erguessem contra as classes governantes".[29] Churchill, que achava que um número suficiente de bombardeiros Lancaster poderia transformar os trabalhadores de Berlim de volta em antifascistas, acabou sendo um marxista mais ortodoxo do que Stalin, que sozinho parece ter entendido a enormidade do domínio moral do hitlerismo sobre a capital do Reich.

Prometendo ao povo inglês que "Berlim será bombardeada até que o coração da Alemanha nazista pare de bater", sir Arthur Harris (cujo entusiasmo por bombardear civis datava da Terceira Guerra do Afeganistão, em 1919)[30] mandou os bombardeiros pesados da RAF em 18 de novembro. Numa nova estratégia que os alemães chamaram de *Bombenteppich* "ou bombardeio-tapete", os Lancaster, voando em formações perigosamente densas, concentraram as cargas de bombas em pequenas áreas densamente povoadas. O desempenho da missão era medido simplesmente pela área urbana destruída. Os ataques incendiários foram seguidos por explosivos com o objetivo deliberado de matar os que lutavam contra os incêndios, os trabalhadores de resgate e os refugiados. Alinhado à doutrina de Churchill, de ter como alvo os cinturões vermelhos de Weimar para maximizar o descontentamento, a famosa fortaleza do KPD de Wedding foi totalmente pulverizada e incendiada.[31]

O zoológico também foi um alvo importante, o que inadvertidamente aumentou a ração de carne dos moradores mais pobres da cidade. "Os berlinenses descobriram, para sua surpresa, que alguns pratos incomuns eram extremamente saborosos. Cauda de crocodilo, por exemplo, cozinhada lentamente em panelas grandes, não era diferente de galinha gorda, ao passo que presunto e salsichas de urso se mostraram uma iguaria especial." Ainda que Harris não tenha conseguido alimentar uma tempestade de fogo ao estilo de Hamburgo sobre o Tiergarten, os Lancaster achataram quase um quarto do centro metropolitano. A BBC alardeou que algo em torno de 1 milhão de berlinenses tinham sido mortos ou feridos.[32]

No entanto, como o próprio Harris teve de reconhecer a Churchill, o esforço total da RAF "não pareceu ter sido um sucesso avassalador". Para começar, Goebbels, o verdadeiro governante da cidade, tinha montado uma brilhante defesa com suas torres antiaéreas, os esquadrões de mortais caças noturnos e as brigadas de incêndio convocadas de toda a Alemanha. Cinco por cento das tripulações aéreas de Harris eram derrubadas do céu a cada noite, um sacrifício insustentável para o Comando de Bombardeiros. Além disso, apesar dos danos terríveis causados aos cortiços, a verdadeira máquina do poder e da produção em Berlim permaneceu notavelmente sem danos. Os americanos, que tinham decifrado os códigos japoneses, não encontraram qualquer relatório de danos fundamentais nas comunicações interceptadas da embaixada japonesa em Berlim. Os analistas estratégicos dos bombardeios, de sua parte, ficaram maravilhados ao ver a capacidade de as indústrias da cidade "produzirem material de guerra praticamente sem diminuição até quase o final".[33]

Quanto ao cálculo do sofrimento que as bombas incendiárias supostamente causaria, Goebbels habilmente mudou os parâmetros. "Não divulguem negativas quanto à reivindicação dos ingleses de ter matado um milhão de pessoas em Berlim", ordenou aos seus propagandistas. "Quanto antes os ingleses acreditarem que não resta vida em Berlim, melhor para nós."[34] Enquanto isso, ele evacuou mais de um milhão de civis não essenciais – especialmente crianças – para o campo. Por outro lado, colocou centenas de milhares de prisioneiros de guerra russos e poloneses diretamente sob as miras das bombas aliadas. Como descreveu Alexander Richie: "Eles praticamente não tinham qualquer proteção contra os ataques aéreos, eram mantidos em condições de campo de concentração, recebiam rações insignificantes e inevitavelmente recebiam os trabalhos mais difíceis, imundos e perigosos... Das 720 pessoas mortas num ataque típico em 16 de dezembro de 1943, 249 eram trabalhadores escravos..."[35]

Enquanto Hitler tinha chiliques em seu bunker, Goebbels fazia comícios nas ruínas do Cinturão Vermelho, colhendo a fúria populista que os bombardeios-tapete haviam provocado nos bairros operários contra os Aliados. Ao mesmo tempo reforçou maciçamente sua incomparável rede de vigilância e terror, garantindo que qualquer semente de descontentamento fosse rapidamente destruída antes de germinar numa conspiração maior. Se os ingleses eram idiotamente cegos à possibilidade de o "bombardeio moral" na verdade reforçar o Estado nazista, os inimigos internos de Goebbels não tinham dúvida:

> O terror dos bombardeios juntou os homens. No trabalho de resgate não havia tempo para perguntar sobre quem era a favor e quem era contra os nazistas. No desespero geral, as pessoas se agarravam à única vontade fanática que podiam enxergar, e infelizmente Goebbels era a personificação dessa vontade. Era nojento de se ver, mas sempre que aquele anão desprezível aparecia as pessoas ainda se apinhavam para vê-lo e se sentiam beatificadas por receber um autógrafo ou um aperto de mão dele.[36]

A RAF se agarrava com fanatismo ao seu paradigma falho. Harris convenceu Churchill – cuja tendência era fazer pela primeira vez ataques enormes com gás venenoso – que "ainda podemos destroçar Berlim de ponta a ponta se a Força Aérea dos EUA participar. Isso nos custaria entre 400 e 500 aeronaves. Para a Alemanha, custaria a guerra".[37] No fim do inverno e na primavera de 1944, enquanto os novos e sensacionais caças americanos de longo alcance começavam a dar uma proteção sem precedentes aos B-17 no leste da Alemanha, a Oitava Força Aérea, ao mesmo tempo que teoricamente ainda escolhia apenas alvos de precisão, tornou-se parceira dos bombardeios britânicos de área numa série de ataques com mil aviões, sobre o que as tripulações sempre chamavam de "Cidade Grande". A ofensiva culminou em abril com um segundo bombardeio-tapete na bolchevique Wedding e sua irmã vermelha, Pankow. Um milhão e meio de berlinenses ficou sem teto, mas a produção industrial, de novo, se recuperou rapidamente.[38]

OPERAÇÃO TROVÃO

Até agora, na guerra, Roosevelt havia reconciliado as filosofias divergentes do bombardeio estratégico ao aceitar na Conferência de Casablanca, em 1943, o conceito britânico de uma Ofensiva de Bombardeio Combinada "para minar o moral do povo alemão", mas ao mesmo tempo preservando a opção tática da Força Aérea para alvos diurnos, de precisão. Depois de Hitler ter retaliado o Dia D com suas V-1 e depois V-2 lançadas contra Londres, esse compromisso se mostrou insustentável. De fato, a reação inicial de Churchill às armas secretas da Alemanha foi exigir ataques com gás venenoso ou coisa pior contra Berlim: "É absurdo considerar a moralidade nesse assunto", ordenou aos planejadores da RAF no início de julho. "Quero que a questão seja estudada a sangue-frio, por pessoas sensatas, e não por derrotistas uniformizados cantando salmos."[39]

O ESQUELETO DE BERLIM NO ARMÁRIO DE UTAH

Como mostrou Barton Bernstein, Churchill pediu a Roosevelt para acelerar a entrega de 500 mil "bombas-N", altamente secretas, contendo antraz mortal, que foram desenvolvidas no complexo de Granite Peak, em Dugway.[40] Segundo Bernstein, a RAF "estava montando um plano de bombardeio para usar antraz contra seis cidades alemãs: Berlim, Hamburgo, Stuttgart, Frankfurt, Aachen e Wilhelmshaven. A expectativa era de que 40 mil projéteis de 220 quilos, contendo cerca de 4,25 milhões de bombas de quase dois quilos, podiam matar pelo menos metade da população 'por inalação', e muitos outros morreriam mais tarde, por absorção pela pele".[41]

Gás venenoso e antraz eram demasiados para a Casa Branca, mas Roosevelt queria muito oferecer um presente aos ingleses. Em agosto de 1944, reclamou furioso com seu secretário do Tesouro, Henry Morgenthau Jr.: "Temos de ser duros com a Alemanha, e estou falando não somente dos nazistas, mas também do povo alemão. Temos de castrar o povo alemão, ou então você tem de tratá-los de modo a que não continuem reproduzindo pessoas que queiram continuar como no passado."[42] No mesmo mês Churchill propôs a Roosevelt a "Operação Trovão", um plano da RAF que garantiria a "castração" de 275 mil berlinenses (mortos e feridos) com um único superataque com 2 mil bombardeios contra o centro da cidade. Seguindo o conselho do chefe do Estado-maior, George Marshall, em princípio Roosevelt aceitou o plano.[43]

Importantes líderes da Força Aérea ficaram perturbados com o caráter pouco agradável da Operação Trovão. O general de divisão Laurence Kuter protestou com colegas dizendo que "é contrário a nossos ideais nacionais travar guerra contra civis". O chefe da Inteligência, McDonald, falou contra um plano que "repudia nossos objetivos e práticas do passado... e nos coloca diante de nossos aliados, dos neutros, dos inimigos e da história num contraste nítido com os russos, cuja preocupação com objetivos totalmente militares tem sido tão notável quanto o nosso vinha sendo até este momento".⁴⁴ O major-brigadeiro Carl Spaatz, comandante dos bombardeiros dos EUA na Europa, "não tinha dúvida... de que a RAF quer muito ver as Forças Aéreas dos EUA manchadas com o que virá depois dos bombardeios morais, que sentimos que será terrível". (Spaatz já estava irritado com as críticas internacionais contra as tremendas baixas civis, mais de 12 mil mortos, causadas por um falho ataque americano "de precisão" em Bucareste, em setembro.)⁴⁵ O herói de guerra Jimmy Doolittle, comandante da Oitava Força Aérea, protestou amargamente depois de receber a ordem de Eisenhower, de estar pronto para lançar bombas "indiscriminadamente" sobre Berlim.⁴⁶

Tampouco os comandantes da Força Aérea engoliram com facilidade o argumento dos planejadores em Washington que achavam que Stalin tinha ficado poderoso demais no campo de batalha e precisava de uma demonstração dramática do poder destruidor dos bombardeiros aliados. O Estado-maior aéreo da RAF acrescentou a cobertura do bolo da Operação Trovão em agosto de 1944, informando: "Uma lição espetacular e definitiva para o povo alemão sobre as consequências da agressão universal seria de valor contínuo no período pós-guerra. De novo, a total devastação do centro de uma enorme cidade como Berlim ofereceria prova incontroversa a todos os povos do poder de uma Força Aérea moderna.... Isso convenceria nossos aliados russos e os neutros da eficácia do poder aéreo anglo-americano."⁴⁷ No fim, a Operação Trovão (que agora incluía Dresden e Leipzig em seu menu) foi lançada por motivos diferentes e contraditórios, tendo tanto a ver com dar início à Guerra Fria quanto com acabar com a Segunda Guerra Mundial. Enquanto isso, o potencial assassino do que os planejadores americanos chamavam de "bombardeio promíscuo" fora aumentado dramaticamente pela chegada de centenas de milhares de refugiados em pânico fugindo do avanço do Exército Vermelho no início de 1945. Quando os céus de chumbo do inverno finalmente clearearam sobre Berlim em 3 de fevereiro, Doolittle segurou teimosamente seus mais vulneráveis B-24, mas mandou 900 B-17 e centenas de caças acompanhando-os.

Não era o *Gotterdamerung* que os ingleses tinham visualizado, mas mesmo assim 25 mil berlinenses pereceram enquanto nos subterrâneos, abaixo da Chancelaria do Reich em chamas, Hitler ouvia Wagner.[48]

Um mês depois, Dresden estava mais próxima da concepção apocalíptica original da Operação Trovão. Ainda que fosse a última cidade incólume no menu de bombardeios de Harris, o Exército Vermelho que se aproximava não a requisitou como alvo. Apinhada de refugiados em desespero, trabalhadores escravos e prisioneiros aliados, o único papel estratégico daquele centro cultural era como conexão temporária de transporte para o Front Leste, que estava implodindo. "O ímpeto para atacar Dresden, em círculos britânicos, vinha mais de Churchill", cujo objetivo, como sempre, era "aumentar o terror". Assim os bombardeiros americanos se concentraram nos pátios das ferrovias, enquanto os ingleses iam para as áreas residenciais. "As indústrias de guerra de Dresden, pouco importantes, ainda que algumas vezes citadas como justificativa para os ataques, nem serviram como alvo."[49]

Foi a maior tempestade de fogo desde Hamburgo: "queima completa", no jargão dos planejadores britânicos em êxtase. A contagem de mortos, dado o grande número de refugiados, é impossível de saber, mas as estimativas vão de 35 a 300 mil. Depois de reduzi-la a cinzas, Harris bombardeou selvagemente a cidade de novo com altos explosivos para matar os sobreviventes que estavam nos porões. Uma história oficial chamou isso de "realização máxima" do Comando de Bombardeios.[50] Então a RAF enfureceu Spaatz e Doolittle com uma entrevista coletiva que dava a entender que a Força Aérea dos EUA agora abraçava totalmente a estratégia de Churchill. (O telegrama da AP dizia: "Os chefes das forças aéreas aliadas tomaram a decisão, esperada há muito, de adotar o bombardeio deliberado de terror contra os grandes centros populacionais da Alemanha como um expediente implacável para apressar a queda de Hitler.")[51]

Em Berlim, Hitler, que sempre odiara a cidade e sua classe operária infestada por bolcheviques, deu sua famosa ordem "de Nero". Cada instalação e estrutura cívica de potencial valor para os russos deveria ser sistematicamente destruída antes da chegada deles. Quando Speer protestou que "essas demolições significariam o fim de Berlim", o Führer respondeu que essa era exatamente sua intenção. "Se a guerra está perdida, a nação também perecerá. Além disso, os que permanecerem depois da batalha serão apenas os inferiores, porque os bons terão sido mortos." O fim do Reich seria um vasto exercício de eugenia terminal.[52]

O endosso de Roosevelt à Operação Trovão, que pavimentou o caminho para a cumplicidade dos EUA em Dresden, foi um divisor de águas moral na conduta americana na guerra. Os incendiários de cidades tinham finalmente triunfado sobre os defensores dos bombardeios de precisão. Ao comprometer a Força Aérea com a doutrina britânica na Alemanha, a Operação Trovão também abriu as portas aos alunos da Sociedade Zoroastrista que queriam uma campanha incendiária irrestrita contra o Japão. Os cerca de cem mil civis que a Oitava Força Aérea queimou nas cidades do leste da Alemanha durante o inverno de 1945 eram apenas um prelúdio para o milhão de japoneses consumidos nos autos da fé dos B-29, mais tarde, naquela primavera.

Os testes secretos com napalm no "Povoado Japonês" de Dugway e mais tarde na "Pequena Tóquio" de Eglin Field, na Flórida, junto com o ataque experimental "apenas incendiário" de Curtis Le May contra a cidade chinesa de Hankow em dezembro de 1944, deu aos planejadores americanos a confiança de que podiam alcançar o antigo sonho do pioneiro dos bombardeios, Billy Mitchell, de incinerar as "cidades de papel" do Japão ("os maiores alvos aéreos que o mundo já viu").[53] A Comissão de Analistas de Operações – entre cujos membros estavam Thomas Lamont, da J.P. Morgan, W. Barton Leach, da Faculdade de Direito de Harvard, e Edward Mead Earle, do Instituto de Estudos Avançados de Princeton – estava convencida de que tinha resolvido o quebra-cabeça científico de como gerar holocaustos cujo "resultado ótimo" seria "o caos completo em seis cidades japonesas matando 584 mil pessoas". No caso, o ataque do Vigésimo Primeiro Comando de Bombardeiros contra Tóquio em 10 de março de 1945 excedeu a todas as expectativas: o general Norstad o descreveu como "nada menos do que maravilhoso".[54]

O alvo da "Operação Casa de Encontro" – o mais devastador ataque aéreo na história mundial – era a contrapartida de Tóquio para Wedding ou o Lower East Side, o populoso distrito de classe operária de Asakusa. O comandante da Quinta Força Aérea, Curtis Le May, via os japoneses do mesmo modo como um Heydrich ou um Eichman viam os judeus e comunistas: "Sabíamos que íamos matar um monte de mulheres e crianças quando queimássemos aquela cidade. Isso tinha de ser feito... Para nós não há civis no Japão."[55] Como o Japão praticamente não tinha nenhum caça noturno, Le May tirou os armamentos de suas Superfortalezas B-29 para dar lugar ao máximo de bombas. Duas mil toneladas de bombas incendiárias de napalm e magnésio foram lançadas no denso padrão que os testes de Dugway tinham mostrado para maximizar a temperatura e a disseminação do fogo. O inferno resultante (*Akakaze*, ou "vento vermelho", em japonês) foi mais mortal do que Hiroshima, com uma estimativa de 100 mil mortos. O know-how americano fabricou os fogos do inferno.

> A maioria morreu horrivelmente enquanto o intenso calor da tempestade de fogo consumia o oxigênio, fervia a água nos canais e lançava vidro líquido rolando pelas ruas. Milhares se sufocaram em abrigos e parques; multidões em pânico esmagavam vítimas que tinham caído nas ruas enquanto corriam para as vias aquáticas para escapar das chamas. Talvez o incidente mais terrível tenha acontecido quando um B-29 lançou sete toneladas de bombas incendiárias em cima e ao redor da multidão na apinhada ponte Kokonoe. Centenas de pessoas se transformaram em tochas ferozes e "caíram no rio provocando chiados". Um escritor descreveu os corpos em queda dizendo que lembravam "lagartas que tinham sido queimadas numa árvore". Os artilheiros na cauda do avião ficaram

enjoados pela visão de centenas de pessoas queimando até a morte com o napalm pegando fogo na superfície do rio Sumida.... As tripulações dos B-29 lutavam contra as correntes ascendentes em alta temperatura que destruíram pelo menos dez aeronaves, e usavam máscaras de oxigênio para não vomitar com o fedor de carne queimada.[56]

O macabro "sucesso" do ataque, que tornou Le May o mais "lucrativo" comandante aéreo da guerra, foi mantido em segredo do público americano durante quase três meses. Então, em 30 de maio, o *New York Times* gritou em manchete orgulhosa: "Um milhão de japoneses podem ter morrido." Como observa secamente o historiador da Força Aérea Thomas Searle, "poucos americanos reclamaram".[57] Os horrores de Hiroshima e Nagasaki, alguns meses depois, foram um mero anticlímax para o milhão de mortes em Tóquio, que a maioria dos americanos acreditava que já tinham sido infligidas como vingança por Pearl Harbor. O extermínio em massa de civis japoneses tinha passado pelo crivo da opinião pública muito antes que o *Enola Gay* pusesse a prefeitura de Hiroshima em sua mira.

Esses fantasmas do lado mais sombrio da Boa Guerra – talvez dois milhões de civis do Eixo – ainda assombra a vastidão sem vida ao redor do Povoado Alemão. A história medonha da moderna guerra incendiária está guardada aqui. Agora que a Potsdamer Platz e as outras feridas abertas da história de Berlim foram curadas numa demonstração de prosperidade reunificada, as Mietskasernen abandonadas de Mendelsohn subitamente parecem monumentais: uma condenação da arrogância de se punir "lugares ruins" bombardeando-os. O Povoado Alemão é a mágoa secreta de Berlim, sussurrando no silêncio contaminado do deserto de Utah.

2002

NOTAS

1. Departamento do Interior, *Historic Properties Report:* Dugway Proving Ground, Washington, D.C., 1984.
2. O que se segue é tirado de Standard Oil Development Company, "Design and Construction of Typical German and Japanese Test Structures at Dugway Proving Grounds, Utah", 27 de maio de 1943 (exemplar fornecido pelo escritório de relações públicas de Dugway).
3. Antonin Raymond, *An Autobiography*, Rutland, Vt. 1973. "Como na época eu estava muito ocupado em Fort Dix, Nova Jersey, construímos uma indústria de material pré-fabricado perto de Fort Dix e estabelecemos uma frota de caminhões que ia de Dix, em Jersey, até os Campos de Provas de Utah, a milhares de quilômetros, para transportar as partes pré-fabricadas. Essas partes eram montadas no Campo de Provas e submetidas ao bombardeio. Assim que eram destruídas, novas eram erguidas, até que o resultado fosse satisfatório. As construções eram totalmente mobiliadas com *futon*, *zabuton* e tudo que encontramos normalmente numa casa japonesa. Tinham até *amado* (persianas deslizantes), e os bombardeios eram ensaiados à noite e de dia, com os *amado* fechados ou abertos" (p. 189).
4. Louis Fieser, *The Scientific Method: A Personal Account of Unusual Projects in War and Peace*, Nova York, 1964, p. 129–30; e Kenneth Werrell, *Blankets of Fire: US Bombers over Japan During World War II*, Washington, D.C., 1996, p. 49.
5. Barry Watts, *The Foundations of US Air Doctrine*, Maxwell Air Force Base, 1984, p. 106.
6. Bruno Zevi, *Erich Mendelsohn*, Londres, 1985, p. 140 (grifo meu).
7. Richard Pommer e Christian Otto, *Weissenhof 1927 and the Modern Movement in Architecture*, Chicago, 1991, p. 156–57.
8. Alexander Richie, *Faust's Metropolis: A History of Berlin*, Londres, 1999, p. 533.
9. Robert Pape, *Bombing to Win: Air Power and Coercion in War*, Ithaca, N.Y., 1996, p. 64.

10. John Terraine, *The Right of the Line: The Royal Air Force in the European War, 1939-1945*, Londres, 1985, p. 259.
11. Ib., p. 263. Defensores do bombardeio de terror, como Cherwell, Trenchard, Sir Charles Portal e, claro, Arthur Harris, do Comando de Bombardeiros, argumentaram que uma campanha contínua traria a derrota do Reich em 1944, com a ajuda de apenas "uma força terrestre relativamente pequena" (p. 504).
12. "A política aérea, a política do Comando de Bombardeiros, todo o curso da ofensiva estratégica, foram levados inexoravelmente em direção ao método que nem mesmo Churchill agora chamava de 'extermínio', ainda que 'moral' continuaria sendo amplamente usado, e de modo ainda mais genérico, 'bombardeio de área'": Ib., p. 262.
13. Lee Kennett, *A History of Strategic Bombing*, Nova York, 1982, p. 129.
14. Terraine, p. 507. "Isto era nada mais, nada menos, do que uma receita para o massacre."
15. Ronald Schaffer, *Wings of Judgment: American Bombing in World War II*, Nova York, 1985, p. 102.
16. Ib., p. 92.
17. Conrad Crane, *Bombs, Cities and Civilians: American Airpower Strategy in World War II*, Lawrence, Kans., 1993, p. 29-30 e 34-37. Infelizmente, o secretário de Guerra não encontrou entre os parlamentares quem ecoasse seus escrúpulos. "Robert Oppenheimer lembrou que Stimson achava espantoso ninguém protestar contra a enorme perda de vidas causada pelos ataques aéreos contra o Japão" (p. 37).
18. Ib., p. 58.
19. Kenneth Hewitt, "Place Annihilation: Area Bombing and the Fate of Urban Places", AAIG 73, nº 2 (1983), p. 272; Werrell, p. 41; Sherry, p. 156; e Crane, p. 32-33; 1,3 milhão de bombas incendiárias foram lançadas em Hamburgo. A contagem de mortos foi estimada em 45 mil, mas "não se pôde obter números exatos de uma camada de cinzas humanas" (Brooks Kleber e Dale Birdsell, *The Chemical Warfare Service: Chemicals in Combat* [United States Army in World War II], Washington, D.C., 1966, p. 619).

20. Crane, p. 91; e Kleber e Birdsell, p. 617–19. Ver também Michael Sherry, *The Rise of American Air Power: The Creation of Armageddon*, New Haven, Conn., p. 227.
21. Schaffer, p. 93.
22. Crane, p. 24.
23. Charles McNichols and Clayton Carus, "One Way to Cripple Japan: The Inflammable Cities of Osaka Bay", *Harper's*, junho de 1942.
24. Para descobrir o melhor método de despedaçar o moral alemão, um psicólogo do estado de Ohio propôs transformar os prisioneiros civis nazistas em "cobaias" para descobrir que temores e tormentos seriam mais desmoralizantes (Schaffer, p. 91).
25. Schaffer, p. 109.
26. Sherry, p. 232.
27. Jack Couffer, *Bat Bomb: World War II's Other Secret Weapon*, Austin, Texas, 1992.
28. Horatio Bond, "The Fire Attacks on German Cities", em National Fire Protection Association, *Fire and the Air War*, Boston, 1946, p. 86 e 243 (ver também p. 125).
29. Pape, p. 61. A mesma ideia veio à tona, mais tarde, durante o planejamento para os ataques incendiários contra o Japão "No outono de 1944, quando o Grupo Conjunto de Alvos estava planejando os ataques com bombas incendiárias, o professor Crozier tinha sugerido que a força aérea poderia intensificar a hostilidade de classe se destruísse as áreas de cortiços e deixasse intactos os bairros mais ricos" (Schaffer, p. 136).
30. Charles Messenger, *"Bomber" Harris and the Strategic Bombing Offensive*, 1939-1945, Nova York, 1984, p. 15.
31. Anthony Read e David Fisher, *The Fall of Berlin*, Londres, 1992, p. 130.
32. Ib., p. 141–42.
33. Ib., p. 142; Sherry, p. 156.
34. Kennett, p. 154.
35. Richie, p. 583.
36. O comissário de polícia de Berlim, von Helldorff, citado em Ralf Reuth, *Goebbels*, Nova York, 1993, p. 335.

37. Messenger, p. 142; e Stephen Garrett, *Ethics and Airpower in World War II*: The *British Bombing of German Cities*, Nova York, 1993, p. 17.
38. Crane, p. 90–91 [gás venenoso]; e Richie, p. 531.
39. Barton Bernstein, "Churchill's Secret Biological Weapons", *Bulletin of the Atomic Scientists*, jan./fev. 1987, p. 49. Havia muito tempo Churchill era entusiasta da guerra química contra civis; como, por exemplo, quando defendeu notoriamente seu uso contra povoados de Pashtun, durante a Terceira Guerra do Afeganistão, em 1919 (p. 45).
40. Dugway também realizou amplos testes com fosgênio, cianogênio, cianeto de hidrogênio e outros agentes mortais aéreos. Algumas áreas contaminadas da base, segundo boatos, estão em quarentena por "pelo menos mil anos".
41. Bernstein, p. 50.
42. A metáfora surpreendente de Roosevelt é sintomática de uma cultura de elite baseada em valores eugênicos. Se, ao longo de sua carreira, ele não fora um óbvio fanático público pela eugenia e pela esterilização forçada como Churchill e Hitler, certamente compartilhava a postura mental: acreditando, por exemplo, que os japoneses tinham "crânios menos desenvolvidos" (Crane, p. 120).
43. Ib. p. 115–28.
44. Schaffer, p. 102.
45. Crane, p. 98 e 117.
46. Richard Davis, "Operation Thunderclap", *Journal of Strategic Studies*, p. 94 e 105.
47. Davis, p. 96. Do mesmo modo, o general dos EUA David Schlatter: "Acho que nossas forças aéreas são as fichas principais com que abordaremos a mesa de tratados pós-guerra, e que [a Operação Trovão] aumentará tremendamente a força delas, ou melhor, o conhecimento russo sobre a força delas" (Schaffer, p. 96).
48. Army Air Forces, p. 726.
49. Sherry, p. 260.

50. Crane, p. 115; Garret, p. 20. Quando perguntado por um dos assessores de Churchill sobre os efeitos do ataque, Harris respondeu: "Dresden? Não existe nenhum lugar chamado Dresden" (Garrett, p. 42).
51. Schaffer, p. 98–100.
52. Cf. Michael Burleigh, *The Third Reich*, Nova York, 2000, p. 789–91; e Robert Payne, *The Life and Death of Adolf Hitler*, Nova York, 1973, p. 541.
53. Kenneth, p. 164; e Sherry, p. 58.
54. Schaffer, p. 111–20 e 138.
55. Ib., p. 142; e Crane, p. 133.
56. Ib., p. 132.
57. Thomas Searle, "It Made a Lot of Sense to Kill Skilled Workers: The Firebombing of Tokyo in March 1945", *Journal of Military History* 66 (janeiro de 2002), p. 122. Como enfatiza Searle, o bombardeio incendiário de cidades japonesas foi divulgado de modo sensacional na imprensa diária dos EUA (ainda que com atraso por causa da censura militar). Poucos duvidam de que a maioria dos americanos sabia da escala e do horror da campanha, inclusive a provável incineração de milhares de crianças pequenas e suas mães.

Cacto falso (Las Vegas, 1994)

4. Las Vegas x natureza

Foi anunciada como a maior explosão não nuclear da história de Nevada. Em 27 de outubro de 1993, Steve Wynn, o "deus da hospitalidade" oficial do estado, mostrou seu sorriso característico e apertou o botão detonador. Enquanto 200 mil moradores de Las Vegas aplaudiam, o Hotel Dunes, ex-nau capitânia da Strip, desmoronou lentamente no chão do deserto. A nuvem de poeira gigante foi vista da fronteira da Califórnia.

Ninguém em Nevada achou nem um pouco estranho que o presente de Wynn à cidade que ele tanto adora tenha sido explodir um importante pedaço de seu passado. Era simplesmente a renovação urbana ao estilo Vegas: uma fachada cara destruída para abrir caminho para outra. De fato, a destruição do Dunes meramente encorajou outras corporações donas de cassinos a explodir suas propriedades obsoletas com igual fanfarra: o Sands, que fez a fama do Rat Pack, caiu em novembro de 1996, ao passo que o Hacienda foi dinamitado ao badalar da meia-noite do ano-novo. Demolições extravagantes se tornaram a versão de Las Vegas para as festividades cívicas.

No lugar do antigo Dunes, a Mirage Resorts, de Wynn, está terminando o Bellagio, de 1,25 bilhão de dólares, um superbalneário com lagos de tamanho suficiente para andar de *jet ski*, criados usando água originalmente cedida para o campo de golfe original do Dunes. A compra do Dunes feita por Wynn resolveu seu problema de água, mas não o dos outros incorporadores de balneários. O empresário Sheldon Adelson, que está construindo no local do Sands o Venetian Casino Resort, de 2 bilhões de dólares, com seis mil quartos e gôndolas flutuando em canais artificiais, não explicou de onde sua água virá; tampouco a Circus Circus Enterprises, que está transformando o antigo Hacienda no Project Paradise, "uma antiga cidade proibida numa luxuriante ilha tropical com ondas estilo havaiano e um show de natação com tubarões".[1]

Nos cinco anos desde que Wynn explodiu o Dunes, 8 bilhões de dólares foram investidos em 13 grandes propriedades somente ao longo da Strip. Como resultado, numa rua adjacente, agora a Esfinge compartilha um endereço com a Estátua da Liberdade, a Torre Eiffel, a Ilha do Tesouro, a Terra de Oz e, em breve, a Praça de São Marcos. E o crescimento acelerado, ainda quebrando todos os recordes em 1997, dá sinais de que continuará.[2]

Por uma inexplicável coincidência, a demolição do Dunes veio logo depois do centenário do lendário discurso sobre o "fim da fronteira", de Frederick Jackson Turner, na Exposição Colombiana Mundial em Chicago, onde o jovem historiador das pradarias fez uma famosa meditação sobre o destino do caráter americano num Oeste conquistado e rapidamente se urbanizando. Turner questionou a sobrevivência da democracia de fronteira na emergente época de cidades e conglomerados gigantescos (para não mencionar Coney Island e os filmes) e se perguntou como seria o Oeste dali a um século.

Steve Wynn e os outros chefões da Strip acham que sabem a resposta: Las Vegas é o ponto terminal da história do Oeste, o fim da trilha. Como um poderoso artefato cultural, ela se agacha sobre o portão do século XXI do mesmo modo que a "Cidade Branca" de Burnham ao longo da margem do lago de Chicago deveria prefigurar o século XX. Na borda do milênio, esse estranho amálgama de cidade em crescimento, feira mundial e salteadores de estrada é a área metropolitana de crescimento mais rápido nos Estados Unidos. (E também, veremos, é a maior estrela no firmamento de néon do pós-modernismo.)

Mais de 30 milhões de turistas tiveram as carteiras batidas por seus bandidos de um braço só e pelas mesas de baralho em 1996; um espantoso aumento de 33% desde 1990. (Quando você estiver lendo isso, Vegas estará nos calcanhares de Orlando, Flórida, que, com 35 milhões de visitantes ao Walt Disney World e aos parques da Universal e da MGM, é o principal destino turístico.) Enquanto o sul da Califórnia sofria sua pior recessão desde a década de 1930, Las Vegas gerou dezenas de milhares de novos empregos em construção, jogos, segurança e serviços relacionados. Em consequência, quase mil novos moradores, metade deles californianos, chegam a cada semana.[3]

Alguns imigrantes são famílias de operários cujo padrão de vida caiu – os californianos são chamados de "caipiras às avessas" pelos moradores locais – procurando desesperadamente um recomeço de vida no crescimento de Vegas. Outros são aposentados com dinheiro indo direto para um subúrbio fechado no que imaginam que seja um abrigo dourado distante do tumulto urbano de Los Angeles. Um número cada vez maior é de jovens latinos, os novos ossos e cartilagens da economia de cassinos e hotéis. Na primavera de 1995, a população do condado de Clark passou da marca de um milhão, e demógrafos ansiosos previram que crescerá em mais um milhão antes de 2010.[4]

TERRORISMO AMBIENTAL

O crescimento explosivo e praticamente imprevisto do sul de Nevada acelerou dramaticamente a deterioração ambiental do sudoeste americano. Há muito Las Vegas exauriu sua infraestrutura de recursos naturais, e agora sua "pegada" ecológica cobre todo o sul de Nevada e partes adjacentes da Califórnia e do Arizona. O hidrofetichismo de Steve Wynn (uma vez ele propôs transformar a Fremont Street, no centro da cidade, num pseudo Grande Canal de Veneza) estabelece o padrão para o consumo excessivo de água por parte dos moradores de Las Vegas: 1.400 litros diários *per capita* contra 800 em Los Angeles, 600 em Tucson e 400 em Oakland. Numa bacia de deserto que recebe apenas entre 17 e 20 centímetros de chuva por ano, a irrigação de gramados e campos de golfe (60% do consumo total de água em Las Vegas) – para não mencionar lagos e lagoas artificiais – acrescenta o equivalente a outros 50 a 80 centímetros de chuva por acre.[5]

No entanto, o sul de Nevada tem pouco capital aquático para ser esbanjado. Como recém-chegada à guerra das águas da bacia do Colorado, ela tem de chupar o lago Mead através do menor canudinho possível. Ao mesmo tempo, a retirada imprudente das águas do subsolo no vale de Las Vegas está produzindo um afundamento amplo e caro nos alicerces da cidade. A Strip, por exemplo, está mais de um metro mais baixa hoje do que em 1960, e trechos de alguns bairros tiveram de ser abandonados.[6]

A aridez natural dita uma ética rígida de conservação de água. Tucson, afinal de contas, prosperou com uma ração reduzida de água: seus moradores parecem preferir cactos no jardim a grama importada. Mas Las Vegas desdenha com arrogância viver dentro de suas posses. Em vez disso, está transformando agressivamente seu desregramento em terrorismo ambiental contra os vizinhos. "Dê-nos sua água, senão morreremos", os incorporadores exigem dos políticos que engordaram com contribuições para campanhas dadas pela indústria do jogo. Atualmente Las Vegas usa duas estratégias de longo prazo e fundamentalmente imperialistas para expandir seus recursos hídricos.

Primeiro, a Diretoria de Água do Sul de Nevada está ameaçando desviar água do rio Virgin (um pitoresco afluente do Colorado, com as cabeceiras no Parque Nacional Zion) ou roubá-la de fazendeiros no pouco povoado centro de Nevada. Em 1989, a Diretoria (que na época se chamava Distrito de Água do Vale de Las Vegas) deixou perplexa os moradores das áreas rurais de Nevada ao reivindicar mais de 980 milhões de metros cúbicos de direitos sobre águas de superfície e subterrâneas nos condados de White Pine, Nye e Lincoln.[7]

Essa infame posse de água ("projeto cooperativo de água", segundo o jargão oficial) criou uma coalizão sem precedentes entre os habitantes rurais de Nevada: rancheiros, mineiros, agricultores, o Moapa Band dos paiute e ambientalistas. Seu grito de batalha tem sido "Lembrem-se do vale de Owens", em referência à famosa anexação dos direitos de água de Los Angeles sobre aquele vale que já foi luxuriante no flanco leste da Sierra Nevada: um ato de pirataria ambiental imortalizado no filme *Chinatown*. Moradores furiosos do vale de Owens explodiram trechos do Aqueduto de Los Angeles nos anos 1920, e alguns moradores da região central de Nevada ameaçaram fazer o mesmo com qualquer tubulação que contrabandeie água de lá para Las Vegas.[8]

Desde 1966, sem abandonar suas reivindicações jurídicas sobre a água do centro de Nevada, a Diretoria tem posto mais ênfase em tirar água do rio Virgin diretamente de seu desaguadouro no lago Mead ou em reservatórios corrente abaixo. Isso está mais de acordo com sua segunda e mais importante estratégia de aumentar a cota de Las Vegas na retirada de água do rio Colorado, acumulada no lago Mead ou nos reservatórios situados abaixo. Para passar ao largo das condições estabelecidas no Pacto do Rio Colorado, a Diretoria se juntou ao poderoso Distrito de Água do Sul da Califórnia no que a maioria dos observadores acredita ser a primeira fase de uma grande guerra da água no sudoeste.

Las Vegas e a região de Los Angeles querem reestruturar a alocação das águas do rio Colorado para longe da agricultura e em direção às suas respectivas regiões metropolitanas. Na maioria das hipóteses, isso implica um ataque contra a parcela destinada ao Arizona, e o governador do Arizona, J. Fife Symington III, retaliou aliando-se aos administradores das águas em San Diego e no vale Imperial. (Dentre outros atores importantes nessa coalizão contra o Distrito Metropolitano de Água estão os bilionários irmãos Basse, de Fort Worth, que compraram dezenas de milhares de hectares de excelente terra agrícola na área de El Centro, para vender sua água subsidiada pelo governo federal a San Diego.)[9]

Usando uma ou outra dessas jogadas maquiavélicas, o gerente-geral da Diretoria, Pat Mulroy, garantiu à indústria do jogo que o condado de Clark terá água suficiente para continuar o crescimento espantoso durante a próxima geração. Mas especialistas em água independentes criticaram as projeções otimistas de Mulroy, e um deles, Hal Furman, provocou uma pequena sensação em fevereiro de 1997 afirmando que "o sul de Nevada ficará seco pouco depois da virada do século". No caso de uma crise assim, o último recurso de Las Vegas provavelmente será "ajudar a subsidiar o caro processo de dessalinizar água do oceano Pacífico em troca de parte da cota dos direitos da Califórnia sobre o rio Colorado". Mas isso quase com certeza dobraria o custo artificialmente baixo da água hoje em dia.[10]

Faz parte do problema de suprimento futuro de água a crise emergente da qualidade da água no lago Mead, que atua como reservatório e depósito de águas de esgoto para Las Vegas. Pesquisadores federais descobriram, em 1997, que "proteínas femininas de ovos no plasma sanguíneo das carpas do sexo masculino estavam causando grandes deformações reprodutivas nos peixes. Essa catastrófica alteração endócrina, com potencial impacto genético também em seres humanos, provavelmente está relacionada às grandes quantidades de lixo tóxico – especialmente pesticidas e substâncias químicas industriais – que são descarregadas no lago".[11] Além disso, em 1994, 37 pessoas, em sua maioria com aids, morreram por causa de um protozoário letal, o *Cryptosporidium parvum*, que especialistas dos centros nacionais para controle de doenças deduziram que vinha na água das torneiras, trazida do lago Mead. Pesquisadores de saúde pública ficaram alarmados com a coincidência dessas duas ocorrências numa época em que o supercrescimento está suplantando a capacidade de tratamento de água e esgotos na região. Como perguntou recentemente um biólogo na página de opinião do *Las Vegas Review-Journal*: "Será que mais pessoas morrerão contaminadas pelo *Cryptosporidium* bebendo água quando pusermos mais esgoto de volta no lago?"[12]

Por fim, retornando a mais um paralelo com *Chinatown*, grupos de acompanhamento e fiscalização, conhecidos como cães de guarda, como a Nevada Seniors Coalition e o Sierra Club estão cada vez mais preocupados com a possibilidade de o sistema de distribuição da Diretoria de Água do Sul de Nevada, ao custo de 1,7 bilhão de dólares, vindo do lago Mead e atualmente em construção, possa estar irrigando gigantescos lucros imobiliários especulativos ao longo da área metropolitana de Las Vegas ainda não ocupada. Por exemplo, uma importante tubulação (a "Lateral de South Valley") passa por uma área perto do subúrbio de Henderson, onde investidores particulares recentemente adquiriram enormes terrenos numa complicada troca de terras com o Bureau de Administração de Terras, que controla a maior parte da periferia de Las Vegas no deserto. Esta é a mesma fórmula – terra desvalorizada mais água subsidiada pelo governo – que criou milhões de instantâneos para um "sindicato fechado" quando o Aqueduto de Los Angeles foi trazido ao árido vale de San Fernando, em 1913.[13]

O sul de Nevada tem tanta sede de combustíveis fósseis quanto de água. A maioria dos turistas imagina naturalmente que o mais famoso show de luzes noturnas do mundo é ligado diretamente nas turbinas da Represa Hoover, ali perto. Na verdade, a maior parte da produção da represa é exportada para o sul da Califórnia. A eletricidade para a Strip, além de para os dois milhões de luzes da nova (e desconcertante) "Fremont Street Experience" do centro de Las Vegas é proporcionada principalmente por usinas que queimam carvão e vomitam poluição na Reserva Indígena Moapa, a nordeste da cidade, e ao longo do rio Colorado. Apenas 4% do consumo atual de eletricidade de Las Vegas vêm de energia hidrelétrica "limpa". Além disso, a energia barata para a indústria do jogo é diretamente subsidiada pelos impostos mais altos para os consumidores domésticos.[14]

Os automóveis estão na outra ponta do problema do combustível fóssil. Como testemunhou o diretor de Transportes do condado de

CIDADES MORTAS

Clark em 1996, o condado tem "a menor taxa de ocupação de veículos do país" juntamente com "a mais longa por pessoa, por viagem, por dia". Consequentemente, o número de dias com qualidade do ar prejudicial à saúde vem crescendo dramaticamente. Como Phoenix e Los Angeles antes, Las Vegas já foi uma meca para quem procura os poderes revigorantes do ar puro do deserto. Agora, segundo a Agência de Proteção Ambiental, Las Vegas suplantou Nova York como cidade com o quinto maior número de dias com "ar prejudicial à saúde" (medido entre 1991 e 1995). Sua fumaça já contribui para o manto ocre sobre o Grand Canyon e está começando a reduzir a visibilidade também na nova Área Recreativa Nacional do Mojave, na Califórnia.[15]

Além disso Las Vegas é um grande acampamento-base para as divisões panzer de brinquedos motorizados – buggies de duna, motocross, lanchas velozes, *jet ski* e coisas assim – que a cada semana travam guerra contra o frágil ambiente do deserto. Como resultado, poucas paisagens do Oeste são mais degradadas do que o baixo vale do rio Colorado, que está sob ataque implacável, em três frentes, das classes abastadas do sul de Nevada, de Phoenix e do sul da Califórnia.

No calor infernal da Grande Curva do rio Colorado, a semente demoníaca de Las Vegas, Laughlin, germinou como erva daninha transformando-se num importante centro de jogatina. Cassinos-arranha-céus e condomínios de luxo compartilham a margem oeste com a megapoluidora Usina Elétrica de Mojave, que devora borra de carvão bombeada com água roubada dos platôs dos hopi, centenas de quilômetros a leste. Diretamente do outro lado do rio, o enorme e violento condado de Mohave, Arizona – do qual fazem parte Bullhead City e Kingman –, proporciona moradia em estacionamentos de trailers para a mão de obra não sindicalizada, de salário mínimo, que trabalha em Laughlin, além de ser um terreno fértil para milícias contra o governo. (Foi ali que Timothy McVeigh trabalhou como segurança enquanto incubava suas fantasias de vingança ariana, tipo *Turner Diary*.)

CRESCIMENTO HIPERBÓLICO

Em outras palavras, o "milagre" de Las Vegas demonstra a persistência fanática de um sistema de ocupação humana falido ambiental e socialmente, e confirma os piores pesadelos de Edward Abbey sobre o surgimento de um urbanismo apocalíptico no sudoeste. Ainda que os filósofos pós-modernos (que não precisam viver aqui) se deliciem com a "virtualidade" ou "hiper-realidade" da Strip, a maior parte do condado de Clark baseia-se num molde monotonamente real e familiar. Las Vegas, em essência, é uma Los Angeles hiperbólica, a Terra do Sol em imagem acelerada.

O modelo histórico para todas as cidades de baixa densidade e grandes recursos do sudoeste foi a grande expansão da década de 1920, que trouxe dois milhões de pessoas do Meio-Oeste e seus automóveis para o condado de Los Angeles. Esse foi o boom de "Ur" que definiu o Cinturão do Sol. Apesar dos alertas de toda uma geração de planejadores e ambientalistas silenciados pelo boom dos anos 1920, o planejamento regional e a conservação dos espaços abertos de novo ficou de lado durante a explosão populacional pós-1945, no sul da Califórnia. Num famoso artigo na revista *Fortune*, em 1958, disse o sociólogo William Whyte: "Ao voar de Los Angeles a San Bernardino – uma aula irritante sobre a infinita capacidade do homem para estragar seu meio ambiente – o viajante pode ver uma legião de máquinas arrancando os últimos trechos de verde entre duas cidades." Ele batizou essa forma de crescimento insidioso como "esparramação urbana".[16]

Ainda que a terceira geração da esparramação de Las Vegas incorpore algumas inovações (shopping centers ancorados a cassinos, por exemplo), afora isso ela recapitula, com fidelidade robótica, os sete pecados mortais de Los Angeles e seus clones no Cinturão do Sol, como Phoenix e Orange County. Las Vegas: (1) abdicou de uma ética responsável em relação à água; (2) fragmentou o governo local e o subordinou ao planejamento corporativo privado; (3) produziu uma quantidade insignificante de espaço público utilizável; (4) renegou o uso de "zoneamento de risco" para mitigar os desastres naturais e conservar a paisagem; (5) dispersou o uso de terra numa área enorme, desnecessária; (6) abraçou a resultante ditadura do automóvel; e (7) tolerou a extrema desigualdade social e, especialmente, racial.[17]

Na mediterrânea Califórnia ou no desértico sudoeste, o uso da água é a medida mais óbvia da eficiência ambiental do meio ambiente construído. Aceitar a restrição das fontes e dos reservatórios subterrâneos é um estímulo poderoso para o bom projeto urbano. Concentra a engenhosidade social em problemas de conservação de recursos, promove padrões de assentamento mais compacto e eficientes e gera respeito pela paisagem nativa. Resumindo, cria um urbanismo "mais inteligente" (como visto na moderna Israel ou nas clássicas cidades-Estado da Andaluzia e do Maghreb), com uma tendência a economias contínuas no consumo dos recursos.[18]

No início da era dos cítricos, quando a reciclagem de água era fundamental, o sul da Califórnia foi um laboratório para a inovação ambiental, o que é percebido por criações como o bangalô (com seu eficiente uso da sombra e do isolamento térmico), os sistemas de aquecimento solar (disseminados até os anos 1920), e tecnologias moderníssimas de esgoto e de recuperação de águas servidas. Seu afastamento do caminho da integridade com relação à água, e portanto do urbanismo inteligente, começou com o aqueduto do vale de Owens e culminou nos anos 1940 com a chegada da água barata, subsidiada pelo governo federal, vinda do rio Colorado. A represa Hoover estendeu a fronteira urbana para o fundo das bacias internas do sul da Califórnia e no processo ofereceu preços menores do que as práticas tradicionais de conservação da água, como a reciclagem do esgoto e a recuperação das águas das chuvas.

Diferentemente de Los Angeles, Las Vegas jamais praticou a conservação ou o projeto ambiental em qualquer grande escala. Nasceu burra. A água barata permitiu que ela exorcizasse até mesmo as mais residuais alusões semióticas às suas verdadeiras raízes históricas e ambientais. Os visitantes da contemporânea Strip, com suas ilhas tropicais e silhuetas de Manhattan, procurarão inutilmente qualquer referência ao Velho Oeste (sejam ranchos com caubóis ou saloons com arruaças) que serviram como tema da primeira geração de cassinos da era de Bugsy Siegel. Além disso, o deserto perdeu toda a presença positiva como paisagem ou hábitat; é meramente o pano de fundo escuro e triste para a babel de néon criada por Wynn e seus concorrentes.

Assim, o desperdício de água dissolve muitos dos laços tradicionais da cidadania comum. O condado de Los Angeles é famoso por sua profusão de governos de interesse especial – "cidades fantasmas", "ilhas de condado" e paraísos fiscais –, tudo destinado a concentrar o uso da terra e os poderes fiscais nas mãos de interesses especiais. Mas o condado de Clark consegue exceder até mesmo Los Angeles em sua diluição e dispersão radicais da autoridade pública.

Os limites da cidade de Las Vegas, por exemplo, abarcam apenas um terço da população metropolitana (versus quase metade na cidade de Los Angeles). Os principais bens regionais – a Strip, o Centro de Convenções, o Aeroporto Internacional McCarran e a Universidade de Nevada, Las Vegas (UNLV) – se localizam num trecho de cidade não incorporado, com o nome adequado de Paradise, enquanto os pobres, os desempregados e os sem-teto estão desproporcionalmente concentrados nos limites das cidades de Las Vegas e North Las Vegas.

Isso é uma geografia política diabolicamente concebida para separar os recursos fiscais das necessidades sociais regionais. Os gigantescos distritos eleitorais do condado enfraquecem o poder das minorias e dos eleitores da classe trabalhadora. A desincorporação, por outro lado, centraliza a decisão sobre o uso do solo nas mãos de um governo invisível composto pelas corporações de jogos e gigantescas empresas imobiliárias residenciais e comerciais.

Em particular, os investimentos corporativos de bilhões de dólares ao longo da Strip – com seus gigantescos custos sociais em termos de engarrafamento de trânsito, consumo de água e eletricidade, moradia e escolas – forçam o setor público, mal nutrido fiscalmente, a viver correndo atrás de dinheiro. Essa assimetria estrutural de poder entre as corporações de jogos e o governo local é expressa de modo mais dramático no financiamento das novas infraestruturas públicas para acomodar a expansão dos cassinos e o crescimento do turismo. Um exemplo clássico é o novo sistema de distribuição de água da Diretoria de Água do Sul de Nevada, cujas ações são garantidas pelos impostos sobre as vendas: o meio mais regressivo disponível, mas a única fonte significativa de renda não designada para o estado em Nevada.[19]

Contrariamente aos dogmas econômicos neoclássicos e à chique teoria da "escolha pública", o desenvolvimento econômico controlado corporativamente dentro de um mercado de governos locais fracos e concorrentes é de uma ineficiência inerente. Considere, por exemplo, os enormes espaços vazios no tecido urbano de Las Vegas, dramaticamente visíveis do ar, que evidenciam o padrão saltado de desenvolvimento que os planejadores denunciaram por gerações no sul da Califórnia, porque aumenta desnecessariamente o custo de ruas, utilidades públicas e escolas. Hábitats cruciais para os seres humanos (na forma de parques) e para espécies em perigo de extinção, como a tartaruga do deserto, são destruídos em nome de lotes vazios e desolação suburbana.

De modo semelhante, tanto Las Vegas quanto Los Angeles cultivam zelosamente a imagem de oportunidades infinitas para diversão ao sol. Mas na realidade a recreação grátis é mais acessível em antigas cidades do leste e do Meio-Oeste que cuidam de seus parques e paisagens públicas. Já em 1909, especialistas alertavam as autoridades de Los Angeles sobre a crescente escassez de parques e praias públicas. Ainda que a crise das praias tenha sido parcialmente diminuída nos anos 1950, Los Angeles permanece como a mais pobre em parques, entre as grandes cidades americanas, com apenas um terço do espaço não edificado *per capita,* da cidade de Nova York.[20]

Enquanto isso, Las Vegas praticamente não tem áreas comuns: apenas a quantia ridícula de 0,5 hectare por mil habitantes, comparado com a recomendação nacional de um mínimo de 4 hectares. Essa ausência de parques significa pouco para o turista que anda de *jet ski* no lago Mead ou deitado junto à piscina no Mirage, mas define uma qualidade de vida empobrecida para milhares de trabalhadores com salários baixos que vivem nos cortiços de estuque que ladeiam as ruas secundárias perto da Strip. As afirmações espalhafatosas sobre centenas de milhares de hectares de excelente terra residencial no condado de Clark se referem a lugares onde só se pode ir de carro, e não a espaços abertos a uma distância que se possa percorrer a pé a partir das casas e escolas. Uma coisa não substitui a outra.[21]

Além disso, agora algumas das mais belas áreas de deserto perto de Las Vegas estão correndo perigo por causa da urbanização exacerbada. Os agentes imobiliários tentam aumentar o valor das terras privatizando belezas naturais como capital paisagístico. A sede local do Sierra Club, por exemplo, se mobilizou recentemente contra o *enclave* de Summerlin West, um trecho da gigantesca comunidade planejada de Summerlin que é o principal legado de Howard Hughes, na Área de Conservação Nacional do Red Rock Canyon – o local predileto dos moradores de Las Vegas para caminhadas e piqueniques de fim de semana. O projeto, endossado pelo conselho municipal de Las Vegas (e que subsequentemente teve permissão para anexar a expansão), abrange 20 mil casas, dois cassinos, cinco campos de golfe e quase 550 mil metros quadrados de espaço comercial e de escritórios. Como disse um jornal local, a maioria dos ativistas ambientais ficou "pouquíssimo entusiasmada com a possibilidade de cercar uma extremidade do Red Rock Canyon – um dos marcos mais antigos do vale – com cassinos, empresas e casas".[22]

A crise de lazer nas cidades do Cinturão do Sol é o reverso da moeda do fracasso em preservar os ecossistemas nativos, do qual outra consequência é a perda da proteção contra danos naturais, como enchentes e incêndios. A ligação entre essas questões faz parte de um legado perdido de ambientalismo esposado por planejadores e paisagistas durante a era da City Beautiful. Em 1930, por exemplo, Frederick Law Olmsted Jr., o maior projetista de cidades de sua geração, recomendou o "zoneamento de risco" para o condado de Los Angeles como a melhor estratégia para reduzir os custos sociais de inevitáveis enchentes, incêndios florestais e terremotos. Em sua visão, lamentavelmente não realizada, seria proibido o desenvolvimento urbano em planícies aluviais e encostas com tendência para incêndios. Esses terrenos, segundo ele, eram mais adequados à preservação como cinturões verdes multifuncionais e parques naturais, com o objetivo específico de aumentar as oportunidades de lazer ao ar livre para os cidadãos mais pobres.[23]

Las Vegas é tudo que Olmsted detestava. Seus desertos artificiais de concreto e asfalto, por exemplo, exacerbaram tremendamente o problema de enchentes no verão (provavelmente o segredo mais bem guardado da cidade, a não ser em ocasiões, como em 1992, em que turistas incautos se afogam em estacionamentos de cassinos). Como Los Angeles, o condado de Clark preferiu usar subsídios federais para transformar sua hidrologia natural (o vale literalmente se inclina na direção do rio Colorado) num caro e falho sistema de bombeamento, em vez de usar o zoneamento para excluir a urbanização dos arroios e alagadiços que deveriam se tornar o equivalente, no deserto, dos cinturões verdes de Olmsted. (A recente criação de um parque de terras úmidas do deserto no corredor ribeirinho alagadiço de Las Vegas é uma medida atrasada e insuficiente.)[24]

MUNDOS EXTERNOS

Los Angeles foi a primeira metrópole mundial a ser decisivamente moldada pelo automóvel na era de seu maior crescimento. Um dos resultados foi a descentralização do comércio e da cultura e a atrofia constante do centro da cidade. Recentemente, um grupo de teóricos da Universidade da Califórnia em Irvine sugeriu que estamos vendo no condado de Orange e em outras "cidades limítrofes" o nascimento de uma "metrópole pós-urbana" onde as tradicionais funções centrais (cultura e esportes, governo, comércio de alto nível e administração empresarial) estão radicalmente dispersos entre diferentes centros.[25]

Seja isso realmente uma tendência geral ou não, a Las Vegas contemporânea recapitula o condado de Orange numa forma extremada. A indústria do jogo deslocou as atividades civis, com a exceção parcial do governo e do setor jurídico, do centro para a periferia. O turismo e a pobreza ocupam agora o âmago geográfico da metrópole. Outras características tradicionais dos centros de cidade, como áreas de comércio, complexos culturais e sedes de empresas, estão caoticamente espalhadas pelo Vale de Las Vegas com a aparente lógica de um desastre aéreo.

Enquanto isso, os subúrbios em crescimento rejeitam teimosamente a integração física e social com o resto da cidade. Para usar a nomenclatura do filme futurístico *Blade Runner, o caçador de androides*, são "mundos externos" contidos em si mesmos, valorizando acima de todo o resto a segurança e a exclusividade social. O historiador de planejamento William Fulton descreveu recentemente a Las Vegas suburbana como uma versão "de volta para o futuro" do sul da Califórnia nos anos 1950: "Não é de espantar que os construtores imobiliários de Los Angeles adorem Las Vegas. Não somente eles podem se ligar a um mercado estilo Los Angeles, com produtos estilo Los Angeles, mas podem fazer coisas como costumavam fazer nos bons tempos de L.A." Como observa Fulton, enquanto os construtores do sul da Califórnia agora precisam pagar parte dos custos das novas escolas e sistemas de distribuição de água, as empresas imobiliárias de Vegas "não pagam absolutamente nada para a nova infraestrutura".[26]

O mais ambicioso dos "mundos externos" de Las Vegas é Summerlin. Desenvolvido em conjunto pelas corporações Summa e Del Webb, e tendo recebido o nome por causa de uma das avós de Howard Hughes, vangloria-se de oferecer total autossuficiência ("e um mundo dentro de si mesmo", diz o slogan de um cartaz), com seus próprios shopping centers, campos de golfe, hospitais, casas de repouso e, claro, cassinos. "Nosso objetivo é uma comunidade total", explica o presidente da

Summerlin, Mark Fine, "com um plano mestre que abarque um estilo de vida único em que podemos morar, trabalhar e nos divertir num ambiente seguro e estético." (Os moradores, e não as empresas, pagam por investimentos fundamentais em infraestrutura, como a nova via expressa vinda de Las Vegas, através de áreas de tributação especial.) Quando Summerlin for finalmente terminada, no início do século XXI, uma população de mais de 200 mil pessoas com rendimentos de seis dígitos, morando em "povoados" diferenciados por idades, será hermeticamente lacrada na versão milionária da Biosfera que vaza no Arizona.[27]

A antigamente suja cidade operária de Henderson, a sudeste da Strip, também se tornou um grande polo de crescimento de subdivisões muradas para a classe média e está se tornando a maior cidade de Nevada. (Para vantagem máxima em sua utilização e obrigações tributárias, Summerlin é dividida entre a cidade de Las Vegas e o não incorporado condado de Clark.) Nos limites de Henderson fica o tenebroso Xanadu do lago Las Vegas: uma fantasia wynniana criada através da construção de uma represa com 18 andares de altura atravessando o Alagadiço de Las Vegas. "O maior projeto imobiliário com recursos privados em construção na América do Norte", segundo uma brochura de 1995, o Lago Las Vegas (controlado pelos onipresentes irmãos Bass, de Fort Worth) é pura hipérbole, incluindo vilas de 2 milhões de dólares à beira do lago numa subdivisão particular, cercada, *dentro* de uma comunidade residencial maior, com guardas nos portões. O grande plano dos Bass inclui a construção de seis grandes balneários, ancorados por hotéis de luxo e cassinos, além de cinco campos de golfe de classe mundial, e "restaurantes e lojas que serão a alternativa de alta classe para Las Vegas".[28]

A estrutura urbana centrífuga de Las Vegas, com cidades gravitacionalmente poderosas como Summerlin e Henderson-Lake Las Vegas, reforça uma total dependência do automóvel. Segundo elegantes teóricos arquitetônicos como Robert Venturi e Denise Scott Brown, cujo

LAS VEGAS X NATUREZA

Learning from Las Vegas é um texto fundamental do pós-modernismo, o Las Vegas Boulevard deveria ser a apoteose do urbanismo definido pelo carro, a mãe das avenidas. No entanto, o boom da última década tornou a Strip em si praticamente intransitável. O Las Vegas Boulevard geralmente fica tão engarrafado quanto a San Diego Freeway na hora do rush, e seu cruzamento com a Tropicana Road deve ser a esquina mais movimentada do país.[29]

A consequência é que turistas frustrados logo descobrem que a viagem do aeroporto McCarran (praticamente ao lado da Strip) até seu hotel frequentemente demora mais do que o voo vindo de Los Angeles. A escala monumental das propriedades e o calor feroz do verão, para não mencionar o ataque constante dos ambulantes que distribuem panfletos oferecendo serviços sexuais, pode transformar os passeios a pé em sofrimento para os idosos e as famílias com crianças. A ausência de planejamento coerente para a Strip como um todo (consequência inevitável de dar às empresas de jogos o controle sobre o que fazer em seus terrenos) levou a uma série de soluções desesperadas que formam uma colcha de retalhos, inclusive algumas novas passarelas de pedestres. Mas no todo, a Nevada Resort Association – representando as principais corporações de jogos – está contando com novas vias expressas e artérias para afastar o tráfego da Strip e com a proposta de um monotrilho ao custo de 1,2 bilhão de dólares para levar os clientes entre os maiores hotéis-cassinos.

Durante a maior parte da década de 1990, a Las Vegas contemporânea tem sido uma vasta área em construção. Nada se aprendeu com a lamentável experiência da Califórnia, nem mesmo a lição elementar de que as vias expressas aumentam a expansão das cidades e consequentemente a demanda por mais vias expressas. Quando terminada, a nova rede de vias expressas de Las Vegas permitirá que a maioria dos moradores locais deixem de passar totalmente pela Strip, mas também deslocará o crescimento populacional mais para o deserto, com o correspondente custo social mais elevado para infraestrutura e escolas.

Enquanto isso, a Nevada Resort Association concentrou seu enorme poder político para garantir que uma proposta de aumento nos 8% de impostos pagos pelos hotéis seja gasta exclusivamente em seu próprio Plano Mestre do Corredor de Transporte para os Resorts (o monotrilho). Tendo engendrado o financiamento do novo sistema de distribuição de água com aumentos regressivos nos impostos sobre vendas, a indústria do jogo se opôs a todos os esforços das desesperadas autoridades do Distrito Escolar do Condado de Clark para separar parte do imposto pago pelos hotéis para aumentar a construção de escolas. Como em lutas fiscais anteriores, os defensores das escolas e do serviço social perdem tremendamente em número para os capangas da Resort Association. Nevada é o estado mais notoriamente anti-impostos do país, e os lobistas da indústria do jogo, com os cofres inchados pelos lucros do boom, dominam o legislativo de Carson City. A recente leva de aposentados para os subúrbios de Las Vegas só reforçou a maioria contra os impostos. (Paradoxalmente, o eleitorado do condado de Clark está ficando mais velho, ao passo que a idade média da população – graças especialmente aos jovens imigrantes latinos e suas famílias – está declinando.)[30]

Um índice do poder extraordinário da Resort Association é o fato de que a colaboração relativa dos impostos dos jogos para a renda do estado declinou durante o *annus mirabilis* de 1995, quando a construção de hotéis-cassinos quebrou todos os recordes. No entanto a indústria, abalada pelos protestos locais depois do caso "Rodney King", na primavera de 1992, tem consciência de que a queda na qualidade da educação e dos serviços sociais eventualmente produzirá patologias sociais que podem solapar a atmosfera de balneário da cidade. A solução calculada por eles, depois de meses de discussões de alto nível no inverno de 1996-1997, foi a de oferecer voluntariamente um aumento nos impostos pagos pelos quartos – custo que é diretamente repassado aos turistas e depois gasto exclusivamente no monotrilho da Strip – como um ato "heroico" de responsabilidade social. Isso reduziu a reação contra os impostos por parte dos donos de cassinos ao mesmo tempo que dava a mensagem clara, redigida pelos lobistas da Resort Association, de que tinha chegado a hora de os construtores de casas e os proprietários de pequenas empresas fazerem uma contribuição para o financiamento das escolas. Como observou o colunista John Smith, "ao chegar primeiro, eles mudam o foco de um potencial aumento nos impostos sobre os lucros dos jogos [que sairia de seus bolsos] e levantam a questão da responsabilidade dos agentes imobiliários e donos de lojas do sul de Nevada".[31]

Enquanto isso, o supercrescimento da década anterior, sem a contrapartida dos gastos sociais, aumentou a desigualdade econômica em todo o condado de Clark. Apesar do boom febril, o número de imigrantes desempregados ultrapassou em muito a demanda de novos trabalhadores no âmago sindicalizado da economia dos jogos. A diferença se traduz numa crescente população de trabalhadores marginais presos em empregos de salário mínimo no setor de jogos não sindicalizado, na indústria do sexo e na economia das drogas. Segundo uma estimativa, a população de sem-teto de Las Vegas aumentou 70% durante os superaquecidos anos de crescimento entre 1990 e 95. Ao mesmo tempo, uma percentagem dos moradores de Las Vegas maior do que a de qualquer outra cidade não tem seguro de saúde. Do mesmo modo, o sul de Nevada sofre com o crescimento gigantesco dos índices de crimes violentos, abuso contra crianças, doença mental, câncer de pulmão, doenças epidêmicas, suicídio e – algo de que ninguém quer falar – um problema de jogo compulsivo que é fator importante nas patologias familiares.[32]

Isso obviamente proporciona um ambiente ruim para a assimilação da nova diversidade étnica e racial de Las Vegas. Apesar dos decretos de consenso e do forte apoio à ação afirmativa por parte do Sindicato dos Trabalhadores Culinários, a indústria do jogo continua longe de alcançar a igualdade racial ou de sexos nas contratações e promoções. No passado, Las Vegas mais do que mereceu a reputação de "Mississippi do Oeste". Durante os anos 1960, enquanto artistas afro-americanos como Sammy Davis Jr. e Nat King Cole capitalizavam as atenções na Strip com seu talento, os negros eram barrados na maioria dos hotéis e cassinos, a não ser como arrumadeiras. De fato, um estudo comparativo durante esse período de discriminação residencial em todos os Estados Unidos descobriu que Las Vegas era "a cidade mais segregada do país".[33]

Mais recentemente, constantes taxas altas de desemprego no Westside predominantemente negro deram origem a quatro fins de semana de protestos violentos depois do veredicto de Rodney King, em abril de 1992. As tensões étnicas, exacerbadas por um setor público relativamente encolhido, também aumentaram à medida que latinos substituíam os afro-americanos como o maior setor minoritário do Vale. De fato, os líderes negros alertaram sobre a "arrepiante miamização" porque alguns donos de cassino preferem contratar imigrantes latinos a empregar negros locais. Os latinos, por sua parte, reclamam das escolas apinhadas (agora os latinos constituem 40% da população nas escolas de ensino fundamental na cidade de Las Vegas), da violência policial e da falta de representatividade no governo local.[34]

TORNANDO VERDE O DESERTO URBANO

Voltemos a Las Vegas e ao fim da história do Oeste. Em seu romance apocalíptico *A dança da morte* (1992), Stephen King visualizou Las Vegas como a capital terrena de Satã, com o Maligno literalmente entronizado no MGM Grand. Muitos ambientalistas, junto com a população que corre perigo nas pequenas cidades do interior desértico de Las Vegas, provavelmente concordariam com essa caracterização do *zeitgeist* diabólico da "Bola de Espelhos". Nenhuma outra cidade no Oeste americano parece tão impulsionada por forças ocultas ou cegas às restrições sociais ou naturais. Como Los Angeles, Las Vegas parece destinada a algum tipo de estouro escatológico (no romance de King, Satã acaba numa explosão nuclear que ele mesmo provocou).

LAS VEGAS X NATUREZA

Confrontada com o próprio diabo e seu inexorável plano para os mais de dois milhões de moradores de Las Vegas, o que a comunidade ambiental pode fazer? As opções estratégicas são necessariamente limitadas. Por um lado, os ambientalistas podem continuar a defender um recurso natural e área selvagem de cada vez contra o maremoto do desenvolvimento: um rumo puramente defensivo que pode conseguir algumas vitórias individuais mas com certeza perderá a guerra maior. Por outro lado, podem se opor ao desenvolvimento na fonte lutando por uma moratória contra um maior crescimento populacional no árido sudoeste. Mas, abordada de modo abstrato, essa opção dogmática só colocará os verdes como inimigos dos empregos e dos sindicatos profissionais. Em vez disso, nas margens, alguns ambientalistas podem até se perder no beco malthusiano do controle de fronteiras, aliando-se a grupos nativistas que querem deportar os trabalhadores latinos cujo consumo *per capita* de recursos é apenas uma pequena fração do de seus patrões nascidos na região.

Uma abordagem melhor, ainda que utópica a curto ou médio prazo, poderia se concentrar amplamente no caráter da urbanização do deserto. A "sustentabilidade de uma cidade", afinal de contas, não é somente uma relação linear entre a população e a base de recursos disponíveis; também é determinada pela forma social de consumo, e isso, em última instância, é uma questão de projeto urbano. As cidades têm capacidades incríveis, ainda que não aproveitadas, para o uso eficiente de recursos naturais escassos. Acima de tudo, têm potencial para contrapor a riqueza pública (grandes bibliotecas, parques, museus e assim por diante) como verdadeira alternativa ao consumismo privado, desse modo atravessar a aparente contradição entre a melhoria nos padrões de vida e a aceitação dos limites impostos pelos ecossistemas e os recursos naturais finitos.

Nessa perspectiva, a pior condenação contra as cidades do Cinturão do Sol é a atrofia de qualidades urbanas (e pró-ambientais) clássicas como densidade residencial, escala de pedestres, trânsito de massa e a riqueza de paisagens públicas. Em vez disso, Los Angeles e seus clones pós-modernos ficam estupefatos com a disponibilidade de água, eletricidade e terra artificialmente baratas. O mau projeto, além disso, deixou de prever consequências ambientais, como é ilustrado pelo colossal consumo de energia elétrica no sul de Nevada. Em vez de mitigar o clima desértico através do projeto criativo (por exemplo, com a orientação correta dos prédios, o uso máximo da sombra, a minimização de áreas que absorvem calor, e assim por diante), Las Vegas, como Phoenix, simplesmente conta com o ar-condicionado universal. Mas, graças à lei da conservação da energia, o calor é meramente exportado para o ambiente urbano ao redor. Como resultado, Las Vegas é uma escaldante "ilha de calor" cujas temperaturas noturnas costumam ser entre 5 e 10 graus maiores do que no deserto ao redor.

Felizmente, os batalhadores ambientalistas do Oeste têm alguns novos aliados. Em sua cruzada pelo Novo Urbanismo, Peter Calthorpe, Andres Duany e outros jovens arquitetos com consciência ambiental estabeleceram um diálogo crítico entre os projetistas urbanos e os principais grupos ambientalistas, em particular o Sierra Club. Eles esboçaram, com clareza admirável, um modelo de planejamento regional que associa de modo convincente questões de equidade social (áreas residenciais economicamente diversificadas, igualdade recreativa, maior disponibilidade de moradia por meio da eliminação de segundos carros, uma paisagem preferencialmente pedestre para crianças e idosos) com preocupações ambientais de alta prioridade (reciclagem do lixo no local, cinturões verdes, integridade dos ecossistemas dos alagadiços, corredores para vida selvagem e assim por diante). Com efeito, eles oferecem elementos de um poderoso programa para unir eleitores aparentemente disparatados – moradores das cidades do interior, idosos, defensores das crianças, ambientalistas –, todos sofrendo fundamentalmente com a cidade suburbana dominada pelo automóvel.

O Novo Urbanismo tem tido muitos pequenos sucessos no norte e no centro da Califórnia, no noroeste do Pacífico e em outras áreas onde a preservação da qualidade ambiental atrai um grande eleitorado. No sudoeste, pelo contrário, o modelo Summerlin – com sua extrema segregação do uso da terra e dos grupos de renda, além da dependência total da água e da energia baratas – continua sendo o padrão de "melhor prática" na indústria imobiliária. (Apenas Tucson, com sua disciplina ambiental autoimposta, constitui uma exceção regional.) O Oeste, em outras palavras, está se polarizando entre mercados imobiliários onde o Novo Urbanismo causou impacto e onde os padrões do sul da Califórnia nos anos 1960 permanecem hegemônicos. No caso de Las Vegas, onde a contradição entre supercrescimento e demanda inflexível por recursos é mais aguda, a necessidade de um modelo de ocupação alternativo se tornou duplamente urgente.

O Novo Urbanismo, em si, é um ponto de partida, e não uma panaceia. Uma política verde para o deserto urbano teria igualmente de assimilar e sintetizar décadas de pesquisas internacionais sobre hábitats humanos em ambientes de terras secas. Além disso, teria de considerar as possíveis alternativas para uma economia regional que passou a sofrer uma dependência fatal da monocultura de cassinos e parques temáticos. E precisaria entender que seu principal aliado na longa marcha em direção à justiça social e ambiental deve ser o mesmo movimento de trabalhadores (em particular, a ala progressista representada por sindicatos como o dos Trabalhadores Culinários de Las Vegas) que hoje vê os ambientalistas locais com um desprezo mal disfarçado. Esses são os novos trabalhos de Hércules. Criar a visão de um urbanismo alternativo, sustentável e democrático no sudeste é um desafio extraordinário. Mas talvez esta seja a última geração que ao menos terá a oportunidade de tentar.

1998

NOTAS

1. Dave Berns, "Venice in Las Vegas", *Las Vegas Review-Journal*, 27 de novembro de 1996; Gary Thompson, "Paradise to Be Part of Vegas Strip", *Las Vegas Sun*, 19 de novembro de 1996.
2. Michael Hiltzik, "Stakes Raised Ever Higher in Las Vegas Building Boom", *Los Angeles Times*, 24 de dezembro de 1996.
3. Darlene Superville, "L.V. Grew Fastest in Nation", *Las Vegas Review-Journal*, 2 de outubro de 1995; "Nevada No. 1 in Job Growth", *Las Vegas Review-Journal*, 13 de fevereiro de 1996.
4. Hal K. Rothman, *Devil's Bargains: Tourism and Transformation in the Twentieth Century American West*, Lawrence, Kans. 1998; Ed Vogel, "Growth Figures Revised", *Las Vegas Review-Journal*, 4 de novembro 1995.
5. Dados retirados de entrevistas telefônicas com autoridades metropolitanas do setor de água.
6. *Annual Report, 1992–1993*, Las Vegas: Clark County Flood Control District, 1993.
7. Jon Christensen, "Will Las Vegas Drain Rural Nevada?", *High Country News*, 21 de maio de 1990.
8. Ver Jon Christensen, "Betting on Water", em Mike Davis e Hal Rothman, orgs., *The Grit Beneath the Glitter: Tales from the Real Las Vegas*, Berkeley, Calif., 2002.
9. William Kahrl, "Water Wars about to Bubble Over", *San Bernardino Sun*, 4 de fevereiro de 1996; Mike Davis, "Water Pirates", *Los Angeles Weekly*, 23–29 de fevereiro de 1996.
10. Susan Greene, "Water Outlook Revised", *Las Vegas Review-Journal*, 20 de fevereiro 1997.
11. Frank Clifford, "Lake Mead Carp Deformed", *Las Vegas Review-Journal*, 19 de novembro de 1996.
12. Larry Paulson, "Leading the Charge against Growth", *Las Vegas Review-journal*, 17 de janeiro de 1997.
13. Ib.

14. Jay Brigham, "Lighting Las Vegas", em Davis e Rothman, orgs., *Grit Beneath the Glitter*.
15. Dados fornecidos pela Agência de Proteção Ambiental. Ver também Keith Rogers, "Scientists Tackle Dirty Air in LV", *Las Vegas Review-Journal*, 1º de janeiro de 1996.
16. Mike Davis, "How Eden Lost Its Garden", em Allen Scott e Edward Soja, orgs., *The City*, Berkeley, Calif., 1997.
17. Ib.
18. Para uma discussão de alto nível sobre os princípios do projeto urbano sustentável, com aplicação particular aos estudos de casos no sul da Califórnia, ver John Tillman Lyle, *Design for Human Ecosystems,* Nova York, 1985.
19. Para uma discussão abalizada sobre as "tesouras" nos impostos de Las Vegas (isto é, a explosão de necessidades sociais versus a capacidade tributária artificialmente reduzida), ver Eugene Moehring, "Growth, urbanization, and the Political Economy of Gambling, 1970–1996", em Davis e Rothman, orgs., *Grit Beneath the Glitter*.
20. Davis, "How Eden Lost Its Garden".
21. *Parks and Recreation Master Plan, 1992–97*, Las Vegas, Nev.: Clark County Parks and Recreation Department, 1992.
22. Mile Zapler, "Huge Project OK'd Next to Red Rock", *Las Vegas Review-Journal*, 28 de janeiro de 1997.
23. *Parks, Playgrounds, and Beaches for the Los Angeles Region*, Los Angeles: Olmsted Brothers and Bartholomew, 1930, esp. p. 97–114.
24. Cartas no *Las Vegas Review-Journal*, 1º de fevereiro de 1996.
25. Stuart Olin e outros, *Postsuburban California*, Berkeley, Calif., 1992.
26. William Fulton, *The Reluctant Metropolis: The Politics of Urban Growth in Los Angeles*, Point Arena, Calif., 1997, p. 307-8.
27. Sam Hall Kaplan, "Summerlin", *Urban Land* (setembro de 1994), p. 14.
28. Adam Steinhauer, "Lake Las Vegas Resort Planned", *Las Vegas Review-Journal*, 13 de dezembro de 1996.
29. Robert Venturi, *Learning from Las Vegas: The Forgotten Symbolism of Architectural Form*, Cambridge, Mass., 1977.

30. Lisa Bach, "Panel Hears Mass Transit Options", *Las Vegas Review-Journal*, 7 de fevereiro de 1997; Susan Greene, "Schools, Roads Plan Nears", *Las Vegas Review Journal*, 25 de fevereiro de 1977.
31. John Smith, "Gaming Industry Hits PR Jackpot with Hotel Tax Proposal", *Las Vegas Review-Journal*, 27 de fevereiro de 1997.
32. Robert Parker, "The Social Costs of Rapid Urbanization in Southern Nevada", em Davis e Rothman, orgs., *Grit Beneath the Glitter*.
33. Mike Davis, "Racial Cauldron in Las Vegas", *Nation*, 6 de julho de 1992.
34. Ib.

Memorial de 1946, Laupahoehoe Point

5. Memórias do tsunami

> Uma terra que se desnuda para o turismo se encobre metafisicamente: vende paisagens ao custo da magia.
>
> *Gerhard Nebel*

Segundo a infatigável viajante vitoriana Isabella Bird Bishop (*Six Months in the Sandwich Islands* [Seis meses nas Ilhas Sandwich]), Hilo "é o paraíso do Havaí. O que Honolulu tenta ser, Hilo é sem esforço". Parte da ambientação tranquila, sem dúvida, desapareceu da capital da Grande Ilha desde que a distinta Isabella foi levada até a praia num escaler, em 1875. Com a construção do moderno quebra-mar, poucos "atletas, como os bronzes do Museu de Nápoles, cavalgam as águas em suas pranchas de surfe", e o trânsito matinal, inclusive com um miniengarrafamento na Autoestrada 11, substituiu os "cavaleiros de vestes brilhantes" com seus *mu'umu'us* e colares deslizando ao longo da praia.

No entanto as coisas fundamentais ainda valem: um verde que faz a Irlanda parecer cinzenta cercando uma baía num crescente perfeito, com os imensos tronos de Pele, o Mauna Loa e o nevado Mauna Kea, rasgando as nuvens ao fundo. Diferentemente da agradável mas profundamente perturbada Honolulu, que não se decide se deve se transformar em Orange County ou Las Vegas, a encharcada Hilo (três metros de chuva por ano – um formidável impedimento ao aburguesamento) mantém um caráter havaiano doméstico. Culturalmente é uma cidade *ohana* (família estendida) e não *malihini* (de estrangeiros) e, apesar da recente erupção de um shopping center regional (Prince Kuhio Plaza) e de um punhado de hotéis-torres sub-Waikiki, ainda é possível concordar com Bishop que esta cidade de 45 mil habitantes, logo abaixo do Trópico de Câncer é "vestida de poesia".

No entanto, o riso largo de Hilo também mostra que faltam alguns dentes. A cidade recuou cautelosamente da beira d'água. A quantidade de cafés, hotéis baratos e armazéns, além do famoso Teatro Hilo, que antigamente se enfileiravam no lado da avenida Kamehameha voltado para a baía deu lugar a um pátio de estacionamento. Mais ao sul, o bairro litorâneo de Shinmachi ("cidade nova") transformou-se no Mo'oheau Park, enquanto tudo que resta da movimentada Waiakea Town (ou Yoshijima) no rio Wailoa é a torre do relógio do Assentamento Social, com os ponteiros para sempre congelados à 1h04 da madrugada. Uma parte importante do passado de Hilo – o próprio coração de sua tradição operária japonesa – desapareceu.

O MUSEU DO TSUNAMI

Os parques e os espaços abertos de Hilo dissimulam graciosamente uma história trágica. Nenhuma paisagem habitada dos Estados Unidos (ou da Polinésia colonizada, se você preferir) é tão regularmente convulsionada por extremas forças naturais. Se as lavas do Mauna Loa ameaçaram repetidamente, mas, no último minuto, milagrosamente pouparam a cidade (graças às orações nativas dos havaianos ou às bombas do Corpo Aéreo do Exército), o Pacífico tem sido mais cruel. Como flanco do arquipélago havaiano voltado para o vento, Hilo e a adjacente Costa de Hamakua são alvo de maremotos que se originam de terremotos em qualquer lugar num amplo arco que vai do Kamchatka até a Terra do Fogo.

A energia dos terremotos é acumulada numa sucessão de ondas enormes que viajam pelo oceano a quase 800 quilômetros por hora. Chegando com intervalos de 10 a 20 minutos, as ondas são notoriamente imprevisíveis, e a primeira – contrariamente à crença popular – não é a maior.

Por duas vezes, desde a Segunda Guerra Mundial, tsunamis realmente gigantescos se chocaram contra o quebra-mar. As ondas do 1º de abril de 1946 – provocadas por um enorme terremoto nas Aleutas – devastaram Shinmachi e o centro da cidade (com 57 mortos), além de terem inundado a escola em Laupahoehoe Point, 42 quilômetros a norte de Hilo, afogando 24 professores e alunos. Mais 61 pessoas pereceram na manhã de 22 de maio de 1960, quando um tsunami ainda maior golpeou o centro da cidade com tamanha força que todos os parquímetros ao longo da avenida Kamehameha foram dobrados até o chão. O distrito de Waiakea, com seu famoso mercado de peixes e cais de sampanas, quase totalmente poupado em 1946, foi virtualmente arrasado.

Para impedir destruições futuras, a área da baía foi reurbanizada com um cinturão verde de segurança, que, além do famoso relógio de Waiakea, inclui uma praça memorial dedicada às vítimas de Shinmachi, em 1946. Para além dessa alta parede de lava preta, projetada para sugerir a beleza letal de um tsunami, o Corpo de Engenheiros do Exército construiu um grande platô em aterro acima da altura máxima alcançada pelas ondas em 1960. Como gesto de confiança, escritórios estaduais e federais foram transferidos para ali, junto com o shopping Kaiko'o ("mares violentos"), de nome apropriado.

Recentemente os tsunamis passaram a competir com as orquídeas e a hula (o anual "Festival do Monarca Alegre") como principal símbolo cívico de Hilo. É um fenômeno populista que desafia a regra de que as cidades sempre reprimem a memória de um desastre. Os turistas, afinal de contas, não são convidados a comemorar o "Dia do Terremoto" em São Francisco ou a percorrer o "Museu do Terrorismo" na cidade de Oklahoma. Nem a própria Hilo, até a década passada, se importava muito em fazer monumentos à sua exposição especial às fúrias combinadas da natureza – vulcões, terremotos, tsunamis e furacões.

O momento da virada foi a coincidência de 1996 como o cinquentenário da tragédia de 1946 com a "Última Colheita" da única plantação de açúcar que restava no solo da Grande Ilha, em Ka'u. Por mais de um século, o açúcar tinha sido o principal meio de vida de Hilo e das vizinhas costas de Puna e Hamakua. A cultura multiétnica da região fora moldada por gerações que dividiam os trabalhos nos canaviais, além da heroica batalha para organizar as plantações. (O Havaí, graças a ativistas locais da ILWU, tornou-se o único exemplo bem-sucedido de sindicalização agrícola com altos salários na história dos EUA.) A morte da indústria açucareira da ilha – vítima das fábricas não sindicalizadas da Flórida e dos produtores de açúcar de milho do Meio-Oeste – foi o único desastre cuja recuperação, até agora, se provou impossível.

A crise econômica, por sua vez, deu urgência à memória do público. O dramático jorro de lembranças dos tsunamis em 1996, que levou ao estabelecimento do Museu do Tsunami do Pacífico dois anos depois, tem sido um catalisador terapêutico para um diálogo maior sobre sobrevivência comunitária e continuidade entre as gerações diante de um estado de coisas que já dura uma década e de uma recessão local que forçou muitas famílias jovens a emigrar para o continente. (A migração de mão de obra do Havaí para Las Vegas é uma das dez maiores correntes de população interestadual. Estima-se que 40 mil ilhéus morem agora na cidade do jogo.) Além disso "falar sobre os tsunamis" abre potencialmente o caminho para a recuperação de outras lembranças mais controvertidas, inclusive a história do movimento operário de Hilo e a luta para defender a soberania havaiana nativa.

Até mesmo um visitante casual ao museu, abrigado num enorme prédio *art déco* na avenida Kamehameha que suportou as fúrias de 1946 e 1960, acaba fascinado com as narrativas homéricas dos sobreviventes que vêm "contar histórias" e visitar amigos. (Atualmente, o jornal local dedica uma coluna regular a essas narrativas.) No entanto, o terreno da memória é complexo, e o museu é obviamente uma coalizão de diferentes agendas. Minha impressão de pessoa de fora – e peço desculpas por qualquer caricatura – é de que pelo menos quatro tipos de interesse participam da atual memorialização dos tsunamis como "herança da ilha".

Os "desenvolvimentistas" – como o personagem em *Limbo*, de John Sayles, que quer disneyficar a vastidão do Alasca – percebem a história dos tsunamis como um empolgante tema-aventura para atrair mais dólares dos turistas ricos (e tremendamente californianizados) que vão para o lado de Kona, na ilha. As "viúvas herdeiras", como suas similares matronas em outras cidades pequenas, estão preocupadas em preservar a hegemonia das velhas famílias haole sobre qualquer coisa que fale de genealogia ou história local. Os "aficionados" por tsunamis, enquanto isso, são simplesmente fascinados pelo romance desses cataclismos espetaculares. Mas os principais frequentadores do museu são os "ativistas" (ainda que alguns desdenhem um termo tão carregado) que lutam para preservar os valores da *ohana* diante das forças centrífugas da desindustrialização, da emigração e do aburguesamento disseminado. Dois grupos em particular se tornaram exemplares historiadores populares. Tanto para os mais velhos do Waiakea Pirates Athletic Club, guardiões do famoso relógio, quanto para os mais jovens da Laupahoehoe School, curadores de uma história oral da tragédia de 1946, os tsunamis são um modo de evocar solidariedade, coragem e identidade comunitária.

OS PIRATAS DE WAIAKEA

Ainda que a região de Hilo ofereça um diversificado menu de ruínas e monumentos dos tsunamis (inclusive o memorial Shinmachi, local da Usina Hakalau e do museu em si), é o Relógio de Waiakea que os turistas levam para casa como uma imagem numa camiseta ou mesmo como uma réplica de 25 centímetros. O relógio, salvo do entulho em 1960 e recolocado em seu lugar original em 1984 pelos Piratas de Waiakea, foi originalmente erguido em 1939 do lado de fora do Ginásio

Social do Assentamento, para homenagear a mulher de um proeminente plantador haole.

As casas de assentamentos, claro, em geral são associadas com áreas de má reputação e bairros pobres. E, de fato, segundo a perspectiva do Departamento de Missões havaiano, que estabeleceu o Assentamento Social em 1900, "para tornar Waiakea uma comunidade limpa, sóbria, trabalhadora, saudável e desejável", essa cidade marcadamente japonesa, de 5 mil habitantes, do outro lado da Hilo Iron Works e perto do porto, era uma favela incipiente. Tinha sem dúvida uma atmosfera violenta, agitada, e os garotos de Waiakea eram famosos por apelidos ao estilo *Our Gang* que não ficariam deslocados nos antigos bairros violentos de Nova York. Hamano "Escarradeira", Matsuno "Quebra-quebra", Takemura "Negão", Kondo "Magrão", Okahara "Caubói Joe".

Porém, mais objetivamente, Waiakea era fonte de ansiedade entre os haoles porque tinha a maior concentração de operários – trabalhadores de fábricas, pescadores, ferroviários e estivadores – da Grande Ilha. Diferentemente dos povoados agrícolas, o lugar não estava sob a fiscalização constante de capatazes e administradores residentes. Como um mundo fechado, tornou-se um cadinho para o sindicalismo e o Partido Comunista local. Em 1935, Harry Kamoku, um chinês-havaiano de Waiakea que tinha feito piquetes com Harry Bridges durante a Greve Geral de São Francisco, voltou para liderar uma bem-sucedida revolta de estivadores no porto de Hilo. A sede do ILWU no número 1.383 da avenida Kamehameha em Waiakea (hoje, o terceiro buraco do campo de golfe do Country Club Hawaii) tornou-se a sede regional do CIO (a poderosa federação de sindicatos).

Em 1º de agosto de 1939, várias centenas de estivadores, trabalhadoras de lavanderias sindicalizadas e moradores de Waiakea marcharam até o cais numa demonstração de solidariedade aos marinheiros da Companhia de Navegação Inter-Island e membros do CIO em greve. Enquanto o cargueiro fura-greve *S.S. Waialeale* chegava de Honolulu, a polícia e os capangas da empresa, armados de espingardas e baionetas, atacaram violentamente os manifestantes pacíficos. Quase um quarto da multidão, inclusive várias crianças, foi ferido no que ficou famoso como o "Massacre de Hilo". Como informou o ultrajado Harry Kamoku ao ILWU, em Honolulu: "Eles atiraram contra nós como se fôssemos um rebanho de ovelhas. Não tivemos chance. O tiroteio continuou por cerca de cinco minutos. Eles simplesmente ficaram disparando cartuchos e balas contra nossos corpos. Atiraram nas costas de homens que corriam. Atiraram em homens que estavam tentando ajudar companheiros feridos e mulheres. Rasgaram os corpos deles com baionetas." (Depois da guerra, Kamoku representou um papel fundamental na grande greve de 1946 – com a duração de 79 dias – que acabou organizando as plantações de açúcar no litoral de Hamakua, a norte de Hilo.)

Nessa era conturbada, a única paixão que igualava o entusiasmo de Waiakea pelo movimento sindical era o beisebol, e os anos da Depressão foram a era dourada das poderosas Ligas Comercial e Japonesa de Hilo. Fundado em 1924 como o primeiro clube aberto a todos os grupos étnicos, o Piratas de Waiakea se tornou rapidamente o equivalente aos Brooklyn Dodgers no beisebol das ilhas. O alto nível dos jogos no Honolulu Park foi demonstrado de modo inesquecível em 1933, quando um jogador haole do continente foi rebater contra o lendário lançador do Piratas, Taffy Okamura. Depois de repetidamente fazer com que Babe Ruth errasse, Okamura foi obrigado a diminuir a velocidade de sua bola rápida para que o visitante pudesse acertá-la. Os antigos ainda guardam com prazer a foto de Ruth dando um sorriso sem graça ao lado do minúsculo mas triunfante Okamura.

Nos anos pós-guerra, enquanto o ILWU vencia greves e organizava os trabalhadores do açúcar num sindicato poderoso, os Piratas mantinham sua proeminência na nova Liga Memorial de Beisebol do 100º Batalhão, dedicada à célebre unidade de combate nissei em que tantos homens de Waiakea tinham servido. Tanto a temporada de beisebol de 1960 quanto a colheita de açúcar estavam em força total quando o "terremoto do século" devastou a costa sul do Chile em 22 de maio.

Demorou 15 horas para que o resultado da energia sísmica atravessasse o Pacífico. As sirenes de alerta instaladas depois de 1946 começaram a tocar às 20h30, mas relatórios tranquilizadores do Taiti falando de ondas com apenas um metro de altura induziram um falso sentimento de segurança. A frota de sampanas de Waiakea buscou segurança em mar aberto, mas jovens ousados se reuniram no Mercado de Peixes Suisan e ao longo da ponte do rio Wailoa para esperar o tsunami. Alguns estavam preocupados com a possibilidade de não acontecer nada. À 1h40 da madrugada, quando o Relógio do Assentamento parou para sempre, eles foram subitamente confrontados por uma parede quase vertical de água preta, com dez metros e meio de altura. Rugindo em direção à terra, ela esmagou pessoas, casas e lojas, penetrando até a rua Kekuanaoa – a cerca de um quilômetro e meio da baía.

No banquete do septuagésimo quinto aniversário do Piratas, no ano passado, um dos convidados de honra foi a sra. Ito, a mais renomada sobrevivente da destruição de Waiakea. Sua casa foi arrancada do chão pela onda, depois sugada para o oceano pelo refluxo. Sem saber nadar e com menos de um metro e meio de altura, ela se agarrou durante toda a noite a uma frágil janela, rodeada por tubarões martelo, antes de ser resgatada de manhã pela Guarda Costeira. Pessoas de caráter mais fraco poderiam alardear o sofrimento, mas a sra. Ito, com soberba humildade, simplesmente lembrou a beleza indelével do céu estrelado enquanto flutuava no oceano.

A antiga Waiakea, graças aos sócios do Piratas, também parece indelével. As histórias orais e as lembranças públicas da tragédia de 1960, junto com a publicação, na primavera passada, de um livro de memórias da cidade e do time escrito por Richard Nakamura e Gloria Kobayashi, acenderam de novo o afeto permanente de seus descendentes. O beisebol local, mesmo que tenha perdido o brilho desde a era homérica de Lefty Okamura, ainda preenche a identidade comunitária. A história do trabalhismo militante de Waiakea, por outro lado, foi praticamente excluída das comemorações. Não há memorial às vítimas do massacre de 1938 e, ainda que a sede local do ILWU tenha recebido o nome de Harry Kamoku, há uma tendência pouco surpreendente – na ausência de qualquer participação sindical forte na criação de uma memória pública – a enfatizar experiências "unificadoras" como os desastres naturais ou as lendas dos esportes em vez de os legados "divisores" representados pelo racismo ou pela luta de classes.

A ESCOLA LAUPAHOEHOE

Mas em Laupahoehoe cinco gerações de trabalhadores dos canaviais e das usinas de açúcar permanecem como pivô da identidade comunitária. Frank DeCaires, que tinha 14 anos em 1946, quando duas irmãs e um irmão foram varridos por um tsunami exatamente onde ele está sentado agora, na extremidade gramada do estonteante Laupahoehoe Point, fala das mulas.

— Na época usávamos mulas, você sabe, para ajudar a trazer a cana morro abaixo. Eram bons animais e trabalhavam duro, como o resto de nós. O açúcar era um meio de vida difícil, mas nos transformou numa família, unida e generosa.

As crianças sentadas a seus pés, um típico arco-íris havaiano com uma dúzia de etnias misturadas, sorriem ou confirmam com a cabeça. As mulas não são uma categoria inclusiva, mas os altos pés de cana crescendo selvagens nos campos abandonados por todo o litoral de Hamakua são como parentes distantes. São orgulho ancestral. Nenhuma daquelas crianças vai trabalhar no turno da noite na Usina Pepeekeo ou carregar toneladas de cana através de um aguaceiro tropical num Peterbilt de 18 rodas. Mas seus pais e avós faziam isso, assim como os pais e os avós deles, antes, cortavam a cana traiçoeira à mão e levavam às costas até carroças ou canais. A cana é história de família e assunto que merece respeito.

1º de abril de 1999: chance de ver em primeira mão como a história é transmitida na Grande Ilha. A Escola Laupahoehoe (ou melhor, a "escola nova", várias dezenas de metros acima do oceano) organizou um dia inteiro de cerimônias para lembrar a tragédia de 1946. Ainda que seja dia de semana, a maior parte das 152 famílias de Laupahoehoe foi até o Point. Desde a última colheita de cana aqui, no outono de 1994, o desemprego foi às alturas e, mais do que nunca, a escola se tornou o centro da vida comunitária. Enquanto os adultos preparam o almoço ou fofocam, alunos de todas as séries se reúnem em tendas de "contar histórias" para ouvir honrados *kupunas* (anciãos) como DeCaires tecendo reminiscências do trabalho e do desastre.

Em 1996–1997 alunos transcreveram e publicaram uma narrativa notável baseada em entrevistas com 13 sobreviventes do tsunami. É arrepiante ouvir os *kupunas* contarem de novo como o mar recuou subitamente, deixando o solo do oceano exposto até o recife. Eram 6h50, dez minutos antes da primeira campainha, e os ônibus escolares estavam deixando as crianças vindas das plantações e dos povoados próximos. Algumas jogavam beisebol. Sem saber do perigo, correram até a praia, logo depois das casas dos professores, para ver cardumes se retorcendo no leito do mar. Antes que os adultos pudessem chamá-las à segurança chegou a onda principal: não era uma onda se quebrando, e sim uma parede de água que crescia cada vez mais, inchando e inchando.

Leonie Kawaihona Laeha, entrevistada pelos estudantes em 1996, lembra: "Era muito alta, parecendo que vinha acima dos coqueiros. Todas as crianças que estavam na praia vieram correndo estrada acima, atravessando o parque." Quando viu isso, ela começou a chorar porque "não sabia o que estava acontecendo, mas sabia que era ruim". Ali perto Yasu Gusukuma, de 16 anos, "tomada de um horror que permaneceria para sempre na memória", testemunhou "água vindo de todos os lados e borbulhando no centro. Viu casas girando em cima da água, viu o coreto desmoronar, depois se virou e correu morro acima o mais rápido que pôde".

Algumas crianças, como a filha adotiva de DeCaires, Janet Yokohama, foram mortas instantaneamente quando o tsunami as jogou contra pedras e árvores. Mais de uma dúzia de outras foram varridas vivas para as águas infestadas de tubarões. "Alguns garotos tentaram ir nadando, amarrados a cordas, pegar as pessoas que estavam flutuando, mas não puderam alcançar nenhuma. Ficaram olhando, impotentes, muitas passarem longe." Enquanto as crianças que gritavam eram sugadas para o mar, David Kailimai, superintendente de uma usina de açúcar próxima, tentou pegar emprestado o único veleiro da área, de um rico morador haole. Mais preocupado com os possíveis danos ao barco do que com as crianças perdidas, o proprietário se recusou teimosamente. Era uma da tarde, seis horas depois do desastre, quando ele finalmente cedeu. Kailimai, um médico da clínica da fazenda e dois outros velejaram para o norte em direção a Kohala, através de um incrível amontoado de entulhos flutuantes. Antes do anoitecer puderam resgatar dois garotos feridos, agarrados a uma árvore luahala e uma professora que tinha alcançado uma das balsas de borracha lançadas por aviões da Marinha. A professora era a noiva do doutor. Mais três crianças foram resgatadas na manhã seguinte, mas outras, "vistas em balsas improvisadas, mais adiante no litoral", jamais foram encontradas.

Depois de uma ou duas horas ouvindo histórias assim, todo mundo se dirige para o impressionante centro comunitário (construído para uma população muito maior no auge da Laupahoehoe Sugar Company) para uma festa com porco *luau*, arroz e *poi*. Algumas pessoas mais velhas percorrem tristes as ruínas cobertas de trepadeiras dos banheiros das crianças do primário, destruídos em 1946: as pias minúsculas e enferrujadas são especialmente pungentes. Então a comunidade reunida, guiada pela guarda de honra da escola, marcha até o modesto monumento de lava onde estão gravados os nomes das crianças mortas e seus jovens professores. Há um comovente hino em havaiano, orações ecumênicas feitas por católicos, mórmons e budistas. E então a diretora,

Jane Uyehara, lembra aos alunos que o ponto em si, "este lugar lindo, especial", é a graça de Deus para os mortos. Rodeado em três lados pelas ondas trovejantes, é de fato um monumento magnífico.

Também fica muito longe de Littleton, Colorado, e outros infernos suburbanos. Quando perguntados sobre que carreiras imaginam para si, metade das crianças responde que querem ser professores na escola. Os professores, como os que morreram tentando salvar as crianças da onda monstruosa de 1946, ainda são heróis. (Deve-se notar que os havaianos sempre valorizaram a educação. Na década de 1880, quando ainda era uma nação independente, o Havaí tinha uma espantosa taxa de alfabetização de 96%, mais alta do que os Estados Unidos como um todo, no ano 2000.) Mas muitas dessas crianças, inexoravelmente, serão forçadas a deixar Laupahoehoe.

Apesar de esquemas fiscais para transformar os trabalhadores açucareiros em plantadores de inhame ou reempregá-los como "teletrabalhadores" com salários baixos processando contas de cartões de crédito do continente, não há mais empregos suficientes para manter a comunidade. Os moradores estão amargamente divididos quanto à proposta de "empregos *versus* valores tradicionais" para construir uma prisão de segurança máxima perto de Hilo. Enquanto isso, milhares de hectares de canaviais foram especulativamente reciclados em plantações de eucalipto para produzir polpa de madeira, transformando Hamakua numa perigosa ecologia do fogo, mas gerando um número ridículo de empregos. Parece que o açúcar não tem substituto.

Assim, como centenas – talvez milhares – de outras comunidades defuntas que lidavam com agricultura, pesca, mineração e caça, com uma paisagem de sacudir a alma e um passado proletário heroico, Laupahoehoe tem pouca opção além de vender seus encantos a quem puder. Desde Creta e a Cornualha até Montana e o Havaí, o aburguesamento de locais selvagens (bem como o dos centros urbanos) é sempre um roubo da tradição, um desenraizamento da comunidade. Eventualmente, todas as paisagens de beleza áspera onde se trabalha e luta parecem destinadas a ser reempacotadas como "herança", arrancadas dos moradores desempregados e vendidas a burgueses amantes do visual, em fuga das cidades. Este é o futuro do incomparável litoral de Hamakua, que já foi a espinha dorsal do militante movimento sindical havaiano. Inevitavelmente, mais *malihinis* idosos (como eu), vindos da Califórnia, cairão sob o feitiço de sua beleza e suplantarão as famílias locais que, por sua vez, acabarão nos esparramados arredores de Los Angeles ou Las Vegas. Seus netos jamais ouvirão as histórias dos kupunas nem aprenderão as narrativas da Onda Gigante. Isso é a verdadeira "nuvem de tristeza", como disse um escritor local, que paira sobre a Grande Ilha.

2001

PARTE II
ESPÍRITOS SANTOS

Teatro evangélico

6. Terremoto pentecostal

RUA AZUSA

No fim de tarde de 17 de abril de 1906 – apenas 12 horas antes de um terremoto sacudir São Francisco –, o Espírito Santo baixou numa "chuva de fogo" sobre a congregação de uma pequena igreja no centro de Los Angeles, inspirando 30 homens e mulheres a rezar sobre tábuas de pinho estendidas sobre pequenos barris. Durante meses aqueles cristãos simples e atordoados, sob a liderança de William Joseph ("Papai") Seymour, um evangelizador negro do Texas, haviam rezado todas as noites pedindo "sinais e maravilhas" como os testemunhados por mineiros de carvão evangelizadores em Gales e missionários na Índia. De repente os fiéis – negros, brancos, mexicanos e filipinos pobres – foram sacudidos por uma força poderosa. O Espírito animou cada uma das pessoas de modo diferente. Alguns se retorceram, sacudiram-se; outros gritavam com gargalhadas santas ou atacavam demônios invisíveis. Era difícil para os participantes perceberem totalmente como era estar "bêbado do espírito", ainda que mais tarde um homem tenha dito que "cada vez que eu saía de sob o poder, me sentia muito doce e limpo, como se tivesse passado por uma máquina de lavar".

A terrível destruição, na manhã seguinte, da Babilônia junto à baía apenas enfatizou o caráter momentoso, talvez apocalíptico, do Pentecostes (a descida do Espírito Santo) no número 312 da rua Azusa (atualmente, um beco em Little Tokyo). A irmã Mary Galmond, uma lavadeira negra de Pasadena, revelou que o Senhor lhe mandara uma visão do terremoto de São Francisco no ano anterior e alertara que a destruição de Los Angeles, a "Nova Jerusalém", viria logo em seguida.

Durante três anos, o Espírito Santo manteve a manifestação com cargas de alta voltagem de energia libidinosa que escandalizava o meio protestante tradicional em suas cidadelas de granito cinzento. Os pentecostais de Los Angeles foram denunciados como "dervixes uivantes", "sodomitas", "sedutores possuídos pelo demônio" e "o último vômito de Satã". Sua rendição visceral ao Espírito era explicitamente sexual, subversiva e carnavalesca demais. Além disso, emulando o cristianismo primitivo, eles haviam transgredido as fronteiras raciais e de gênero da América de Teddy Roosevelt. "A linha da cor", alardeava um dos santos brancos de Seymour, "foi lavada com o sangue do cordeiro".

Igualmente heréticos, algumas vezes os pentecostais pareciam confundir a escatologia bíblica com a teoria marxista, como quando a irmã Galmond profetizou uma "Grande guerra do Trabalho contra o Capital". "O Senhor diz: É chegada a hora em que os pobres serão oprimidos e os cristãos não poderão comprar nem vender a não ser que tenham a marca da besta. Em seguida ele diz: Chegará a hora em que o pobre dirá que não tem o que comer, e os empregos terminarão. E o rico comprará todo o açúcar, o sal e o café e o manterá em sua loja, e nós não poderemos comprar se não tivermos a marca da besta."

A censura das grandes igrejas apenas reforçava a convicção de Seymour e seus colegas santos de que eles eram o povo pobre e desprezado do Tabernáculo Original de Deus. O "despertar" atraiu rapidamente um número cada vez maior de pessoas de classe baixa de todas as raças, e logo o Espírito Santo estava convulsionando gigantescos acampamentos populistas nos bosques de carvalhos e sicômoros de Hermon, uma comunidade agrícola entre o centro de L.A. e Pasadena.

Papai Seymour publicou descrições vívidas de milagres num boletim, *The Apostolic Faith*, que circulou nacionalmente pelos círculos evangélicos e também em missões fora do país. Durante uma década, os protestantes americanos tinham sido estimulados pela imposição milenarista: "A evangelização do mundo em nosso tempo de vida!" Evangélicos da velha guarda estavam começando a assumir um sério interesse pelo terremoto pentecostal em Los Angeles. Talvez ali estivesse uma força capaz de mover os pagãos. O que outros descartavam como fraude ou histeria de massa, eles eventualmente abraçaram como o dínamo espiritual de um novo proselitismo em todo o globo.

O TEMPLO DO ÂNGELUS

A segunda onda pentecostal em Los Angeles foi liderada por Aimee Semple McPherson, que foi trazida do Canadá por um emissário do Avivamento da rua Azusa. Seu cometa evangélico coincidiu com o fim do boom do final da década de 1920 e o sofrimento da Depressão. A "irmã", como todo mundo a chamava, apresentou o Espírito Santo a Hollywood e trouxe o *vaudeville* e o rádio ao palco do evangelho. Ela adorava peças de teatro, figurinos, chuvas de pétalas de rosa, risos e refletores, além de carros grandes e trambiqueiros bonitos. Encheu uma vasta vitrine de troféus em seu grande Templo do Ângelus em Echo Park com as muletas, bengalas e tapa-olhos descartados de mais de 1.500 pessoas que afirmavam ter sido tocadas pelo Poder Curador de Deus. Com todos os seus milagres e escândalos, manteve-se nas manchetes por mais tempo do que qualquer estrela de cinema.

A Irmã também proporcionava o perfeito realce para a boêmia de Los Angeles. Muito antes de Edmund Wilson e outros turistas literários espiarem dentro do Templo do Ângelus, Louis Adamic – um brilhante e pobre escritor proletário – produzia ferozes ataques contra Aimee e seus seguidores no irreverente jornal de Emanuel Haldeman-Julius:

> As pessoas que vêm ao templo de Aimee são desiludidas e infelizes. Homens e mulheres velhos e abalados... São agricultores e pequenos

comerciantes do Kansas, Illinois, Nevada, Iowa, Ohio, Tennessee. São os burros de carga das fazendas e dos lares das cidades pequenas, vítimas de circunstâncias cruéis, vítimas da vida, escravos de suas deficiências biológicas. São doentes, neuróticos, feios, sexual e intelectualmente famintos, curvados e reprimidos. Para praticamente todos os objetivos deste mundo, estão mortos.

Há uma agitação na turba – Aimee aparece. Se não tivesse se apaixonado e depois sido "convertida" pelos jovens e belos evangelizadores de Ingersoll, Ontário, a irmã Aimee talvez fosse hoje em dia uma atriz do palco ou do cinema. Sua voz deve ter sido agradável, mas agora ficou áspera ao serviço do Senhor, sua boca deve ter sido bonita, mas agora cresceu devido ao exercício exagerado. É cheia de atividade, dirige tudo. Primeiro um hino. "Cantem todos, queridos, todo mundo!" E depois: "Agora todo mundo se vire e aperte a mão de pelo menos quatro pessoas que estejam próximas." E sou compelido a pegar três ou quatro mãos – mãos frias, moles, débeis, trêmulas, que me provocam arrepios.

Mas o sentimentalismo teatral que causou repulsa em Adamic era liberado por um igualitarismo realmente sincero e frequentemente corajoso. A intolerância racial e o antissemitismo eram anátema para seu Evangelho Quadrangular. Na antologia oficial de seus sermões e cruzadas, *This is That*, há um relato espantoso de como a irmã Aimee persuadiu uma plateia de brancos no norte da Flórida a "agradar ao Espírito Santo" tirando o cordão de isolamento que os separava dos irmãos pentecostais negros. Enquanto a discriminação racial era temporariamente desmantelada, a Irmã conduzia os aplausos "enquanto os santos negros vinham marchando".

Num de seus sermões mais famosos, ela desafiou o poder em ascensão da Ku Klux Klan na Los Angeles dos anos 1920. Quando a Klan apareceu com força total no Templo do Ângelus, ela pregou uma parábola sobre um velho agricultor negro excluído de uma igreja branca segregada. O agricultor estava sentado, cheio de frustração, do lado de fora, nos degraus de pedra, quando um Jesus mendigo pôs a mão no ombro do homem. "Não fique triste, meu irmão", disse o Jesus mendigo, um colega esquerdista que não parecia jovem nem velho, mas cujas roupas e botas mostravam o uso de muitos dias e noites na estrada. "Não fique triste. Eu também venho tentando entrar naquela igreja há muitos, muitos anos..." Enquanto os homens da Klan se remexiam nos bancos, a voz da Irmã crescia cada vez mais. "Vocês que se orgulham do patriotismo, que prometeram tornar a América livre para o cristianismo branco, ouçam! Perguntem-se como é possível fingir cultuar um dos maiores judeus que já viveram, Jesus Cristo, e depois desprezar todos os judeus vivos? Digo a vocês o que nosso mestre disse: Não julgueis para não serdes julgados!"

Em 1936, achando que o espírito do Templo do Ângelus tinha ficado "frio e morto", ela abriu as portas para veteranos negros do movimento de Papai Seymour. "Um orador diferente era programado para cada hora, começando com a Irmã às 6 da manhã, e seguindo por vários meses até chegar ao clímax com o triplo espetáculo de A. Earl Lee, Ora B. (Furacão) Hurley e J.D. Long." Uma sessão típica incluía "visões luminosas, mensagens flamejantes em línguas estranhas e interpretação, sinais de fumaça densa, barreiras de fogo vivo e enchentes de profecias", culminando com o canto "We need the Rain". Nesse ponto a orquestra atacava com "Dancing in the Rain" e a congregação, negros e brancos juntos, dançava num "êxtase de arrepiar a alma". O pentecostes da Irmã tinha se transformado num utópico musical da Metro.

A CATEDRAL DE CRISTAL

A síntese do evangelismo suburbanizado nos Estados Unidos é sem dúvida a Catedral de Cristal de Garden Grove, a algumas saídas da via expressa ao sul da Disneylândia, em Orange County. Projetada pelo modernista pagão Philip Johnson em 1980, seu campanário de vidro com altura de 25 andares e 10 mil janelas de vidro prateado substituiu o cinema drive-in que Robert A. Schuller usou para montar seu ministério nos anos 1950 e 1960. Schuller, que pregava à sua congregação do topo de um bar do drive-in enquanto as pessoas permaneciam nos carros, é uma das maiores histórias de sucesso no protestantismo pós-guerra. Ele e seu filho controlam um império da mídia que alcança 20 milhões de espectadores em 180 países, e atualmente sua reputação rivaliza com a de Billy Graham. Junto com o reverendo Jesse Jackson, ele ajudou a exorcizar com orações os muitos demônios que infestam a Casa Branca de Clinton. Em fevereiro de 1997, o presidente o convidou a sentar-se ao lado da primeira-dama no discurso State of the Union. (Mais tarde, Schuller observou que "Jesus se especializa em pecadores amorosos".)

Os domingos na Catedral de Cristal estão para as igrejas de beira de rua assim como um show de primeira em Las Vegas está para um burlesco mal ensaiado (imagine Siegfried e Roy *versus* o Eddie Cantor de início de carreira). Certamente os valores de produção em Garden Grove são tão espantosos quanto a conta bancária de Schuller: anjos voam 20 metros acima da congregação, presos por fios invisíveis; megacoros, frequentemente liderados por celebridades da música country, cantam sucessos gospel acompanhados pelo maior órgão de igreja do mundo. Schuller entoa o mesmo sermão falando de felicidade e prosperidade que tornou seu programa de televisão "Hour of Power" famoso no mundo inteiro. Não há tremeliques, bolas de fogo, danças nos corredores entre os bancos nem falas em línguas estranhas. Tudo é encenado com responsabilidade, sem qualquer sugestão de espontaneidade, perigo ou xamanismo. A congregação de seis mil pessoas, na maioria bem de vida, tem uma diversão saudável e depois vai à loja de lembranças comprar canecas de café com o logotipo da catedral, ímãs de geladeira e outras quinquilharias sagradas para toda a família.

A LUZ DO MUNDO

A gloriosa La Luz del Mundo se localiza do outro lado da via expressa de Pomona, no leste de Los Angeles. Seu templo neoclássico é decorado com uma folclórica exuberância de animais e santos da Bíblia, em tons pastel, que à primeira vista sugere *santería* ou vodu. De fato, "A Luz do Mundo" é um pentecostalismo de segunda geração vindo do México, interpretado por um apóstolo chamado Eusebio Joaquín González. Soldado da Revolução, González recebeu a boa-nova do Avivamento do Espírito Santo de *santos* que tinham se ajoelhado em oração com Papai Seymour na rua Azusa. Em 1926, enquanto estava num quartel em Monterrey, González recebeu a ordem do Espírito para voltar à sua cidade natal, Jalisco, e "restaurar a igreja primitiva estabelecida por Jesus Cristo". Rebatizado como Aarón, tornou-se a trovejante contrapartida carismática da irmã Aimee em Guadalajara. O extraordinário arranha-céu de vidro em forma de zigurate que serve como sede geral da seita agora olha de cima para todo um bairro de santos (Hermosa Provincia) naquela cidade.

Assim, a "Luz do Mundo" de Los Angeles é o antigo sacramento de Seymour tropicalizado e reimportado para aplacar a sede espiritual dos cinco milhões de latinos da área de Los Angeles. Ainda que não seja uma democracia anarquista de revelação como a rua Azusa, o First Street Templo ainda é uma "máquina de lavar" emocional de primeira classe, com um espetáculo participativo que culmina em extraordinários quadros vivos encenados no porão, onde os membros representam cenas do Novo Testamento. Depois dessa limpeza, a congregação sai – não para um lanche, mas para conquistar o mundo para o Espírito Santo neste Fim dos Tempos.

O pentecostalismo de língua espanhola (do qual La Luz del Mundo é meramente uma instância incomum) é provavelmente o movimento social mais importante na Los Angeles contemporânea. Certamente é a alternativa não aburguesada para o suburbano shopping de Deus com lanches rápidos e música de elevador que se passa por protestantismo tradicional. Ainda que algumas pessoas de esquerda desconsiderem essas igrejas e seus santos operários como "reacionários" – por causa da suposta associação com a contrarrevolução na América Central –, não há motivo inerente para que eles não reivindiquem o mesmo papel social de seus similares afro-americanos mais antigos, como mantenedores da chama de um igualitarismo implacável.

O fogo que incendiou primeiro a rua Azusa tornou-se uma conflagração espiritual em todo o mundo. Queima com intensidade particular em qualquer local em que o combustível emocional seja fornecido pela pobreza e a injustiça: nos vales apalachianos, nos guetos das cidades grandes, nos campos de trabalhadores imigrantes, em cidades negras da África do Sul e em *colônias* urbanas na América Central. Com uma estimativa de 50 milhões de partidários confessionais e talvez um número duas vezes maior de primos "carismáticos" em igrejas mais tradicionalistas, o pentecostalismo é hoje o movimento religioso de crescimento mais rápido no mundo. E depois de décadas negando suas origens nos renascimentos liderados por negros e com misturas raciais, os grupos pentecostais predominantemente brancos de hoje agora reconhecem calorosamente como seu berço comum o movimento liderado por William Seymour em Los Angeles, que morreu cheio de dívidas em 1922.

1999

Bunker Hill (cerca de 1940)

7. A sombra de Hollywood

> Cidade borbulhante, saturada de sonhos
> [...]
> Em toda parte mistérios escorrem como seiva
>
> *Baudelaire*

No princípio, claro, Los Angeles era (nas palavras de Orson Welles) simplesmente um "lugar brilhante, culpado" sem uma sombra criminosa ou uma rua maligna à vista. Hollywood encontrou seu próprio Lugar Sombrio tardiamente e apenas através de um fortuito amálgama de sensibilidades migrantes mais antigas. Mas assim que foi descoberta por escritores de livros policiais e exilados *auteurs* de Weimar, a região de Bunker Hill, em Los Angeles, em particular, começou a exercer um oculto poder de localização.[1] Aqui, acima da monótona planura de L.A. (as "planícies do Id", de Reyner Banham), ficava uma favela no morro, cujas mansões decadentes e cortiços sinistros podiam ter sido visualizados por Edgar Allan Poe.[2] Seus residentes sugeriam os capangas de Macheath na *Ópera dos três vinténs*, de Brecht e Weill. O Hill era depressivamente urbano e misterioso – em oposição a Los Angeles, suburbana e banal de nascença. Com tais qualidades de estrela, não surpreende que logo tenha se alojado em nossa imaginação noturna. Bunker Hill em pouco tempo roubava as melhores falas no cinema *noir*.

FIVE POINTS

Alguns mapeamentos cinematográficos das metrópoles – *Berlim, sinfonia de uma cidade* (1927), *Le Million* (1931), *Roma, cidade aberta* (1945) – eram realmente de vanguarda ao antecipar ou fazer paralelos com conceitos similares na literatura e na pintura. Mas os filmes dos grandes estúdios preferiam encarar a cidade nos termos familiares da literatura (e mais tarde da fotografia e da publicidade). Assim, o cinema *noir* dos anos 1940 derivava inegavelmente de padrões clássicos estabelecidos um século antes por Dickens, Sue, Poe e Baudelaire.

De fato, o contraste antípoda da alma dividida da cidade – alto e baixo, sol e sombras – era um ardil que tinha raízes na *Ópera dos mendigos* e, em última instância, em Dante. A escatologia cristã tornava muito mais fácil interpretar imagens documentárias da polarização urbana como alegorias espacializadas. As Profundezas mais Baixas urbanas logo se tornaram o equivalente das cataratas do Niágara ou do Naufrágio do Medusa na competição para satisfazer a peculiar necessidade vitoriana do público para ser simultaneamente horrorizado, edificado e estimulado.

De modo semelhante, os pobres das favelas eram contrapartidas reimaginadas das culturas incomparavelmente selvagens da floresta e do deserto. O romance gótico urbano era o orientalismo trazido para casa. Eugene Sue, por exemplo, afirmou que seu *Os mistérios de Paris* não passava da urbanização de *O último dos moicanos*:

> Todo mundo leu aquelas páginas admiráveis em que James Fenimore Cooper [...] traça os costumes ferozes dos selvagens, sua linguagem pitoresca e poética, os milhares de ardis que usam para perseguir os inimigos. [...] Os bárbaros de quem falamos estão no nosso meio; podemos andar lado a lado com eles aventurando-nos em covis onde se congregam para tramar assassinatos ou roubos e dividir os espólios. Esses homens têm costumes próprios, mulheres diferentes das outras, uma língua incompreensível para usar, uma linguagem densa de imagens perniciosas, com metáforas que pingam sangue.[3]

O apetite americano pelo submundo e sua "selvageria" foi memoravelmente estimulado pela famosa expedição de Dickens em 1842 ao notório Five Points de Nova York, no coração do "Velho e Sangrento Sexto Distrito", publicado em seu *American Notes*.[4] Protegido por "dois chefes de polícia" (como era seu costume em Londres), o escritor "mergulhou" no labirinto de becos fétidos, decadentes casas georgianas ("a devassidão tornou as próprias casas prematuramente velhas") e porões fedorentos que abrigavam as pessoas mais pobres de Nova York: uma mistura cosmopolita de marinheiros, imigrantes irlandeses, viúvas alemãs, prisioneiros recém-libertados e escravos fugitivos.

O leitor contemporâneo pode ter estremecido em suspense, mas Dickens sabia exatamente onde se encontrava. A descrição já estava na lata: "cortiços hediondos, que tiram seus nomes do roubo e do assassinato: tudo que é desprezível, caído e decadente está aqui". Ele escrevera a mesma coisa sobre o Seven Dials de Londres e, de fato, deixa claro que Five Points é a genérica favela vitoriana – "os rostos ásperos e inchados que aparecem às portas têm contrapartida no meu país e em todo o grande mundo" – com algumas poucas idiossincrasias do Novo Mundo, como as gravuras baratas de George Washington ou as paredes esquálidas e "os cômodos apertados cheios de negros adormecidos". Dickens não pretendia fazer realismo documentário. No máximo tentava levar seus leitores a algum lugar que já era subliminarmente familiar, uma cidade secreta visitada em sonhos.

Com seus guarda-costas oficiais vigiando os moradores, o grande escritor estava livre para sondar, questionar e entoar julgamentos. Ele interrogou um homem febril, possivelmente agonizante, arrancou do sono negras exaustas e visitou um salão inter-racial (ou seria um lupanar?) onde o proprietário obrigou duas "tímidas" jovens mestiças a dançar para o célebre visitante. A aventura de Dickens tornou o Five Points tão infame quanto Whitechapel, e provocou uma indústria imitativa de picantes narrativas de viagens urbanas, das quais *Mysteries and Miseries of New York*, de E.Z.C. Judson, e *Sunshine and Shadow in New York*, de Matthew Hale Smith, se tornaram best-sellers.[5] Agora havia uma nova e empolgada franquia de cidades góticas e turismo noturno no Novo Mundo.

ANGEL'S FLIGHT

A incipiente indústria cinematográfica em Nova York, como em Londres, Paris ou Berlim, interagia com uma paisagem urbana amplamente reconhecida por escritores naturalistas, poetas modernistas, jornalistas sensacionalistas, pintores secessionistas e a primeira geração de fotógrafos de rua. Áreas como Greenwich Village, o Lower East Side, a Quinta Avenida e Hell's Kitchen se tornaram famosas metonímias para aspectos clássicos da vida urbana (boêmia, pobreza imigrante, classes chiques, delinquência) e eram instantaneamente reconhecíveis para milhões de pessoas que jamais tinham visitado Gotham. A cidade era familiar demais, num sentido imaginado, para que os filmes se afastassem muito da geografia literária. Assim os filmes absorveram e ampliaram os clichês hegemônicos de escritores da geração de O. Henry, inclusive o espírito da favela noturna. Ainda que Five Points houvesse sumido há muito, a área do cais em Hell's Kitchen permaneceu como um potente terreno dickensiano, especialmente quando visto através do monóculo de Josef von Sternberg no famoso *Docas de Nova York* (1928).

Los Angeles, por outro lado, não tinha uma imagem igualmente forte nas letras americanas. Quando a indústria cinematográfica se suburbanizou em Hollywood, como observaram vários historiadores, adquiriu uma liberdade de locação, podendo se afastar de poderosas e inevitáveis referências urbanas. Enquanto voltava uma lente para si própria e construía "Hollywood", a indústria não tinha necessidade de reconhecer a especificidade de lugar. Los Angeles era inteiramente um set de filmagem, o que quer dizer que era utopia: literalmente um não lugar (e portanto qualquer lugar). De fato, no início dos anos 1920, o set havia se tornado rapidamente a característica arquitetônica da região, e num sentido muito real os filmes estavam reestruturando a cidade à sua própria imagem. Bangalôs com fachadas de estuque em estilo histórico eram a última moda imobiliária nos anos 1920, e os grandes épicos bíblicos de Griffith e De Mille produziram uma pequena epidemia de "renascimento egípcio" em edifícios de apartamentos e templos maçônicos. Uma década depois, os faroestes deram origem a bairros imitando ranchos e uma infinidade de propriedades inspiradas no estilo rural de John Ford.

Mas graças a Hitler e à Depressão, logo os estúdios estavam cheios de exilados berlinenses e nova-iorquinos cujo universo criativo e afetivo era Metrópolis e não a Fronteira. Uma obsessão nacional por gângsteres e um novo estilo "durão" na ficção popular encorajaram a volta de Hollywood a locações urbanas sujas e favelas clássicas, ainda que isso significasse Manhattan ou, algumas vezes, São Francisco e sua misteriosa Chinatown. Somente nos anos 1940, incansáveis pesquisadores de locações trouxeram aos chalés dos escritores a notícia de que a própria Terra do Sol abrigava um lugar sombrio de grandiosidade quase à altura de Weimar. Com suas antigas habitações vitorianas nos penhascos, ligadas por uma colcha de retalhos composta por escadas, becos estreitos e duas pitorescas ferrovias funiculares, Bunker Hill acabou fascinando os exilados como uma miragem expressionista. Se esse negligenciado substituto para a Cidade Maligna aparentemente reivindicava uma carreira no cinema, sua grande estreia – *Baixeza*, de Robert Siodmak (1949), chegou somente depois de ele já ser um ícone literário.

Raymond Chandler, claro, criou o mapa de ruas *noir* de Los Angeles que mais tarde Hollywood usou como guia. Coreografou o conflito de locais – mansões de Pasadena, cortiços de Bunker Hill, bares da Central Avenue e casas de praia em Malibu – que tornou Los Angeles reconhecível como cidade, depois do grande aprendizado como terreno baldio. Seu golpe de gênio foi o *frisson* criado pelas intermináveis viagens de Marlowe entre os extremos igualmente sinistros da riqueza e da miséria. No entanto, Chandler trabalhava a partir de peças pré-fabricadas bem como de sua própria percepção, e o Bunker Hill ("cidade perdida, cidade precária, cidade deturpada") que ele famosamente cultuou em *The High Window* (1943) já fora "inventado" pelo escritor John Fante e o pintor Millard Sheets.

Fante foi um dos escritores "regionais" de realismo duro como Louis Adamic e James M. Cain, que H.L. Mencken cultivava nas páginas de *American Mercury* no fim dos anos 1920 e começo dos 1930. No início da Depressão ele trabalhava como ajudante de garçom num restaurante do centro da cidade e morava num hotel barato em Bunker Hill, quando escreveu as histórias que iriam se tornar o romance *Pergunte ao pó*, de 1939. Foi a primeira declinação do melodrama humano de Bunker Hill. Arturo Bandini, de 20 anos – como Fante, um ítalo-americano de primeira geração e aspirando desesperadamente a ser roteirista de cinema –, cai num condenado triângulo amoroso com Camilla Lopez, uma bela garçonete chicana, e Sammy, o tuberculoso que é seu rival na luta pelo afeto da jovem.

O Bunker Hill que Fante evocava para os leitores de Mencken era o bairro mais apinhado e urbano de Los Angeles. Segundo o censo de 1940, sua população cresceu quase 20% durante a Depressão, já que o local proporcionava as moradias mais baratas para a força de trabalho não especializada do centro da cidade, bem como aposentados, veteranos de guerra deficientes físicos, imigrantes mexicanos e filipinos e homens que preferiam manter a identidade nas sombras. Suas quase duas mil residências iam de barracos de prospectores de petróleo e hotéis de turismo da virada do século até as decadentes mas ainda magníficas mansões Rainha Anne e Westlake das elites da cidade por volta de 1880. Sucessivos relatórios da Works Progress Administration e das comissões de habitação da prefeitura narravam sua dilapidação (60% das estruturas eram consideradas "perigosas"), os índices de prisões realizadas (oito vezes maiores do que a média da cidade), os problemas de saúde (tuberculose e sífilis) e a cultura das drogas (o local era o epicentro do uso de maconha e cocaína).⁶ No entanto, as tristes estatísticas sociais não conseguiam capturar o espírito de comunidade favelada do bairro, sua tolerância multirracial ou sua unidade de bocas fechadas contra a polícia.

Como mais tarde admitiu um historiador local, os moradores (talvez como os de Five Points, um século antes) pareciam gostar de seu poleiro velho mas colorido acima da agitação da cidade:

> Os cômodos de pé-direito alto e aluguéis baixos lhes serviam bem. As ruas podiam ser íngremes, mas estavam afastadas do movimento do tráfego, com árvores ao longo das calçadas e uma profusão das mais vigorosas flores de jardins – nastúrcios, malvas-rosas, gerânios de caules fortes – ainda crescendo atrás das casas velhas. À noite havia coisas a ver – janelas de escritórios nos prédios municipais, carros enfileirando-se interminavelmente...

Angel's Flight, de Millard Sheets – virtualmente a única pintura famosa do sul da Califórnia da era da Depressão (1931) –, retrata melhor do que o romance de Fante uma desafiadora atitude de Bunker Hill. Geralmente considerado um regionalista ao estilo de Thomas Hart Benton, por um breve momento Sheets foi um Otto Dix de olhos duros e sem puritanismo. Duas experientes mas bonitas "cortesãs dos cortiços", em conversa casual, olham para a cidade de cima de uma escada que segue paralela aos trilhos do pequeno bonde de Angel's Flight. Sua insolência tranquila, a paisagem impressionante, a inferência de refúgio erótico – nada sugere que estejam em qualquer lugar que não exatamente aquele em que querem estar, e provavelmente onde o jovem Sheets – condenado a ser uma instituição artística grisalha nos anos 1950 – também ansiava por estar. Era o mais próximo de Montmartre a que L.A. jamais chegaria.

Mas o Hill, pelo menos na época em que Siodmak o abordou, vivia um tempo emprestado. Não somente estava pitorescamente acima do centro da cidade mas interrompia bruscamente os valores imobiliários entre a nova prefeitura e as grandes lojas de departamentos da Seventh Street. "Bunker Hill", argumentou um líder cívico em 1929, "tem sido uma barreira ao progresso do distrito comercial, impedindo a expansão natural para o oeste. Se este Centro Cívico quiser ter sucesso, a remoção ou a reestruturação de Bunker Hill é praticamente uma necessidade". A Segunda Guerra Mundial só adiou temporariamente a cruzada dos líderes do centro da cidade para destruir a "praga" e transferir seus 12 mil moradores.

Baixeza

O produtor Mark Hellinger, veterano repórter de jornal, tinha uma visão clara das cidades grandes como atores por direito próprio. Ao promover *Baixeza* (livremente baseado num romance popular de Don Tracy, de 1936) para o estúdio, alardeou que o filme "faria por Los Angeles o que [seu filme] *Cidade nua* fizera [no ano anterior] por Nova York".[7] Ainda que Hellinger tenha morrido antes do início da produção, o diretor Robert Siodmak – recém-saído das filmagens de seu *noir* com Richard Conte, *Uma vida marcada* (1948), nas ruas perigosas da Little Italy de Manhattan – preservou a ideia central de chocar o público com uma Los Angeles barra-pesada que geralmente não era vista nos ônibus de turismo Grayline. Entretanto ele "weimarizou" consideravelmente o projeto, cortando o roteiro original e (com a ajuda de Daniel Fuchs) importando grandes elementos de seu próprio *Tempestade de paixões* – uma patológica narrativa estilo *O anjo azul* falando de humilhação masculina e ciúme – para o novo cenário. O veterano da Universum Film AG (UFA), Franz Planer (o fotógrafo predileto de Max Ophuls) foi trazido para garantir um "toque berlinense".

O argumento é uma obsessão sexual de força industrial desenrolando-se através de complexas duplicidades até a traição final do protagonista – até então decente – pela *femme fatale*. Steve (Burt Lancaster) claramente necessita de sérios conselhos de Sam Spade sobre como lidar com sua ardilosa ex-mulher Anna (Yvonne de Carlo) que o joga contra seu novo amante, o gângster Slim Dundee (Dan Duryea). Depois de um ano esfriando a libido em outro lugar, Steve retorna ao bairro com a trágica ilusão de que quebrou o feitiço de Anna. Mas são necessárias apenas algumas rotações dos famosos quadris de De Carlo para afundar Steve de volta ao desejo impotente, como se fosse um mastodonte desajeitado preso nos Poços de Piche de La Brea, ali perto. Enquanto o convence de que ele ainda é o único que realmente consegue mexer com ela, Anna também suspira: "Mas Slim me dá diamantes." O tenente da polícia Pete Ramirez, um colega do antigo bairro (e um dos raros personagens chicanos deste lado de Zorro), alerta com precisão sobre o que virá em seguida, mas Steve deixa seu baixo-ventre guiá-lo às cegas. Numa jogada de desespero para satisfazer a cobiça de Anna, ajuda Dundee e sua gangue a tramar o roubo da companhia de carros-fortes onde ele e seu padrasto trabalham. O roubo complicado, claro, também é uma emboscada destinada a livrar o ciumento Dundee de seu concorrente. Steve, ainda que ferido, mata vários capangas de Slim e é aclamado como herói inocente. Dundee tenta fazer com que ele seja assassinado no hospital, mas Steve suborna o pistoleiro e finalmente consegue um encontro com Anna, que o traiu em todos os sentidos. Ele ainda está tentando engolir toda a vastidão da duplicidade da mulher quando Slim aparece e atira nos dois.

É um final bastante infeliz e aparentemente não agradou às plateias da época. Os críticos de jornal, com poucas exceções, detonaram *Baixeza*. Além disso, o lançamento coincidiu com o início da Guerra Fria e intensificou a vigilância ideológica sobre os filmes. Na Inglaterra, na França e na Alemanha, *Baixeza* foi tremendamente censurado e até mesmo, em algumas instâncias, teve a distribuição proibida. Sua ênfase na predestinação – "está tudo nas cartas", diz Steve a Anna – pareceu subversivamente "amoral" para os guardiões do gosto público. Mas em uma década a *Cahiers du Cinéma* estava cantando loas ao filme, e

Borde e Chaumeton, em seu influente *Panorama du film noir*, elogiaram *Baixeza* como um dos supremos *noirs* e "o auge da carreira americana de Siodmak".[8] Histórias subsequentes do cinema endossaram essa avaliação, e atualmente se reconhece amplamente que *Baixeza* também foi um dos melhores desempenhos de Lancaster. Mas em minha opinião era Bunker Hill que, sem dúvida, merecia a adulação parisiense.

Siodmak adotou uma estratégia fascinante para alcançar o objetivo de Hellinger, de uma L.A. reveladora, neorrealista: resumiu a cidade inteiramente em Bunker Hill e nas ruas do centro da cidade adjacentes. Afora a vista aérea de L.A. à noite, na abertura, e o final numa casa de praia em Palos Verdes, *Baixeza* é totalmente localizado em Bunker Hill e seu espaço social (Union Station e uma fábrica em Terminal Island representam a segunda opção). A compressão da cidade é literalmente claustrofóbica e combina perfeitamente com a ciumenta autoimplosão de Steve. É o primeiro filme explicitamente sobre L.A., que eu saiba, e que se recusa a qualquer concessão à canônica paisagem de cartão-postal, a não ser pelo sol implacável, quase sinistro, que faz aumentar a tensão emocional. Afora isso, Siodmak aniquilou os subúrbios e esvaziou o Pacífico. Isso é enfaticamente Mahagonny, e não Burbank.

Talvez o mais nostálgico toque de Berlim – e sem dúvida Siodmak e Planer ainda estavam de luto pelo *Götterdaämmerung* de sua cidade natal – é o "Rondo Club": o cabaré estilo Isherwood na base de Bunker Hill onde acontecem as cenas mais enervantes e os violentos confrontos eróticos do filme. Todo crítico moderno de Siodmak ficou solenemente embasbacado na famosa cena da rumba em que Steve olha com ciúme crescente e empolgação voyeurística enquanto Anna chega mais perto do belo e jovem gigolô representado pelo então ainda desconhecido Tony Curtis. Igualmente, Planer (que obviamente conhecia o quadro de Sheets de 1931) deve ter exultado com tomadas fabulosas como a conjugação visual através de uma janela do bonde de Angel's Flight subindo a encosta e a gangue de Slim discutindo o roubo na sala de estar de uma arruinada mansão de Bunker Hill.

Mas a representação da cidade fica perto do clichê da ficção popular. Siodmak (que tinha inativas simpatias pela esquerda às margens dos Dez de Hollywood) se recusava à simplificação dickensiana que muitos espectadores modernos confundem como essência do *noir*. O bando desclassificado liderado por Slim é contrabalançado por proletários que trabalham duro, como a família de Steve. Bunker Hill é retratado não como o coração das sombras e sim, mais realisticamente, como um bairro vibrante e trabalhador que sofre o cerco dos fascistas valentões de Slim. O Rondo Club é alternativamente um depravado mercado de carne e o amigável bar de bairro em *Cheers*. E – pelo menos nos dias em que Anna não está arrasando com seu nível de testosterona – Steve é um sujeito sentimental, quase um herói operário.

Kiss Me Deadly

Já o Mike Hammer de Ralph Meeker em *A morte num beijo* (Robert Aldrich, 1955) é um assassino em série com licença de detetive: clara antecipação dos filmes de Bronson e Eastwood onde o "herói" é tão violentamente psicótico quanto qualquer dos vilões. Além disso, ele tem um formidável coadjuvante. Depois de papéis insignificantes em inumeráveis filmes B, Bunker Hill de novo é personagem fundamental na adaptação de Robert Aldrich para o best-seller de Mickey Spillane de 1952. *Noir* ainda mais aclamado do que *Baixeza*, *A morte num beijo* quase desafia a descrição do gênero. Como a infame "coisa dentro da caixa", é um pequeno apocalipse sem precedente óbvio na história do cinema.

O romance é situado em Nova York. Mike Hammer está vindo de carro de Albany para a cidade quando uma misteriosa "loura viking" salta diante de seus faróis como um cervo apavorado. "Berga", usando apenas um sobretudo (cujo conteúdo é logo revelado num "lindo gesto obsceno"), é uma fugitiva desesperada, e Hammer fica suficientemente intrigado para mentir ao passarem numa barreira policial. Logo depois o carro deles é jogado para fora da estrada por uma gangue, e Hammer leva uma cacetada na cabeça e desmaia. Desperta diante do horror de Berga sendo lentamente torturada até a morte ("a mão com a torquês fez algo horrível com ela") para revelar algum segredo. Pensando que ele ainda está inconsciente, a gangue o coloca no banco do motorista ao lado do cadáver de Berga e empurra seu carro por um penhasco. Hamer consegue pular quando o veículo começa a cair "no vazio incrível".

Em seguida acorda num hospital em Nova Jersey onde sua exuberante empregada Velda e seu amigo policial Pat o estão mantendo longe da furiosa polícia do estado de Nova York. Hammer convence Pat a revelar que os assassinos são na verdade da Máfia e que uma conspiração incrivelmente grande está acontecendo. Depois de alertas rituais de Pat e mais tarde do FBI para "ficar fora disso", Hammer volta a Manhattan para conduzir uma *jihad* solitária contra a Máfia – "a Máfia fedorenta e imunda" – que não somente assassinou Berga como, mais importante, destruiu seu carro. Ele vai em frente e esfrega a Máfia em sangue forense. Desarmado por ordem da polícia, descobre que gosta de arrancar olhos e esmagar tórax ainda mais do que atirar na barriga dos vagabundos. Uma longa trilha de cadáveres e louras finalmente o leva ao Segredo: uma chave na barriga de Berga, que abre um baú contendo 4 milhões de dólares em drogas roubadas da Máfia. A antiga colega de quarto de Berga, a aparentemente doce e aterrorizada Lily Carver, também é desmascarada na última cena como um monstro desfigurado. Ela irrita Hammer consideravelmente atirando nele e depois exigindo um beijo. Enquanto os lábios dela se aproximam, ele acende seu isqueiro Bic.

> O sorriso jamais saiu de sua boca, e, antes de ela estar sobre mim, acendi o isqueiro e um instante antes que o grito brotasse transformando-se no louco berro de terror, ela era uma massa de chamas rolando no chão, com as flamas azuis do álcool transformando o branco de seu cabelo em carvão preto e o corpo se convulsionando naquela agonia.

Aldrich, pelo que ficamos sabendo, desprezava o livro, vendo o herói "cínico e fascista" de Spillane com "absoluto desdém e asco". Esquerdista muito mais sério do que Siodmak, entendia claramente que a série de Hammer tinha se tornado a pornografia popular do macarthismo. Ainda que mais tarde tenha dito a François Truffaut que deveria ter recusado a adaptação, sua subversão da mesma foi um protesto muito mais poderoso.[9] Em colaboração com A.I. Bezzerides, o brilhante roteirista de *Thieves' Highway* (1949), Aldrich transformou *A morte num beijo* numa alegoria da Guerra Fria que combina de modo delirante a hipérbole do *grand guignol* com comentários sutis sobre a psicologia do fascismo. O machismo hercúleo de Hammer no romance agora é exposto como o sadismo de um valentão de terceira que rotineiramente espanca Velda e, numa cena arrepiante, destrói de modo arbitrário um disco precioso pertencente a um inofensivo e velho fã de ópera. A Máfia, por sua vez, é substituída por uma conspiração oculta liderada pelo dr. Soborin (Albert Dekker), um vilão ao estilo Himmler, e pela voraz Lily Carver (Gaby Rogers). De modo mais magistral, a sórdida carga de drogas se transforma numa mítica caixa de Pandora de plutônio roubado. Na incomparável cena final, a incauta Lily liberta os fogos do inferno. Parece que o pagamento do fascismo e da cobiça é o holocausto nuclear.

E que melhor locação para o marco zero do que uma casa de praia em Malibu? A versão cinematográfica é arrancada dos cenários desgastados de Manhattan e reancorada na Los Angeles da era da caça às bruxas. Ainda que a ação percorra um arquipélago de locais sinistros, o filme é visualmente dominado pelas repetidas passagens de Hammer pelo cortiço de Lily Carver em Bunker Hill. Enquanto Siodmak tratava Bunker Hill como um complexo microcosmo urbano, Aldrich o desnuda até a mais sombria camada de metáfora, retirando todos os traços da normalidade vibrante. Agora seus moradores se encolhem atrás das portas enquanto assassinos (inclusive Hammer) perseguem silenciosamente as presas pelos corredores. Enquanto Siodmak filmou quase exclusivamente à plena luz do dia, Aldrich prefere a escuridão alegórica e usa a técnica de profundidade de campo "3-D" de *Cidadão Kane* (1941) para acentuar a vertigem sombria de escadas e patamares internos, criando a ambientação de uma única e vasta casa mal-assombrada.

O antípoda visual e arquitetônico de Bunker Hill é o fastidiosamente moderno apartamento de Hammer (no Wilshire Boulevard?) com suas poltronas Eames, secretária eletrônica e arte mediana. Aqui Aldrich está mapeando acuradamente a polarizada geografia social (e os valores das propriedades) na L.A. de meados dos anos 1950. Mike é enfaticamente um cara "do Westside" num período em que o centro da cidade era visto geralmente como agonizante, e a vida cultural e empresarial de Los Angeles estava migrando pelo Wilshire Boulevard na direção de Westwood e da futura Century City. Se o Marlowe de Chandler (como seu criador) encarnava uma antiquada ética profissional pequeno-burguesa, a versão de Aldrich para Hammer é a de um primordial garoto material, um trambiqueiro vagabundo interessado apenas em jaguares e badulaques caros, que conseguiu abrir caminho a tiros até uma pequena versão do estilo de vida novo-rico do Westside e obviamente quer mais. É um tipo humano nauseantemente familiar a Aldrich numa cidade e num ramo de negócios em que a cobiça e a traição disfarçadas de patriotismo tinham recentemente feito uma hecatombe na carreira de seus melhores amigos.

Eles vivem!

Alguns anos depois do lançamento de *A morte num beijo*, as máquinas de demolição e as retroescavadeiras começaram a destruir sistematicamente os lares de 10 mil moradores de Bunker Hill. Depois de uma geração de maquinações corporativas, inclusive uma bem-sucedida campanha em 1953 (dirigida pelo *Los Angeles Times*) para impedir a construção de habitações populares no Hill, finalmente houve uma luz verde para a "renovação urbana". Alguns poucos marcos vitorianos como o Angel's Flight foram levados para longe como nostalgia arquitetônica, mas afora isso uma história extraordinária foi imediatamente arrasada, e os moradores atarantados, principalmente velhos e indigentes, foram empurrados para o outro lado do fosso da via expressa Harbor para morrer nos cortiços de Crown Hill, o maltrapilho irmão gêmeo de Bunker Hill. Irrigados por quase um bilhão de dólares de impostos desviados, torres de bancos, escritórios de advocacia, museus e hotéis acabaram brotando de suas cicatrizes nuas, e Bunker Hill reencarnou como um brilhante centro de comando para a crescente economia da costa do Pacífico. Onde homens duros e suas prostitutas haviam tramado roubar bancos, agora os bancos tramavam para roubar o mundo. No entanto, a história algumas vezes é como a última cena de *Carrie, a estranha* (1976).

Em *Eles vivem* (1988), de John Carpenter, o antigo Bunker Hill subitamente renasce da sepultura para fazer justiça sumária à escória yuppie que infestou seus flancos. Carpenter, claro, é famoso (e amado por alguns) por seu uso de elementos de enredo de direita – como a fórmula de massacre-vingança de Bronson ou a cidade como colônia penal – para apresentar suas simpatias progressistas. O único liberal de Hollywood com uma coleção maior de armas (estou sendo metafórico) do que a de Charlton Heston, em *Eles vivem* ele teve o desplante de sugerir a guerrilha como uma merecida resposta à *reaganomia* da Era do Eu.

A abertura do filme contém a imagem mais direta da polarização de classes desde *O encouraçado Potemkin*. No agora glamoroso Bunker Hill, os novos-ricos desfilam num esplendor de Armani, enquanto do outro lado da via expressa, no pequeno vale (Beaudry Street) que o separa de Crown Hill, a Outra América está acampada na miséria dos sem-teto. A classe média da Sears desapareceu e restam apenas príncipes yuppies e pobres operários. Ainda atordoados pela enormidade de sua queda, os trabalhadores (agora integrados racialmente na catástrofe) suportam mal-humorados sua pós-moderna Hooverville sob os olhares vigilantes do agora abertamente fascista Departamento de Polícia de Los Angeles.

Essas cenas tinham uma autêntica pungência local, já que o bairro de Carpenter – Temple-Beaudry – foi deliberadamente transformado num terreno baldio no fim dos anos 1970 e início dos 1980 por especuladores imobiliários baseados em Cingapura, Dallas e Toronto, que preferiram destruir as moradias de aproximadamente 70 mil pessoas a encarar os futuros custos de reassentamento. Como na época em que o filme foi feito, a área era principalmente ocupada por membros de gangues fugitivos, negros velhos sem-teto e jovens imigrantes mexicanos e da América Central. Suas casas foram arrasadas, mas nos flancos de Crown Hill eles conseguiam arranjar velhos bancos de carros e sofás descartados para desfrutar o espetáculo da iluminação das torres de escritórios do centro da cidade em todos os crepúsculos. Numa irônica reversão dickensiana, agora os pobres eram os voyeurs dos ricos.

No filme, a passividade dos trabalhadores sem-teto explode na resistência quando John Nada (que o próprio Carpenter caracterizou como "um homem comum/classe trabalhadora") descobre que os eleitores de Reagan, quando vistos com óculos especiais, são na verdade invasores alienígenas que sequestraram a cidade e jogaram o povo comum na miséria.[10] Isso, claro, é a paranoia macarthista de Spillane voltada contra si mesma, e assim que nada convence seus colegas trabalhadores de que os inimigos de sua classe são monstruosos extraterrestres, não há mais qualquer escrúpulo impedindo uma guerra de extermínio total/libertação. Daí em diante é a renovação urbana numa reversão violenta, e a Coalizão Arco-íris fere terrivelmente os grotescos insetos mascarados de *Policiais de L.A.* O conceito de uma segunda Batalha de Bunker Hill, claro, é idiota e empolgante ao mesmo tempo. Mas a volta do que é reprimido é sempre assim.

2000

NOTAS

1. Ver a seção "Sunshine or Noir" de meu *City of Quartz: Excavating the Future in Los Angeles*, Londres, 1990.
2. Reyner Banham, *Los Angeles: The Architecture os the Four Ecologies*, Londres, 1971.
3. Citado em Frederick Brown, *Zola: A Life*, Nova York, 1995, p. 347. Mais tarde Brecht alardearia que ele era o Kipling de Berlim.
4. Charles Dickens, *American Notes*, Londres, 1842; com apresentação de Christopher Hitchens, Nova York, 1996.
5. E. Z. C. Judson. *Mysteries and Miseries of New York*, Nova York, 1848; Mathew Hale Smith, *Sunshine and Shadow in New York*, Hartford, Conn., 1868.
6. Ver Pat Adler, *The Bunker Hill Story*, Glendale, Calif., 1963.
7. Ver Deborah Lazaroff Alpi, *Robert Siodmak: A Biography*, Jefferson, N.C., 1998; Hervé Dumont, *Robert Siodmak: le maitre du film noir*, Lausanne, 1981.
8. Raymond Borde e Etienne Chaumeton, *Panorama du film noir américain, 19411953*, Paris, 1975.
9. Edwin T. Arnold e Eugene L. Miller, *The Films and Career of Robert Aldrich*, Knoxville, Tenn., 1986.
10. Carpenter, citado no website de *They Live!* (www.sopuon.com/dorms/creessonegase/shey/jcarp.hsm), 1998.

Bunker Hill (cerca de 1990)

8. O jogo infinito

Nas noites quentes, os sem-teto que vivem furtivamente nos terrenos baldios de Crown Hill gostam de colocar velhos bancos de carros e poltronas quebradas sob as palmeiras secas para assistir ao espetáculo do crepúsculo no centro de Los Angeles. Eles têm assentos no balcão nobre para desfrutar da iluminação noturna de 2,4 milhões de metros quadrados de área comercial de primeira, metade disso construída na última década. Esse incomparável show de luzes e o sofrimento dos sem-teto são os principais legados de uma geração de desenvolvimento urbano. Graças a mais de um bilhão de dólares em subsídios públicos e impostos desviados, os "subúrbios em busca de uma cidade" finalmente encontraram o que estavam procurando.

Apesar da depreciativa "nota" de Reyner Banham, em 1971 ("porque isso é tudo que o centro de Los Angeles merece") de que ele havia se tornado irrelevante, o centro se manteve.[1] De fato, desde a chegada da capital da economia da costa do Pacífico no início dos anos 1980, o centro de Los Angeles cresceu em velocidade de dobra. A coroa estilizada em cima do espantoso novo arranha-céu de Maguire Thomas, o First Interstate World Center, de 73 andares, simboliza o clímax da reforma urbana no novo núcleo financeiro que vai de Bunker Hill a South Park. Enquanto isso, em cada lado da cidadela corporativa existente, divisões panzer de tratores e máquinas de demolição estão abrindo caminho para a duplicação ou triplicação da área de escritórios do centro da cidade, nos anos 1990. Os desolados flancos do próprio Crown Hill (a irmã gata-borralheira de Bunker Hill, do outro lado da via expressa Harbor) podem se tornar em poucos anos outra brilhante floresta de torres de escritórios e altos prédios de apartamentos. E os sem-teto, com as fileiras sendo inchadas pelos que são deslocados da reforma do "West Bank", provavelmente estarão olhando os efeitos especiais noturnos do Elysian Park ou mais além.

A terrível beleza que luta para nascer no centro da cidade geralmente é chamada de crescimento, mas não é um metabolismo puramente natural (como os neoliberais imaginam o mercado) nem uma vontade esclarecida (como os políticos e planejadores gostam de afirmar). Pelo contrário, ela é mais bem conceitualizada como um vasto jogo – uma competição implacável entre jogadores privilegiados (ou alianças de jogadores) em que o estado intervém como um carteador ou crupiê para arbitrar a partida. O projeto urbano, corporificado em diferentes planejamentos e visões, proporciona regras maleáveis para os jogadores principais, bem como um conjunto de limites para excluir partidas não autorizadas. Mas, diferentemente da maioria dos jogos, não existe um lance vitorioso ou um movimento final. A reforma do centro da cidade é essencialmente um jogo infinito, disputado não visando a uma conclusão ou encerramento, e sim à sua própria prolongação interminável. A imagem de contos de fada da Central City Association para o centro da cidade em 2020, apresentando um agrupamento de "povoados urbanos" que oferece estilos de vida e prazeres à la Manhattan, é conversa para boi dormir.[2] A única visão autenticamente profunda do centro da cidade é a mesma de qualquer cassino: manter as roletas girando.

COMO O JOGO COMEÇOU

Certos fatos primordiais organizam a disputa do jogo. Acima de tudo, há o fantasma do capital encolhido: grande parte dos espólios das especulações suburbanas do início do século XX – as subdivisões de Hollywood e do Vale – foi investida em prédios altos no período de 1900–25. Mas esses investimentos (inclusive os lendários patrimônios dos Chandler, Lankershim e Hellman) correram perigo quase imediato devido à tendência revolucionária do automóvel para dispersar as funções de varejo e de escritórios.³ A elite da velha-guarda resistiu a essa descentralização (representada na década de 1920 pela ascensão do Wilshire Boulevard como um "centro da cidade linear") defendendo um irônico socialismo municipal em nome do distrito central de negócios.⁴

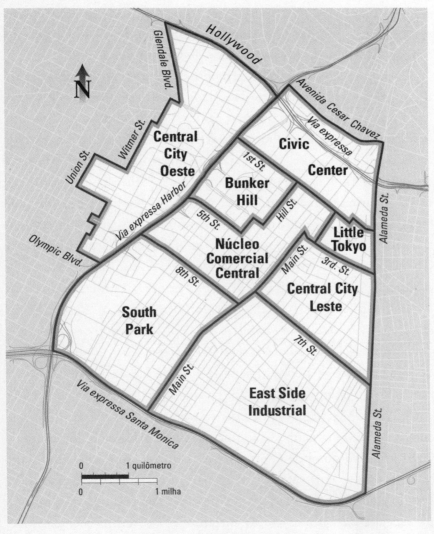

Centro da cidade de Los Angeles

A primeira prioridade dessa cruzada de "recentralização", liderada pelo *Los Angeles Times* e pela Central Business District Association (CBDA, mais tarde Downtown Businessmen's Association e depois Central City Association [CCA]), era reforçar a concentração de vida cívica no Centro. Dessa forma, as iniciativas público-privadas que construíram o Hotel Biltmore e o Memorial Coliseum na década de 1920 foram seguidas, nas décadas posteriores, pela criação do Civic Center, do Dodger Stadium, do Music Center e do Convention Center.[5]

Ao mesmo tempo a CBDA se mobilizava para manter os principais fluxos de tráfego no centro da cidade. Redistribuindo o dinheiro dos impostos da periferia para o centro, o município subsidiou um heroico programa de melhoria nos transportes. O rio Los Angeles foi atravessado por uma série de viadutos magníficos (1920–40), ruas do centro foram alargadas e passaram por túneis através do Bunker Hill, o centralizador Plano Principal de Ruas de Tráfego foi adotado (1924), os passageiros de trens eram levados pelo subterrâneo através do Crown Hill num "Metrô de Hollywood" para lucro dos Chandler e outros investidores no Prédio do Terminal do Metrô na esquina da Fourth com Hill (1925), e as principais linhas ferroviárias foram finalmente persuadidas a se consolidar numa Union Station (1937–39).[6] Repetidas campanhas por parte de grupos empresariais do centro da cidade para recapitalizar e separar por níveis o sistema de trens elétricos e bondes (além de estendê-lo, através de monotrilho, até o Vale de San Fernando) receberam oposição bem-sucedida entre 1920 e 1970 da parte de interesses comerciais suburbanos.[7] Mas com o apoio do engenheiro municipal Lloyd Aldrich e do Southern California Automobile Club, as forças do centro da cidade foram bem-sucedidas em persuadir o Departamento de Autoestradas do Estado a aceitar uma grade radial de vias expressas que minimizava "os aspectos destrutivos da descentralização" e eventualmente tornou o centro da cidade o eixo de oito vias expressas.[8]

Mas a recentralização de L.A. é mais bem visualizada como uma sucessão de lutas sociais entre diversos grupos de interesse, classes e comunidades. Se os proprietários de terras do centro sempre foram colocados contra os empreendedores do Wilshire Boulevard e do varejo suburbano e, mais tarde, dos centros de escritórios (agora verdadeiras cidades externas), também há um amargo legado de ressentimento entre os proprietários de casas no Vale de San Fernando, que acreditam que os dólares dos seus impostos têm sido confiscados para melhorar o centro da cidade. Mas, acima de tudo, o centro tem sido "defendido" à custa das comunidades trabalhadoras de sua periferia imediata. Estima-se que 50 mil moradores – chineses, mexicanos e negros – foram deslocados para abrir caminho para "melhorias" como a Union Station, o Dodger Stadium, o Civic Center, a expansão industrial a leste da Alameda, as reformas no Bunker Hill feitas pelo distrito comercial central (CBD [Central Business District]), as cadeias da cidade e do condado e especialmente as oito vias expressas (sempre cuidadosamente situadas para remover lares e não indústrias). Relatando a história dos confiscos de terras no centro da cidade e da inflação do uso de terras a leste do rio, Rodolfo Acuña fala de "uma comunidade sob um cerco de 30 anos".[9]

Mas durante alguns anos, no início do período pós-guerra, os defensores do centro da cidade tiveram de encarar o desafio de um ambicioso programa habitacional que objetivava reconstruir, e não deslocar, os bairros de classe operária perto do centro. O prefeito Fletcher Bowron, apoiado pela CIO e por organizações de direitos civis, assinou contrato com o governo federal sob a Lei de Moradias de 1949 para "tornar Los Angeles a primeira cidade livre de favelas do país", construindo 10 mil unidades habitacionais em áreas como Chavez Ravine e, potencialmente, Bunker Hill. A Los Angeles Community Redevelopment Agency foi estabelecida sob lei estadual para ajudar a conseguir terrenos com esse objetivo. Mas a visão de uma periferia residencial do centro da cidade, estabilizada e com moradias decentes, gerou uma oposição veemente por parte dos proprietários de terrenos do CBD. Bowron e os projetos habitacionais públicos foram derrotados por um anticomunismo histérico orquestrado pelo *Los Angeles Times* e pelo chefe de polícia William Parker, em 1953.[10] Qualquer coisa que cheirasse, de longe, a uma estratégia socialista de renovação habitacional foi daí em diante excluída das discussões sobre a renovação do centro da cidade.

PRIMEIROS PLANOS DE JOGO

Mas só a melhoria infraestrutural – mesmo seguindo a política da Guerra Fria –, não podia impedir o relativo declínio do centro da cidade. A Los Angeles do pós-guerra continuava a trocar sua velha forma radial por uma geometria urbana descentralizada. Ainda que tenha permanecido como o centro financeiro e governamental do sul da Califórnia durante o início dos anos 1960, o centro da cidade viu seus consumidores de varejo migrarem para fora em direção ao Wilshire Boulevard e eventualmente para dúzias de shopping centers de subúrbio. Além disso, por volta de 1964, enquanto eram terminados os planos para criar o Century City – um "centro da cidade" para o Westside de Los Angeles – a partir de um antigo estúdio de cinema, o histórico papel de quartel-general do distrito central de negócios também foi subitamente questionado.

Os aguerridos proprietários de terrenos no centro da cidade eram virtualmente unânimes em admitir que a grande desvantagem competitiva do CBD – ainda mais do que a idade de seus imóveis (cerca de 1900–1930) – era o crescente acúmulo da chamada praga ao longo da Main Street (a área favelizada chamada de Skid Row) e no antigo bairro vitoriano de Bunker Hill.[11] O Hill, de fato, era um obstáculo duplo, separando fisicamente o foco da Pershing Square do distrito empresarial do Civic Center além de impedir que o CBD se expandisse para o oeste. As discussões públicas se tornaram cheias de imagens de negligência, ignorando o simples fato de que a maioria dos 11 mil habitantes de Bunker Hill eram, de fato, produtivos empregados do centro da cidade: lavadores de pratos, garçons, ascensoristas, zeladores, trabalhadores na indústria do vestuário e assim por diante. O papel do governo municipal na reforma do Hill já fora amplamente debatido antes de 1940. Em 1925 o Allied Architects, denunciando o Hill como "uma paisagem feia... bloqueando a expansão dos negócios para o oeste e o norte", visualizava reformá-lo como uma "acrópole cívica" com parques e prédios públicos.[12] Ao contrário, C.C. Begelow simplesmente queria arrasar o morro nivelando-o até a altura da Hill Street, e o engenheiro William Babcock propôs, em 1931, uma derrubada menos drástica para ligar o novo Civic Center à Pershing Square.[13] Apesar de considerável apoio político, tanto os planos da DD Allied Architects quanto os de Babcock foram derrotados, e em 1939 o conselho municipal jogou a toalha para deixar "as forças naturais da economia fazerem o serviço".[14]

O debate sobre Bunker Hill foi retomado depois da Segunda Guerra Mundial com o advento da Greater Los Angeles Plans, Inc. (GLAPI), patrocinada por um grupo que incluía Norman Chandler e Asa Call (frequentemente descrito por seus contemporâneos como o "Mr. Big" de L.A.). Na verdade a GLAPI comprou terrenos em Bunker Hill para um centro musical, mas seus planos foram atrapalhados pela relutância dos eleitores em aprovar a necessária emissão de bônus (mesmo com um estádio esportivo anexado). Enquanto isso as forças de mercado tiveram a chance de transformar Bunker Hill. O plano de uma empresa de seguros, no início dos anos 1950, para construir torres de apartamento de alto nível no Hill (ao longo das linhas do Park La Brea em Wilshire) jamais conseguiu passar além da ansiedade de seus diretores quanto a investir no centro de L.A. Alguns anos depois, a GLAPI acreditou ter convencido a Union Oil a construir sua nova sede em Bunker Hill, mas no último momento a corporação escolheu o Crown Hill.[15] À luz desses fracassos, a reforma picada de Bunker Hill pelo setor privado foi posta de lado.

Em vez disso, a Community Redevelopment Agency (CRA) – que na intenção original era uma agência de habitação pública – tornou-se simultaneamente o maior empreendedor imobiliário do centro da cidade e o instrumento coletivo de todos os empreendedores. Classicamente, como outras agências reguladoras, ela foi capturada pelos próprios interesses que deveria regular. Seus sete diretores, na maioria nomeados, eram, em termos ideais, isentos de fiscalização pública direta ou de responsabilidade eleitoral. Além disso, ela possuía autoridade financeira autônoma, baseada no uso de aumentos de impostos desviados. Depois do fracasso de várias iniciativas privadas, a CRA arrancou toda Bunker Hill dos proprietários dos cortiços, invocando o direito de desapropriação através de indenização. O conselho municipal aprovou o plano final para Bunker Hill na primavera de 1959, e em 18 meses as máquinas começaram a demolir as mansões góticas e os cortiços estilo Rainha Anne que ficavam no morro.

Enquanto isso a população de Bunker Hill foi simplesmente desovada em outras áreas do centro. Ainda que alguns terminassem na Skid Row, a maioria dos 10 mil ex-moradores de Bunker Hill foi deslocada para a margem oeste da via expressa Harbor, levando uma evidência de miséria e barracos que atravessava a área de Temple-Beaudry até penetrar no elegante distrito de Westlake. Vinte anos se passaram antes que a CRA se preocupasse em estabelecer um fundo para reconstruir o bairro de unidades habitacionais do centro de cidade que havia abolido com uma simples penada.[16]

Enquanto a CRA limpava, alterava o nível social e dividia Bunker Hill em pedaços adequados para a venda, os principais acionistas do centro da cidade (organizados como o Central City Committee [CCC]) estavam ajudando o presidente da CRA William Sesnon e os planejadores municipais a criar um plano mestre "para provocar o renascimento de toda Central City". O plano de 1964, intitulado *Centropolis*, foi o primeiro projeto amplo para a reestruturação: produto de uma série de estudos que haviam começado com uma pesquisa econômica do centro da cidade, em 1960.

Sua visão central era a ligação do novo desenvolvimento urbano de Bunker Hill com a revitalização do desbotado distrito financeiro ao longo da Spring Street e o centro de varejo ao longo da Broadway e da Seventh Street. A Pershing Square, ainda vista como ponto central do centro da cidade, seria modernizada com um grande estacionamento subterrâneo, o começo do Wilshire Boulevard seria ancorado com um dramático Portal Wilshire, e o histórico parque de El Pueblo de Los Angeles, perto da Olvera Street, seria terminado.

A mais notável inovação do plano, entretanto, era uma proposta de ligar as maiores estruturas do centro de varejo a shoppings de centro de quarteirão, com a circulação de pedestres erguida acima da rua, em passarelas. Essa superestrutura unificaria propriedades de primeira, antigas e novas, num vasto shopping do centro da cidade. Ao mesmo tempo respondia às preocupações das lojas de departamentos sobre o aumento na definição de áreas sociais e o isolamento dos vendedores com relação aos "mendigos". De fato, o afastamento da Skid Row era um dos principais objetivos do plano. A ideia era programar novos ou aumentados usos para a terra, inclusive com estacionamentos, áreas comerciais de baixo custo e uma rua industrial leve entre as ruas Main e Los Angeles, para criar uma eficaz zona de separação entre a Skid Row e o renascido CBD.[17]

Apenas um ano depois do lançamento do *Centropolis*, a rebelião de Watts e a reação posterior dos brancos quase anulou completamente o plano e os sete anos de trabalho que tinham sido postos nele. As chamas de agosto de 1965 haviam chegado a poucos quarteirões do perímetro sul do centro da cidade, fazendo com que a elite perdesse a coragem. A Comissão McCone previu "que por volta de 1990 o âmago da Central City de Los Angeles será habitado quase exclusivamente por mais de 1,2 milhão de negros", e o Departamento de Polícia de Los Angeles alertou os comerciantes do centro contra uma "iminente invasão de gangues" de negros jovens ("quando encontrados em grupos de mais de dois indivíduos eles são muito perigosos e costumam estar armados").[18] Diante dessas ameaças, os banqueiros e os financiadores começaram a falar num abandono total de Century City e do Westside por parte das corporações, até mesmo da "morte do centro da cidade".[19] Como resultado, donos de terras e investidores descartaram a estrutura essencial do plano *Centropolis* – a renovação do núcleo histórico – e começaram a votar com os pés: deixando que o corredor Broadway–Spring Street se degradasse e caísse.

No meio da crise e da fuga, a Central City Association correu para salvar o centro da cidade, reinventando-o. Rejeitando como inadequado o plano de 1969 do CBD, preparado pelo diretor de Planejamento Municipal Calvin Hamilton, a CCA estabeleceu seu próprio comitê de planejamento, o Committee for Central City Planning, Inc. (CCCP, "um *quem é quem* do poder empresarial"), em continuidade substancial com a tradição e a participação da Greater Los Angeles Plans, Inc. e do Central City Comitee.[20] Com o CCCP e a prefeitura contribuindo com 250 mil dólares cada, uma eminente firma de planejamento, Wallace, McHarg, Roberts and Todd, da Filadélfia, foi contratada para criar um novo projeto urbano para a realidade pós-Watts.

O *Central City L.A., 1972–1990* tornou-se universalmente conhecido como *Livro de Prata*, por causa de sua incrível capa metálica. Substituindo a letra morta do *Centropolis*, ele pressagiava os princípios políticos e de projeto que guiaram o centro da cidade até a chegada dos anos 1990. Para objetivos de análise, as seguintes diretrizes podem ser divididas em duas ordens de importância: "dogmas" e "artifícios".

Os dogmas, delineados abaixo, deram novas direções ao processo de reforma urbana e estabeleceram objetivos de longo alcance para a cooperação público-privada.

1. Primeiro, o *Livro de Prata* reafirmava de modo categórico, ao contrário de Banham, que o centro da cidade era o centro da área metropolitana de Los Angeles. Como observou Robert Meyers na época, isso contradizia diretamente o laboriosamente construído "Conceito de Centros" do diretor de Planejamento Hamilton: a pedra fundamental de um plano mestre municipal enfatizando o desenvolvimento policêntrico e a igualdade de grandes polos de crescimento.[21]

2. O *Livro de Prata* também propunha uma dramática ampliação da escala de planejamento e da autoridade para aumentar impostos da Community Redevelopment Agency para incluir praticamente todo o centro da cidade entre a Alameda Street (no leste) e as vias expressas Harbor (no oeste), Hollywood (no norte) e Santa Monica (no sul).

3. A defesa do antigo núcleo empresarial foi abandonada em favor de realocar o centro alguns quarteirões a oeste, na fronteira que estava sendo liberada pela CRA no Bunker Hill e ao longo da Figueroa entre as ruas Fifth e Eighth.[22] Isso era em essência um resgate corporativo disfarçado, usando dinheiro de impostos desviado. O principal papel da CRA era visto como *reciclagem* de valores de terrenos de antigo para novo, enquanto descontos em trechos de áreas verdes (junto com a rápida valorização depois da construção) compensavam os acionistas pela depreciação de suas propriedades obsoletas no antigo centro.

4. O novo *eixo de crescimento* (suplantando a direção Wilshire-Seventh Street-West da última onda de construções pré-guerra

no centro da cidade) foi estabelecido ao longo da Figueroa e da Grand, integrados no fim com o Civic Center e apontando para a Universidade do Sul da Califórnia, do outro. Os apartamentos de luxo em Bunker Hill seriam contrabalançados na futura fronteira sul da reforma imobiliária por um South Park Urban Village. Esse imaginado fluxo do centro da cidade para o sul coincidia fortuitamente com a estratégia pessoal do presidente da CCA e executivo da Occidental Insurance, Earl Clark, que tinha erguido um solitário arranha-céu (atualmente o Transamerica Center) na esquina das ruas Olive e Twelfth, cerca de um quilômetro e meio ao sul do núcleo das novas construções de prédios altos. O plano *Livro de Prata*, se implementado, levaria o centro da cidade e o aumento radical nos preços dos terrenos até o posto avançado especulativo de Clark.

5. Enquanto girava o eixo da reforma urbana em 90 graus, do oeste para o sul, o *Livro de Prata* baseava o renascimento do centro da cidade na construção coordenada de uma nova infraestrutura de trânsito rápido (metrô) ao longo do corredor do Wilshire (com uma linha auxiliar correndo na direção do centro-sul de L.A.). Ao mesmo tempo, os bairros imediatamente a oeste do centro da cidade, do outro lado da via expressa Harbor, eram reservados como periferia para estacionamentos e serviços do CBD.

6. O *Livro de Prata* alterava a visão de centro corporativo do *Centropolis* para uma estratégia de fortaleza corporativa pós-rebelião de Watts. Em vez de criar uma superestrutura de pedestres para unificar o antigo e o novo numa única configuração estilo shopping center, como no plano *Centropolis*, agora os novos investimentos eram maciçamente segregados dos antigos. Na prática real da CRA – mais drástica do que o modelo – o acesso de pedestres a Bunker Hill foi deliberadamente removido, a

Angel's Flight (a pitoresca ferrovia funicular do morro) foi desmantelada e a Hill Street, que já fora um bulevar cheio de vida, tornou-se uma ladeira suave separando o decadente distrito comercial tradicional da nova zona de construção.

7. A Skid Row, que fora circunscrita e separada no *Centropolis*, agora estava programada para a eliminação, assim liberando a "Central City Leste" para reforma urbana como "um centro de comunicações universitário e escola de extensão".

Além desses dogmas estratégicos, o *Livro de Prata* deixava à mostra uma variedade de artifícios para fazer com que o novo centro da cidade se unisse numa eficiente ordem de trabalho. O mais importante era o proposto "transportador de pessoas" para distribuir os trabalhadores dos escritórios e os consumidores, a partir dos terminais de transporte de massa, através dos amplos espaços das megaestruturas de Bunker Hill, até prédios individuais, e então, em direção ao sul, para "South Park Village".[23] De modo semelhante, as passarelas de pedestres do plano *Centropolis*, separadas por classes, foram reintroduzidas em Bunker Hill como opção preferencial em relação à circulação de pedestres no nível da rua. Uma praça no segundo nível e um complexo de passarelas ("Bunker Hill East"), de novo copiados do plano anterior, foram visualizados como uma "'interface central' de cinco direções" conectando Bunker Hill, acima do nível das ruas, ao Civic Center, Little Tokyo, "Central City East" (a ex-Skid Row) e um canto da Broadway norte. Um zoneamento inferior foi proposto em todo o núcleo comercial central (excluindo Bunker Hill) para criar uma "área de direitos imobiliários" a ser alocados ou leiloados segundo prioridades definidas por um futuro Plano Específico. Finalmente o *Livro de Prata* tinha todo um baú de ferramentas com artifícios variados – indo desde de uma via expressa industrial no centro da cidade até um parque industrial urbano – para estimular novos investimentos na área industrial entre as ruas Los Angeles e Alameda.

A tradução política dos conceitos do *Livro de Prata* para uma planta legalmente válida para a CRA – o Plano de Reforma Urbana do Distrito Comercial Central[24] – encontrou oposição inesperada. Ainda que apenas o formidável Ernani Bernardi, entre os 15 membros do conselho municipal, tenha se oposto à aprovação do plano em julho de 1975, o vereador dissidente logo recebeu o reforço de aliados poderosos, inclusive a diretoria de supervisores do condado, o assessor do condado e o senador Alan Robbins, aspirante a prefeito, vindo do Vale.[25] Eles se juntaram a Bernardi na tentativa de convencer o conselho a impedir a CRA de desviar bilhões de dólares resultantes de futuros aumentos de impostos (o aumento nas avaliações dos imóveis devido à reforma urbana) de usos gerais das verbas. Enquanto o debate ficava cada vez mais feio, a CRA e seus defensores no conselho (apoiados pelo novo prefeito Tom Bradley) argumentavam que os incrementos eram essenciais ao crescimento e aos empregos no centro da cidade, ao passo que os opositores insistiam que um punhado de grandes proprietários de terrenos – liderados pelo Security Pacific Bank, a Prudencial Life Insurance e a Times Mirror Company – iriam ganhar uma fortuna à custa do povo. No fim, antes que o plano do CBD pudesse ser levado adiante, Bernardi e o condado obrigaram a CRA (em 1977) a aceitar um decreto criando um teto de 750 milhões de dólares na capacidade de aumento de impostos e emissão de bônus do projeto.

Enquanto isso, a burocracia da CRA, sob o comando do presidente da comissão, Kurt Meyer (um conhecido arquiteto de L.A.) e do administrador Edward Helfeld, criou obstáculos para a exigência da CCA de que a agência implementasse o *Livro de Prata* literalmente. As propostas da Wallace, McHarg para um grande lago em South Park e para o complexo da universidade na Skid Row foram rejeitadas como "impraticáveis" (em particular a CRA as achava "absurdas"), e Meyer e Helfeld assumiram uma postura de princípios contra um esquema de Charles Luckman para transferir a biblioteca pública central para a Broadway, destinada a servir como anteparo entre os pequenos negócios dos latinos e o resto das lojas de classe alta na Seventh Street.[26] Acima de tudo, eles fizeram campanha contra a tentativa da CCCP de se perpetuar como a "eminência parda" da CRA. Ainda que a CCA, sob a insistência de Franklin Murphy, da Times Mirror, acabasse reduzindo seu braço de planejamento paralelo, os líderes do centro da cidade não esqueceram nem perdoaram a desobediência de Meyer e Helfeld. Depois de Meyer ter se demitido (oficialmente para voltar ao seu movimentado escritório de arquitetura), foi substituído por um astuto consumado, aliado do CCA, o porta-voz dos empresários da construção, Jim Wood. Alguns anos depois, a CCA se juntou a inimigos de Helfeld na comissão de planejamento e no conselho municipal para expurgar o controvertido administrador da CRA.

O JAPÃO AUMENTA A APOSTA

Mas tendo afastado a barreira inicial da oposição política, o plano do distrito comercial central ainda tinha de provar que podia atrair os níveis necessários de investimento particular. O *Livro de Prata* havia coincidido com a memorável transição na prefeitura, de Sam Yorty para Bradley, e a velha guarda do centro da cidade ficou inicialmente cética quanto ao que esperar do primeiro prefeito negro de Los Angeles com seu séquito de ministros religiosos de South-Central e ricos liberais do Westside. Mas Bradley, como enfatizam seus biógrafos, se esforçou tremendamente desde o início para conciliar os poderosos interesses do centro da cidade. Além disso, na última parte de seu primeiro mandato, uma prisão feita pela delegacia de costumes – que a maioria das pessoas de dentro acreditava que foi armação – levou à demissão de Maury Weiner, seu liberal subprefeito e *bête noire* dos críticos conservadores.

O substituto de Weiner, para consternação dos liberais, foi um republicano de Pasadena, Ray Remy (mais tarde chefe da Câmara de Comércio de Los Angeles). O novo subprefeito foi fundamental em consolidar a reaproximação entre o prefeito e a Central City Association. Bradley, apoiado pela poderosa ala dos trabalhadores da construção civil no movimento sindical local, tornou-se um agressivo proponente do plano do CBD e da estratégia delineada no *Livro de Prata* da CCA.[27]

Com a prefeitura (e uma maioria do conselho municipal) aprovando cada pedido do lobby dos construtores (ou abdicando do poder para a CRA), foi encorajado um fluxo de novo capital para as áreas do centro da cidade. Se em 1975 havia apenas cinco novos prédios acima do antigo limite de terremoto de 13 andares, agora há cinquenta. Além disso, enquanto o jogo ganhava ritmo, as jogadas puramente especulativas também aumentavam, com talvez um terço do centro mudando de mãos entre 1976 e 1982. Ironicamente, enquanto as apostas cresciam, muitos dos originais defensores da renovação do centro da cidade, inclusive grandes bancos regionais e companhias de petróleo que enfrentavam problemas de fluxo de caixa, tiveram de embolsar os lucros e partir para as laterais do campo. Enquanto o volckerismo criava primeiro um superdólar e depois o destruía, os voláteis mercados de imóveis comerciais dos EUA favoreciam investidores com liquidez e capital estrangeiro.

O centro da cidade simplesmente se tornou grande demais para que os interesses locais dominassem. Em 1979, o *Times* informou que um quarto dos principais imóveis do centro era de propriedade de estrangeiros; seis anos depois, os números foram revistos para 75% (uma autoridade chegou a falar em 90%).[28] A primeira onda de investimentos estrangeiros no fim dos anos 1970, como aconteceu em Manhattan, foi liderada por capital imobiliário canadense, cuja síntese era a Olympia and York, baseada em Toronto. O clã Reichmann, proprietário da Olympia and York, coleciona arranha-céus como os meros ricos colecionam selos ou móveis Luís XIV. No entanto, desde 1984, junto com as empresas de seguros de Nova York e os bancos ingleses, eles foram varridos por um tsunami de companhias financeiras asiáticas e capital de curto prazo.

O que os japoneses chamam de *zaitech*, a estratégia de usar tecnologias financeiras para mudar o fluxo de caixa da produção para a especulação, reestruturou radicalmente as carteiras de investimentos do centro da cidade e deu um novo ímpeto à realização da reforma do CBD (de fato, eles se tornaram sua principal força motora). Enquanto o superiene e o protecionismo estrangeiro diminuíam o reinvestimento doméstico no Japão, corporações e empresas comerciais gigantes procuravam bens lucrativos no estrangeiro. Os recursos líquidos de outros investidores simplesmente foram esmagados pela simples massa dos excedentes comerciais do Japão, que rapidamente abriu caminho dos bônus do Tesouro americano para os imóveis de primeira linha. No caso particular do centro de Los Angeles, o superiene do fim dos anos 1980 fazia os super arranha-céus ao longo da "costa dourada" da Figueroa terem preço de banana comparado ao dos imóveis no Japão. Uma praticamente desconhecida construtora de edifícios residenciais, a Shuwa Company Ltd., espantou os empresários do centro da cidade em 1986 ao comprar quase um bilhão de dólares dos novos edifícios de L.A., inclusive as duas torres do ARCO Plaza, numa farra de compras que durou apenas dois meses e meio. Como reclamaram analistas imobiliários locais na época: "As grandes empresas do Japão estão pegando empréstimos a taxas muito baixas, em geral 5% ou menos. Eles pegam emprestado no Japão [no caso da Shuwa, através de dez agências de bancos de Tóquio em L.A.], deduzem isso dos impostos japoneses, convertem em dólares e investem em dólares nos Estados Unidos."[29]

Ao cantar loas ao milagre da economia na costa do Pacífico, os incentivadores de Los Angeles nos anos 1980 geralmente evitavam se referir ao mecanismo específico do boom no centro da cidade. Mas, na medida em que o capital japonês era agora o principal jogador, a economia do centro havia se tornado ilicitamente dependente da continuação do desequilíbrio estrutural que reciclava dívidas americanas como especulação estrangeira em bens americanos. Numa palavra, ela havia se viciado nas perdas dos EUA na guerra comercial mundial, e as torres dos bancos em Bunker Hill estavam subindo quase em proporção direta com o fechamento de fábricas em East Los Angeles e em outras partes da nação. O renascimento do centro havia se tornado um perverso monumento à desindustrialização.

Mas as ironias da geopolítica internacional mal eram notadas pela Community Redevelopment Agency. Pelo contrário, sua preocupação era que o próprio sucesso da reforma no centro da cidade estivesse colocando em perigo a *raison d'être* da agência. Em 1989-1990, a CRA, trabalhando de mãos dadas com o capital estrangeiro, tinha chegado aos limites da verba estabelecida por Bernardi, colocando em perigo sua hegemonia no distrito comercial central e disparando um complexo processo de mudança de planos e negociações políticas. Mas, antes de analisar essa nova conjuntura, é necessário fazer um balanço das reformas nos 15 anos desde a criação do projeto do CBD. Até que ponto o projeto grandioso, à la *Livro de Prata*, foi realmente realizado, e como foi modificado?

Primeiro houve alguns recuos estratégicos. A Skid Row, marcada para demolição (ou desinstitucionalização, na linguagem orwelliana do *Livro de Prata*), sobreviveu, ainda que de modo infernal, principalmente como resultado do medo dos conselheiros municipais de que os sem-teto se derramassem para seus distritos. Isso levou Little Tokyo a se expandir para o leste, ao longo da First Street, na direção do rio Los Angeles, em vez de para o sul, como era esperado. E apesar da deliberada colocação do Mercado de Joias em sua margem leste, a reforma da Pershing Square (objetivo subsidiário do *Livro de Prata*) se arrasta duas décadas além do previsto, com moradores de rua ocupando o parque e os empreendedores brigando entre si. Em consequência, o Hotel Biltmore, ao projetar sua recente torre anexa, girou sua entrada em 180 graus para ficar de frente para a biblioteca – o novo ponto focal do centro da cidade. (A biblioteca, por sua vez, foi deixada no lugar, contrariamente a planos anteriores, porque seus direitos de superfície foram usados para acrescentar densidade ao gigantesco projeto de Maguire Thomas do outro lado da rua.)

Mais sérias ainda são as anomalias de transportes no projeto realizado no centro. No *Livro de Prata* a viabilidade do novo centro dependia da articulação do eixo de transporte de massa do Wilshire com um sistema de distribuição de pedestres ao longo do novo corredor da Figueroa. Ainda que o pessoal da CRA se refira de modo esperançoso sobre reviver o esquema, as verbas federais para o transporte popular – um sistema proposto de 250 milhões de dólares para calçadas rolantes, como as dos aeroportos – foram vetadas pela administração Reagan depois de pesado lobby por parte de opositores do Vale de San Fernando. Isso encurralou os pedestres nas várias megaestruturas do centro e deixou um inútil túnel de 30 milhões de dólares por baixo de Bunker Hill.[30]

O destino do metrô foi mais estranho ainda. Depois de ruidosos protestos de proprietários de casas no Westside, o metrô foi desviado do Wilshire, na Western, para seguir para o norte pela Hollywood na área do centro e depois sob as montanhas, até North Hollywood. Isso agrada a alguns líderes da CRA e seus amigos empresários de imóveis, já que liga três grandes projetos de reforma urbana e cria um corredor contínuo de especulação imobiliária.[31] O relatório de impacto ambiental do Southern California Rapid Transit District (SCRTD) prevê espantosos quatro milhões e meio de metros quadrados de novos empreendimentos comerciais (praticamente o equivalente a dois novos centros da cidade) centrados em 11 estações do metrô.[32]

Mas o alinhamento atual também nega o raciocínio econômico original para a construção de metrôs, já que somente o corredor do Wilshire tem densidade populacional para gerar um público que amortizaria os custos. Por isso, o metrô enfrenta um perigo muito provável de insolvência, ao passo que a maioria das pessoas que precisam ir diariamente ao centro (vindas do Westside ou, especialmente, do Vale de San Gabriel no leste) continuará a depender de seus carros. O metrô, pelo menos na configuração atual, servirá como uma alavanca de Arquimedes para aumentar as densidades imobiliárias no corredor CBD–Hollywood–North Hollywood sem mitigar os níveis atuais de congestionamento no centro (mas daqui a pouco falaremos mais sobre o trânsito).[33]

Como justificativa, a CRA e seus defensores podem afirmar que, independentemente de qualquer dificuldade ou anomalia que possa ter ocorrido, a agência alcançou triunfalmente a visão central do *Livro de Prata*. Um novo distrito financeiro assumiu forma na margem leste da Harbor Freeway, com seu pináculo de arranha-céus ao longo da Grand, focalizado na biblioteca, e apontando para o sul em direção ao expandido Centro de Convenções e à Universidade do Sul da Califórnia (USC). Como essa recentralização bem-sucedida foi amplamente financiada por um jorro de capital asiático e canadense, ela simultaneamente transferiu sua propriedade a investidores estrangeiros ausentes.[34] No entanto, há pouca ansiedade no centro com a ideia de que os grupos de controle econômico estão a milhares de quilômetros de distância. Ainda que o espaço comercial do centro permaneça como uma fração surpreendentemente pequena do inventário regional total, o poder – na forma de sedes financeiras e empresas de 400 dólares por hora – está atualmente mais concentrado no centro da cidade do que jamais esteve, desde a década de 1940.[35]

QUEM GANHA E QUEM PERDE?

A criação desta infraestrutura física para as finanças internacionais tem sido inquestionavelmente o principal objetivo político – e a principal realização – da administração Bradley desde 1973. Mais do que a mera "renovação urbana", a reforma do centro da cidade também tem sido a maior estratégia econômica da prefeitura para criar empregos e crescimento. Diante da desindustrialização de sua economia mais antiga, não defensiva, de filiais de fábricas, a cidade apostou em criar empregos em escritórios.[36] Funcionou? E quem se beneficiou?

Certamente os principais jogadores do setor privado exploraram uma bonança no ramo imobiliário. Especuladores e empreendedores tiveram consistentemente grandes benefícios com a redução dos valores da Community Redevelopment Agency e com os efeitos de subida dos lucros líquidos provocados pelo investimento público. Por exemplo, a CRA comprou 16 áreas arruinadas nas ruas Fourth e Flower no início dos anos 1960, pagando 3 milhões de dólares; no início dos 1970, apesar da explosão no valor dos imóveis, ela descontou a parte combinada com o Security Pacific Bank para meros 5,4 milhões de dólares. Em 1975 somente os terrenos valiam mais de cem milhões de dólares. Em outro exemplo, Richard Riordan, um proeminente especulador local e operador de crédito imobiliário, comprou em 1969 propriedades na esquina da Ninth com Figueroa por 85 dólares o metro quadrado; em uma década, o valor havia subido para 2.400 dólares o metro quadrado. (Os sucessos de Riordan atraíram atenção incomum porque ele é um importante colaborador de campanha para o prefeito Bradley e membro de duas comissões municipais.)[37] Um veterano especialista em imóveis no centro da cidade e em empréstimos corporativos fez uma estimativa de que o bilhão de dólares que a CRA investiu em Bunker Hill e no distrito comercial do centro ajudou a gerar "pelo menos um bilhão, talvez dois bilhões de dólares de lucros para os jogadores do centro, acima e além de suas previsões".[38]

A prefeitura – ao mesmo tempo que promove a reforma do centro como "política industrial" – jamais se incomodou em levantar números precisos sobre os novos empregos gerados pelo boom imobiliário. Por causa disso, a análise convencional de custo-benefício é impossível. Don Spivak, gerente da CRA para todo o projeto do CBD durante os anos 1980, confessou numa entrevista que a agência não fazia ideia de quantos empregos para mulheres ou minorias tinham sido criados, ou qual foi seu custo *por capita*.[39]

Do mesmo modo, enquanto a prefeitura vem dando festas de mais de 90 mil dólares para os novos arranha-céus, não presta atenção ao sucesso de áreas distantes em capturar os empregos "secundários" (contabilidade e processamento de dados) que são multiplicadores vitais de trabalho para empregados sem experiência. Glendale (cidade que no último censo tinha 450 moradores negros numa população de quase 130 mil pessoas) conseguiu captar quase 300 mil metros quadrados de investimentos secundários de bancos, companhias de seguro e imobiliárias, tornando-se, assim, o terceiro maior centro financeiro no estado.[40] Outros grandes complexos de escritórios cresceram em Chatsworth, Pasadena, City of Commerce e Brea (a principal base do Security First National). A indiferença da CRA para com a nova geografia dos empregos no ramo de serviços é perturbadora, já que esse é o tipo de emprego compensatório de que o leste e o centro-sul de Los Angeles – golpeados duramente pelo fechamento de fábricas – precisavam desesperadamente, e que presumivelmente poderia ter se localizado ali se a prefeitura tivesse ligado os direitos à construção de escritórios centrais, no centro da cidade, ao investimento em escritórios secundários, nas redondezas.[41]

Os resultados da CRA com relação às moradias no centro da cidade também foram consideravelmente ofuscados nas propagandas da agência. Os planejadores afirmam que a criação de um "equilíbrio trabalho-moradia" no centro – tanto para mitigar o congestionamento de tráfego quanto para gerar uma base residencial para "um centro que funcione 24 horas" – é uma de suas maiores prioridades. No entanto, a CRA, que define os objetivos do centro quase exclusivamente em termos de população e necessidades de classe média, ignora o equilíbrio entre empregos e moradia que existe entre a indústria do vestuário (o outro grande ramo de atividade do centro) e os bairros latinos ao redor. É exatamente esse equilíbrio existente que está sendo ameaçado por todos os lados com os projetos da agência (por exemplo, a remoção de quase quatro mil pessoas para a recente extensão do Centro de Convenções) e outras iniciativas público-privadas (os potenciais 10 mil moradores do West Bank que podem ser obrigados a sair devido ao plano específico proposto para a área, por exemplo).

A CRA ficou numa tremenda saia justa em março de 1989, quando uma análise da Legal Aid provou que a agência vinha deliberadamente enganando o público ao contar camas nos albergues da Skid Row como "unidades de moradia familiar de baixa renda". Como nem a agência, nem a prefeitura, tinham monitorado com precisão a destruição das moradias pela ação privada no centro da cidade, é virtualmente impossível fazer um balanço geral do número de moradias resultante das reformas.

Um quarto de século depois da destruição de 7.310 unidades habitacionais em Bunker Hill, a CRA afirma que finalmente construiu moradias substitutas, ainda que a maior parte esteja fora da área do centro e apenas um quarto seja de "seção 8" ou "para renda muito baixa", como as que foram originalmente destruídas. Deixando de lado a reabilitação dos quartos de hotéis e albergues da Skid Row, segundo as estatísticas emaranhadas da agência, parece que até agora ela aumentou o número de moradias "baratas" na cidade (depois de deduzir as unidades demolidas pela ação da agência) em pouco mais de mil unidades. Mas boa parte disso é na verdade "aburguesamento" – ou seja, substituir unidades perdidas "de renda muito baixa" por unidades mais caras para "renda média" (um diferencial de renda que chega a 21 mil dólares). Em conversas com os integrantes da CRA, ficou evidente que eles conceituam "moradias baratas" como integrando secretárias e professores, e não operários da indústria do vestuário ou zeladores, na "nova comunidade do centro".[42]

No fim das contas, no lugar de qualquer avaliação oficial de custo-benefício, o jogo da reforma produz os seguintes resultados aproximados:

1. A triplicação dos valores dos terrenos do centro desde 1973, graças à ação pública.

2. Incremento zero em impostos de propriedade disponíveis para objetivos de verbas de uso geral (escolas, transportes, bem-estar).

3. Trinta e cinco a quarenta mil empregos de escritórios acrescentados ao centro (presumivelmente esses empregos terminariam em algum lugar da região de qualquer modo – a CRA não os criou, meramente influenciou em sua localização).

4. Um pequeno aumento bruto nas moradias "baratas" espalhadas pela cidade, que provavelmente seria cancelado se as estatísticas sobre demolições particulares estivessem disponíveis.

5. Uma série de "benefícios públicos" impossíveis de medir e questionáveis (por exemplo, "cultura do centro", ser uma "Cidade Mundial", "ter um centro", e assim por diante).

6. As ainda não calculadas "externalidades negativas" geradas pela reforma (isto é, o aumento na carga de tráfego, poluição, investimentos negligenciados em outras partes da cidade, impacto negativo de impostos em outros serviços e assim por diante).

Além disso, um balanço total da reforma teria de avaliar o impacto corruptor da "centromania" na política municipal. A prefeitura e a comunidade de desenvolvimento do centro se interpenetram numa extensão tão profunda que se tornou literalmente impossível dizer onde termina o capital privado e onde começa a administração Bradley. A influência empresarial resultante é um espelho em miniatura do complexo industrial-militar. Assim como generais reformados da Força Aérea correm para ocupar gordas sinecuras nas diretorias da indústria aeroespacial, os luminares da prefeitura – Art Snyder (ex-vereador), Dan Garcia (ex-comissário de planejamento), Tom Houston (ex-sub-prefeito), Fran Savitch (ex-assessor do prefeito), Maureen Kindell (idem) e agora Mike Gage (ex-subprefeito), para dar uma lista incompleta – inevitavelmente parecem terminar como lobistas para as máquinas de demolição. Com uma concentração tão extrema das melhores mentes de Los Angeles transportando entulho (e assim criando lucrativas segundas carreiras para si próprios), não é de surpreender que prioridades menores – como empregos, segurança, saúde e bem-estar no centro-sul de Los Angeles – tenham sido tão negligenciadas.

DISNEYFICANDO A ÁREA SUL DO CENTRO DA CIDADE

Os custos sociais do crescimento do centro terão um aumento drástico na próxima década. Mas antes de analisar o impacto desestabilizador de "contra-ataques" (o West Bank) e "movimentos laterais" (Central City North, South e East), vamos primeiro considerar como a Community Redevelopment Agency propõe jogar o resto de sua cartada no distrito comercial do centro. Com a construção no novo centro já nos estágios finais (inclusive um controvertido plano de demolir estruturas históricas na Seventh Street), o foco da CRA mudou para os polos de desenvolvimento do CBD: o corredor de South Park e da Third Street, entre Bunker Hill e Little Tokyo.

South Park, como vimos, foi inventado pelo *Livro de Prata* de 1972. A ideia era criar um "povoado urbano" de renda mista, composto por funcionários de escritórios e profissionais liberais para "iluminar" o rosto do centro da cidade ao redor do Centro de Convenções e estender a reforma na direção do campus da Universidade do Sul da Califórnia.[43] Ainda que a CRA tenha reafirmado um plano para South Park, numa revisão feita em 1982 das diretrizes da reforma (eventualmente estendendo as fronteiras da área para o sul da Seventh e oeste da Main até as duas vias expressas), os especuladores tiveram tempo suficiente para aumentar os valores dos terrenos a até 3.200 dólares por metro quadrado antes que a agência finalmente atuasse para montar pacotes. Diante de tal inflação imobiliária, até mesmo as unidades de luxo em South Park agora exigem grandes subsídios.[44]

A enorme necessidade de financiamento público em South Park é provavelmente o item principal da agenda oculta da CRA na luta para retirar o teto do aumento de impostos no distrito comercial central.[45] A CRA se aferra ao dogma de que a massa crítica de South Park (uma população projetada de 25 mil pessoas) é absolutamente necessária para transformar o centro da cidade numa "verdadeira comunidade" (pessoas pobres, evidentemente, não contam) e preservar os preços dos aluguéis e os valores gerais das propriedades do CBD ao longo do século XXI. Como era de se esperar, os ativistas defensores dos sem-teto atacaram a premissa de que a "yuppificação" de South Park deva ser a principal prioridade residencial da prefeitura. Michael Bodaken, da Legal Aid (agora conselheira habitacional do prefeito Bradley) denunciou, em 1989, numa entrevista ao *Times* o subsídio de 10 milhões de dólares que a CRA tinha dado à Forest City Properties para construir apartamentos para alugar a 1.200 dólares por mês em South Park. "É simplesmente inacreditável que a prefeitura esteja subsidiando os empresários com milhões de dólares para atrair os yuppies ao centro da cidade. Esta cidade é a capital dos sem-teto do país. Esse dinheiro deveria ser separado para abrigos de sem-teto e moradias para famílias de baixa renda."[46]

Defensores da política habitacional também criticaram a transferência de toda uma comunidade residencial para expandir o Centro de Convenções, o outro grande componente do plano de South Park. A expansão, ao custo de 390 milhões de dólares – a maior emissão de bônus na história do centro da cidade –, está perto de virar um grande problema na medida em que a Calmark Holding Co., construtora de um super-hotel adjacente, desmorona sob o peso de suas ações desvalorizadas. Sem o Pacific Basin Hotel, de 400 milhões de dólares, da Calmark – o maior hotel jamais planejado no sul da Califórnia –, o expandido Centro de Convenções ficaria sem um único quarto de hotel que pudesse ser alcançado a pé.[47]

Nos limites de South Park (Eighth Street e Harbor Freeway), uma monstruosidade com o zombeteiro nome de Metrópolis está sendo projetada por Michael Graves, atual arquiteto contratado pela Disney Corporation e pretensioso autor do Disney World Hotel, decorado com cisnes gigantes, e a sede da Disney, em Burbank, com as colunas ilustradas pelos sete anões. Impermeável, como a maioria dos arquitetos, ao impacto social de seu projeto de milhões de metros quadrados sobre as ruas e bairros ao redor, sua preocupação se concentra em tornar Metrópolis uma "experiência total" para seus usuários corporativos. Como avaliaram os críticos de arquitetura, a chegada de Graves marca uma nova era no centro da cidade, uma mudança dos sérios arranha-céus monolíticos e fortalezas para ambientes mais "vivíveis" e divertidos. Ele planeja coloridas faixas vitrificadas, linhas de telhado estilo "chapéus de festa" e espalhafatosos pavilhões octogonais no topo de algumas de suas torres. Um fundamental elemento decorativo será uma base de seis andares em cerâmica turquesa – destinada, segundo Graves, a "mostrar onde Papai trabalha".[48] De fato.

"REAGANIZANDO" O NÚCLEO HISTÓRICO

O aburguesamento também é o objetivo municipal na área entre Bunker Hill e Little Tokyo. Na época do *Livro de Prata*, como vimos, a Third e a Broadway figuravam como "Bunker Hill Leste", uma espécie de engrenagem universal ligando Bunker Hill, o Centro Cívico e Little Tokyo. Mas a fortificação de Bunker Hill impediu essa interação, e a Broadway se tornou, em vez disso, a principal rua comercial de língua espanhola da América do Norte. Agora, com o Hill totalmente seguro e quase completamente reformado, a Community Redevelopment Agency está revivendo a ideia de um "eixo central" (leia-se corredor *yuppie*) para permitir a livre circulação de trabalhadores de escritórios e turistas na parte norte do distrito comercial central.

A âncora dessa estratégia de aburguesamento é o novo Ronald Reagan State Office Building. A CRA gastou mais de 20 milhões de dólares em subsídios diretos para induzir o Estado a trazer três mil trabalhadores de escritórios para a esquina da Terceira com Spring como as tropas de choque da "melhoria" da área. Tanto o Broadway Spring Center, em frente ao prédio estatal, quanto o novo edifício-garagem do *L.A. Times*, na Broadway a norte da Third, foram engenhosamente projetados com informações da CRA e do DPLA para proporcionar passagens de pedestres de alta segurança, com câmeras de vigilância, guardas particulares e cercas de hastes de aço, destinados a afastar o medo dos trabalhadores dos escritórios.

Os beneficiários diretos da "reaganização" da área são dois dos principais apoiadores de Bradley: Ira Yellin, dono do Bradbury Building, do Grand Central Public Market e do Million Dollar Theater Building (todos na esquina da Third com Broadway), e seu colega e sócio Bruce Corwin, proprietário de vários cinemas na Broadway e maior colaborador para o recente fundo de defesa para o prefeito em dificuldades. Yellin e Corwin foram durante muito tempo os principais jogadores na associação "Miracle on Broadway", financiada pela CRA. Agora planejam explorar a clientela cativa do Reagan Building (bem como a do *Times* e de Bunker Hill) para criar uma "Grand Central Square" com restaurantes, prédios de apartamentos e escritórios de alto nível. A arquiteta restauradora Brenda Levin foi contratada para "entrelaçar o tecido histórico" do Million Dollar Building com o mercado e um novo edifício-garagem de dez andares. A CRA facilitou o caminho permitindo que Yellin embolsasse os direitos de superfície dos edifícios Bradbury e Million Dollar Theater em 12 milhões de dólares (um subsídio complexo que, depois da venda a outro empreendedor, eventualmente terá os custos cobrados ao público na forma de mais engarrafamentos de trânsito). Como observou Spivak, da CRA, os negócios na Broadway foram uma "situação do tipo vencer ou vencer", e o verdadeiro "milagre" foi a extraordinária disposição da CRA para bancar Yellin e Corwin.[49]

Outro componente necessário para completar o corredor entre Bunker Hill e Little Tokyo é a remoção da Union Rescue Mission – e sua multidão de homens sem-teto – da esquina da Second com Main, ao lado da catedral de Santa Vibiana. Comenta-se que a transferência da missão faz parte do acordo feito pela CRA com o Estado para obter o edifício Reagan. Além disso, o arcebispo Mahony teria feito lobby na CRA (cujo chefe, John Tuite, é ex-padre) para afastar aquela imundície de perto de sua porta. Houve alguma reação quando a CRA anunciou, subitamente, em setembro de 1989, que estava oferecendo 6,5 milhões de dólares à missão para se mudar – quase quatro vezes a avaliação feita para a propriedade. O vereador Bernardi (ainda o ferrenho crítico da CRA) denunciou uma nova conspiração dos "interesses endinheirados", e seu colega do Westside, Zev Yaroslavsky, reclamou de subsídios públicos dados a um corpo fundamentalista (a missão) que se recusa a contratar não cristãos. Mesmo assim, a maioria do conselho municipal (sem qualquer debate quanto ao subsídio implícito à outra instituição sectária, a igreja de Sta. Vibiana) aprovou a manobra da CRA.[50]

Como resultado do Reagan Building e outras iniciativas da CRA, os preços dos terrenos dispararam no corredor da Third Street, mas o renascimento do resto do núcleo histórico (como agora é oficialmente chamada a área limitada pelas ruas First, Los Angeles, Ninth e Hill) permanece em dúvida. A fuga dos bancos e das lojas de departamento depois da rebelião de Watts deixou milhares de metros quadrados de escritórios desocupados no núcleo. Boa parte ficou vazia durante 20 anos (a prefeitura, claro, jamais imaginou requisitá-los como moradia para os sem-teto ou outros usos "radicais"). A CRA planejou trazer esse deserto de escritórios gradualmente de volta à vida com "injeções" de dinheiro para reformas, aumento de segurança, a adição de uma "vida noturna" (por exemplo, a antiga Pacific Stock Exchange transformada numa discoteca) e assim por diante.[51] Mas agora o destino da área parece inversamente ligado ao sucesso de um plano para produzir um segundo centro da cidade, a oeste da Harbor Freeway. A emergência da chamada Central City Oeste subitamente colocou em dificuldade os melhores planos da CRA.

O CONTRA-ATAQUE

Certamente sempre existiu a possibilidade de um "contra-ataque". O crescente diferencial entre valores dos terrenos no núcleo de crescimento e sua periferia imediata encorajaram empreendedores ilegais a jogar com investimentos atraentes do outro lado da Harbor Freeway. De fato, já em meados da década de 1960, um diversificado grupo de especuladores, grandes e pequenos, estava marcando posição a oeste da via expressa (área que o *Livro de Prata* havia designado primariamente para estacionamentos e serviços periféricos). Enquanto esperavam que as reformas chegassem, eles tiveram permissão, de modo criminoso, para demolir bairros inteiros nas áreas de Crown Hill e Temple-Beaudry. Era vantajoso para eles "bancar" terras abandonadas em vez de assumir o risco da organização dos moradores ou de futuros custos de realocação.

Mas os frustrados especuladores tiveram de esperar quase uma geração antes de poder competir com o distrito comercial central. Com exceção da Unocal (uma grande empresa do centro da cidade, desgarrada no lado errado da Harbor Freeway), eles eram estrangeiros (chineses e israelenses) ou peixes pequenos, fora das principais estruturas de poder, com a oposição de uma espantosa combinação da velha elite da Central City Association e da Community Redevelopment Agency. Além disso, o imaginário "West Bank" estava subdividido em vários distritos no conselho municipal e não tinha um "patrono" explícito.

O cálculo de forças começou a mudar em meados dos anos 1980. Enquanto o corredor da Figueroa começava a se juntar às novas reformas e virar o rosto para longe da Pershing Square, a margem oeste da via expressa tornou-se subitamente convidativa. Apesar do notório fiasco do Chinese World Trust Building (ainda meio vazio hoje), estruturas como a nova Pacific Stock Exchange (transferida de seu magnífico lar na Spring Street) aparentemente provaram a viabilidade do outro lado da via expressa. Isso levou vários jogadores da liga principal – inclusive as Hillman Industries e Ray Watt – a migrar para o oeste com seus espantosos recursos financeiros e trunfos políticos. Além disso, a maior parte do West Bank foi politicamente consolidada num novo distrito sob o comando de Gloria Molina, que estava ansiosa por encontrar uma base de recursos para empregos e moradias para seus eleitores esmagadoramente pobres.

Com o apoio incisivo de Molina, os maiores acionistas da área (organizados desde 1985 como a Central City West Association [CCWA]), germinaram um plano para literalmente criar um segundo centro da cidade. Apesar dos alertas do ex-chefe da CRA, Ed Halfand, de que a concorrência do West Bank poderia minar toda a lógica da reforma do centro, Molina aceitou a oferta da CCWA em 1987 para financiar particularmente um "plano específico" para a área. Essa parceria excluía deliberadamente a CRA (vista como defensora dos interesses do CBD) e reduzia enormemente o papel da comissão de planejamento municipal.

Em julho de 1989, depois de dois anos de estudo, a empresa de projetos urbanos comandada pelo ex-presidente da comissão da CRA Kurt Meyer submeteu um primeiro esboço do plano, detalhando o transporte e o uso das terras para a construção máxima de 2,3 a 2,8 milhões de metros quadrados de espaço comercial (isto é, aproximadamente, igual a todas as construções no centro da cidade desde 1975, ou duas e meia Century City).

As necessidades de transportes numa tal escala de desenvolvimento são atordoantes, em especial depois da política do centro da cidade de fazer o West Bank "passar fome" de ligações de transportes para torná-lo impossível de progredir. Na concepção da CCWA, a Harbor Freeway, e não a Figueroa, iria se tornar a nova "rua principal" de um centro da cidade bipolar. Ainda que autoridades da área de transporte da Califórnia afirmassem categoricamente que a via expressa – com ou sem "dois andares" – simplesmente não será capaz de absorver o novo volume de tráfego do proposto Central City Oeste, o esboço do plano sugere quatro novas rampas de saída, além de uma nova estação de metrô na esquina de Bixel com Wilshire, um "túnel de transferência" ao custo de 300 milhões de dólares sob Crown Hill e um afunilamento do tráfego pelo Glendale Boulevard que poderiam ter consequências de pesadelo para a já congestionada área de Echo Park. (Alguns dos planejadores de transportes envolvidos também defendem a conversão da Alvarado numa conexão de vias expressas de alta velocidade.)

Outra dimensão espantosa do plano é a proposta de 12 mil unidades de novas moradias reunidas num "povoado urbano" predominantemente de classe mais elevada, semelhante ao plano de South Park, mas com uma inclusão ligeiramente maior de unidades para famílias de renda baixa e muito baixa (25%). Mas os defensores de melhores condições de moradia, como o padre Philip Lance, do United Neighbors de City West, observam que já havia uma emergência de habitações na área à medida que os figurões aceleravam a política de terra arrasada: 2.100 unidades foram demolidas na última década.

Além disso, o plano específico esboçado sugere a realocação de apenas três quartos das unidades de baixa renda que ele propõe retirar para a reforma.[52] Outros críticos, apontando para os 20 anos de desenvolvimento apresentados na proposta, exigiram imediata realocação dos moradores atuais e a restituição das moradias destruídas nos últimos anos.

Enquanto o incipiente plano da Central City Oeste é gestado através de um labiríntico processo de negociações políticas, uma corrida por terras de proporções dignas do Klondike teve início no West Bank – os valores dos terrenos aumentaram em quase 4.000% numa única década.[53] Os especuladores, reforçados por recém-chegados de fora do país, agora estão se concentrando numa faixa "não desenvolvida" a um quilômetro e meio do Wilshire Boulevard entre a via expressa e a nova estação do metrô no MacArthur Park. Como os planejadores da CRA reconhecem com algum abalo, esse fluxo de investimento ameaça reviver a área oeste do Wilshire Boulevard como o principal eixo do crescimento do centro da cidade – em competição com o alvo estratégico do *Livro de Prata*, da Figueiroa para o sul.

Enquanto isso, com as apostas crescendo rapidamente, o empreendedor Ray Watt abriu caminho à frente do pessoal da CCWA. Ainda que o principal analista do Departamento de Planejamento municipal tenha se oposto ao plano de uma torre "Watt City Center" com 93 mil metros quadrados no lado oeste da Harbor Freeway, na Eighth Street, Watt – num dos jogos de poder mais impressionantes da história recente – passou atropelando pelo conselho municipal com a ajuda do lobista Art Snyder (ex-vereador de East L.A.) e de Molina, chefe do comitê de planejamento e uso do solo. Molina, ligada ao United Neighbors de Temple-Beaudry, fez um trato conscientemente faustiano: aceitar o aumento na carga do tráfego por causa do Watt Center em troca de 80 unidades de moradias de baixa renda a ser construídas imediatamente.[54]

CENTRO DA CIDADE – EM QUE DIREÇÃO?

Para muitas pessoas do centro da cidade, o Watt City Center é um enorme símbolo de que o crime (nesse caso o sequestro de um arranha-céu) compensa, afinal de contas. E para piorar as coisas, o exemplo do West Bank parece estar provocando outros donos de terras na periferia do distrito comercial central a empacotar megaprojetos para vender a membros interessados do conselho municipal. Revelando a ansiedade da Community Redevelopment Agency quanto à dissipação de um foco no centro da cidade, o chefe da agência, John Tuite, recentemente delineou os vetores concorrentes de desenvolvimento: "Há o Centro de Convenções (South Park), a Union Station, as ideias do vereador Bob Farrell para um plano estratégico ligando a USC e a área ao redor com o centro da cidade, além de outras áreas da CRA, City West e City North."

A Union Station, especialmente, é uma variável de dimensões desconhecidas, talvez gigantescas, no futuro do centro da cidade. Quando a Caltrans tentou desapropriar a estação, pagando indenização, no início dos anos 1980, os proprietários (as três ferrovias transcontinentais: Southern Pacific, Union Pacific e Santa Fé) levaram ao tribunal um modelo de Charles Luckman mostrando o local desenvolvido até as proporções de Century City. Na concepção de Luckman, a estação elegante e antiga foi reduzida a um detalhe insignificante num pesadelo gigantesco que incluía dois arranha-céus, dois hotéis com telhados em mansardas, estilo Vegas, uma vasta rua comercial de pedestres, hectares de estacionamento e um fantástico "Arco do Triunfo" de vidro com altura de 30 andares, sorrindo acima de 20 mil trabalhadores de escritórios e consumidores. Aparvalhado com o modelo, o juiz decidiu em favor dos proprietários da estação, triplicando o valor da área e forçando a Caltrans a abandonar a tentativa de compra.

Nos anos seguintes, enquanto a Santa Fé (cujo maior acionista é a Olympia and York – os maiores empreendedores de imóveis comerciais do mundo) negociava laboriosamente para comprar as partes dos sócios, o potencial de megadesenvolvimento da estação se tornou o foco das atenções do vereador Richard Alatorre. Alatorre, comandando a reforma dos distritos no conselho municipal em 1987, alocou para si mesmo a área da Union Station e da Olvera Street com o objetivo específico de tornar a reforma da estação um "motor financeiro" que levasse o desenvolvimento econômico à sua "zona de empreendimento" do Eastside. Ainda que sua ideia de ligar o desenvolvimento da comunidade a um rico projeto de reforma imite a estratégia de Molina no West Bank, ele colaborou com a CRA, e não a excluiu, na esperança evidente de integrar a Union Station ao plano do CBD.

Na primavera de 1988, a CRA, em nome de Alatorre e dos proprietários da estação, completaram um estudo em profundidade sobre o potencial de desenvolvimento da área (inclusive a enorme e quase vazia concha do Anexo do Correio no Terminal). Em essência, os analistas da CRA endossaram a visão de Luckman, de 1983, de um "novo centro urbano", propondo pelo menos 280 mil metros quadrados de uso misto: hotéis, varejo e unidades residenciais, bem como a unificação arquitetônica com La Placita/Olvera Street, do outro lado da rua. Mas o estudo continua a provocar tantas perguntas quanto respostas.[55] Primeiro, não está claro se o potencial de escritórios da área da estação pode ser totalmente atingido diante da crescente concorrência de Central City Oeste. Segundo, os comerciantes da Olvera Street e os inimigos políticos de Alatorre em East Los Angeles temem que a reforma da área da estação inunde e destrua o caráter popular da área da velha praça – um crucial espaço público para os hispânicos de Los Angeles. E, finalmente, a Union Station é o fulcro de reivindicações divergentes entre Little Tokyo (núcleo de uma emergente Central City East) e Chinatown (centro de um hipotético City North).

Tornou-se a paixão do chefe da comissão de planejamento William Luddy tomar a área ao norte do Civic Center – incluindo Chinatown, El Pueblo e a Union Station – uma única unidade de planejamento destinada a reforçar a reforma do CBD acrescentando um dinâmico e movimentado centro turístico noturno. Além disso, como enfatizava o boletim do Departamento de Desenvolvimento City North de dezembro de 1989: "Se Los Angeles quiser competir favoravelmente com Vancouver e São Francisco como mercado para o desenvolvimento imobiliário através dos dólares de Hong Kong e Cingapura para desenvolvimento com dinheiro sino-asiático, deve incrementar essa parte da cidade que representa sua forte herança chinesa..."[56]

Mas esse conceito de empacotar City North, inclusive a Union Station, para vender à diáspora chinesa ignora o interesse concorrente do capital japonês em estabelecer um elo forte entre Little Tokyo e a estação. A função de rua principal de Little Tokyo para a comunidade nipo-americana de Los Angeles tem sido eclipsada por seu novo papel como hotel de luxo e área de compras para empresários japoneses. Agora, entretanto, seus empreendedores (nas palavras do *Downtown News*) "estão jogando uma cartada séria para capturar o fluxo de turistas devido à expansão do Centro de Convenções". Mais de 93 mil metros quadrados de hotéis, lojas e moradias estão sendo construídos perto da First com Alameda (estendendo Little Tokyo até a beira do rio Los Angeles), e os empreendedores estão pressionando por um rezoneamento de prédios altos de uso misto no corredor industrial a leste da Alameda. A Union Station, revivida pela companhia de metrô como um eixo de trânsito do centro da cidade, é visualizada como parte integral da aumentada esfera de influência de Little Tokyo.

À medida que diferentes forças disputam a Union Station, outra grande erupção de desenvolvimento pode estar para acontecer no flanco sul do CBD. Desde os dias do *Livro de Prata*, a maioria dos observadores acredita que o objetivo final da CRA é estender o corredor de prédios altos ao longo da Figueroa até as bordas do campus da Universidade do Sul da Califórnia na Jefferson ou na Exposition Street. Com a absoluta convicção de sua inevitabilidade, um dono de terrenos (vendedor de automóveis) passou 20 anos pacientemente comprando a maioria do longo trecho de construções baixas entre a Jefferson e a Adams para converter em áreas para construção de escritórios e hotéis. A USC, por outro lado, preocupa-se desde a rebelião de Watts em fortificar suas fronteiras (uma impressionante Linha Maginot de shopping centers e estacionamentos) e em promover o aburguesamento de sua borda na Hoover Street. Mas poucos duvidam de que a universidade esteja nutrindo uma visão muito mais ambiciosa, ligando sua estratégia de moradias ao desenvolvimento comercial da Figueroa sob os auspícios conjuntos da CRA. A nomeação em 1988 de Gerald Trimble, poderoso ex-diretor de reforma urbana de Pasadena e San Diego, como diretor de desenvolvimento urbano da USC provocou especulações intermináveis sobre o plano de jogo da universidade, além de estimular vereadores locais como Robert Farrell a reivindicar uma ligação – à la West Bank, de Molina, e a Union Station, de Alatorre – entre o desenvolvimento comercial e comunitário na conexão centro da cidade/USC.

PERESTROIKA OU JOGADA FINAL?

Resumindo, o contra-ataque do West Bank, junto com jogadas emergentes no norte, leste e sul do centro da cidade, está começando a desorganizar o plano de jogo do CBD com a Community Redevelopment Agency. O cassino está um caos, os empreendedores são vistos jogando baralho com os políticos em cada beco. Questões existenciais são levantadas: será que o centro da cidade pode crescer ao mesmo tempo em todas as direções da bússola? Quem vai fornecer as demandas para um, dois, três ou muitos centros da cidade?

Para a CRA o problema é ainda mais complicado, já que ela deve confrontar essas tendências centrífugas ao mesmo tempo que ultrapassa o limite de andares estabelecido por Bernardi em 1977 e renova seu mandato para orquestrar a expansão do centro da cidade. Além disso, a posição do prefeito Bradley como patrono da agência ficou mais delicada por causa de um muito divulgado escândalo de ética, além de acusações de negligência por parte de sua base política negra.[57] Uma atmosfera de crise silenciosa serviu para preocupar cérebros na sede da CRA, na Spring Street.

A "solução", criada de cima para baixo, propunha necessariamente um realinhamento político e um novo projeto para o centro da cidade. Em 1989, a CRA sobreviveu por pouco quando seus opositores no conselho municipal quase alcançaram maioria para dominar a agência.[58] Depois da batalha, o prefeito Bradley insistiu por uma ampla concordância entre a CRA e seus mais implacáveis críticos na comunidade. Em troca de apoiar uma gigantesca ampliação na capacidade de aumento de impostos do CBD para 5 bilhões de dólares, o prefeito se ofereceu para dividir o acréscimo entre a reforma do CBD e necessidades habitacionais em toda a cidade. Também cooptou dramaticamente para sua administração dois dos principais críticos das propostas habitacionais da CRA (um como consultor habitacional e outro como comissário da CRA). Simultaneamente a prefeitura instituiu novas cobranças, taxando a criação de edifícios altos para apoiar a construção de moradias de baixa renda. Como era de se esperar, a antiga frente unida dos inimigos da CRA – grupos comunitários, advogados que defendem o interesse público, planejadores progressistas e assim por diante – se desintegrou.[59]

O prefeito nomeou um Comitê de Assessoria para o Plano Estratégico do Centro, para lutar com o desafio do Central City Oeste na estrutura de um novo plano mestre de 30 anos para o centro da cidade. Comandado por dois veteranos da força-tarefa do *Livro de Prata*, os comissários da CRA Frank Kuwahara e Edwin Steidle, o comitê é dominado por uma maioria de dois terços de empreendedores e advogados corporativos, inclusive suspeitos conhecidos como Ira Yellin, Chris Stewart (ex-secretário da CCA) e o incontrolável Art

Snyder. Ainda que a autoridade da CRA termine na Harbor Freeway, o comitê foi encorajado especificamente a visualizar o futuro do CBD no "contexto mais amplo" – isto é, a criar alguma reconciliação dos interesses dos empreendedores imobiliários dos dois lados da via expressa (levando em conta a USC, Little Tokyo, Central City North e possivelmente Hollywood também). Enquanto isso, o prefeito e a CRA estão preparando uma proposta de expandir drasticamente o terreno do centro dominado pela CRA: incorporando City North, a área da USC, parte do West Bank e talvez a zona em transição a leste da Alameda. Se isso for adotado, as áreas do projeto expandido permitiriam à agência enfrentar dois problemas ao mesmo tempo: a reconciliação dos polos de crescimento e a ligação entre as reformas comunitária e comercial.

A CRA encorajou a visão de que essas várias iniciativas são o começo de uma autêntica *perestroika* do centro da cidade que eventualmente irá transformar a reforma urbana para agradar a todo mundo, desde empreendedores japoneses até os sem-teto na Skid Row. Mas apesar do "encorajamento", permanece um duro cerne de dúvida. De fato, na visão de muitas pessoas de dentro, a cartada final já começou, já que o centro da cidade joga contra o relógio – talvez contra a bomba-relógio – de duas contradições intransponíveis: o excesso de construções e a chegada do apocalipse do tráfego.

O dinheiro esperto dos dois lados da Harbor Freeway parou de acreditar na máquina de moto perpétuo no Centro da Cidade-Pacific Rim, e, como Ray Watt, está correndo para trazer seus projetos e enchê-los de moradores de alta classe antes que o mercado desabe. Mesmo antes da chegada oficial da recessão, no verão de 1990, a torrente de empresas de advocacia de Manhattan e bancos japoneses diminuiu até virar um fio d'água. No próprio Japão, onde as bolsas de valores convulsionadas registraram a superacumulação de capital fictício, as altas taxas de juros estavam atraindo o capital a ficar em casa. A fantasia dos anos 1980, de um suprimento infinito de capital estrangeiro para sustentar o boom imobiliário do sul da Califórnia, parece cada vez mais uma aberração psicodélica.

Se o mercado de escritórios de alta classe do centro da cidade ainda ronronava docemente no fim de 1990, era somente porque os atuais inquilinos do centro (como o First Interstate e a Unocal) vinham vigorosamente buscando instalações mais valiosas. Enquanto saíam dos escritórios mais antigos (em geral estruturas dos anos 1960 e 1970 como o First Interstate Tower), o número de espaços vagos disparou no mercado "de segunda classe". Em outras palavras, os novos empreendimentos imobiliários estão desvalorizando os velhos. Isso diminui a criação de empregos e potencialmente solapa também a base de impostos presumidos da CRA.[60]

Mas, como acontece em todos os ciclos de negócios, a produção ultrapassa drasticamente a demanda na fase final e febril do boom. Numa situação em que até a eminência parda da reforma, o presidente da comissão da CRA Jim Wood, está admitindo que o centro da cidade tem imóveis demais e que os japoneses estão nervosos,[61] quantidades de espaço de escritório dignas de ficção científica estão programadas para ser entregues na próxima década. Nas condições de fluxo dos anos 1980, o mercado do centro absorveu cerca de 130 mil metros quadrados de espaço novo por ano. Com mais de um milhão de metros quadrados já aprovados e em vias de construção e com a expansão dos serviços financeiros terminando, a oferta facilmente alcançará a demanda na passagem do milênio. No entanto, projetos com mais 2 a 3 milhões de metros quadrados estão nas pranchetas, procurando investidores e crédito financeiro pela cidade. (No total, o vereador Marvin Braude estima 64 projetos novos criando 3,4 milhões de metros quadrados de escritórios.)[62] Com o sul da Califórnia mergulhando em recessão mais profunda, quem ocupará esse absurdo de espaço? (E por que os dólares dos impostos deveriam subsidiar sua construção?) Nem mesmo em Los Angeles os especuladores podem construir interminavelmente espaço para outros especuladores.

Mas uma depressão do centro da cidade pode ser o menor dos males potenciais. Pior ainda é o espectro do hiperengarrafamento paralisando o centro e grande parte do Condado de Los Angeles. O pesadelo do tráfego dos anos 1990 – independentemente de uma redução do ritmo econômico – será a simples adição das atuais isenções de planejamentos e casos especiais. Por exemplo, dois megaprojetos aprovados recentemente – o Watt City Center e, diretamente do outro lado da Harbor Freeway, o Metrópolis – acrescentarão, cada um, *15 mil* viagens por dia às sobrecarregadas ruas do centro. O total de construções novas gerará mais 420 mil viagens por dia, tornando "a atual Harbor Freeway [segundo o vereador Braude] um estacionamento e paralisando o tráfego na área do centro da cidade".[63] A não ser que os projetos do metrô e de moradias no centro sejam postos em ação imediatamente como um *deus ex-machina*, é triste observar que uma pesquisa recente descobriu que apenas uma fração minúscula dos que vêm trabalhar nos escritórios do centro (apenas 5,4%) tem meios e vontade de morar em Bunker Hill ou South Park. Certamente, o pesadelo do engarrafamento perpétuo persuadirá uma maior percentagem de trabalhadores a abandonar com relutância Pasadena ou Studio City,[64] mas esses mesmos horrores também podem persuadir a Mitsui e o CityCorp a olhar de novo para o Wilshire Boulevard, Long Beach ou o Triângulo Dourado de Orange County. Eles até podem convencer os abalados eleitores de Los Angeles a reexaminar as premissas da estratégia de reforma urbana faraônica e socialmente irresponsável.

1990

PÓS-ESCRITO: JOGO RETOMADO

A recessão de 1990-1994, que fez os espaços vazios do CBD crescerem exponencialmente, acompanhada pelo protesto de 1992, que engolfou a maior parte do distrito de MacArthur Park, forçou um recuo humilhante do capital especulativo do West Bank. Simultaneamente, a queda do superiene levou à evacuação em pânico do investimento japonês dos principais imóveis no centro da cidade, enquanto uma onda de fusões e compras de empresas provocava uma rápida queda de Los Angeles como centro financeiro internacional.

Em meio a tal carnificina, as velhas regras do jogo se reafirmaram dramaticamente. Ainda que um Novo Plano Estratégico para o centro gerasse alguns badulaques do "novo urbanismo" para os nativos na periferia, o corredor Figueroa foi definitivamente restabelecido como eixo do crescimento do centro. Os nervos corporativos, tremendamente abalados pela recessão e pelo protesto, foram acalmados pela eleição de Richard Riordan como prefeito, em 1994. Ele começou rapidamente a reconstruir a coalizão de crescimento do CBD, incorporando pela primeira vez a igreja católica (ansiosa por construir uma catedral gigantesca no centro cívico) e lideranças latinas dos sindicatos de serviços e hotéis do centro (que foram recompensadas com a tolerância de Riordan diante de suas campanhas de organização). Além disso, surgiu um messias dúbio na pessoa do bilionário de Denver Philip Anschutz, o décimo primeiro ou décimo segundo homem mais rico dos Estados Unidos, dependendo das fortunas flutuantes de sua miríade de subsidiárias de petróleo, ferrovias, telecomunicações e esportes (inclusive os Lakers).

Ainda que nem mesmo Anschutz seja suficientemente rico ou estúpido para tentar preencher o vazio deixado pela fuga dos japoneses e pela queda dos bancos baseados em L.A., ele é grande o bastante para ter os sapatos engraxados pela maioria dos vereadores. Em parceria com o magnata da mídia Rupert Murdoch (que é proprietário dos Dodgers) e o trambiqueiro imobiliário Ed Roski (que fez sua fortuna crescer no terreno corrupto da City of Industry), ele extraiu 12 milhões de dólares da CRA em 1977–1998 para ajudar a montar o local para o novo complexo esportivo do trio, o Staples Center, que trouxe os Lakers e os Clippers para o centro da cidade (diante do espalhafatosamente vermelho Centro de Convenções).

Apesar do apoio fervoroso da administração Riordan, o esquema de 350 milhões de dólares de Staples sofreu alguns danos colaterais enquanto voava por uma nuvem de mísseis antiaéreos suburbanos. Uma proposta original, por exemplo, para um subsídio municipal de longo prazo no valor de 70 milhões de dólares foi derrotada pela indignação pública cujo epicentro foi o Vale de San Fernando, que odeia o centro da cidade. Além disso, em 1999, revelações sobre um acordo de divisão de lucros entre o Staples Center e a *Los Angeles Times Magazine* levou a uma revolta de acionistas orquestrada pelo editor aposentado Otis Chandler que resultou na venda da Times Mirror – o acionista mais antigo e mais influente do centro da cidade – para a Chicago Tribune Company. A velha guarda do centro (a não ser pela USC, no polo sul do CBD) agora está extinta, mas as novas elites continuam a disputar o jogo da reforma segundo as velhas regras do *Livro de Prata*.

De fato, o grupo de Anschutz-Roski (que também inclui o bilionário Ron Burkle e Casey Wasserman, dono dos LA Avengers) parece ter decidido seguir a linha de South Park/Convention Center. Com o estimulador do centro, James Hahn, no antigo cargo de Riordan, eles forçaram um novo aumento de impostos no valor de 2,4 bilhões de dólares para reformas urbanas através de um conselho municipal dócil, no inverno de 2002. Nada poderia ter sido projetado de modo mais engenhoso para incitar a raiva da vizinhança ou incrementar a causa da secessão no Vale de San Fernando. Mas a prefeitura, como sempre, podia ver pouco além da ponta do nariz. Enquanto isso, o novo plano mestre da CRA é na verdade um Viagra para a queda do boom no centro, e boa parte do estímulo é direcionada para construtores de hotéis e unidades residenciais de alta renda destinados a sustentar o complexo

Staples e, possivelmente, um novo estádio para uma franquia da NFL pertencente a Anschutz. O supervisor do condado Zev Yaroslavsky, que conta como uma de suas responsabilidades menos palatáveis o fechamento ou a falência de instalações de atendimento de saúde do condado, caracterizou todo esse desperdício como "tirar dinheiro da boca dos pobres". Aliás, qual é a novidade?

2002

NOTAS

1. Reyner Banham, *Los Angeles: The Architecture of Four Ecologies*, Londres, 1971, p. 201.
2. Ver Central City Association, *Downtown 2000*, Los Angeles, 1985.
3. Cf. Scott Bottles, *Los Angeles and the Automobile: The Making of the Modern City*, Los Angeles, 1987; e Robert Fogelson, The Fragmented Metropolis: Los Angeles 1850–1930, Cambridge, Mass., 1967.
4. Para a cruzada zelosa, mas em última instância malsucedida, dos interesses do centro da cidade contra o desenvolvimento centrífugo, ver Marc Weiss, "The Los Angeles Realty Board and Zoning", Cap. 4, em *The Rise of the Community Builders*, Nova York, 1987.
5. Especialmente para o papel do *Times*, ver Robert Gottlieb e Irene Wolt, Thinking Big, Nova York, 1977, p. 152-55, 306-17. Grandes projetos públicos foram repetidamente usados para reviver ou reciclar os valores imobiliários em setores decadentes do centro da cidade. A construção do Centro Cívico, nos anos 1930, incrementou o valor das propriedades do *Times* na área mais antiga, datada de cerca de 1900, no núcleo do centro, que estivera em declínio depois da migração para o oeste do núcleo do centro da cidade, no início dos anos 1920.
6. Bottles, Cap. 4 e 5 de *Los Angeles and the Automobile*; Central Business District Association, *A Quarter Century of Activities: 1924–49*, Los Angeles, 1950; Mike Davis, "Tunnel Busters: The Strange Story of the Hollywood

Subway", não publicado, 1988; e Steven Mikesell, "The Los Angeles River Bridges", *Southern California Quarterly* (inverno de 1988).
7. Ver Sy Adler, "Why BART But No LART? The Political Economy of Rail Rapid Transit Planning in the Los Angeles and San Francisco Metropolitan Areas. 1945–57", *Planning Perspectives 2* (1987).
8. Ver David Brodsly, *L.A. Freeway*, Berkeley, Calif., 1981, p. 96.
9. Rodolfh Acufia, *A Community Under Siege: A Chronicle of Chicanos East of the Los Angeles River 1945–75*, Los Angeles, 1980.
10. Frank Wilkinson, "And Now the Bill Comes Due", *Frontier* (outubro de 1965).
11. Em 1956, Los Angeles tinha uma das maiores áreas favelizadas (*skid rows*) do país, com 15 mil moradores "vivendo em tudo, desde prédios abandonados até caixotes em becos e desde 306 hotéis até 11 cortiços". Ver Aubrey Haines, "Skid Row Los Angeles", Frontier (setembro de 1956).
12. Ver "Civic Center Plan" em Municipal League of Los Angeles, *Bulletin 2* (março de 1925), p. 13.
13. Cf. William Babcock, *Regrading the Bunker Hill Area*, Los Angeles, 1931: e Pat Adler, *The Bunker Hill Story*, Glendale, Calif., 1965.
14. Citado em William Pugsley, *Bunker Hill: The Last of the Lofty Mansions*. Corona del Mar, Calif., 197, p. 27.
15. Ver Gene Marine, Bunker Hill: Pep Pill for Downtown Los Angeles", *Frontier* (agosto de 1959).
16. Cf. John Brohman, "Urban Restructuring in Downtown Los Angeles" (dissertação de mestrado. School of Architecture and Urban Planning. UCLA, 1983); e Joel Friedman, "The Political Economy of Urban Renewal: Changes in Land Ownership in Bunker Hill" (dissertação de mestrado, School of Architecture and Urban Planning, UCLA, 1978).
17. *Centropolis 1 – Economic Survey*, dezembro de 1960; *Centropolis 2 – General Development Plan*, janeiro de 1962; *Centropolis 3 – Transportation Study*, janeiro de 1963; e *Centropolis 4 – Master Plan*, novembro de 1964. O Central City Committee, nomeado pelo prefeito Norris Poulson em 1958, foi comandado por Walter Braunschweiger.
18. *Los Angeles Times*, 4 de novembro de 1965 e 24 de dezembro de 1972.

19. Em 1967, o corredor do Wilshire tinha 70 sedes de empresas financeiras contra 47 no CBD. Apenas companhias de petróleo mantinham sua alta concentração de escritórios no centro da cidade. (Ver Abraham Falick. "Transport Planning in Los Angeles: A Geo-Economic Analysis", tese de doutorado, Department of Geography, UCLA, 1970, p. 172–75.) Eugene Grisby e William Andrews, além disso, afirmam que o CBD perdeu 40 mil empregos entre 1961 e 1967. (Ver "Mass Rapid Transportation as Means of Changing Access to Employment Opportunities for Low-Income People" [artigo para a décima quinta reunião anual, Transportation Research Forum, São Francisco, outubro de 1974].)
20. Gottlieb e Wolt. Thinking Big, p. 431. Eles argumentam que o sombrio "Committee of 25", organizado por Asa Call e Neil Pierce com apoio dos Chandlers, foi o governo invisível por trás do CCCP e outras formas secundárias de organização de elite (p. 457–58).
21. Ver Robert Meyers, "The Downtown Plan Faces Open Rebellion", *Los Angeles Times* (dezembro de 1975), p. 85.
22. Certamente o estudo ajudou a melhorar o varejo na Broadway e na Seventh Street além de preservar a Spring Street, mas a maior área de oportunidade definida pelo *Livro de Prata* foi a expansão para o sul, ao longo do eixo Figueroa, entrando na área de South Park.
23. O proposto sistema de circulação correspondia totalmente ao imaginado corredor Figueroa, de construção de escritórios e apartamentos em direção ao sul, ignorando completamente as necessidades de dezenas de milhares de trabalhadores existentes no centro de confecções, uma tendência reproduzida em todas as fases subsequentes dos planos de transportes do centro da cidade.
24. Ainda que todas as diferentes "áreas de ação" propostas no *Livro de Prata* fossem combinadas num único plano geral e área de projetos, Bunker Hill permaneceu legal e administrativamente separado, sob seu plano original de 1959.
25. O vereador Donald Lorenzen, que tinha brevemente deixado a Câmara para conversar com um assessor, mais tarde afirmou que seu voto fora

falsificado por outro vereador para apoiar o plano. Mais tarde, ele endossou o processo Bernardi. Ver Meyers, "The Downtown Plan Faces Open Rebellion", p. 82.

26. As lideranças do centro propuseram descaradamente destruir a antiga biblioteca (agora reconhecida como o marco arquitetônico mais distinto do centro da cidade) para criar uma área aberta para construção, ao mesmo tempo em que usava as novas instalações para impedir as "invasões" dos latinos nas vizinhanças da May Company e das lojas de departamentos da Broadway. Um estudo encomendado por Meyer e Helfeld em 1976 negou com brilhantismo o mito da praga da Broadway. Ver Charles Kober Associates, *Broadway/Central Library: Impact Analysis*, Los Angeles, 1976.
27. Ver J. Gregory Payne e Scott Ratzan, *Tom Bradley: The Impossible Dream*, Santa Monica, Calif., 1986, p. 142–43, 149–50.
28. Ver Dick Turpin no *Los Angeles Times*, 21 de setembro de 1986 – confirmado pelo *National Real Estate Investor* (dezembro de 1986), p. 102: a estimativa mais elevada é de Howard Sadlowski no *Los Angeles Times*, 17 de junho de 1984.
29. Stephen Weiner, da Bear Stearns, citado na *National Real Estate Investor* (dezembro de 1986), p. 132.
30. Ver Davis, "Tunnel Busters", p. 34–38. No verão de 1990, começaram boatos de que a CRA estava pensando num sistema de monotrilhos para ligar nódulos de desenvolvimento imobiliário no centro da cidade.
31. O Southern California Rapid Transit District propõe impor 75 milhões de dólares em impostos especiais aos 9.800 proprietários de imóveis comerciais que devem lucrar mais com a proximidade de 11 estações do Metro Rail Phase II. Mas, num precedente agourento para o plano, a MCA Inc., proprietária da Universal City (um enclave não incorporado) em Cahuenga Pass, entre Hollywood e Burbank, parece ter achado uma falha técnica para evitar a avaliação, ainda que o conglomerado do ramo de diversões esteja planejando enormes construções perto de sua estação de metrô (ver *Los Angeles Business Journal*, 15 de janeiro 1990).

32. SCRTD, *Los Angeles Rail Rapid Transit Project SE/S/SE/H*, esboço (novembro de 1987), Tabela 3–21, p. 3–2–13.
33. Segundo meu ponto de vista, a infraestrutura emergente de transportes de Los Angeles irá reestruturar o uso da terra (e os grupos sociais) sem necessariamente aliviar os engarrafamentos. Dessa forma, o metrô será uma forte ligação entre os nódulos de desenvolvimento (aumentando seu valor de venda para o capital estrangeiro), ao passo que o Light Rail (ligando o centro a Long Beach) permitirá que os trabalhadores de renda baixa do centro venham de uma área de mão de obra mais dispersa (abrindo novo espaço de desenvolvimento na periferia do CBD). Mas não está claro se algum desses meios de transporte de massa realmente reduzirá o uso das vias expressas por parte dos funcionários de escritórios e profissionais liberais do centro, que vêm dos vales e do Westside.
34. Sobre a internacionalização da reforma urbana do centro da cidade e as novas alianças políticas criadas por ela, ver Mike Davis, "'Chinatown', Part Two, The 'Internationalization' of Downtown Los Angeles", *New Left Review 164* (julho/agosto de 1987).
35. Houve uma reestruturação dupla de poder na Costa Oeste. Por um lado, São Francisco foi suplantada como capital financeira por Los Angeles. Por outro, o capital de Los Angeles tem sido cada vez mais suplantado pela chegada dos grandes bancos de Tóquio e Nova York, cujas sedes locais ficam no centro da cidade. As hipérboles dos desenvolvimentistas sobre a ascendência de Los Angeles se concentram tipicamente no primeiro desses fenômenos e ignoram o segundo.
36. Como observou Edward Soja, o caso de Los Angeles é uma combinação única de declínio (fábricas sindicalizadas de automóveis, pneus e aço) e renascimento industrial (militar aeroespacial e novas fabriquetas que usam mão de obra desqualificada). Mas em termos da economia local, a perda de empregos com bons salários em filiais de indústrias teve um impacto devastador e de longo prazo nas comunidades latinas e negras, que não foram compensadas pela adição de novos empregos de alta tecnologia no Vale ou dos empregos de salário mínimo nas fábricas de roupas do centro. Ver Soja,

"L.A.'s the Place: Economic Restructuring and the Internationalization of the Los Angeles Region", em Postmodern Geographies, Londres, 1989.
37. Comparar Brohman, "Urban Restructuring in Downtown Los Angeles", p. 111; e Friedman, "The Political Economy of Urban Renewal", p. 261.
38. Meu informante anônimo (entrevistado no outono de 1989 para o *L.A. Weekly*) estava se referindo a brindes e descontos, por um lado, e a "externalidades positivas" (investimentos públicos levantando o valor de imóveis privados), por outro. O valor total atual dos investimentos privados pós-1975 no centro da cidade está provavelmente por volta de 8 bilhões de dólares.
39. Entrevistado para o *L.A. Weekly* no outono de 1989. Uma pesquisa em outras agências públicas revelou uma ignorância semelhante do impacto econômico da reforma urbana.
40. Ver a infinidade de panfletos e *press-releases* da Glendale Redevelopment Agency. Glendale, apenas alguns quilômetros ao norte do centro de L.A., também está planejando "aumentar dramaticamente o nível" de seu shopping Galleria para "padrões da Rodeo Drive", outro passo que provocará protestos (e roubará consumidores) dos novos pontos de varejo do centro apoiados pela CRA.
41. De novo, o chefe do CBD, Spivak (na entrevista citada na nota 39) confessou que a CRA "nunca havia considerado ou estudado a questão do investimento em 'escritórios secundários' como uma oportunidade em si".
42. *Downtown News*, 16 de novembro de 1987.
43. Ver Dick Turpin, "Downtown Expansion to Take Southerly Direction", *Los Angeles Times*, 9 de fevereiro de 1986.
44. Os empreendedores imobiliários lutaram como tigres para rezonear South Park para escritórios. Até que precisou ser montada uma equipe no Urban Institute para decidir se, à luz dos valores dos terrenos, ainda era possível desenvolver uma comunidade residencial na área. Ver Urban Land (setembro de 1987), p. 13–17; e também *Los Angeles Business Journal*, 19 de outubro de 1987.
45. Um memorando interno da CRA, guardado pelo *L.A. Weekly* revela que a agência quer gastar mais 372 milhões de dólares no desenvolvimento de

South Park. Ver Ron Curran, "The Agency at a Crossroads," L.A. Weekly, 28 de março de 1990. Curran tem sido o único jornalista em Los Angeles a seguir teimosamente os passos da CRA nos últimos cinco anos, e seus artigos violentos são leitura essencial para qualquer pessoa interessada no centro de L.A. ou na política das reformas urbanas.

46. *Los Angeles Times*, 25 de junho de 1989. Ver também ib., 10 de janeiro de 1988.
47. Assim como Glendale capturou os empregos de escritórios secundários, Long Beach também está se preparando para sequestrar o ramo de convenções do centro. Com praticamente o mesmo espaço para convenções que o centro e uma nova paisagem urbana em construção, junto ao mar, no local do antigo "Pike" (que já foi a Coney Island da Costa Oeste), além de uma potencial Disneylândia II perto do Queen Mary, Long Beach (como Anaheim, em Orange County) está pronta para a competição.
48. Citado em Leon Whiteson, *Los Angeles Times*, 22 de março de 1990.
49. Cf. "Miracle on Broadway-Annual Report 1989"; *Downtown News*, 10 de fevereiro de 1990; *Los Angeles Business Journal*, 6 de novembro de 1989, *Los Angeles Times*, 10 e 27 de fevereiro, 9 de abril e 22 de setembro de 1989.
50. Cf. *Los Angeles Times*, 16 de outubro; e *Downtown News*, 16 de outubro de 1989.
51. Ver CRA, "Memorandum: Historic Core Three-Year Work Program", 21 de dezembro 1988.
52. Fiquei fascinado ao saber que até mesmo a equipe de estudos da CRA designada para avaliar o esboço de plano específico (apenas para uso interno) considerou o elemento habitacional "uma besteira... que não propõe fazer absolutamente nada". O crítico de arquitetura do *Los Angeles Times*, Sam Hall Kaplan, questionou repetidamente a adequação de sua provisão habitacional, além de condenar sua "segregação de usos... e o gueto de torres de escritórios na parte sul da comunidade, e em outros locais o isolamento de escolas, moradias e ruas".
53. "Em 1979, foi vendido um terreno à Unocal por 118 dólares o metro quadrado. No fim de 1988, um terreno adjacente foi vendido à Unocal por

2.890 dólares o metro quadrado. E na primavera passada, o grupo Hillman supostamente comprou todo o terreno contíguo por 3.960 dólares o metro quadrado", *Los Angeles Business Journal*, 29 de janeiro de 1990. Enquanto o preço dos terrenos aumenta no West Bank, mesmo assim mantém a importante vantagem comparativa com o CBD de ser "rico em estacionamentos", isto é, de ter possibilidades mais generosas de estacionamento na área, uma variável cada vez mais importante para os empresários imobiliários e seus inquilinos em Los Angeles.

54. A vereadora Gloria Molina ilustra o clássico dilema de um político municipal negociando com o capital internacional sem o apoio do movimento de uma comunidade ativista sustentando-a. Ainda que seja uma incansável defensora de moradias para sua comunidade de baixa renda, ela aceitou as regras (e as contribuições para campanha) dos empresários imobiliários como estratégia para gerar pelo menos um número módico de substituição de unidades habitacionais. Críticos amigáveis sugeriram que ela teria salvado mais moradias ou pelo menos conseguido um acordo melhor mobilizando a comunidade principalmente centro-americana do West Bank, em oposição à estratégia de reforma urbana da CCWA. Para um interessante perfil de Molina, ver Ron Curran, "Gloria Molina – A Perennial Outsider Comes to Power and Now Plans to Run for Mayor", *L.A. Weekly*, 13–19 de outubro de 1989.

55. Para as reformas da Union Station, no contexto da reestruturação das propriedades de terra da ferrovia, ver Mike Davis, "The Los Angeles River: Lost and Found", *L.A. Weekly*, 1–7 de setembro 1989.

56. Los Angeles Design Action Planning Team, A Plan for City North, 5 de dezembro de 1989.

57. Sobre o "Bradleygate," ver Mike Davis, "Heavyweight Contenders", Interview, agosto de 1989.

58. A eleição aconteceu junto com uma divisão com relação a fundos destinados a melhoramentos com fins políticos. Historicamente, as atitudes do conselho municipal com relação à CRA foram moldadas menos pela ideologia do que pelo fato de o vereador ter ou não um projeto significativo da CRA em seu

distrito. Até mesmo Ruth Galanter, de Venice Beach, o recente acréscimo "ambientalista" ao conselho, mudou de ideia sobre a agência depois de trabalhar com ela para renovar o velho Crenshaw Shopping Center.

59. Enquanto isso, o prefeito tentava aplacar a comissão de supervisores do condado – o principal aliado de Bernardi – desregulamentando os direitos imobiliários para propriedades do condado no centro da cidade e aumentando sua parcela no fluxo de impostos resultantes das reformas urbanas em Hollywood. Isso deixa apenas Bernardi e grupos de proprietários de casas no Vale como intransigentes opositores ao aumento no teto.

60. Ver Morris Newman, "Old Buildings Square Off Against New in Los Angeles Office Battle", *Los Angeles Business Journal*, 23 de outubro de 1989: também ib., 29 de janeiro de 1990.

61. Ver entrevista no *Los Angeles Business Journal*, 16 de outubro de 1989. *The Downtown News* (22 de janeiro de 1990) falou da crescente insatisfação dos proprietários japoneses com o conselho que vinham recebendo de gerentes de investimento e corretores sobre a qualidade do mercado no centro da cidade.

62. Ver Chip Jacobs, "Braude, Saying Downtown Growth 'Out of Control'", *Los Angeles Business Journal*, 9 de outubro de 1989.

63. Ib.

64. Será concebível que alguns visionários do centro da cidade estejam contando com os engarrafamentos para fazer com que seus povoados urbanos ao estilo Manhattan funcionem? Como me explicou o presidente da CRA, Jim Wood, numa entrevista no ano passado: "Nós planejamos para que haja muito trânsito no centro; queríamos o trânsito porque isso faria o metrô funcionar." Para um prefácio a "Um contraplano verde para o centro da cidade", ver Mike Davis, "Deconstructing Downtown", L.A. Weekly, 1–7 de dezembro de 1989, e também Davis, "The Los Angeles River: Lost and Found", citado anteriormente.

O Buraco (Hollywood Boulevard)

9. O metrô que comeu Los Angeles

Até este verão, a esquina do Hollywood Boulevard com a Vermont Avenue era mais conhecida pela Hollyhock House, a épica mansão neomaia que Frank Lloyd Wright projetou, em 1919, para a rica socialista Aline Barnsdall. Mas em 22 de junho de 1995 surgiu um marco mais sinistro. Os passageiros que esperavam o atrasado ônibus das 6 da manhã junto ao Barnsdall Park foram surpreendidos por um gemido fantasmagórico emanando debaixo de seus pés. De repente, o Hollywood Boulevard começou a desmoronar diante deles. A uma altura de vários andares abaixo, no subsolo, 20 trabalhadores da construção do metrô estavam correndo para se salvar, a poucos passos do aço e do entulho que caía.

Milagrosamente todo mundo escapou sem ferimentos, mas a cavidade monstruosa, com 21 metros de profundidade e meio quarteirão de comprimento, se recusou a parar de crescer. Durante toda a manhã continuou a sugar partes do asfalto, além do que restava da manchada reputação da Autoridade de Transportes Metropolitanos do Condado de Los Angeles (MTA). Oficialmente batizado como Sumidouro de Hollywood, tornou-se o maior fiasco dos transportes na história moderna dos Estados Unidos.

A ÚLTIMA MINA DE OURO PARA INTERESSES POLÍTICOS?

Atualmente o condado de Los Angeles consome um quarto do orçamento do governo federal para construção de transportes por trilhos. Como foi planejado originalmente em 1980, a MTA propunha gastar 183 bilhões de dólares em 30 anos numa rede de metrô e linhas ferroviárias leves com 640 quilômetros. Ainda que uma implacável recessão regional obrigasse a MTA a reduzir a proposta no início deste ano, a construção de ferrovias continua orçada em 70 bilhões de dólares em 20 anos – o maior programa de obras públicas nos Estados Unidos no fim do século. O semiterminado metrô Linha Vermelha, que desmoronou em Hollywood, custou uma média de 460 milhões de dólares por quilômetro.

Embora o Sumidouro esteja agora tampado com várias centenas de toneladas de concreto, o dano político prossegue. Políticos influentes, de esquerda e de direita, exigiram uma parada nas construções. O Departamento de Justiça intensificou uma investigação de fraude e corrupção em todos os níveis da MTA. Em 22 de julho, o FBI fez sua primeira prisão: um alto administrador da MTA foi acusado de operar um esquema de propinas envolvendo as seguradoras da agência. Enquanto isso, uma militante União dos Usuários de Ônibus (*Bus Riders Union*) emergiu nos ônibus da cidade, cujos passageiros profundamente pobres e principalmente não brancos estão na extremidade prejudicada dos esquemas de trânsito de L.A. O céu está escurecendo rapidamente para a MTA, a última grande fonte de verbas públicas com objetivos políticos do sul da Califórnia, agora que os empregos na indústria aeroespacial praticamente acabaram.

A comparação é adequada. Com seu orçamento gigantesco e um enxame de lobistas ainda maior (quase 1.100) do que em Sacramento, a MTA anda e fala como o complexo industrial-militar. E como acontece com aquele outro monstrengo, o projeto de seu "produto" se deve menos à necessidade real do que a agendas de interesses especiais. A Linha Vermelha, por exemplo, pretendia conectar o centro da cidade ao Vale de San Fernando. E, a um custo de 5,8 bilhões de dólares – o metrô mais caro da história –, é a culminância de uma cruzada de 70 anos por parte dos grupos empresariais do Centro para usar o transporte de massa com o objetivo de recentralizar o investimento e o comércio. Ainda que os eleitores de classe média de L.A. tenham aprovado por duas vezes aumentos nos impostos sobre vendas para sustentar o projeto do metrô, o sistema não consegue diminuir qualquer concentração significativa de automóveis no centro da cidade. Para as comunidades pobres e de minorias, que dependem do sistema de ônibus, isso é um vasto desvio de recursos.

Entre 1925 e 1974, a antiga Central Business District Association e seus descendentes colocaram na conta do condado meia dúzia de iniciativas de construir metrôs ou monotrilhos. Todas foram derrubadas pelas forças conjuntas de bairros periféricos ao centro e dos subúrbios. Então, em 1980, os interesses do centro da cidade usaram a promessa de um sistema ampliado e amplas verbas federais para trazer os subúrbios ao sistema. Em 1987, a delegação da Califórnia no Congresso flexionou todos os músculos para derrubar o veto do presidente Reagan à lei de transportes que fazia contenção nas verbas cruciais.

Se surgiu algum consenso a partir das décadas de planejamentos quixotescos para o trânsito em Los Angeles, foi somente que o corredor Wilshire, desde o Centro até Westwood, tinha a densidade de população e concentração de atividades mínimas para justificar o custo de uma construção subterrânea. No entanto, a linha principal de Wilshire foi interrompida pelo congressista Henry Waxman depois que uma explosão de metano em seu distrito em 1987 (não relacionada ao metrô) feriu 21 dos seus eleitores.

Esse deveria ter sido o golpe de morte na Linha Vermelha, mas a rota foi rapidamente reconfigurada para correr ao norte, através de Hollywood até o Vale. Foi abandonado qualquer fingimento de atender à demanda existente de transportes. O projeto se tornou simplesmente um afrodisíaco para atrair investimentos imobiliários para os três maiores projetos de reforma urbana na cidade – que por acaso estavam no corredor Centro–Hollywood–North Hollywood. No relatório de impacto ambiental da MTA, a atual Linha Vermelha era vista gerando seus próprios usuários, virtualmente a partir do nada, através de políticas de uso do solo que concentrariam a maior parte das construções comerciais e residenciais previsíveis em L.A. em cima de suas 11 estações. O relatório projeta o número fantástico de 4,6 *milhões* de metros quadrados desse tipo de construções na próxima geração – aproximadamente o equivalente a dois centros. Ainda que construções nesta escala continuem sendo ficção científica, o "desenvolvimento orientado para o trânsito" se tornou a estratégia de crescimento oficial da cidade e a Linha Vermelha já está fazendo subir os valores dos terrenos das empresas em locais escolhidos.

A Catellus Corporation, herdeira do império de terras da Santa Fe Railroad, desfruta do melhor dos acordos possíveis em sua propriedade na Union Station, onde a MTA está construindo nova sede – chamada zombeteiramente de "Taj Mahal" pelo senador Tom Hayden. Enquanto isso, a Universal City, a não incorporada ilha fiscal de propriedade da MCA em Hollywood Hills, está recebendo sua própria luxuosa estação de metrô além de uma nova rampa de saída e grandes melhorias nas ruas – tudo grátis, presente de seus amigos da MTA. Nick Patsaouras, o principal crítico na diretoria da MTA, afirma que o acordo "vende o patrimônio público... a MCA não paga nada; a MTA paga tudo".

TEATROS DE CONFRONTO

A linha 204 Vermont, que serve a um corredor de 24 quilômetros desde Gardena até Hollywood, é a linha de ônibus mais congestionada dos Estados Unidos. Transporta por dia, em média, 61 mil passageiros, quatro vezes o volume atual do metrô de L.A.

Martín Hernandez, um organizador em tempo integral da União de Usuários de Ônibus de Los Angeles, praticamente vive nos ônibus apinhados que alguns passageiros negros chamam de "navios negreiros". Desde a hora do café da manhã, ele fez cinco circuitos completos, distribuindo panfletos (intitulados "Sumidouros ou Ônibus") que instigam os passageiros a protestar contra os planos da MTA de reduzir ainda mais os serviços de ônibus. Como explica Martín em sua pós-moderna teoria de organização, os ônibus são "fábricas sobre rodas", os novos teatros de confronto: "Desde a desindustrialização os ônibus estão entre os últimos espaços públicos onde os operários de todas as raças ainda se misturam."

De fato, da frente à traseira, o ônibus Vermont é um extraordinário caleidoscópio das classes que dependem do transporte público na cidade: uma negra velha usando um boné onde está escrito "Reze por O.J.", uma jovem latina com duas crianças inquietas e um gigantesco saco de compras, um cego com bengala de ponta branca, rapazes malhados com tatuagens de gangues e cordões de ouro, uma empregada doméstica exausta em sua longa viagem vindo de Beverly Hills e assim por diante. Ninguém presta muita atenção a Martín até ele se identificar, em inglês e espanhol, como membro de um grupo que no ano anterior ganhou uma suspensão de execução contra o aumento nas tarifas e a eliminação do popular passe mensal de ônibus. Imediatamente o interesse aumenta, e até o cego pega um panfleto.

Então a motorista, uma jovem atrevida, intervém: "Sabe, a Linha Vermelha é uma besteira completa. A MTA só está jogando o dinheiro dos impostos de vocês pelo ralo do metrô." Um dos garotos malhados murmura: "É, foda-se o metrô." Vários passageiros confirmam com a cabeça e trocam números de telefone com Martín. Ele sai na Imperial Highway para pegar um 204 que vai para o norte.

A União dos Usuários de Ônibus, que atrai uns 50 membros a cada reunião semanal, é projeto do Centro de Estratégia Trabalho/Comunidade (Labor/Community Strategy Center). O conceito da associação surgiu durante protestos no verão de 1993, quando a diretoria da MTA repassou, arbitrariamente, os ganhos dos ônibus para a linha de trens leves de Pasadena (extensão da Linha Azul) da preferência do prefeito Richard Riordan. Como o diretor do centro, Eric Mann, observou em reuniões da diretoria (antes de ser levado por policiais do Departamento de Trânsito), os passageiros dos trens – 6% do total de usuários de transporte público – já monopolizam 70% do orçamento. Além disso, para cada passageiro de trem que conseguiu acrescentar, a MTA perdeu seis passageiros de ônibus devido a aumentos nas tarifas e redução dos serviços. "Incrivelmente", disse Mann, "apesar de bilhões de dólares em novos investimentos em transportes, o número total de usuários caiu e os engarrafamentos aumentaram".

Além de se opor ao desvio de verbas para a Linha Azul, o Centro de Estratégia propôs interromper a construção da Linha Vermelha e a reorientação dos recursos da MTA para os ônibus. Quando a diretoria ignorou essa proposta, o centro colocou organizadores em ônibus. Como explicou Mann: "Os ônibus têm sido símbolos do movimento pelos direitos civis desde os dias de Rosa Parks e do boicote de Montgomery. Mas as questões mudaram fundamentalmente. Na época era o direito de sentar na parte da frente dos ônibus, agora é o direito de ter um assento no ônibus, e ponto final."

A MTA aumentou com arrogância as tarifas dos ônibus em 1994 ao mesmo tempo que alocava mais 123 milhões de dólares para o projeto Pasadena. A recém-criada União dos Usuários de Ônibus, representada pelo Fundo de Defesa Legal da NAACP, imediatamente abriu um processo acusando a MTA de violar a Lei dos Direitos Civis de 1964 e "intencional e desnecessariamente impor essas dificuldades extremas aos passageiros de ônibus pobres e pertencentes a minorias". Depois de detalhar a história de apartheid no transporte público de L.A., o relatório do fundo argumentava que a MTA usava impostos regressivos sobre as vendas e subsídios desiguais para "separar e desigualar" os sistemas de transporte público. Ou, como disse o advogado da União, "ônibus de Terceiro Mundo para pessoas de Terceiro Mundo". Em setembro passado, o juiz federal Terry Hatter espantou a MTA ao emitir uma ordem de restrição seguida pela suspensão da execução do aumento. "É inaceitável", escreveu ele, "que a MTA equilibre seu orçamento nas costas dos pobres". A decisão do juiz Hatter abriu o caminho para uma declaração de intenções constitucional – talvez neste outono – que, segundo as esperanças da União, afirme que "o transporte público barato é um direito humano fundamental".

O METRÔ QUE COMEU LOS ANGELES

"ESTE PROJETO MALDITO"

Se os interesses opostos do capital e dos pobres são a base da política de transporte público em L.A., a MTA é sua superestrutura, distribuindo favores – mas nenhum tão extravagante quanto os que reserva para si própria e seu círculo. O equivalente da MTA para os notórios superfaturamentos da indústria militar é a "ordem de alteração", um reembolso aos empreiteiros para despesas "imprevistas". As ordens de alteração nas duas primeiras fases de construção excederam 230 milhões de dólares, enquanto as auditorias internas mostram que os principais contratos da MTA geralmente terminam custando aos contribuintes mais de três vezes o valor original. O pessoal da MTA destruiu documentos incriminadores, fraudou licitações, repassou dados secretos para empreiteiros e disfarçou conflitos de interesse.

Enquanto isso, os 13 políticos da diretoria da MTA conseguem gigantescos financiadores de campanha entre os maiores empreiteiros. Um estudo feito pelo escritório de Hayden mostrou que os empreiteiros gastaram 579 mil dólares em verbas de campanha e lobbys em 18 meses, de 1993 a 1994. Os dividendos de tal investimento são belos: os nomeados do supervisor do condado Deane Dana votaram 29 vezes para aumentar os pagamentos à empresa de construção comandada por um grande financiador de campanhas, apesar de defeitos perigosos em seu trabalho.

Mas o mais espantoso conflito de interesses envolve o prefeito Riordan, que controla diretamente quatro membros da diretoria e tem recebido a maior parcela do dinheiro de campanha das empreiteiras contratadas pela MTA. Como uma aranha gorda, Riordan está no centro de uma complexa teia de conexões lucrativas. Sua antiga firma de advocacia, Riordan and McKinzie, há muito atua como conselheira para a MTA. Além disso representa a Tetra Tech, a empresa de engenharia de Pasadena da qual Riordan é um dos principais investidores. Como consultora da Green Line, a Tetra Tech usou ordens de alteração para aumentar seus ganhos até um número incrível 118 vezes maior do que o valor original. Além disso ganhou um importante contrato na controvertida extensão de trens leves de Pasadena – um acordo que agora está sob investigação por parte do estado.

O amigo íntimo de Riordan, John Shea, é chefe do consórcio Shea–Kiewit–Kenny, que conseguiu engendrar o Sumidouro de Hollywood. Em 11 de julho, agentes do FBI invadiram os escritórios da SKK, recolhendo provas de violações de segurança e qualidade inferior de construção. Os abusos da SKK não são novos. Em 1993, ela escavou direto para dentro de um rio subterrâneo, inundando os túneis e parando a construção por quase seis meses. No verão seguinte, depois de ignorar instruções do contrato, a SKK abalou o subsolo do Hollywood Boulevard a tal ponto que os prédios começaram a afundar, os canos a explodir e a Calçada da Fama empenou e rachou. Apartamentos e cinemas tiveram de ser evacuados, e um segmento de nove quarteirões do bulevar foi fechado, por medo de colapso.

Mil e cem furiosos proprietários de imóveis em Hollywood abriram um processo de 3 bilhões de dólares contra a MTA, acusando a agência e seus contratados de corrupção, tráfico de influência e perseguição a quem denunciava. A Federal Transit Administration congelou temporariamente 1,6 bilhão de dólares em verbas para a Linha Vermelha. O trabalho só foi retomado depois de uma supostamente contrita SKK aceitar novas salvaguardas. No entanto, os empreiteiros kamikaze ignoraram de novo precauções elementares quando, na manhã de 22 de junho, ordenaram que seus trabalhadores removessem a base de concreto que sustentava uma gigantesca coluna de areia úmida e solta. De repente, Hollywood desmoronou sobre a cabeça deles. Por mais que tenha sido catastrófica na escavação, a SKK não é exceção quando se trata de violar salvaguardas de segurança. Todas as principais empreiteiras da Linha Vermelha, liberadas de uma supervisão eficaz, tiveram permissão de agir de modo grosseiro. Abrindo túneis através de subsolo irregular que inclui bolsões de gases perigosos, além de areias traiçoeiras, saturadas de água, as empreiteiras rotineiramente deixaram de construir as paredes do metrô com a grossura requerida ou de sustentar o terreno instável. Isolantes plásticos destinados a proteger os túneis de gás foram descobertos cheios de furos. Nas poucas estações que operam atualmente foram instalados sensores de gás acima da cabeça dos passageiros, ainda que o mortal sulfeto de hidrogênio seja mais pesado do que o ar.

Mesmo assim, escavar sob as pegadas das estrelas é a parte mais fácil. As dificuldades técnicas vão aumentar na próxima fase da construção da Linha Vermelha, enquanto a MTA tenta abrir dois túneis de quatro quilômetros através da rocha instável das colinas de Hollywood. Geólogos criticaram os estudos "simplistas" da agência por subestimarem radicalmente a água do subsolo e os perigos sísmicos desse segmento no Runyon Canyon.

Depois de examinar o fiasco em Hollywood, Tom Hayden denunciou a Linha Vermelha como uma "tolice criminosa" e exigiu uma parada imediata "nesse projeto maldito". Simultaneamente o supervisor do condado, Mike Antonovich, um conservador de Glendale e ex-presidente da diretoria da MTA, insistiu com seu amigo Newt Gingrich para "retirar todas as restrições" a futuras ajudas federais. "Os contribuintes estão subsidiando seu próprio suicídio." Do outro lado do espectro político, Eric Mann e sua organização aumentaram o volume das demandas por reformas radicais. Enquanto isso, Martín Hernandez, como o herói da antiga canção do Kingston Trio, está preparado para "viajar para sempre" nas ruas de L.A., organizando os passageiros do ônibus 204 Vermont.

Laranjas amargas

10. Os novos peões da indústria

O sol poente é eclipsado temporariamente por uma gigantesca torre d'água onde está escrito PREFEITURA DE VERNON. Sombras brincam nas margens de concreto do rio Los Angeles e dançam no raso fio de esgoto em seu canal. Uma locomotiva puxa para um desvio uma dúzia de vagões com produtos químicos perigosos. Um caminhoneiro em algum lugar aperta a buzina com força. Uma empilhadeira segue rapidamente por uma rua movimentada. Só estamos a uns oito quilômetros do centro de Los Angeles, mas entramos num mundo invisível para seus especialistas em cultura, o "quarteirão vazio" dos guias turísticos. Aqui é o antigo coração industrial de L.A. – o Southeast.

São 16h30. Dois trabalhadores estão de pé atrás de uma enorme mesa de metal, parcialmente abrigados por uma velha barraca de praia. Um rádio portátil toca rock *en español* a pleno volume, direto da Cidade do México. Cada homem está armado com uma chave de fenda Phillips, um alicate e um martelo com cabeça de bola. Eduardo, o mais alto, é de Guanajuato, no centro-norte do México, e está usando o boné de beisebol verde-camuflagem da "Patrulha de Fronteira", preferido por tantos imigrantes ilegais de Los Angeles. Miguel, ligeiramente mais magro e pensativo, é de Honduras. Estão inconscientemente sincopando o ritmo enquanto se alternam entre martelar, arrancar e desparafusar.

Erguendo-se diante deles há uma pilha de tecnologia de informática morta e descartada, com seis metros de altura: processadores de texto obsoletos, impressoras danificadas, micros infestados por vírus – a tecnologia de ponta da década passada. A tarefa de Sísifo realizada por Eduardo e Miguel é despedaçar tudo para conseguir alguns componentes que serão mandados à Inglaterra para a recuperação do conteúdo de ouro. Ser um quebrador de computadores é um monótono trabalho de 5,25 dólares por hora na economia informal. Não há benefícios nem impostos, apenas dinheiro num envelope simples a cada sexta-feira.

Miguel está para dar um golpe violento no monitor de um Macintosh quando lhe pergunto por que veio a Los Angeles. Seu martelo hesita um segundo, então ele sorri e responde:

— Porque queria trabalhar na economia de alta tecnologia.

Encolho-me quando o martelo baixa. O Macintosh implode.

O CINTURÃO DE FERRUGEM DE L.A.

Os quebradores de computadores estão em Los Angeles há três anos. Eduardo tinha uma rede de contatos de pessoas vindas de seu povoado; Miguel, que não tinha nenhum contato, viveu nas ruas durante quase dois anos. Agora eles compartilham uma minúscula casa de dois quartos na cidade de Maywood, ali perto, com quatro outros trabalhadores imigrantes (dois dos quais também são "ilegais") pagando 1.100 dólares por mês. Todos são casados, mas nenhum conseguiu ainda economizar dinheiro suficiente para trazer a mulher ou os filhos *al otro lado*. Como tantos dos 400 mil novos imigrantes que trabalham e moram no sudeste do condado de Los Angeles, sentem-se presos entre os salários baixos e os aluguéis altos. "Como peões", diz Miguel, pensativo. "Como escravos."

Nem sempre foi assim no Southeast. Há 25 anos, o arquipélago de comunidades de bangalôs que rodeiam as fábricas e armazéns eram predominantemente de língua inglesa. A área do Southeast continha a maior parte das indústrias do sul da Califórnia não voltadas para a área de defesa, inclusive três fábricas de automóveis, quatro de pneus e um gigantesco complexo de fabricação de aço e ferro. As fábricas eram sindicalizadas e pagavam as hipotecas dos bangalôs e financiavam estudos universitários. Nos fins de semana, casais bem-vestidos dançavam o swing ao som da banda de Jimmy Wright no South Gate Women's Club ou o rock com Eddie Cochran no Huntington Park's Lyric Theater.

Para filhos do interior como Cochran (do "subúrbio caipira" de Bell Gardens ali perto), as chaminés da Bethlehem Steel e da GM South Gate representavam o final feliz de *As vinhas da ira*.

Mas essa versão operária do sonho do sul da Califórnia era reservada estritamente para os brancos. A Alameda Street, indo do centro até o porto, e formando a borda oeste do distrito industrial do Southeast, era a "Cortina de Algodão" de L.A., segregando bairros negros da base de trabalhos controlada pelos brancos. Os negros que atravessavam a Alameda para fazer compras em Huntington Park ou South Gate se arriscavam a levar surras de gangues de caipiras brancos com nomes como "Caçadores de Crioulos" (*Spook Hunters*). No início dos anos 1960, enquanto a falta de empregos nos guetos crescia absurdamente numa economia que, afora isso, era de "emprego total", a situação ficou explosiva. Durante a rebelião de Watts, adolescentes negros jogavam pedras nos carros dos brancos que iam para o trabalho, enquanto a polícia de Lynwood e South Gate respondia espancando e prendendo motoristas negros inocentes. Depois do protesto em suas fronteiras a classe trabalhadora branca começou a abandonar o Southeast. Alguns se entrincheiraram no "reduto branco" de Downey, ali perto, mas a maioria se mudou para a faixa de Orange County que ia se industrializando rapidamente. Os empregadores seguiram sua força de trabalho numa primeira onda de fechamento de fábricas no início dos anos 1970.

Esse afastamento da população branca nos anos 1960 (menos 36.510) tornou-se um êxodo nos anos 1970 (menos 123.812) e nos 1980 (menos 43.734). A histeria racial, instigada por "arrasa-quarteirões" na cidade de Lynwood, foi seguida por uma segunda onda de fechamento de fábricas no fim dos anos 1970. Boa parte da indústria de caminhões, escapando dos engarrafamentos e da inflação no preço dos terrenos, migrou para novas áreas industriais no Inland Empire, 80 quilômetros a leste de L.A. E desastrosamente, no curto espaço da "recessão Volcker", a indústria pesada local – inclusive a totalidade do complexo automotivo-pneus-aço – desmoronou diante da implacável competição coreana e japonesa. Na maioria dos casos, o fechamento das fábricas acompanhou em poucos anos um divisor de águas do domínio de negros e latinos no chão das fábricas e nas lideranças sindicais locais. Enquanto os trabalhadores brancos na maior parte podiam se aposentar ou seguir seus empregos até a periferia suburbana, os não brancos estavam presos numa economia que subitamente oferecia menos 50 mil empregos de altos salários nas indústrias.

Diferentemente de Detroit ou Youngstown, entretanto, o decadente núcleo industrial de L.A. não foi simplesmente abandonado. Quase tão rapidamente quanto empresas das 500 da Fortune fechavam suas filiais em L.A., capitalistas locais corriam para se aproveitar dos aluguéis baratos e incentivos fiscais no Southeast e do enorme suprimento de mão de obra imigrante mexicana. Indústrias de vestuário e móveis, pagando salário mínimo e fugindo da inflação dos terrenos no centro de L.A., estavam na vanguarda do movimento. Dentro da casca morta das indústrias pesadas surgiu uma nova economia de mão de obra barata.

As antigas fábricas da Firestone Rubber e da American Cars, por exemplo, foram convertidas em indústrias de móveis não sindicalizadas, enquanto a grande Bethlehem Steel Works, na Slauson Avenue, era substituída por uma distribuidora de cachorro-quente, uma empresa de produtos para comida chinesa e uma fábrica de móveis de rattan. A Chrysler Maywood é agora um "escritório secundário" de um banco, ao passo que a US Steel se metamorfoseou num complexo de armazéns, e a parede "assíria" da Uniroyal Tire se tornou fachada para um centro de vendas diretas de roupas de grifes. (Por outro lado, o ex-maior empregador da área, a GM South Gate, permanece como uma área vazia de 36 hectares.)

UMA DITADURA DE FAMÍLIA

Ainda que, na média por local, dois empregos industriais de altos salários tenham sido substituídos apenas por um emprego de baixo salário, o nível de emprego agregado no Southeast tem se mantido em 80 a 85% de seu pico nos anos 1970, através da infiltração de centenas de pequenos empregadores. A fórmula secreta dessa nova "reindustrialização" de salários baixos tem sido a combinação de um suprimento aparentemente infinito de mão de obra imigrante do México e da América Central com a energia empreendedora do leste da Ásia. O capital da diáspora chinesa tem sido particularmente vigoroso em setores como processamento de alimentos, vestuário, novidades e móveis, que empregam grandes forças de trabalho de imigrantes latinos pagando salário mínimo. Em resultado, boa parte do sudeste do condado de Los Angeles passou a parecer uma zona franca ou plataforma de manufatura de nacionalidade ambígua. Ao longo da Telegraph Road, na adequadamente chamada City of Commerce, por exemplo, o sol amarelo da República da China (Taiwan) tremula lado a lado com a bandeira americana, enquanto cartazes anunciam cerveja e cigarros em espanhol.

Além disso, a nação-estado cede a verdadeira soberania às cidades--Estado, que contêm a maior parte dos bens industriais do condado de L.A. Explorando as prerrogativas da Constituição promíscua da Califórnia, meia dúzia de distritos industriais se incorporaram como cidades independentes, quase sem populações residenciais, egoisticamente com permissão de monopolizar o uso da terra e os recursos dos impostos. A mais antiga e estranha dessas "cidades fantasma" é Vernon – a *hacienda* industrial aonde Eduardo, Miguel e milhares de seus *compañeros* vão todas as manhãs trabalhar.

Os dois fatos mais importantes sobre Vernon são: primeiro, ela tem uma população residencial permanente de apenas 90 cidadãos adultos (70 são empregados municipais e suas famílias, morando em casas de propriedade da prefeitura) mas possui uma força de trabalho com mais de 48 mil pessoas – quer dizer, uma relação de 600 para 1 entre os trabalhadores que vêm de fora e os moradores. Segundo, a cidade tem sido controlada por uma única família, a dinastia Leonis, de origem basca, desde sua formação, em 1905. Originalmente estabelecida como um porto seguro para atividades "esportivas" (boxe, jogo e bebida) sob ataque dos primeiros reformadores municipais de L.A., Vernon evoluiu durante os anos 1920 até se tornar uma base "exclusivamente industrial" (lema oficial da cidade) para filiais de indústrias do leste. Sob os tacões de John Leonis, fundador da cidade, as moradias existentes foram condenadas ou compradas para reduzir a população residencial a um punhado de proprietários leais vivendo à sombra literal da prefeitura estilo bunker de Hitler. As eleições em Vernon se tornaram então uma farsa bianual onde a chapa Leonis (agora comandada pelo neto Leonis Malburg) é reeleita por unanimidade por uma microcidadania de empregados de Leonis. (Ainda que seja requerido que as autoridades públicas residam na cidade em que foram eleitas, há décadas o prefeito viola descaradamente a lei estadual morando numa mansão da família em Los Angeles.)

Essa ditadura familiar tem sido rotineiramente aceita pelos industriais de Vernon em troca de impostos tremendamente baixos e altos padrões da polícia municipal e do corpo de bombeiros. Por outro lado, o fato de Vernon ser uma cidade tem sido um desastre para o município de Los Angeles, que perdeu talvez 20% de sua base de impostos sobre propriedades industriais. Agora Vernon está se preparando para estabelecer um projeto de "reforma comunitária" que irá autorizá-la a ficar com 873 milhões de impostos do fundo geral do condado (que iria para escolas, serviços sociais e hospitais) durante a próxima geração. Os principais beneficiários desse ataque ao Tesouro do condado – a ser usado para "modernizar" os antigos locais de fábricas e armazéns da cidade – serão os principais proprietários de terras em Vernon: uma lista dominada pela Santa Fe Railroad Land Company (atualmente Catellus Development – 41 lotes) e o prefeito Leonis Malburg (19 lotes).

As cerca de mil páginas de documentos usadas para defender a proposta de reforma urbana de Vernon desmascaram inadvertidamente uma economia capitalizada sobre a pobreza e a poluição. Uma análise detalhada dos salários locais, por exemplo, revela que 96% dos 48 mil trabalhadores de Vernon ganham salários tão baixos que se qualificam para auxílio-moradia. Pelo menos 58% dessa força de trabalho amplamente não sindicalizada ficam na categoria oficial de "renda muito baixa", ganhando menos da metade da média do condado – uma queda dramática das normas sindicais de 20 anos antes.

Além disso, esse exército de salários baixos está trabalhando em condições de toxicidade crescente. Há muito Vernon é a pior poluidora do ar no condado, mas as autoridades de saúde pública nas comunidades próximas estão mais preocupadas com os 365 locais de uso ou depósito de material perigoso dentro da cidade. Um levantamento recente do California Public Interest Research Group revelou que anualmente Vernon emite, processa ou armazena 12 milhões de quilos de produtos tóxicos – superando em mais de três vezes a cidade de Los Angeles. Enquanto parte de sua indústria de "substituição" do início dos anos 1980 – especialmente de roupas e móveis – começa a se transferir para o México ou o leste da Ásia, Vernon está ficando cada vez mais dependente de uma estranha dupla de indústrias em crescimento: processamento de comida estrangeira e armazenamento de lixo tóxico. Em Vernon, não há nada de incomum em uma indústria chinesa de processamento de camarões congelados se localizar no mesmo quarteirão de uma empresa que recicla ácido de bateria ou trata solventes industriais. Os vizinhos de Vernon estão especialmente alarmados com os planos da cidade para construir um incinerador de lixo hospitalar infeccioso, além de uma proposta de abrir uma fábrica que processará até 230 mil litros diários de cianeto mortal, nos limites da cidade, a menos de 300 metros da apinhada Huntington Park High School. Ativistas locais se perguntam nervosos se a hipertóxica Vernon não poderia se tornar a Bhopal* do condado de Los Angeles.

---

* Cidade indiana onde, em 1984, houve um trágico vazamento de gás. (*N. da E.*)

SENZALAS DE ALUGUEL

Como a Gália, o sudeste de L.A. é dividido em três partes: 1) as incorporações industriais, Vernon e City of Commerce, contendo quase cem mil empregos; 2) três subúrbios "normais", Huntington Park, South Gate e Lynwood, que mantêm alguma semelhança com centros de cidade além de um significativo uso industrial de terras; e 3) as cidades mais ou menos exclusivamente residenciais e muito pobres de Bell Gardens, Cudahy, Maywood e Bell, que quase não têm indústrias e carecem de centros comerciais reconhecíveis. Jim McIntyre é planejador municipal de Bell Gardens, o terceiro subúrbio mais pobre dos Estados Unidos (Cudahy, ali perto, é o segundo). Ele vem denunciando os *senhores das favelas* "que aparecem nas reuniões usando camisetas rasgadas e falando de pobreza, mas que na verdade possuem incontáveis unidades residenciais". Ele se sente especialmente indignado porque os mais agressivos incluem tipos hipócritas como o chefe da diretoria de uma imobiliária local, o pastor de uma igreja proeminente e o presidente da Câmara de Comércio Coreano-americana.

Depois de ter sido o "paraíso do operário" onde um imigrante das regiões áridas podia comprar uma casa com quintal por menos de 20 dólares ou até 10 dólares por mês, Bell Gardens se tornou uma "senzala de aluguel", controlada por senhorios ausentes, onde imigrantes mexicanos (80% da população) são forçados a se espremer, até 15 pessoas por casa, para ter onde morar. McIntyre explica que os senhorios locais podem cobrar aluguéis muito mais altos do que seus similares em Downey, uma cidade de classe média branca, porque Bell Gardens é uma "economia totalmente de dinheiro vivo", voltada para operários mexicanos, muitos deles ilegais, sem registros bancários ou linhas de crédito. Em troca de não exigir cheques ou depósitos, os senhorios rotineiramente cobram aluguéis extorsivos para unidades que não passam por manutenção nem reparos. Os inquilinos se adaptam ao alto custo da moradia, apinhando-se.

Como consequência, a densidade populacional em Bell Gardens, bem como em Huntington Park, Cudahy e Maywood, está começando a se aproximar do limite de Nova York (10 mil pessoas por quilômetro quadrado). Como oficialmente, segundo o censo de 1990, a população em oito cidades residenciais do sudeste de L.A. aumentou em 85.145 habitantes enquanto o número de moradias caiu em 1.120 unidades, a taxa de pessoas por moradia teve de crescer em quase um terço. Com efeito, isso foi alcançado através de uma variedade de estratégias. Na minúscula Maywood, onde moram os quebradores de computadores, o sistema de "cama quente" (ocupação rotativa da mesma cama) é comum. Em South Gate, que já foi a mais rica das comunidades do sudeste, muitas garagens foram ilegalmente convertidas em unidades residenciais para aluguel. Em Cudahy, a mais pobre e mais densa de todas, lotes com 60 metros de largura e até 120 metros de profundidade, que se destinavam a um bangalô, um galinheiro e um pomar, agora acomodam barracos de estuque enfileirados – na verdade alojamentos contínuos que abrigam até 125 pessoas num local que anteriormente servia a apenas uma família.

Os governos locais do sudeste de L.A. reagiram a essa crise tentando restringir o suprimento de moradias ilegais ou cortiços. Em vez de procurar recursos para enfrentar a demanda por moradias de baixa renda, eles derrubaram as moradias baratas para construir shoppings ou casas para classes mais altas. O objetivo explícito era reduzir (ou "estabilizar") o número de locatários pobres ao mesmo tempo que importavam recursos fiscais na forma de empresas de varejo e moradores de classe média. Assim Bell Gardens destruiu um bairro pobre em seu lado oeste para construir um shopping center e um cassino, enquanto Huntington Park, o mais ardoroso "aburguesador" da área, na verdade reduziu em 3% seu número de residências. Até mesmo o aparentemente louvável esforço local de obrigar os senhores das favelas e os proprietários de garagens convertidas ilegalmente a seguir os códigos de construção é fundamentalmente um estratagema destinado a limitar o crescimento da população de locatários, e não uma cruzada séria para melhorar as condições de moradia.

Enquanto isso, um mar de crianças simplesmente suplantou a velha capacidade física das escolas do sudeste (Região B da Los Angeles Unified). No último quarto de século, enquanto 204 mil brancos que iam ficando mais velhos eram substituídos por 328 mil jovens latinos, a idade mediana no sudeste caiu de 30–32 anos para 18–20. Há 125 mil crianças na área, quase o dobro do número de 1960. Ainda que as escolas secundárias locais estejam entre as maiores do país e há muito venham atuando em períodos alternados durante o ano inteiro, elas não conseguiram absorver a crescente população de adolescentes. Agora os novos alunos do sudeste são imediatamente levados de ônibus, atravessando Los Angeles e chegando até o vale de San Fernando. A carência escolar foi agravada em 1988–1989 pelo fechamento de escolas elementares em Cudahy e South Gate depois da descoberta de perigosa contaminação química em seus pátios. (No caso da Park Avenue Elementary, as crianças do jardim de infância encontraram alcatrão tóxico e gás metano borbulhando embaixo dos balanços.)

E o distrito escolar não pode abordar adequadamente as necessidades de estudantes que, em nove de cada dez casos, agora vêm de lares de língua hispânica. Tem havido numerosas batalhas entre os professores majoritariamente de língua inglesa e pais latinos irritados com as notas baixas e a taxa de 50% de evasão escolar. Apesar da população do sudeste, não há qualquer faculdade comunitária próxima, e o espaço recreativo *per capita* é uma fração minúscula da média do condado. Portanto não é surpreendente que muitos garotos do local – traídos pelas escolas ruins e predestinados a subempregos – optem por penetrar na florescente subcultura das gangues. Mesmo que o sudeste ainda não seja uma zona de guerra total, como South Central, L.A., oferece uma ampla gama de *las vidas locas*, desde tradicionais gangues locais como Florentia e Clara (Street), até recém-formadas como a supergangue da 18th Street, que tem membros de toda a cidade.

A "lei e a ordem" no sudeste há muito significa manter os negros fora da área. Agora, mais do que qualquer coisa, tornou-se uma carta branca para aterrorizar jovens latinos, especialmente os suspeitos de fazer parte de gangues. Alguns casos sensacionais sugerem práticas disseminadas. Há vários anos, dois policiais de Huntington Park foram processados por "torturar" um membro de gangue usando um aguilhão elétrico para gado. Em 1990, 22 policiais lotados na delegacia de Lynwood foram acusados de espancamentos ilegais e tiros num processo federal aberto por 81 vítimas locais, na maioria latinas ou negras. Na primavera de 1991, enquanto o mundo assistia no DPLA espancar Rodney King pela televisão, um juiz de tribunal superior condenou três policiais por espancar selvagemente um suspeito latino na cadeia de Maywood no ano anterior.

BURGOS PODRES

Infelizmente, a brutalidade policial, como os subempregos e as moradias apinhadas, se tornou rotina nas comunidades do sudeste de L.A. A maioria latina (principalmente imigrantes do centro-oeste do México, em especial Jalisco) está efetivamente tão desatendida quanto os negros no Mississippi na geração passada. Ainda que a população do sudeste tenha aumentado em 174 mil pessoas desde os anos 1970, o eleitorado ativo *encolheu* em 40 mil votos (de metade da população para menos de um sexto). Um geriátrico resíduo de brancos de fala inglesa, apenas 6% da população total, permanece como maioria eleitoral, dominando a política numa região que agora é 90% latina. Em Bell Gardens (42 mil habitantes), por exemplo, 600 brancos idosos suplantaram 300 latinos em abril de 1990 para reeleger um conselho municipal totalmente branco. De fato, até as eleições de abril, apenas três em 30 vereadores num bloco de seis cidades do sudeste tinham sobrenomes espanhóis (agora o número aumentou para sete, através de eleição e nomeação).

A carência de poder latino no sudeste é uma conjunção de demografia, status de cidadania e negligência benigna por parte do Partido Democrata. A restritiva matemática eleitoral trabalha do seguinte modo: primeiro, deduzir o grande número de crianças no lado latino da tabela reduz a taxa populacional de 9:1 para 5:1 (adultos). Segundo, uma grande percentagem de moradores latinos adultos são não cidadãos. Aceitando o alto número de 60% proposto por Jim McIntyre, a esmagadora maioria de latinos é reduzida ainda mais para uma taxa de 2,5:1 ou mesmo 2:1 (eleitores potenciais). Neste ponto, o equilíbrio atual de poder é uma função da mobilização eleitoral, que por sua vez depende da importância das questões e dos recursos políticos. Dadas as propensões partidárias dos operários latinos, parece lógico presumir que os democratas fariam grandes esforços para ativar esse eleitorado.

Mas até hoje eles não conseguiram realizar um investimento significativo no registro de eleitores. Para entender o motivo, é necessário evocar a peculiar evolução geopolítica da região. Até o novo repartimento no início dos anos 1970, o sudeste tinha uma identidade política bastante reforçada devido à superposição das fronteiras legislativas estadual e federal, tornando-o um núcleo importante nas longas lutas entre democratas liberais e conservadores, e insuflando a política municipal com as paixões mais amplas das rivalidades na Assembleia Estadual ou no Senado. Nos anos 1940 e 1950, por exemplo, o Vigésimo Terceiro Distrito Congressional do Sudeste era o cadinho de repetidas tentativas por parte de grandes comitês de organização industrial locais para criar uma maioria política liberal-sindical. Mas nos anos 1960, a histeria racial eclipsou a consciência de classe, e a região se tornou terreno para campanhas contra a integração nas escolas e contra moradias a preços justos em todo o estado, lideradas pelo reacionário deputado Floyd Wakefield, de South Gate. Parcialmente para punir Wakefield e quebrar sua base política, o governo democrata do estado redesenhou as fronteiras eleitorais, distribuindo fragmentos do antigo Vigésimo Terceiro Distrito Congressional entre distritos ancorados por uma maioria de eleitores negros no centro-sul de L.A. A nulificação do sudeste como uma distinta entidade política, feita por aquele governo, junto com a confiabilidade do voto dos negros, diminuiu tremendamente a atenção democrata para o destino da política não partidária local. Ao mesmo tempo, os movimentos pelos direitos civis e pelo poder comunitário latino no Condado de Los Angeles se concentrou quase totalmente em mobilizar os bairros com altas porcentagens de chicanos (mexicano-americanos de segunda a quarta geração) proprietários de imóveis e com renda média. Apenas recursos vagos foram disponibilizados para áreas de entrada de imigrantes mexicanos e centro-americanos como o sudeste, Boyle Heights (a leste do centro) ou o distrito de Westlake (a oeste do centro). Ainda que a recente eleição de Gloria Molina como o primeiro supervisor do condado de L.A. com sobrenome latino no século XX tenha reacendido a retórica sobre a "década latina", os ativistas populares no sudeste ainda não viram sequer os democratas chicanos abordarem adequadamente os problemas de seu burgo podre.

A divisão de poder – que, claro, é diferente de ganho de poder – que está ocorrendo no sudeste é instigada pela direita. Os dois latinos eleitos no ano passado para o conselho de Huntington Park City eram republicanos, e há evidências de que os fundos de campanha republicana do condado, operados pelo ex-supervisor Peter Schabarum, estão representando um papel significativo em encorajar empresários latinos conservadores a concorrer a cargos. Em Bell Gardens, ativistas comunitários criticaram a nomeação da empresária e defensora da polícia Rosa Maria Hernandez para preencher uma vaga no conselho como uma tentativa grosseira da liderança tradicional para aplacar a comunidade, simbolicamente, sem abrir mão de qualquer poder verdadeiro. Outros se preocupam com a hipótese que, enquanto os eleitores brancos idosos morrem, a antiga elite empresarial branca seja simplesmente substituída por uma panelinha de proprietários e lojistas latinos conservadores eleitos por um eleitorado mitigado e pouco representativo.

CARAS DE PÔQUER

Enquanto isso, a ainda dominante elite branca desfrutou do controle sem contestação sobre as questões municipais durante uma geração. O encolhimento do eleitorado no início dos anos 1970 e o desaparecimento dos grandes sindicatos locais como atores políticos, combinado com a solidariedade e a paranoia entre os brancos, consolidou o poder do pessoal da câmara de comércio local, governando a partir de salas cheias de fumaça numa tranquila postura de não prestar contas. Em Huntington Park, por exemplo, os mesmo cinco empresários brancos (com uma substituição) compuseram o conselho municipal entre 1970 e 1990 (três ainda permanecem). Em Bell Gardens, Claude Booker, o administrador municipal que também foi vereador, representa uma continuidade de poder desde os anos 1960. Em outras cidades, o poder se alternou entre panelinhas conservadoras com apenas um raro candidato reformista (como o líder da UAW Henry Gonzales, em South Gate) para animar o quadro.

O principal interesse desses "rapazes da antiga" tem sido manipular as verbas lucrativas das reformas urbanas. A lei da Califórnia permite que os municípios lutem contra o "atraso" com renovações urbanas financiadas por aumentos de impostos retirados das verbas gerais. Em cidades menores, o Conselho Municipal age como executivo da agência de reforma, o que tipicamente significa que os mesmos proprietários de imóveis e empresários que vão se beneficiar diretamente da reforma sejam também seus administradores. Além disso, "atraso" é uma categoria convenientemente elástica, envolvendo tudo, desde ramais ferroviários em Vernon até um número muito grande de inquilinos pobres em Bell Gardens e Huntington Park.

Na paisagem balkanizada do sudeste, as reformas urbanas se transformaram numa competição louca entre municipalidades empobrecidas. Enquanto as cidades liliputianas de Maywood, Bell e Cudahy brandem escassos recursos de impostos numa "guerra dos supermercados" ao longo do Atlantic Boulevard, as cidades maiores – Huntington Park, South Gate e Lynwood – lutam para ressuscitar os distritos centrais de compras varridos pela competição de shoppings regionais em Downey e Carson. O resultado é o excessivo desenvolvimento das ruas comerciais, uma redundância de franquias e pródiga redução de impostos. Jamais tendo se recuperado dos golpes do fechamento de fábricas e da Proposition 13 no final dos anos 1970, a maioria das comunidades do sudeste só exacerbou seus problemas fiscais com projetos de reforma urbana ambiciosos e com alvos equivocados. Huntington Park, por exemplo, quase se arruinou durante a revitalização do corredor de compras da Pacific Avenue, ao passo que South Gate perdeu um quarto dos ganhos com impostos sobre vendas quando um vendedor de carros, altamente subsidiado, faliu subitamente.

Diante dos custos imprevistos da modernização do varejo, o jogo das reformas se transformou literalmente em reformas através do jogo. Durante décadas, grupos de cidadãos do sudeste, liderados pela Igreja Metodista, tinham resistido com sucesso às tentativas dos interesses de banqueiros de jogos de outros lugares para estabelecer casas de pôquer (uma opção constitucional local na Califórnia). Mas com o desgaste do eleitorado no final dos anos 1970, forças favoráveis ao jogo conseguiram legalizar cassinos de carteado em Bell, Commerce, Bell Gardens, Huntington Park e Cudahy. Usando seus poderes de reforma urbana para repassar terrenos baratos aos empresários de cassinos, essas cinco cidades tentaram utilizar o jogo como gerador de impostos para manter vivas as propostas de moradias e desenvolvimento do varejo.

O resultado é variável. O Bell Gardens Bicycle Club, o maior cassino de carteado do país (e talvez do mundo), tem mais de 100 milhões de dólares de lucro bruto por ano, dos quais entre 10 e 12 milhões se tornam impostos locais – a maioria imediatamente emprestada ao agressivo programa de reformas urbanas da cidade. O gigantesco Commerce Casino, de 120 mesas, gera quase tanto fluxo de caixa quanto o Bicycle

Club e há muito vem sendo a principal fonte de recursos para a cidade. Em Bell, Cudahy e Huntington Park, por outro lado, cassinos em escala menor desmoronaram na falência (se bem que surgiu um novo cassino em Bell). Mas, solvente ou não, cada clube de carteado ofereceu sedutoras oportunidades aos vereadores e seus cupinchas.

No caso de Bell, o prefeito Pete Werrlein, vereador por 16 anos e arquétipo do "rapaz da antiga", convenceu ansiosos eleitores brancos de que, sem os ganhos adicionais do pôquer, a polícia não poderia protegê-los da afluência de "perigosas gangues mexicanas". Mas pouco depois da abertura do California Bell Club, em 1980, o júri de instrução do condado revelou que Werrlein, junto com seu administrador municipal e o ex-chefe de polícia de Huntington Park, tinha participado de "orgias sexuais" num armazém de Cudahy com prostitutas de 18 anos fornecidas por Kenneth Bianchi – vulgo Estrangulador de Hillside, o mais famoso assassino serial de L.A. Dois anos depois, em 1984, Werrlein e o administrador municipal foram indiciados por suborno, fraude e formação de quadrilha quando foi revelado que eram secretamente proprietários do Bell Club.

Nos calcanhares do escândalo de Bell, o ex-prefeito de Commerce e dois vereadores foram presos numa conspiração semelhante para esconder a posse de cassinos, desta vez em parceria com mafiosos de Vegas. Boatos perenes de que os cassinos são lavanderias para dinheiro de drogas foram parcialmente confirmados em 1990, quando os federais deram uma batida no poderoso Bicycle Club depois de surgirem provas de que o cassino fora financiado com dólares manchados de cocaína. Por fim, durante toda a primavera de 1991, a maioria de velha guarda no conselho de Huntington Park esperou nervosamente que o promotor distrital fizesse possíveis indiciamentos devido a uma investigação que os liga a uma operação de desvio de lucros no atualmente falido clube de carteado da cidade.

SUPERPAN 9

Enquanto o sol mergulha no oceano em Venice Beach, a névoa marrom-amarelada sobre o sudeste de L.A. se transforma de repente em tons pastel numa imitação barata de uma pintura de Ed Ruscha. Os dois estacionamentos do Bicycle Club, do tamanho de quarteirões, já estão cheios, e vários milhares de cheques de pagamento da sexta-feira foram convertidos em fichas de pôquer. Ao redor das mesas, os jogadores profissionais estão atraindo uma empolgada multidão de motoqueiros, donas de casa, motoristas de caminhão, hippies e cidadãos idosos – todos com sua melhor *poker face*.

Mas a verdadeira ação está acontecendo na outra metade do cassino, dedicada a jogos de cartas asiáticos. Nas novas mesas de superpan não há blefes nem agitação, apenas silêncio e concentração intensa enquanto os carteadores disparam cartas e os jogadores respondem atirando notas de 100 dólares. Atualmente, mais de metade dos lucros do cassino vêm das partidas de alta velocidade e altas apostas dos jogos asiáticos. Para o jogador intrigado mas não iniciado, há convenientes folhetos de instruções em inglês, chinês, coreano, espanhol, vietnamita e cambojano. No exclusivo santuário do Salão Asiático, fora do alcance dos apostadores comuns, ricos empresários chineses e coreanos, alguns dos quais são proprietários de lojas e armazéns das redondezas, apostam um ano de salário de um trabalhador comum numa única jogada. E aceitam as perdas com compostura gélida.

Enquanto isso, a poucos quilômetros de distância, há um homem parado ao crepúsculo, no meio-fio da Alameda Street, vendendo laranjas. Atrás dele está o vasto terreno baldio, cheio de mato, que era a montadora da General Motors em South Gate. Ele está parado na Alameda desde as sete da manhã, engasgando na fumaça e no monóxido de carbono. Um saco de laranjas grandes, mas de segunda linha, custa um dólar. Ele vendeu 25 sacos e poderá ficar com metade dos ganhos. O resto dará ao chefe que o deixa de manhã e pega à noite. Está ansioso porque ainda falta vender três sacos.

Há pelo menos mil outros homens – a maioria pobres recém-chegados da América Central – vendendo laranjas em rampas das vias expressas e nas movimentadas esquinas de L.A. Pergunto a ele, num espanhol precário, se é salvadorenho ou guatemalteco. Ele responde num inglês abrupto que nasceu em San Antonio e até 1982 era mecânico, ganhando 12 dólares por hora em Lynwood, ali perto. Quando sua oficina fechou, ele teve certeza de que poderia conseguir facilmente outro emprego. Não conseguiu, e aos 52 anos está vendendo laranjas para ganhar 12 dólares por dia. De modo que essa é sua história, e se minha curiosidade é satisfeita, que tal comprar três sacos de laranjas? Pago, ele sai andando e quando chego em casa descubro que as laranjas têm um gosto estranhamente amargo.

PARTE III
CIDADE DOS PROTESTOS

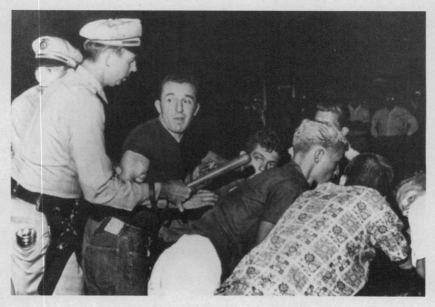

Protesto no El Cajon Boulevard (1960)

11. "Ruim como a Bomba H"

"Está na hora de deixar de lado questões secundárias e sem importância...", insistiu o Dr. Fred Schwartz com os moradores da cidade mais patriótica do país. "Os americanos devem renunciar à complacência, à ignorância e à cobiça, e se dedicar a dar um tapa com a luva da liberdade na cara do comunismo sem Deus." O médico australiano expatriado, diretor-executivo da Cruzada Cristã Anticomunista, estava em San Diego para iniciar a maior sessão de sua Escola de Anticomunistas. Mais de mil e cem entusiasmados antissubversivos locais estavam registrados para ouvir Schwartz e seu astro coadjuvante, o famoso contraespião do FBI Herbert ("Tive Três Vidas") Philbrick, explicar por que "o mundo livre está perdendo a batalha contra os vermelhos". Em cinco dias de oficinas e testemunhos de especialistas, Schwartz prometia revelar os arcanos do espantoso sucesso do comunismo. "Para pensar como um comunista, você precisa desenvolver uma mente parecida com um saca-rolha. Nunca poderá fazer isso sem entender o materialismo dialético."[1]

Se daqui a mil anos arqueólogos de outro planeta quiserem entender a cultura dos antigos Estados Unidos na Guerra Fria, o perfeito segmento no tempo e no espaço pode ser San Diego, Califórnia, no fim de agosto de 1960, às vésperas do renascimento anticomunista de Schwartz. Nenhuma outra grande cidade capitalizou de modo tão exclusivo seu futuro no que o presidente Eisenhower (num raro momento de apreensão) tinha descrito recentemente como o "complexo militar-industrial". Vista do topo do Hotel El Cortez, o único arranha-céu da cidade, a paisagem marcial era avassaladora, até mesmo sublime: um estupendo céu azul riscado de jatos da Marinha e dos fuzileiros; um porto perfeito atulhado de gigantescos porta-aviões, um cais ladeado por quilômetros de depósitos militares, campos de treinamento e linhas de montagem de bombardeiros; e, coroando um platô a distância, um vasto complexo onde a General Dynamics estava construindo o primeiro míssil Atlas. San Diego devolvia essa fartura da defesa com um culto cívico que exaltava os fuzileiros, a Frota do Pacífico e os mísseis balísticos intercontinentais. Décadas antes, os próceres municipais tinham perseguido Emma Goldman e os Wobblie para fora da cidade com o alerta de que nada que remotamente cheirasse a antiamericanismo jamais seria tolerado em San Diego. Com o ultraconservador *San Diego Union* (patrocinador oficial da Escola Anticomunista de Schwartz) como cão de guarda, a intolerância da cidade contra a dissensão era lendária. Resumindo, essa capital da Guerra Fria era o local menos provável nos Estados Unidos para ser a cena de um dos primeiros grandes protestos de jovens nos anos 1960.

COMBUSTÃO INTERNA OU CONSPIRAÇÃO COMUNISTA?

Enquanto estudantes negros no verão de 1960 estavam atacando ousadamente a segregação no sul com heroicas manifestações pacifistas, garotos brancos em San Diego se preocupavam com a questão aparentemente trivial de saber se poderiam ou não continuar fazendo pegas numa pista local. Na noite de sexta-feira, 19 de agosto, jovens fregueses dos maiores restaurantes drive-in de San Diego receberam panfletos junto com seus hambúrgueres e *cherry cokes*. O panfleto convidava "todos os fãs de pegas" para "um enorme protesto" na noite seguinte no cruzamento do El Cajon Boulevard com a Cherokee Street. Duas semanas antes, depois de um acidente que feriu três espectadores, a Marinha tinha fechado a última pista de pegas no condado de San Diego: uma velha estrada auxiliar conhecida como Hourglass Field onde competições ilegais nos fins de semana, sob os auspícios adultos da San Diego Timing Association (a organização que reunia 22 clubes de *hot rods*) tinham sido toleradas desde o fechamento da pista original da associação em Paradise Mesa, em 1959. A ação da Marinha deliciou o triunvirato conservador composto pelo chefe de polícia Jansen, o prefeito Dail e o supervisor Gibson, que havia muito denunciavam as corridas, sancionadas ou não, como estímulos ao "abuso e à desordem". (Sob as ordens de Jansen, a polícia vinha conduzindo desde o início do ano uma intensiva repressão aos "equipamentos de velocidade" ilegais para corridas de rua.) Por outro lado, clubes de carros locais como o Vi-Counts e o Roman Chariots, que vinham cooperando com os esforços da polícia para suprimir os perigosos pegas nas ruas em troca de poder fazer as corridas no Hourglass Field, ficaram furiosos com o que, de fato, era a criminalização do esporte. "Se não tivermos uma nova pista", alertaram alguns membros do Vi-Counts, "os carros vão começar a disputar nas ruas".[2]

De fato, quando os despachantes da polícia de San Diego começaram a pedir reforços dramaticamente à uma da madrugada do domingo (21 de agosto), aproximadamente três mil adolescentes e jovens adultos tinham bloqueado uma longa parte do El Cajon Boulevard (a maior via leste-oeste da cidade) e estavam aplaudindo corredores numa miscelânea de antigos *hot rods* e sedãs de família envenenados. "Os carros, de todos os modelos e formas", informou o *Union*, "corriam dois a dois por cerca de três quarteirões do El Cajon Boulevard. Milhares de espectadores se apertavam na calçada e na ilha central, praticamente não deixando espaço para os carros passarem". A polícia precisou usar cassetetes, gás lacrimogêneo e jogar as radiopatrulhas nas calçadas durante quase três horas para dispersar a multidão.[3]

Policiais veteranos, acostumados com a deferência dos adolescentes da cidade, ficaram chocados diante do desafio furioso da turba. Um contingente de cerca de cem jovens se recusava teimosamente a sair do estacionamento de um posto de gasolina, respondendo ao gás lacrimogêneo e às ameaças policiais com chuvas de "garrafas de refrigerante, copos e pedras", ferindo levemente dois policiais. "Os uniformes de vários outros foram rasgados e foram roubadas as armas de alguns. O patrulheiro M. Addington foi acertado na cabeça por uma pedra, e o patrulheiro W. Pfaher sofreu queimaduras na perna provocadas por uma granada de gás lacrimogêneo. O sargento J. Helmick foi salvo por colegas policiais depois de um grupo de desordeiros tentar virar sua radiopatrulha."[4] O *Los Angeles Examiner*, melodramatizando o perigo, citou uma "dona de casa aterrorizada": "Eles pareciam cães selvagens, correndo para cima e para baixo na rua em alta velocidade e acelerando os motores. Eu não tenho arma, mas me armei com uma faca e só esperei que ninguém tentasse invadir minha casa."[5]

Eventualmente 116 "manifestantes", inclusive 36 menores de idade, foram levados nos camburões. Os adultos foram fichados por suspeita de organizar protestos violentos, recusa a se dispersar e conspiração, depois foram interrogados por detetives de homicídio. O chefe de polícia Jansen garantiu ao Conselho Municipal que assim que "os chefes da conspiração" fossem identificados, seriam acusados de crime. Os nomes e endereços dos jovens presos, publicados no *San Diego Union* de domingo, revelavam que o núcleo da multidão, pelo menos, vinha dos bairros e subúrbios mais tipicamente operários da cidade. O maior contingente, com pouca surpresa, era da cidade de El Cajon, um lugar durão e louco por carros, no leste do condado – além disso, era um grande centro da subcultura dos motoqueiros. Outro grupo podia ser filiado ao popular clube de carros de East San Diego, o Unholys. Outros eram das igualmente operárias Linda Vista, Lakeside, Spring Valley, Chula Vista e Imperial Beach. Uma dúzia de jovens fuzileiros e marinheiros deram apenas endereços da frota. Apenas um réu tinha sobrenome hispânico, e havia uma notável ausência de fãs dos pegas vindos de áreas de classe alta como Point Loma ou La Jolla, onde papai controlava as chaves do carrão.[6]

No entanto, o protesto do El Cajon Boulevard, como se tornou oficialmente conhecido, eletrizou adolescentes de todas as raças (posso testemunhar pessoalmente que entre minha turma de garotos de 14 e 15 anos de El Cajon esse foi unanimemente o acontecimento "mais incrível" de nossa vida, e os desordeiros mais velhos – com seus penteados "rabo de pato" e a despreocupação de James Dean – eram nossos heróis homéricos). San Diego se preparou para o desconhecido. Na noite de segunda-feira, depois de um vereador ter alertado que os garotos estavam "tentando governar a cidade", foram convocados reservas da polícia, que receberam cassetetes e gás lacrimogêneo. Em vez de uma única turba, eles se pegaram brincando de "procissão motorizada" com longos comboios de manifestantes que alternadamente reduziam a velocidade e aceleravam, mas jamais excedendo o limite.[7] Seu hino não oficial era o empolgante instrumental pé no acelerador dos Ventures, "Walk, Don't Run".[8] Muitos carros tinham cartazes escritos à mão: "Fora o gás lacrimogêneo" e "Queremos uma pista de corrida".

Além do El Cajon Boulevard, onde várias centenas de donos de *hot rods* provocavam as autoridades num tenso confronto num popular *drive-in*, a polícia e os patrulheiros rodoviários lutavam para enfrentar os grandes contingentes que percorriam Clairemont, Linda Vista e Pacific Beach. Em El Cajon, onde o chefe Joseph O'Connor tinha prometido: "resistiremos à turba até o último homem", a polícia bloqueou a Main Street e multou os manifestantes por verdadeiras ou espúrias "violações de equipamentos". Enquanto isso, a polícia de San Diego, ajudada pela Patrulha Costeira, apreendia carros e prendia mais de cem menores e adultos: muitos deles, parece, com o único propósito de interrogatório sobre supostos líderes.[9]

Na quarta-feira, Herbert Sturdyvin, um gráfico de 20 anos, foi acusado de conspiração por ter imprimido os "panfletos com convocação de manifestação", e foram emitidos mandados contra dois outros supostos instigadores. Mas os protestos claramente sem liderança continuaram a irritar a polícia com comboios noturnos (centrados no que a polícia descreveu como o "ponto de problemas do leste de San Diego") e, mais tarde, com uma tentativa furtiva, derrotada pela Marinha e pela Patrulha Rodoviária, de fazer pegas noturnos no Hourglass Field. Enquanto as prisões (mais de 200 na sexta-feira) e apreensões de carros diminuíam a energia do movimento, o chefe Jansen verbalizou a apreensão de que a desobediência dos adolescentes era apenas um prelúdio para a "invasão das gangues de *hot rods*" de Los Angeles em escala total. Durante todo o fim de semana de 27-28 de agosto, a polícia de San Diego – de novo ajudada pela Marinha – se mobilizou para a chegada das hordas de L.A.: uma ameaça que, como ficou claro na segunda-feira, só existia na imaginação febril de Jansen.[10]

Mas os líderes da cidade não quiseram admitir o contexto obviamente espontâneo e local dos protestos adolescentes. O vereador Chester Schneider foi ridicularizado por colegas e supervisores do condado quando sugeriu que as autoridades deveriam trabalhar junto com os clubes de automóveis e a Câmara de Comércio Júnior para restaurar a válvula de segurança de uma pista de corridas legal.[11] A maioria preferiu assimilar os distúrbios da semana como uma sombria constelação de conspirações – incluindo protestos pacifistas de negros no sul, manifestações de estudantes e o protesto do mês anterior no Festival de Jazz de Newport – cuja origem, em última instância, era o Politburo em Moscou. "Esse tipo de incidente", explicou o chefe Jansen, "junto com os protestos do jazz na Costa Leste e a recente manifestação em São Francisco, oferece ao *Pravda* material de propaganda para sustentar suas afirmações de que este país é uma nação sem lei". De modo semelhante, o *Union*, numa tirada editorial contra a "anarquia", descobriu que "a greve pacifista, a turba que lincha, a violência nos piquetes e os protestos de estudantes têm relacionamento de família com o que aconteceu no El Cajon Boulevard".[12]

Para enfatizar as forças profundas e possivelmente satânicas que atuavam, o *Union* publicou seu editorial "Algazarra da pista de pegas – isso não pode ser tolerado" acompanhado de um artigo escrito pelo jornalista antissubversivo George Sokolsky com a manchete "Comunismo tem como alvo juventude dos EUA". "Assim como em outro período o partido comunista dos Estados Unidos se dedicou a se infiltrar na população negra, em 1960 o programa é a juventude", explicou

Sokolsky. "O partido comunista, que passou para a clandestinidade durante os primeiros anos da Guerra Fria e a uma pacífica coexistência competitiva, agora está saindo ao ar livre de novo."[13]

Enquanto isso, na Escola Anticomunista patrocinada pelo *Union*, orador após orador expandiam essa equação entre a volta do comunismo e o desrespeito dos adolescentes pela autoridade. Schwartz mostrou filmes das recentes manifestações estudantis contra as audiências da Comissão de Atividades Antiamericanas em São Francisco, identificando o que ele afirmava serem instigadores comunistas na multidão. W. Cleon Skousen, ex-assistente de J. Edgar Hoover e autor do best-seller *The Naked Communist*, atacava as escolas por ensinar "ideias perigosas" como "o livre comércio mundial, o desarmamento e a coexistência pacífica com a Rússia". Enquanto isso, um capelão da Marinha alertava que "se a nação for à guerra, 50% dos jovens de 17 anos não vão conosco", e, referindo-se explicitamente aos jovens marinheiros e fuzileiros presos na semana anterior, "os que acabam entrando para o serviço causam muitos problemas". Philbrick, finalmente, explicou que a atual epidemia de delinquência era diretamente atribuível a uma trama dos comunistas chineses para inundar o país com drogas e pornografia.[14] (No dia seguinte, numa reunião apinhada para falar sobre medidas destinadas a apertar as já draconianas regras antiobscenidade do município, o Conselho Municipal discutiu seriamente um livro de bolso intitulado *High School Sex Club* [O clube do sexo do ensino médio], que supostamente "dava detalhadas instruções sobre como fundar um clube assim".)[15]

O BROTINHO VAI AO PROTESTO

Pegas de carros endossados pelo Kremlin e clubes sexuais maoístas nas escolas secundárias? Se as alucinações do auge da Guerra Fria parecem absolutamente bizarras atualmente, mesmo assim sua aceitação oficial tinha o efeito tônico de desacreditar a ideologia previsível, entre os que tinham sido tão absurdamente rotulados de imbecis e subversivos. Ao afirmar uma afinidade conspiratória entre os pegas, a defesa dos direitos dos negros, a liberdade sexual e a dissensão radical, o chefe Jansen e Fred Schwartz involuntariamente plantaram uma minúscula semente dos posteriores anos 1960. Além disso, o incipiente antiautoritarismo foi aprofundado pela exagerada violência policial contra adolescentes nas semanas depois do protesto. No entanto, qualquer significado mais amplo dos eventos de San Diego ficou difícil de ser mantido depois do não acontecimento da "invasão" de *hot rods* de L.A. À medida que o semestre de outono vinha e ia embora, a polícia manteve um controle rígido nas ruas e nos drive-ins, e os adolescentes de San Diego, por mais que estivessem furiosos contra os implacáveis toques de recolher e interrupções de trânsito, aparentemente voltaram à linha.

Então, na primavera de 1961, o sul da Califórnia irrompeu subitamente dos vales para as praias num furioso conflito de gerações. Houve dez dos chamados "protestos adolescentes" em seis meses; três deles, inclusive o do Griffith Park, em maio, o de Zuma Beach, em junho, e o de Alhambra, em outubro, envolveram milhares de jovens. Ainda que quase esquecidos hoje, na época esses confrontos geraram manchetes em todo o mundo e controvérsia nacional. Apesar das disparatadas características sociológicas e geográficas dos acontecimentos individuais, os líderes cívicos e policiais os viram como uma única explosão contínua, uma insurreição sem precedentes contra a autoridade dos adultos. E, seguindo a corrente de causas remontando até El Cajon Boulevard no verão anterior, alguns dos principais anticomunistas do país discerniram de novo um padrão conspiratório no desafio da juventude. Como o chefe de polícia interino de Los Angeles alertou à nação: "A erupção de violência e desordem contra os símbolos de autoridade da sociedade poderia ser mais devastadora para as esperanças da América no futuro do que foguetes e a bomba de cem megatons."[16]

A primeira explosão ocorreu – segundo uma programação subversiva? – em 1º de maio. Ainda que o noticiário nacional tenha sido dominado pelo gigantesco protesto do "Splash Day" em Galveston, Texas, onde 800 jovens foram presos, os policiais do condado de Los Angeles tiveram de montar um desembarque anfíbio para salvar o balneário da ilha de Avalon de suas próprias hordas adolescentes. O terceiro "Baile dos Bucaneiros" anual foi atrapalhado por centenas de arruaceiros estudantes secundários e universitários que "atulharam as ruas de latas de cerveja e garrafas de vinho, subiram em carros, pisotearam canteiros de flores, arrancaram mangueiras de incêndio e extintores de paredes de hotéis e borrifaram nos corredores." Autoridades locais em pânico chamaram os policiais do continente que por fim prenderam 57 membros da "turba".[17] No fim de semana seguinte, em Long Beach, numa balbúrdia descrita na imprensa local como "tumulto" ou "quase tumulto", 400 jovens "todos com roupas de banho, saíram em bando da área de recreação Bayshore [...] pararam os carros cheios de ocupantes na Bayshore Avenue e no Ocean Boulevard, arrancaram as chaves de ignição e começaram a jogar balões cheios d'água". Quando a polícia chegou, também foi ridicularizada e bombardeada com balões d'água. Mais tarde, ao sentenciar um dos participantes, um indignado juiz municipal reclamou: "Eu gostaria de ter um pelourinho. A juventude deste país não tem absolutamente qualquer respeito pela autoridade. Simplesmente não entendo isso."[18]

O protesto mais significativo, o do Memorial Day (30 de maio) no Griffith Park, foi um desafio direto, ainda que não planejado, dos jovens negros contra a segregação de fato nos espaços públicos de Los Angeles. Ainda que depois do evento o jornal local do grupo Hearst, o *Examiner*, fizesse um sermão dizendo que "não há segregação no uso de instalações públicas... e não há nenhum grupo negro de tamanho comparável em qualquer lugar do mundo, inclusive no continente africano, que tenha disponíveis e sem oposição as oportunidades do meio milhão de cidadãos de cor desta região", isso era absurdo.[19] Diante da radical carência de parques e instalações recreativas no centro-sul de Los

Angeles, os moradores negros, como os chicanos do igualmente segregado Eastside, eram sistematicamente incomodados pela polícia quando tentavam desfrutar livremente das famosas amenidades ao ar livre em Los Angeles. Apenas umas poucas praias do condado, por exemplo, eram racialmente integradas, e as pessoas mais velhas se lembravam com amargura de como moradores negros tinham sido queimados em seus lares pela KKK em várias comunidades praianas durante os anos 1920. Do mesmo modo, o Griffith Park, o maior espaço público, tinha uma horrenda história de exclusão racial que a juventude negra começara a questionar recentemente.

Um grande foco de contestação era o famoso carrossel do parque: um ímã natural para adolescentes de todas as raças. Culpando "a publicidade saindo do sul em conexão com os Freedom Rides", o chefe da polícia de Los Angeles, William Parker, mais tarde insinuaria uma conspiração negra para assumir o controle da área do carrossel. "Nós ficamos sabendo", disse ele à imprensa, "de um problema potencial... por algum tempo... porque aquela parte do parque foi tomada por negros durante o ano passado".[20] No Memorial Day havia uma tensão palpável quando os negros chegaram e encontraram o Departamento de Polícia de Los Angeles espalhado no parque. O protesto irrompeu por volta das 4 da tarde, quando o operador do carrossel acusou um adolescente de subir sem pagar. Quando o rapaz negou a alegação e se recusou a sair, foi jogado no chão por policiais usando cassetetes. A visão do jovem sendo puxado violentamente do carrossel enfureceu vários milhares de negros que faziam piquenique nas vizinhanças. Uma multidão de adolescentes seguiu os policiais, cercou a radiopatrulha e exigiu a libertação do prisioneiro. Quando ele saiu correndo do carro, o inferno se instalou. Um policial disparou; a multidão reagiu com garrafas. Cinco policiais foram feridos e obrigados a procurar refúgio no escritório do parque. Quando os reforços do DPLA chegaram com as sirenes tocando, os adolescentes negros gritaram de volta: "Aqui não é o Alabama."[21]

"RUIM COMO A BOMBA H"

Havia muitas máquinas fotográficas no parque naquela tarde, e imagens da confusão no Griffith Park logo foram reproduzidas ao redor do mundo pelas agências de notícias. Sob uma foto particularmente sensacionalista de centenas de jovens negros perseguindo um policial que algemava o rapaz preso, uma legenda do *U.S. News & World Report* perguntava (seguindo o chefe Parker): "Consequência dos 'Freedom Rides'?"[22] Houve na mídia uma breve previsão de que, à medida que o movimento pela liberdade viesse para o norte, entrando nos guetos de "oportunidade incomparável" (sic), a não violência poderia ficar para trás. O Griffith Park simbolizava o surgimento de uma audaciosa nova estirpe ("New Breed"), como James Brown iria chamá-la, pronta para lutar contra a polícia, caso necessário, para reivindicar seus direitos civis. Foi a primeira escaramuça na estrada que chegaria à rebelião de Watts, quatro anos depois.

No entanto, enquanto o chefe Parker ainda fumegava por causa dos "bandidos negros", o brotinho e 25 mil amigos de praia acertavam os policiais do xerife e os patrulheiros rodoviários com latas de cerveja cheias de areia. No fim de semana depois da batalha no Griffith Park, a estação de rádio rock and roll mais popular de Los Angeles convidou os ouvintes para uma festa noturna em Zuma Beach, perto de Malibu. A KRLA esperava que uns dois mil jovens comparecessem na noite de sábado; "Em vez disso, 25 mil, numa estimativa conservadora, apareceram."[23] As autoridades de parques e recreação do condado impediram os patrocinadores de montar uma pista de dança e um palco, que estavam planejados, de modo que a multidão gigantesca foi deixada para organizar sua própria festa. À meia-noite, a hora oficial de fechamento da praia, policiais do xerife ordenaram que os participantes saíssem. A resposta foi uma violenta fuzilaria de latas e garrafas de cerveja. Mais 50 radiopatrulhas tiveram de ser chamadas antes que a multidão se dispersasse.[24] Ainda que a KRLA tenha questionado os relatos arrepiantes de balbúrdia e quase estupro promulgados pelas autoridades, a percepção geral foi que os policiais haviam impedido por pouco "um protesto descontrolado de proporções assustadoras". "Foi só por sorte", segundo o *Los Angeles Examiner*, "que o tumulto não resultou em casos fatais".[25]

Segundo qualquer avaliação, foi uma noite movimentada para o Departamento do Xerife do condado de Los Angeles. Alguns dos policiais que partiram à toda para Zuma Beach foram desviados para abafar um segundo "tumulto" no subúrbio operário de Rosemead, no vale de San Gabriel. Várias centenas de adolescentes – talvez inflamados pelos relatos radiofônicos da confusão em Zuma – tinham se reunido na esquina das avenidas Garvey e River e supostamente estavam jogando pedras nos carros que passavam. Policiais do xerife prenderam 47 menores sob acusação de protesto violento, espancamento e violação do toque de recolher. Enquanto isso, no subúrbio industrial de Bel, no sudeste, policiais estavam tentando acabar com uma briga de rua envolvendo cerca de 300 adolescentes do lado de fora de uma festa de casamento.[26] O xerife Peter Pitchess não sabia como identificar uma causa para esses protestos de brancos. Só podia observar que o desafio às autoridades "tinha passado do ponto em que a culpa só poderia ser posta em jovens ou adultos, grupos minoritários ou majoritários".[27]

No fim de semana seguinte (11 de junho), vários policiais do xerife se feriram levemente quando foram ajudar a polícia de San Gabriel na tentativa de fazer valer uma lei arcaica contra bailes no domingo, numa celebração de casamento. Cinquenta policiais lutaram contra mais de 300 adolescentes e jovens adultos diante de um salão alugado na Del Mar Avenue. Num determinado ponto, um policial disparou um tiro de alerta para o ar. Vários arruaceiros foram acusados de "linchamento" depois de resgatarem um jovem de 17 anos da custódia policial.[28] Enquanto as temperaturas de todos os tipos aumentavam tremendamente em julho, o *Los Angeles Times*, fundindo gangues de rua tradicionais e clubes de automóveis, se preocupou com a possibilidade de bandidos adolescentes serem os atuais donos das ruas.[29] Em resposta, o xerife Pitchess anunciou que seu Destacamento Especial de Elite seria posto para ajudar os policiais comuns a manter o toque de recolher para menores às 22h, em todo o condado de Los Angeles. Os departamentos de polícia municipais os seguiram em maciças batidas em drive-ins, ruas de passeio, estacionamentos de praia e outros pontos de encontro noturnos para a cultura adolescente.[30]

A mobilização policial pareceu dar certo. Depois das manchetes medonhas do início do verão, o sul da Califórnia sobreviveu sem agitações a um notório fim de semana do Dia do Trabalho que foi comemorado no leste com mangueiras de incêndio, cães policiais e gás lacrimogêneo. Como gritaram as manchetes: "Turbas adolescentes fazem protesto em cinco estados; centenas foram presos", estudantes secundários e universitários terminaram o verão com protestos em Clermont (Indiana), Lake George (Nova York), Wildwood (Nova Jersey), Ocean City (Maryland), Falmouth e Hyannis (Massachussetts) e Hampton Beach (New Hampshire). Os assoberbados policiais locais tiveram de receber reforços de cães policiais, patrulheiros do estado e até pessoal da Defesa Civil.[31] Mas a área de Los Angeles permaneceu quieta... por alguns dias.

ANARQUIA DE OUTONO

No segundo fim de semana de setembro, como é comum no fim do verão, fez um calor de rachar em Los Angeles, e as grandes multidões da estação apinharam as praias para escapar de temperaturas de quase 40 graus nos vales. Seis mil fãs tiveram sorte de conseguir ingressos para ouvir Ray Charles cantar na noite de domingo no Hollywood Bowl. O gênio cego do *rhythm and blues* estava no auge de uma extraordinária popularidade "mista" que reunia uma gigantesca plateia multirracial em qualquer lugar fora do sul. Mas sua última turnê tivera problemas logísticos e disputas com autoridades locais. Uma semana antes, a polícia havia apontado mangueiras de incêndio contra mil fãs furiosos em Portland, depois que o avião de Charles ficou retido em Seattle.

A multidão, por sua vez, destruiu o salão de baile do Palais Royale e arrebentou carros e janelas de escritórios na área do centro, o primeiro protesto violento na história da cidade.[32]

O show no Hollywood Bowl começou sem problemas sob os olhares vigilantes dos críticos de música do DPLA. Enquanto o ritmo aumentava, centenas de adolescentes – negros, brancos e latinos – achavam a batida irresistível. "Alguns dos jovens que gritavam", informou o *Examiner* no dia seguinte, "organizaram um grupo de dança e fizeram uma apresentação improvisada do que a polícia disse que eram danças censuráveis, inclusive a popular Jungle Bunny". Quer a dança fosse "suja" demais, interracial demais ou ambas as coisas, a polícia decidiu interromper o show. As luzes foram acesas, e quando os "fãs que giravam gritando" protestaram, foram convocadas reservas da Delegacia de Hollywood do DPLA. O "tumulto adolescente" que se seguiu, esparramando-se pelo estacionamento e pelo Griffith Park ao lado, envolveu entre 500 e 600 espectadores; dez foram presos.[33]

Três semanas depois, o suburbano oeste do vale de San Gabriel (logo a leste do centro de Los Angeles) explodiu numa violência adolescente que requereu severamente os recursos combinados do Departamento do Xerife, da Patrulha Rodoviária e de 12 departamentos de polícia municipais. A causa mais óbvia foi um jogo de futebol, mas outras ansiedades podiam estar envolvidas. Uma coluna do escritor Russ Leadabrand no *Pasadena Star-News* sugere a atmosfera estranha, temerosa e até mesmo apocalíptica em muitos lares do vale, durante outubro de 1961:

> Os telefones na sede da defesa civil de Pasadena estiveram ocupados durante essas últimas semanas – desde a última crise em Berlim e o resultante aumento na chance de guerra nuclear. Os telefonemas vêm de membros do público comum que agora estão mais do que nunca preocupados com a possibilidade da morte medonha, súbita e dolorosa. O povo de Pasadena procura a resposta para uma pergunta principal: Será que as pessoas devem construir um abrigo antibombas em casa?

"RUIM COMO A BOMBA H"

Leadabrand entrevistou o diretor da Defesa Civil local (DC) Ted Smith, que alertou aos leitores que eles deviam estar nos quintais dos fundos, cavando para a sobrevivência da família diante do holocausto que "agora pode acontecer mais facilmente do que nunca". Mas "uma coisa apavorante está no caminho da recuperação eficaz depois de um ataque".

> Smith é de uma franqueza arrepiante sobre isso. É a sabotagem. Smith está convencido de que há agentes russos na área de Pasadena, não apenas engajados ativamente em tentar destruir o DC, mas que, no caso de um ataque, tentariam atrapalhar os programas de recuperação.[34]

Enquanto alguns de seus pais, a conselho de Leadabrand e Smith, compravam contadores Geiger, centenas de carros cheios de adolescentes, como sempre depois dos jogos de futebol nas noites de sexta-feira (nesse caso, em 7 de outubro), convergiam para seus drive-ins prediletos no Valley Boulevard. Por volta da meia-noite, foram trocados insultos entre os vitoriosos que cantavam vantagem (da Monrovia High) e os humilhados perdedores (da Alhambra High), e a briga que se seguiu rapidamente se transformou num "redemoinho de socos que se espalhou numa área de cinco quarteirões", bloqueando o tráfego por mais de seis quilômetros, a leste e oeste, ao longo do Valley Boulevard. Com seu transmissor móvel, uma estação de rádio local transmitia um vívido relato, soco a soco, da confusão, que segundo a polícia "atraiu centenas de outros ao local, todos loucos para se juntar à balbúrdia". Enquanto tentavam prender um jovem forte a quem acusavam de "provocar a turba", os policiais de Alhambra foram suplantados e espancados. "Eles empurravam", informou o comandante do plantão, "tentando arrancar armas dos coldres dos policiais, puxando seus chapéus, pulando nas costas deles e tentando derrubá-los". O desesperado apelo de "999" (código para protesto violento) em Alhambra foi respondido por mais de cem policiais do xerife e de outras jurisdições. Bloquearam o acesso ao Valley

Boulevard e ordenaram que os aproximadamente 1.200 baderneiros se dispersassem. A resposta comum foi: "Vão para o inferno." Depois de uma hora de mais confusão, 31 jovens adultos e 60 menores estavam sob custódia. O acontecimento foi caracterizado como "um dos piores exemplos de desobediência civil" no condado de Los Angeles desde os protestos dos Zoot Suits, em 1943.[35]

Isso foi seguido por mais fins de semana com choques entre adolescentes e policiais nos vales suburbanos de Los Angeles. Na noite de 14 de outubro, as polícias de Monrovia e Arcadia dispersaram "uma turba de mais de cem adolescentes... armados com porretes" no estacionamento da pista de corridas de Santa Anita. No fim de semana seguinte, um grupo de policiais do xerife e patrulheiros rodoviários em South El Monte "acabaram com um incipiente protesto de adolescentes... com a prisão de 16 suspeitos armados. Os jovens carregavam bastões de beisebol com pregos, chicotes de arame, socos ingleses e correntes com grampos". Foram acusados de "desordem" ("comportamento que leva a protesto violento"). Por fim, em 17 de novembro, a reação em cadeia da violência adolescente culminou no campo de futebol da Monroe High School em Van Nuys quando uma multidão de 300 jovens lutou com guardas da escola e policiais do DPLA.[36]

Enquanto o sul da Califórnia recuperava a liderança nacional em anarquia juvenil, os donos da verdade na região estavam perplexos e furiosos. "Esses não são incidentes infantis", disse à imprensa o prefeito Yorty, de Los Angeles, "e sim revoltas sérias contra a lei". Mas ele admitiu: "Não sei onde está o fracasso, se nas escolas, em casa ou onde."[37] O *Los Angeles Times* viu uma "imagem apavorante" no crescente arco de desafio dos adolescentes desde o Griffith Park até Alhambra. O jornal alertava que "a violência da turba e os ataques contra policiais ameaçam crescer até um terror em escala total" e sugeria que talvez houvesse uma coordenação subjacente nos levantes. ("Uma das armas prediletas dos agressores de policiais nesta cidade é uma tábua cheia de pregos.")[38] O *Examiner* afirmou que "elementos demagógicos e subversivos veem esses distúrbios como meios de promover o apoio público para suas próprias ambições", e publicou uma entrevista com uma autoridade policial, com uma manchete bizarra: "A violência [adolescente] é tão ruim quanto a bomba H". Finalmente, um colunista local garantiu aos leitores que por trás dessas "aparentemente inexplicáveis ações de turbas contra a polícia", como o protesto em Alhambra, "o FBI vê um deliberado padrão de ataque comunista".[39]

Quaisquer que fossem as causas da epidemia de protestos de adolescentes, o *Examiner* tinha certeza de que a única cura era a polícia tirar as luvas de pelica. A voz do cidadão Hearst aplaudiu o xerife Pitchess por ordenar a seus policiais, depois do protesto de Alhambra, "a carregar cassetetes, além dos revólveres, e usá-los sempre que necessário". Também elogiou um juiz da Suprema Corte por sentenciar dois dos réus do Griffith Park a um ano de prisão. "Está na hora de enfrentar a força com a força, e os pedidos de ternura, sob o pretexto de juventude ou sexo, com seriedade judicial." No passado, reclamações de liberais e minorias sobre a brutalidade policial apenas haviam amarrado as mãos dos homens da lei. "Os policiais foram induzidos a adotar uma atitude de docilidade submissa que frequentemente se mostrava um convite ao desrespeito, ao desprezo à lei e finalmente à resistência armada, como exemplificado pelos protestos em Zuma Beach e no Griffith Park."[40]

REVISANDO OS ANOS 1960

No sul da Califórnia, os loucos verões de 1960 e 1961 foram um prelúdio a uma série de famosas insurreições: os protestos de Watts em 1965, os chamados "protestos hippies" na Sunset Strip entre 1966 e 1970 e as "explosões" nas escolas do Eastside em 1968–1969. Ainda que a mania de pegas nas ruas tenha diminuído consideravelmente em 1964, os desafios adolescentes ao controle policial sobre a noite e a rua se tornaram elaboradamente institucionalizados nos cruzamentos de subculturas dos "passeios de automóveis" no Van Nuys Boulevard (garotos brancos do Vale), na Sunset Strip ("hippies"), no Whittier Boulevard (chicanos do Eastside) e, muito mais tarde, no Crenshaw Boulevard (jovens negros). Mas em que sentido as insubordinações adolescentes no início dos anos 1960 alimentaram diretamente ou condicionaram as explosões políticas depois de 1964? E até onde essas rebeliões jovens, racialmente segmentadas, compartilham qualquer crença ou sensibilidade comum?

A genealogia mais dramática é a progressão crescente de protestos e consciência que liga o protesto do Griffith Park, no Memorial Day de 1961, ao protesto de Los Angeles ("Watts") em agosto de 1965. Uma história extraordinária ainda precisa ser contada. Frustrados na possibilidade de integrar ou ter acesso à cidade mais ampla, os jovens negros de Los Angeles e outros lugares começaram a lutar espontaneamente pelo controle substantivo do espaço comunitário – um movimento que mais tarde seria cultuado no programa do Partido dos Panteras Negras para a "autodeterminação". Ainda que os historiadores finalmente estejam produzindo bons relatos dos heróis comuns e do ativismo popular do movimento sulista pelos direitos civis, ainda sabemos pouco sobre a revolução cultural e de geração nas comunidades negras do norte, ou os padrões de desafio que ligam a chegada à maioridade no final dos anos 1950 e início dos 1960 até os levantes quase revolucionários do fim da década de 1960.

O verdadeiro motor dos anos 1960, tanto política quanto culturalmente, não foi o campus universitário e sim o gueto urbano, e o acontecimento decisivo foi a transformação de jovens sulistas transplantados numa "nova geração" militante. Além disso, 1961 parece ter sido o divisor de águas nesse processo de autodefinição de gerações. A contrapartida dos protestos altamente organizados no sul foi a súbita onda de resistência violenta ao racismo policial no norte. Seguindo o protesto do Griffith Park, houve grandes confrontos no Harlem (31 de maio e de novo em 19 de julho), Chicago (14 de julho depois de jovens negros tentarem integrar uma praia "só para brancos") e em Newark

(27 de setembro). Em outubro, a direitista *U.S. News & World Report* afirmou que 48 pessoas tinham sido mortas e 9.261 feridas em dezenas de levantes nos guetos. De fato, a revista alardeava que uma "epidemia" de "brigas contra policiais" estava engolfando as grandes cidades do país. Sem dúvida aqui está um poderoso antecedente da militância negra que viria em seguida.[41]

A trajetória social dos protestos com confrontos de adolescentes brancos e sua possível contribuição para o apelo da nova esquerda, mais tarde, são obviamente menos claras. De fato, a maioria dos historiadores dos anos 1960 ignora a onda de inquietação adolescente no início da década que criou tanta ansiedade entre os chefes de polícia e anticomunistas profissionais. Os poucos que reconhecem um levante premonitório se concentram tipicamente no protesto do festival de jazz de Newport em 1959 ou evocam "adolescentes ricos" que "flertavam com a parte inofensiva da cultura da delinquência". Mas os protestos dos *hot-rods* e das praias no sul da Califórnia envolviam na maior parte um estrato social bem diferente dos universitários ricos de Newport ou as típicas turbas de férias nas praias de ontem e hoje. As demonstrações públicas dos presos confirmam a percepção contemporânea de que os adolescentes e jovens adultos que lutaram contra a polícia no El Cajon Boulevard, em 1960, ou no Valley Boulevard, em 1961, eram de bairros e subúrbios de classe operária. Do mesmo modo, a multidão turbulenta em Zuma Beach era mais provavelmente dominada por jovens das monótonas subdivisões do Vale de San Fernando e dos bairros das planícies de L.A., e não dos filhos do cinema em Malibu.

Minha própria lembrança da época é a quase insuportável e claustrofóbica tensão entre a percepção dos sonhos adolescentes e a realidade de crescer como operário. Meus amigos e eu éramos hipnotizados por beatniks, surfistas, motoqueiros viajantes e outros espíritos livres que pareciam viver num "Verão Interminável" de aventuras libidinosas sem as restrições de trabalhos depois da escola, do alistamento militar e de futuros pré-programados nas mesmas casas de nossos pais e nossas mães. O gosto antecipado da utopia nas noites de sexta-feira, nas escolas secundárias, tornava ainda menos suportável o futuro de socos no despertador segunda-feira de manhã. Nós fervilhávamos de ciúme de todo mundo que vivia na praia, passava as noites num café ou ia para uma universidade de elite. Todd Gitlin está correto em afirmar que o "mercado vendia suas bandeiras à sociedade adolescente", mas nem todos que eram seduzidos por essa visão podiam participar dela.[42] Com a miragem da inalcançável cornucópia a distância, torna-se ainda mais urgente arrancar o máximo possível de liberdade, empolgação e pura quilometragem da noite.

Estou reivindicando, em outras palavras, que os protestos de adolescentes brancos no início dos anos 1960 foram amplamente impulsionados pelas feridas ocultas de classe colidindo com uma arrogante ideologia da riqueza: isto é, uma riqueza que nós reinterpretávamos, com a ajuda dos beatniks e surfistas, como a possibilidade de tempo livre e espaço além do programa da sociedade de linha de montagem. Essa reinterpretação era uma semente radical, tornada ainda mais premente devido às ameaças nucleares e ao sentimento apocalíptico da Guerra Fria. A busca de liberdade, ainda que inarticulada e incipiente, dava uma dignidade e um sentido histórico às nossas pequenas rebeliões e, em conflito com o estado policial suburbano, gerava uma poderosa repulsa pela autoridade arbitrária. De fato, o antiautoritarismo, tendendo um novo romantismo de revolta e desobediência, foi o substrato cultural vital dos anos 1960. E era inevitável que os mais corajosos e intransigentes antiautoritários – os jovens dos guetos negros – se tornassem poderosos modelos para todo mundo.

No fim, a crença paranoica de Fred Schwartz e do chefe Parker, de que a rebelião dos jovens brancos era de algum modo instigada pelos protestos pacifistas no sul e pelos Freedom Rides, acabou se mostrando uma profecia que acaba forçando a própria realização. Por exemplo, na longa luta contra os toques de recolher e o controle de multidões na Sunset Strip, no fim dos anos 1960 (parodiados no filme sensacionalista

"RUIM COMO A BOMBA H"

Riot on the Sunset Strip), a juventude branca foi cada vez mais persuadida de que sua resistência a um violento departamento do xerife era um segundo front na batalha travada pelo Partido dos Panteras Negras, no centro-sul de L.A. O entrevero culminante entre milhares de jovens brancos e os policiais do xerife em 1969 foi mobilizado por um panfleto psicodélico exigindo "Libertem a Strip! Libertem Huey!". A batalha pela Noite urbana tinha juntado forças com a Revolução.

2001

NOTAS

1. *San Diego Union*, 24 de agosto de 1960.
2. *San Diego Union*, 20 de agosto de 1960.
3. *San Diego Union*, 22 de agosto de 1960.
4. *Los Angeles Times*, 22 de agosto de 1960.
5. *Los Angeles Examiner*, 22 de agosto de 1960.
6. *San Diego Union*, 22 de agosto de 1960.
7. *San Diego Union*, 23 de agosto de 1960.
8. A parada dos cinco mais em San Diego durante o fim de semana do tumulto: (1) "It's Now or Never" [Elvis]; (2) "Walk, Don't Run" [Ventures]; (3) "Twist" [Chubby Checkers]; (4) "Itsy, Bitsy, Teenie Weenie Polka Dot Bikini" [Bryan Hyland] e (5) "Only the Lonely" [Roy Orbison]; *San Diego Union*, 20 de agosto de 1960.
9. *San Diego Union*, 22–23 de agosto de 1960.
10. *San Diego Union*, 24, 28, 29 de agosto de 1960.
11. *San Diego Union*, 24 de agosto de 1960.
12. *San Diego Union*, 23 e 24 de agosto de 1960.
13. *San Diego Union*, 23 de agosto de 1960.
14. *San Diego Union*, 25–26 de agosto de 1960.
15. *San Diego Union*, 26 de agosto de 1960.

16. *Los Angeles Examiner*, 15 de outubro de 1960.
17. *Los Angeles Times*, 2 de maio de 1961.
18. *Los Angeles Examiner*, 8 e 9 de maio de 1961.
19. *Los Angeles Examiner*, editorial, 1º de junho de 1961.
20. *Los Angeles Examiner*, matéria, 1º de junho de 1961.
21. *Los Angeles Times*, 3 de maio de 1961. A polícia acuada só conseguiu fazer três prisões, mas se vingou acusando dois dos réus de "tentativa de assassinato" e "linchamento". Mais tarde as acusações foram reduzidas a agressão e os dois foram sentenciados a um ano de cadeia (*Los Angeles Examiner*, 31 de maio, 2 de junho e 25 de outubro de 1961).
22. 12 de junho de 1961. A mesma foto havia aparecido no *New York Times* em 1º de junho.
23. *Los Angeles Examiner*, 5 de junho de 1961.
24. Ib. e *Los Angeles Times*, 5 de junho de 1961.
25. *Los Angeles Examiner*, 10 e 11 de junho de 1961.
26. *Los Angeles Times*, 5 de junho de 1961.
27. *Los Angeles Examiner*, 11 de junho de 1961.
28. *Los Angeles Examiner* e *Los Angeles Times*, 12 de junho de 1961.
29. *Los Angeles Times*, 5 de julho de 1961.
30. *Los Angeles Times*, 16 de julho de 1961.
31. *Los Angeles Examiner*, 5 de setembro de 1961; e *U.S. News & World Report*, 18 de setembro de 1961.
32. *Los Angeles Times*, 5 de setembro de 1961.
33. *Los Angeles Times*, 11 de setembro de 1961.
34. *Pasadena Star-News*, 12 de outubro de 1961.
35. *Pasadena Star-News*, *Los Angeles Times* e *Los Angeles Examiner*, 15 de outubro de 1961.
36. *Los Angeles Examiner*, 15 e 27 de outubro; 17 de novembro de 1961.
37. *Los Angeles Examiner*, 12 de outubro de 1961.
38. *Los Angeles Times*, 16 de outubro de 1961.
39. *Los Angeles Examiner*, 12 de outubro de 1961. *Pasadena Star-News*, 11 de outubro de 1961.

40. *Los Angeles Examiner*, 29 de outubro de 1961.
41. "Where Even Police Are Not Safe: 48 Killed, 9261 Hurt in U.S. Cities", *U.S. News & World Report*, 9 de outubro de 1961.
42. Todd Gitlin, *The Sixties: Years of Hope, Days of Rage*, Nova York, 1987, p. 26–29. Este é um brilhante livro de memórias (disfarçado de história sinóptica) da coorte política de Gitlin: a "velha guarda" do SDS que vinha de famílias ricas e progressistas e frequentava universidades de elite. Ex--melhor aluno da famosa Bronx High School of Science, que alardeou só haver matado aula uma vez, Gitlin não é lá muito predisposto a entender os relacionamentos entre delinquência e revolta na cultura jovem mais ampla.

Esquina do Sunset Boulevard com La Brea, Hollywood, 2 de maio de 1992

12. Queimando todas as ilusões

O veículo blindado de transporte de pessoal está parado no canto como *un gran sapo feo* – "um sapo grande e feio" –, segundo Emerio, de 9 anos. Seus pais conversam ansiosos sobre os desaparecidos: Raul, de Tepic, o grande Mario, a jovem Flores e o primo de Ahuachapán. Como todos os salvadorenhos, eles sabem sobre os que "desaparecem"; lembram-se dos cadáveres sem cabeça e do homem cuja língua foi arrancada pelo buraco aberto na garganta, como uma gravata. Foi por isso que vieram para Los Angeles, Califórnia.

Agora estão contando os amigos e vizinhos, salvadorenhos e mexicanos, que desapareceram subitamente. Alguns ainda estão na cadeia do condado na Bauchet Street, perdidos entre os outros 17 mil supostos saqueadores e incendiários detidos depois do mais violento distúrbio civil americano desde que os pobres irlandeses queimaram Manhattan, em 1863. Os que não têm documentos provavelmente já estão de volta em Tijuana, abalados e desconsolados, separados das famílias e da vida nova. Violando a política municipal, a polícia entregou centenas de saqueadores sem documentos ao Serviço de Imigração, para serem deportados antes mesmo que o ACLU ou os grupos de defesa dos direitos dos imigrantes soubessem que eles tinham sido presos.

Durante dias, a televisão falou do "protesto no centro-sul", na "fúria negra" e nos "Crips and Bloods". Mas os pais de Emerio sabem que milhares de seus vizinhos do distrito de MacArthur Park – lar de quase um décimo de todos os salvadorenhos do mundo – também saquearam, queimaram, ficaram fora de casa depois do toque de recolher e foram para a cadeia. (Uma análise das 5 mil primeiras prisões em toda a cidade revelou que 52% dos detidos eram latinos pobres, 10% brancos e 38% negros.) Também sabem que o primeiro protesto multirracial da nação teve tanto a ver com barrigas vazias e corações partidos quanto com os cassetetes da polícia e Rodney King.

Na semana anterior ao protesto, fez um calor pouco característico. À noite as pessoas se demoravam, falando de seus novos problemas. Num bairro muito mais apinhado do que a área central de Manhattan e mais perigoso do que o centro de Detroit, com mais viciados em crack e estupradores do que eleitores registrados, *la gente* sabe rir de todo desastre, a não ser do último. No entanto, havia uma nova melancolia no ar.

Pessoas demais vinham perdendo emprego: seus trabalhos *pinche* de 5,25 dólares por hora como costureiras, ajudantes de garçom e operários de fábricas. Em dois anos de recessão, o desemprego triplicou nos bairros de imigrantes em L.A. No Natal, mais de 20 mil mulheres e crianças predominantemente latinas de toda a área central da cidade esperaram durante toda a noite para ganhar um peru e um cobertor grátis. Outros barômetros da inquietação são as colônias de *compañeros* sem-teto que crescem cada vez mais em Crown Hill e no leito de concreto do rio L.A., onde as pessoas são obrigadas a usar água do esgoto para tomar banho e cozinhar.

Enquanto as mães e os pais perdem o emprego, ou enquanto parentes desempregados passam para o abrigo da família ampliada, há uma pressão cada vez maior sobre os adolescentes para suplementar a renda da família. A Belmont High School é o orgulho de "Little Central America", mas com quase 4.500 estudantes é uma escola muito apinhada, e mais 2 mil alunos precisam ser levados de ônibus para escolas distantes no Vale de San Fernando e outros lugares. Além disso, 7 mil adolescentes na área de Belmont abandonaram os estudos. Alguns entraram para a *vida loca* da cultura das gangues, mas a maioria está lutando para encontrar empregos de salário mínimo numa economia em declínio.

Os vizinhos que entrevistei em MacArthur Park, como os pais de Emerio, falam desse sentimento crescente de inquietação, uma percepção de um futuro que já está saqueado, e para eles a manifestação chegou como uma desobrigação mágica. Inicialmente as pessoas ficaram chocadas com a violência, depois, hipnotizadas pelas imagens de televisão mostrando multidões birraciais no centro-sul de L.A. servindo-se de montanhas de mercadorias sem interferência da polícia. No dia seguinte, quinta-feira, 30 de abril, as autoridades se atrapalharam duas vezes: primeiro suspendendo as aulas e liberando os jovens; depois, anunciando que a Guarda Nacional estava a caminho para ajudar a manter o toque de recolher que ia do crepúsculo ao amanhecer.

Milhares interpretaram isso como um último chamado para participar da redistribuição geral da riqueza. O saque se espalhou com força explosiva por Hollywood e MacArthur Park, bem como partes de Echo Park, Van Nuys e Huntington Park. Ainda que os incendiários espalhassem destruição, as multidões de saqueadores eram governadas por uma visível economia moral. Como me explicou uma senhora de meia-idade: "Roubar é pecado, mas isso é como um programa de jogos pela televisão, onde todo mundo na plateia pode ganhar." Diferentemente dos saqueadores em Hollywood (alguns de skate) que roubaram o bustiê de Madonna e todas as calcinhas cavadas da Frederick's, as massas de MacArthur Park se concentraram nas prosaicas necessidades da vida como inseticida e fraldas descartáveis.

Uma semana depois, MacArthur Park se encontra sob estado de sítio. Uma linha telefônica especial convida as pessoas a denunciar vizinhos ou conhecidos suspeitos de saque. Unidades de elite do Departamento de Polícia de Los Angeles, apoiadas pela Guarda Nacional, varrem os cortiços em busca de mercadorias roubadas, enquanto patrulheiros de fronteira vindos de lugares tão distantes quanto o Texas percorrem as ruas. Pais frenéticos procuram filhos desaparecidos, como Zuly Estrada, de 14 anos e doente mental, que supostamente foi deportada para o México.

Enquanto isso, milhares de saqueadores, muitos deles rapineiros capturados nas ruínas calcinadas um dia depois do saque, estão na cadeia do condado, incapazes de pagar as fianças. Um homem, apanhado com um pacote de sementes de girassol e duas caixas de leite, teria de pagar 15 mil dólares; centenas de outros enfrentam acusações de crime e possíveis penas de dois anos. Promotores exigem sentenças de 30 dias por violações do toque de recolher, apesar de muitas dessas pessoas serem sem-teto ou gente de língua espanhola que não sabia do toque de recolher. Essas são as "ervas daninhas" que George Bush disse que precisamos arrancar do solo de nossas cidades antes que ele possa ser plantado com as "sementes" de zonas de empreendimento e cortes de impostos para o capital privado.

Há uma apreensão crescente de que toda a comunidade se torne um bode expiatório. Um feio nativismo do tipo "fechem a fronteira" vem crescendo no sul da Califórnia, desde o início da recessão. Uma turba de republicanos de Orange County, liderados pela deputada Dana Rohrabacher, de Huntington Beach, exige a deportação imediata de todos os imigrantes sem documentos presos durante os distúrbios, enquanto o democrata liberal Anthony Beilenson, parecendo o "filho de Le Pen" do Vale de San Fernando, propõe tirar a cidadania dos filhos de imigrantes ilegais nascidos nos Estados Unidos. Segundo Roberto Lovato, do Centro de Refugiados Centro-americanos de MacArthur Park, "Estamos virando as cobaias, os judeus, o laboratório militarizado onde George Bush está inventando sua nova ordem urbana".

UMA INTIFADA NEGRA?

Tak "Pequeno Gângster" não consegue superar o espanto por estar na mesma sala da mesquita do Irmão Aziz com membros dos Crips de Inglewood. O belo Tak, de 22 anos, ainda tem duas balas dos Crips no corpo, e "eles ainda carregam algumas das minhas". Alguns dos Crips e dos Bloods, cujas cores, azul e vermelha, são praticamente bandeiras, lembram-se uns dos outros dos tempos de escola, mas se encontraram principalmente por cima dos canos das automáticas numa guerra que dividiu Inglewood – a agradável cidade de maioria negra no sudoeste de L.A., onde os Lakers jogam – com um rio de sangue adolescente. Agora, como explica Tak: "Todo mundo sabe qual é a hora. Se não pararmos de matar agora e nos unirmos como negros, nunca faremos isso."

Ainda que o Irmão Aziz e a Nation of Islam tenham oferecido os auspícios formais para o tratado de paz, as verdadeiras mãos que "amarraram os trapos vermelhos e azuis juntos numa 'trança preta'" estão em Simi Valley. Poucas horas depois do primeiro ataque contra motoristas brancos, que começou na 8-Trey (83rd Street), território dos Crips perto da Florence e Normandie, a guerra insaciável entre os Crips e os Bloods, alimentada por mil vinganças de vizinhos e garotos mortos, foi "posta em trégua" em toda Los Angeles e nos subúrbios negros de Compton e Inglewood.

Diferentemente da rebelião de 1965, que explodiu ao sul de Watts e permaneceu principalmente no lado leste, mais pobre, do gueto, o protesto de 1992 chegou à temperatura máxima ao longo do Crenshaw Boulevard – o próprio coração do Westside, o lado mais rico da Los Angeles negra. Apesar das ilusões de "atualidade" de imersão total proporcionadas pelas minicâmeras e helicópteros, a cobertura do lado irado da manifestação por parte da televisão foi ainda mais distorcida do que o aço derretido dos devastados shopping centers de Crenshaw. A maioria dos repórteres, "saqueadores de imagens", como agora estão sendo chamados no centro-sul, meramente repassavam clichês enquanto pisavam nas ruínas de vidas que eles não tinham o menor desejo de entender. Um violento caleidoscópio de complexidade espantosa foi chapado numa única categoria: a legítima raiva negra por causa da decisão no processo King sendo roubada por criminosos e transformada num ataque enlouquecido contra sua própria comunidade.

Assim, involuntariamente, a televisão local imitou o julgamento sumário da Comissão McCone, de que o protesto de Watts, em 1965, era primariamente um ato de bandidos. Naquele caso, um estudo subsequente da UCLA revelou que a "algazarra da gentalha" foi na verdade um levante popular envolvendo pelo menos 50 mil adultos da classe trabalhadora e seus filhos adolescentes. Quando os registros de prisões desse último levante forem analisados, provavelmente farão jus ao julgamento de muitos moradores, de que todos os segmentos da juventude negra, membros de gangues e não membros de gangues, negros "yuppies" e pobres, tomaram parte na desordem.

Ainda que em Los Angeles, como em outros lugares, a nova classe média negra tenha se afastado social e espacialmente da classe trabalhadora negra desindustrializada, a Operação Hammer, do DPLA, e outras batidas contra negros, que prenderam jovens aleatoriamente, tentaram criminalizar os jovens negros sem distinção de classe. Entre 1987 e 1990, as forças combinadas do DPLA e do Departamento do Xerife do Condado prenderam 50 mil "suspeitos". Até filhos de médicos e advogados de View Park e Windsor Hills tiveram de "beijar a calçada" e passar por algumas das humilhações que os garotos pobres encaram todo dia – experiências que reforçam a reputação das gangues como heróis de uma geração fora da lei.

Mas se o protesto tinha uma ampla base social, foi a participação das gangues – ou melhor, sua cooperação – que lhe deu ímpeto e direcionamento constantes. Se a rebelião de 1965 foi um furacão, achatando cem quarteirões da Central Avenue desde Vernon até a Imperial Highway, o protesto de 1992 foi um tornado, não menos destrutivo, mas serpenteando através das áreas comerciais do gueto e mais além. A maior parte da mídia não viu qualquer padrão em seu caminho, apenas uma destruição cega, niilista. De fato, os incêndios foram sistemáticos. Na manhã de sexta-feira, 90% da miríade de lojas de bebidas, mercados e bazares de propriedade de coreanos no centro-sul de L.A. tinham sido destruídos. Abandonados pelo DPLA, que não fez qualquer tentativa de defender os pequenos estabelecimentos, os coreanos sofreram danos ou destruição de quase 2 mil lojas, desde Compton até o coração da própria Koreatown. Uma das primeiras a ser atacada (ainda que, ironicamente, tenha sobrevivido) foi a mercearia onde Latasha Harlins, de

15 anos, levou um tiro na nuca no ano passado, dado pelo vendedor coreano Soon Ja Du numa discussão por causa de uma garrafa de suco de laranja no valor de 1,79 dólar. A menina morreu com o dinheiro da compra na mão.

Latasha Harlins, um nome que praticamente não foi mencionado na televisão, foi a chave para o colapso catastrófico das relações entre as comunidades negra e coreana de L.A. Desde que a juíza branca Joyce Karlin liberou Soon Ja Du com uma multa de 500 dólares e serviço comunitário – sentença que declarava que tirar a vida de uma criança negra era pouco mais sério do que dirigir bêbado –, alguma explosão interétnica vinha sendo praticamente inevitável. Os vários quase protestos no tribunal de Compton nesse inverno foram os primeiros sinais do sofrimento não aplacado da comunidade negra por causa do assassinato de Latasha Harlins. Nas ruas do centro-sul, na quarta e quinta-feira, me disseram repetidamente: "Isso é por Latasha."

O equilíbrio de ressentimentos na comunidade é complexo. Rodney King é o símbolo que liga o racismo policial desabrido em Los Angeles à crise da vida dos negros em outros lugares, desde Las Vegas a Toronto. De fato, está se tornando claro que o caso de King pode ser um divisor de águas quase tão importante na história americana quanto o de Dred Scott, um teste do próprio significado da cidadania pela qual os afro-americanos lutaram durante 400 anos.

Mas no nível mais popular, especialmente entre as gangues de jovens, Rodney King pode não ter a mesma ressonância. Como me disse um dos Bloods de Inglewood: "Rodney King? Merda, minha rapaziada leva surra da polícia todo dia. Esse protesto tem a ver com os carinhas assassinados pela polícia, com a irmãzinha morta pelos coreanos. Rodney King é só o gatilho."

Ao mesmo tempo, os que previam que o próximo protesto de L.A. seria um literal armagedom se mostraram errados. Apesar de milhares de pichações nas paredes do centro-sul dizendo "Morte à polícia", as gangues evitaram o confronto de guerrilha que são tão formidavelmente equipadas para travar. Como em 1965, não houve sequer um policial do DPLA morto, e de fato houve muito poucos ferimentos de qualquer tipo nos policiais.

Nesse round, pelo menos, a força das gangues foi dirigida para saquear e destruir as lojas dos coreanos. Se Latasha Harlins é o pretexto passional, também pode haver outros objetivos. Vi pichações no centro-sul defendendo: "Primeiro dia: a gente queima. Segundo dia: a gente reconstrói." O único líder nacional que a maioria dos Crips e Bloods parecem levar a sério é Louis Farrakhan, e seu objetivo para a autodeterminação econômica dos negros é amplamente compartilhado. (Deve-se enfatizar que Farrakhan jamais defendeu a violência como meio para chegar a esse objetivo.) Na conferência de cúpula das gangues em Inglewood, em 5 de maio, houve repetidas referências a um renascimento de um capitalismo negro a partir das cinzas das empresas dos coreanos. "Afinal de contas", me disse mais tarde um ex-Crip, "nós não queimamos nossa comunidade, só as lojas *deles*".

Enquanto isso, a polícia e os militares que ocupavam Los Angeles não deram crédito a qualquer transformação pacífica, quanto mais empreendedora, das culturas das gangues negras de L.A. O movimento ecumênico dos Crips e dos Bloods é o pior que eles podem imaginar: a violência das gangues não mais aleatória, e sim politizada numa *intifada* negra. O DPLA se lembra muito bem de que, há uma geração, a rebelião de Watts produziu uma paz entre as gangues, a partir da qual cresceu o braço do Partido dos Panteras Negras em Los Angeles. Como se para provar suas suspeitas, a polícia fez circular a cópia de um panfleto anônimo e possivelmente espúrio pedindo a unidade das gangues e "olho por olho... se o DPLA ferir um negro, nós mataremos dois deles."

De sua parte, a administração Bush federalizou a repressão em L.A., com um olho no espetáculo do presidente marchando em triunfo, como um imperador romano, com Crips e Bloods capturados e acorrentados. Por isso o Departamento de Justiça despachou para L.A. a mesma força-tarefa de elite composta por agentes federais que capturaram Manuel

Noriega no Panamá, como reforço para os empenhos do DPLA e do FBI no sentido de descobrir os supostos instigadores dos protestos. Mas como disse um veterano do protesto de 1965, enquanto via equipes da SWAT prendendo algumas das centenas de membros da gangue rival que tentavam se reunir pacificamente em Jordan Downs em Watts: "Aquele imbecil do Bush acha que a gente é idiota que nem Saddam. Que vai mandar os fuzileiros a Compton e ser reeleito. Mas isso aqui não é o Iraque. Aqui é o Vietnã, meu chapa."

O GRANDE TEMOR

Um ressentimento que alimentava a rebelião de Watts e as subsequentes insurreições urbanas em 1967–1968 era o crescente desemprego entre os negros no meio de um boom econômico. O que os jornalistas contemporâneos descreviam temerosos como o início de uma "Segunda Guerra Civil" era tanto um protesto contra a exclusão da América negra da expansão militar-keynesiana dos anos 1960 quanto um levante contra o racismo policial e a segregação nas escolas e nos programas de moradia. O protesto de 1992 e sua possível prole devem, do mesmo modo, ser entendidos como insurreições contra uma ordem político-econômica intolerável. Como até mesmo o *Los Angeles Times*, principal chefe de torcida para a "World City L.A.", agora reconhece nos editoriais, a globalização de Los Angeles produziu "uma devastadora pobreza para os que têm carência de capacidades e recursos".

Ainda que o bilhão de dólares em lojas de bebidas e minimercados destruídos em L.A. possa parecer ninharia diante dos quase 2,6 trilhões de dólares recentemente aniquilados na Bolsa de Valores de Tóquio, a queima de Oz provavelmente se encaixa no mesmo nicho hegeliano da explosão da Economia de Bolha: não o "fim da história" no litoral de Malibu, e sim o começo de uma dialética nefasta à beira do Pacífico. Foi alucinação imaginar que a roda da economia mundial poderia ser girada indefinidamente por um Himalaia de déficits americanos e um iene fictício.

Mas essa crise estrutural da "esfera de coprosperidade" Japão–Califórnia ameaça traduzir as contradições de classe em conflito interétnico em níveis nacional e local. Grupos culturalmente distintos de "intermediários" – empreendedores étnicos e coisas do tipo – se arriscam a ser vistos como representantes pessoais da mão invisível que saqueou a autonomia econômica de comunidades locais. No caso de Los Angeles, foi tragicamente a pequena loja de bebidas coreana, e não a fortaleza corporativa num arranha-céu no centro, que se tornou símbolo de uma desprezada Nova Ordem Mundial.

De seu lado, o meio milhão de coreano-americanos de L.A. ficou psicologicamente dilacerado pelo fracasso do Estado em protegê-los da fúria dos negros. De fato, vários jovens coreanos me disseram que estavam especialmente amargos porque os shoppings do centro-sul, controlados por Alexander Haagen, um rico colaborador dos políticos locais, foram rapidamente defendidos pela polícia e pela Guarda Nacional, ao passo que as lojas deles foram tranquilamente saqueadas e queimadas. "Talvez seja isso que a gente ganha", disse um estudante da UCLA, "por comprar sem crítica a atitude da classe média branca com relação aos negros e sua fé na polícia."

As perspectivas de uma reconciliação multicultural em Los Angeles dependem muito menos do comitê de reconstrutores corporativos do cavaleiro branco Peter Ueberroth do que de uma recuperação econômica geral no sul da Califórnia. Como reclamou o *Los Angeles Business Journal* (depois de observar que L.A. tinha perdido cem mil empregos industriais nos últimos três anos): "Os protestos são como veneno administrado a um paciente enfermo." Previsões ainda não divulgadas na Southern California Association of Governments pintam um futuro negro para a Terra do Sol, enquanto o crescimento dos empregos, reduzidos pelo declínio da indústria aeroespacial e a mudança de fábricas para o México, está muito atrás do crescimento da população. As taxas de desemprego – sem contar a estimativa de 40 mil empregos perdidos a partir do protesto e do crescente impacto no clima nos negócios – devem permanecer entre 8% a 10% (e entre 40% e 50% para as minorias jovens) durante a próxima geração, ao passo que a crise habitacional, já a mais aguda do país, fará derramar novas ondas de sem-teto. Assim, o aumento na desigualdade de rendimentos no condado de Los Angeles, descrito num importante estudo de 1988 feito pelo professor Paul Ong, da UCLA, irá se tornar um precipício impossível de ser transposto. O verão eterno do sul da Califórnia finalmente acabou.

Moradores ricos de Los Angeles sentiram isso instintivamente enquanto patrulhavam suas propriedades em Hancock Park com espingardas ou partiam em seus BMWs para abrigos nos condados de Orange e Ventura. Nas piscinas de Palm Springs, esperavam ansiosamente notícias do incêndio de Beverly Hills provocado pelos Crips e pelos Bloods, e pensavam no jogo extra de chaves de casa que idiotamente haviam dado à empregada latina. Será que agora ela era uma incendiária? Ainda que seus temores fossem ampliados pela histeria, tentáculos de desordem penetraram de fato em santuários da vida branca como o Beverly Center e o Westwood Village, além dos bairros de Melrose e Fairfax. E o mais alarmante era que a "fina fronteira" do DPLA que os protegera em 1965 se tornara pouco mais do que uma metáfora defunta, a última piada ruim do chefe Gate.

1992

PÓS-ESCRITO

As cinzas de abril–maio de 1992 ainda estão quentes. Apesar de declarações delirantes de que "L.A. voltou!", havia uma pobreza significativamente maior no condado de Los Angeles em 1999 – no auge da prosperidade da "Nova Economia" – do que em 1992. Desde então, o desemprego nos bairros de imigrantes cresceu exponencialmente enquanto o governo local, em especial o assoberbado sistema de saúde do condado (40% da população não têm cobertura médica), enfrenta o pior esmagamento fiscal em uma geração. De modo ainda mais agourento, o movimento de trégua das gangues, que precedeu o levante e provocou o milagre social da unidade entre os Crips e os Bloods, está morrendo, assim como seus organizadores previram há muito, devido à hostilidade oficial e à falta de empregos. Os enterros de adolescentes são de novo um ritual quase diário nos bairros que as empresas pontocom esqueceram.

Enquanto isso, a prefeitura ignorou heroicamente as lições de 1992. Durante os oito anos do reinado do prefeito Richard Riordan – uma verdadeira "renascença de L.A." segundo seus apoiadores –, a política municipal foi reduzida às duas questões de principal preocupação para a classe média branca nas praias e nos morros: aumentar a força policial e restaurar a confiança das empresas. Mais recentemente, a agenda política foi sequestrada pelos separatistas do Vale de San Fernando: uma aliança de associações segregacionistas de proprietários, empresários republicanos e alguns democratas latinos oportunistas. Os confederados do Vale são liderados pela direitista Associação de Proprietários de Sherman Oaks – o mesmo grupo que no correr dos anos serviu como ponta de lança para a rebelião fiscal de Jarvis-Gann (o "protesto branco" original), organizou oposição aos ônibus escolares e mais recentemente defendeu a Proposta Estadual 187, contra imigrantes.

A emancipação do Vale é resultado direto do levante de 1992; uma tentativa racista de redesenhar a fronteira de cor contra a nova maioria. Ainda que os brancos, mesmo no Vale, agora representem apenas 40% da população, eles permanecem sendo mais de três quartos do eleitorado. Dividir Los Angeles permitiria que os proprietários brancos e os interesses empresariais no Vale mantivessem seu domínio político por mais uma década, adiando a inevitável chegada de uma maioria de eleitores latinos. A secessão é o poder branco com suporte de vida artificial. Também é sintoma do pouco que foi concedido à justiça social na última década. E a desigualdade, como sabemos, é a mais famosa ecologia do fogo no sul da Califórnia.

2002

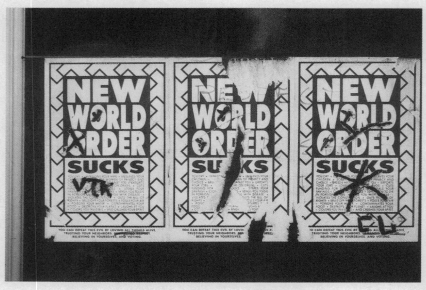

Sentimento popular (1992)
[A nova ordem mundial é uma porcaria]

13. Quem matou L.A.? Uma autópsia política

Foi o feito de conjuração mais extraordinário na moderna história política dos Estados Unidos. A temporada de primavera nas primárias presidenciais mal havia começado quando um vulcão de fúria negra e alienação latina irrompeu nas ruas de Los Angeles. Unidades de elite dos fuzileiros e do Exército, recém-chegadas da Guerra do Golfo, tiveram de ser mandadas para restaurar a ordem nos bangalôs de Compton e Watts. Enquanto a imprensa mundial fazia editoriais apocalípticos sobre o "declínio da América", uma séria procissão de líderes municipais desde Oakland até Bedford-Stuyvesant alertava que suas áreas negligenciadas também eram bombas esperando uma fagulha. Eles lembraram os 164 maiores protestos – a "Segunda Guerra Civil", como alertaram alguns na época – que se espalharam pelos guetos urbanos como fogo selvagem durante três verões depois da "rebelião de Watts" original em 1965.

Enquanto isso, os candidatos a presidente brigavam pela oportunidade fotográfica de bancar os indignados em meio às ruínas de New Jack City. O presidente Bush achou os encontros com os moradores "muito emocionantes, muito comoventes", e prometeu que o governo "tinha a responsabilidade absoluta de resolver problemas internos das cidades".[1] Enquanto as promessas de campanha fluíam como mel, o colunista político William Schneider garantia aos líderes locais: "Centenas de milhões de dólares serão canalizados para L.A." Ao mesmo tempo o *Los Angeles Times* aplaudia o presidente Bush e os democratas do Congresso por se juntarem para tomar "uma atitude rápida para trazer alívio às cidades da nação".[2]

A CIDADE DESAPARECE

Mas dentro de semanas, e antes que ao menos um minimercado incendiado fosse reconstruído, o segundo protesto de Los Angeles, além da crise urbano-racial do país que ele simbolizava, tinha sido virtualmente apagado dos bancos de memória política. O "novo fervor" da administração Bush pela reforma urbana esfriou rapidamente até a indiferença glacial. Quando a Conferência de Prefeitos dos EUA, por exemplo, levou 200 mil manifestantes ao Capitólio em 16 de maio, sob a bandeira "Salvem nossas cidades, salvem nossos filhos!", o secretário de Imprensa da Casa Branca, Martin Fitzwater, simplesmente deu de ombros e reclamou: "Não sei nada disso. Temos passeatas todas as semanas." O principal paliativo oferecido por Bush às cidades conturbadas, em seus discursos canhestros, era um autoritário plano de "arrancar as ervas daninhas e semear" destinado a colocar as verbas de treinamento profissional e desenvolvimento comunitário sob a jurisdição da guerra contra as gangues travada pelo Departamento de Justiça. Enquanto isso, o vice-presidente Quayle alertou ao prefeito Bradley que, se realmente quisesse reconstruir Los Angeles, deveria levantar dinheiro vendendo o aeroporto internacional da cidade.[3]

Dentre os democratas, apenas Jerry Brown permaneceu como defensor explícito, ainda que tardio, dos prefeitos das grandes cidades e seus eleitores. Sua derrota na primária de junho na Califórnia terminou, para todos os objetivos, com os debates sobre a pobreza urbana ou o futuro das cidades. No mais nítido rompimento com a ideologia do New Deal até hoje, a plataforma democrata de 1992, esboçada pelos que apoiavam Clinton sob novas regras que eliminavam o comparecimento formal e a tomada de votos, abandonou a retórica tradicional sobre necessidades urbanas em favor de ênfases de aparência republicana na formação de capital e redução de impostos para empreendedores. O próprio Clinton "se desviou cuidadosamente dos temas de problemas urbanos e raça". Cada pergunta direta sobre o levante de Los Angeles ou a crise fiscal das cidades era respondida com tecnobaboseira neutra sobre "zonas de microempreendimento" e "infraestrutura".[4]

QUEM MATOU L.A.? UMA AUTÓPSIA POLÍTICA

Ouvindo os debates presidenciais no outono, era quase impossível evitar a suspeita de que todos os três campos, inclusive o retornado Perot, estavam agindo em conluio cínico para excluir um assunto que havia se tornado embaraçoso para todos. A palavra "cidade" – agora com código de cor e perturbador para as bases suburbanas comuns dos candidatos – foi expurgada dos diálogos. Desse modo, o gorila de mil quilos da questão urbana foi simples e consensualmente conjurado para longe de vista. De fato, se o veredicto da eleição de 1992 for levado a sério, as grandes cidades, que já foram o fulcro do universo político rooseveltiano, foram rebaixadas ao status de uma periferia eleitoral desprezada e impotente.

Para as populações cansadas de Detroit e Buffalo, isso pode ser notícia velha. Mas em Los Angeles, que até recentemente estava preocupada com fantasias de se tornar a Bizâncio da costa do Pacífico, foi um choque brutal. Para incredulidade dos observadores locais, os protestos da primavera se mostraram uma moeda política quase impossível de ser negociada fora do sul da Califórnia. Se a "reação branca" acabou mais fraca do que fora previsto, houve, simetricamente, muito pouca simpatia nacional pelos problemas de Los Angeles e sua busca de ajuda estadual e federal. Seus próprios subúrbios ricos ajudaram a sabotar uma lei bipartidária de "resgate urbano" no Congresso, enquanto o governador e o Legislativo em Sacramento queimavam figurativamente a cidade pela segunda vez com bilhões de dólares de cortes nas verbas para escolas e setores públicos.

Inesperadamente deixadas sozinhas no auge da pior crise econômica desde 1938, as elites de Los Angeles investiram esperanças infladas na Rebuilt LA (RLA) [Reconstruir LA], a coalizão corporativa comandada por Peter Ueberroth, o czar das Olimpíadas de 1984, que recebeu um mandado virtualmente messiânico do prefeito Tom Bradley para salvar Los Angeles. Quando se tornou claro que a cidade não receberia qualquer ajuda significativa de Sacramento ou de Washington, Ueberroth anunciou dramaticamente que os patrocinadores corporativos da RLA já haviam prometido mais de um bilhão de dólares em novos investimentos para os bairros urbanos de Los Angeles. A RLA foi imediatamente considerada por todo mundo, desde Jimmy Carter até *The Economist*, como paradigma de um novo voluntarismo corporativo que salvaria as cidades americanas e britânicas em declínio. Mas repórteres de pensamento rápido entrevistaram imediatamente os bons samaritanos corporativos de Ueberroth, metade dos quais negou enfaticamente ter assumido esse compromisso. Aos olhos de muitos, a RLA foi exposta como o equivalente filantrópico do clássico esquema Ponzi; promessas falsas hipocritamente piramidais de "reconstrução" comunitária puramente fictícia.

A dissolução implacável das ilusões no contexto do não debate nacional sobre a crise urbana deixou um resíduo resistente que consistia apenas dos elementos mais básicos. Na prefeitura, por exemplo, a discussão substantiva da reforma em nível comunitário foi suplantada por uma ansiedade obcecada com a preparação da polícia para enfrentar o novo protesto que agora praticamente todo mundo admite ser provável. De modo semelhante, a disputa atual pela prefeitura (primavera de 1993) – possivelmente a mais importante da história da cidade – foi amplamente reduzida a um leilão espalhafatoso entre esquemas que competem para reduzir o número de empregos públicos para possibilitar um número maior de policiais. De modo ainda mais deprimente, uma concorrência violenta pelos recursos cada vez mais escassos, que a RLA só fez inflamar, trouxe as comunidades negra e latina à beira de uma guerra aberta nas ruas. Agora os donos da verdade falam de modo sinistro sobre a "doença iugoslava" da cidade, à medida que ela se balcaniza em lutas intercomunitárias.

Resumindo, as reações nacional e municipal ao levante de 1992 em Los Angeles revelaram uma inércia fatalista e a escassez de recursos para reformas em cada nível do sistema político americano. Certamente é diferente de 1965, quando a administração Johnson usou um rolo compressor para aprovar no Congresso sua gigantesca lei de Cidades Modelo logo depois do primeiro protesto de Los Angeles. Além disso, de uma perspectiva de fora do país, a atual situação deve parecer inescrutável, se é que não incrível: que outro país rico, ainda mais uma superpotência planetária, toleraria tais níveis de desordem em sua segunda maior cidade? É concebível que uma maioria política suburbana esteja atualmente preparada para definir o futuro de Los Angeles (e possivelmente de Nova York)? Será que a nova administração Clinton não deveria promover um resgate?

A análise das reações políticas ao levante revela os obstáculos formidáveis no caminho de qualquer retomada do reformismo urbano na década de 1990, como foi revelado pelo fracasso da legislação antimanifestação em Washington e Sacramento, onde a crise fiscal tem sido o motor de um novo federalismo antiurbano. Na colina do Capitólio, Gramm-Rudman, Perot e os mercados acionários internacionais ataram em volta da política urbana um nó górdio que Clinton provavelmente não ousa cortar. Ao mesmo tempo, emergiu no Congresso uma nova visão da coalizão conservadora que une representantes suburbanos e rurais nos dois partidos contra qualquer reinvestimento federal nas grandes cidades dominadas por minorias. Enquanto isso, uma contrarrevolução menos visível, porém igualmente consequente, vem acontecendo no nível estadual desde 1989. Estados industriais fundamentais, inclusive a Califórnia, Ohio, Michigan e Illinois, reduziram radicalmente os investimentos tradicionais em atendimento social e educação, com resultados devastadores para seus principais centros urbanos.

Por exemplo, o anteriormente alardeado sistema escolar de Los Angeles agora é comparado desfavoravelmente com o do Mississippi, enquanto os padrões de saúde da comunidade caíram aos níveis do Terceiro Mundo. Ainda que nativistas tenham tentado colocar a culpa dos distúrbios do ano passado na imigração promíscua, é a decadência acelerada do setor público que melhor explica as tensões crescentes entre diferentes comunidades étnicas – em Los Angeles e em outros lugares.

O ERMO REPUBLICANO

Viajando de Houston para casa no Air Force One, um dia depois de sua derrota, George Bush teve o consolo perverso de vetar a lei de auxílio urbano que tinha ajudado a lançar havia seis meses. Originalmente programada como um reduzido pacote de resgate para a Los Angeles danificada pelo protesto e a Chicago assolada pela enchente, combinando verbas federais de emergência com áreas de redução de impostos, a lei havia se tornado tão grotescamente ornamentada com emendas dispendiosas que, segundo Bush, agora era apenas uma "árvore de Natal". Ele culpou amargamente os democratas por abandonar Los Angeles a uma "tempestade de pedidos de interesses especiais".[5]

De fato, o próprio Bush havia enfeitado a árvore. A Casa Branca era diretamente responsável por colocar a maioria dos ornamentos, inclusive emendas para ajudar os pobres urbanos revogando os impostos de luxo sobre barcos, aviões, peles e joias, além de novas reduções de impostos para investidores imobiliários. O que na verdade mais chateou Bush na forma final da lei foi uma cláusula adicional dos democratas, propondo o fim das deduções de impostos para joias de clubes: um fardo injusto sobre os ricos que poderia ser interpretado como um aumento de impostos disfarçado.

Um dia talvez os historiadores debatam por que a recusa implacável dos republicanos em ajudar Los Angeles não provocou um escândalo nacional ou pelo menos deu aos democratas valiosa munição de campanha. (Os defensores de Clinton recusaram deliberadamente o presente.) Em suas principais características, a reação do governo Bush ao segundo protesto de Los Angeles foi uma imagem especular da reação da administração Johnson ao primeiro. Em 1965, o chefe Parker, do DPLA (ajudado pela Guarda Nacional), manteve controle total sobre a aplicação da lei enquanto o governo federal fornecia maciça ajuda financeira através de seus novos programas urbanos. Mas dessa vez a repressão foi imediata e dramaticamente federalizada, ao passo que a reconstrução foi deixada para pequenos esforços locais e caridade corporativa.

Claro, há uma indistinção sombria em todas as intervenções militares da era Reagan-Bush, sejam elas "humanitárias" ou exterminadoras. As turvas imagens de vídeo dos fuzileiros e do 82º Regimento Aéreo nas ruas da Cidade do Panamá, de Miami, Los Angeles, Granada ou Mogadíscio se parecem entre si, e as figuras deitadas no chão são sempre negras. Mas o rápido aparecimento de tropas de combate federais no centro-sul de L.A. era apenas uma das pernas do tripé de políticas – uma "Doutrina Bush" com punho de ferro para as conturbadas cidades dos EUA – revelado em maio passado.

Foi posta em ação com velocidade igualmente impressionante, por exemplo, uma força-tarefa sem precedentes composta de agências federais com a ordem de descobrir e processar crimes durante o protesto. Os grandes componentes do FBI e do INS na força-tarefa foram mais tarde reorganizados como unidades antigangues permanentes, alinhadas com o ditado do procurador-geral Barr de que os Crips e os Bloods, junto com imigrantes ilegais criminosos, substituíram o comunismo como a maior ameaça subversiva interna. Essa também é a legitimação oficial para a terceira perna do tripé: o programa "Weed and Seed (arrancar as ervas daninhas e semear)" que liga os gastos federais ao nível de bairros (as "sementes") à colaboração ativa com a guerra contra as gangues ("as ervas daninhas").

Se, na aparência, o "Weed and Seed" prefigura a absorção definitiva do estado de bem-estar social pelo estado policial, a parcimônia do dinheiro semente garantiu que os resultados sejam menos dramáticos. A ajuda não policial a Los Angeles foi pouco mais do que fumaça e espelhos. Um mês depois do protesto, por exemplo, o secretário de Desenvolvimento Habitacional e Urbano (e supostamente candidato republicano à Presidência, em 1996) Jack Kemp apareceu com uma gorda comitiva de imprensa no Projeto Habitacional Nickerson Gardens, em Watts, para anunciar que seu departamento estava dando 137 milhões de dólares para ajuda habitacional a Los Angeles. A imprensa nacional registrou a empolgação local diante dessa ajuda inesperada, mas em termos gerais deixou de informar a fúria posterior, quando o presente de Kemp acabou sendo nada mais do que verbas que já estavam encaminhadas.[6] Do mesmo modo, a Casa Branca (que anteriormente havia culpado o legado da Great Society pelo protesto) estabeleceu uma pomposa "Força-tarefa Presidencial para a Recuperação de Los Angeles" comandada por obscuros subsecretários de Habitação e Educação, cuja única função era reempacotar programas já existentes como se fossem dinâmicas iniciativas de Bush.

Essas prestidigitações permitiram aos divulgadores de campanha republicanos retratar gigantescas quantias fictícias para ajuda a Los Angeles quando, na verdade, a administração estava bloqueando empréstimos a pequenas empresas e tíquetes de alimentação para dezenas de milhares de moradores necessitados nos bairros que sofreram o impacto do protesto. Segundo autoridades municipais, 60% das vítimas do protesto tiveram negada a ajuda de desastre, e a Agência Federal de Administração de Emergência chegou a recusar o reembolso de 1 milhão de dólares ao Estado por estabelecer centros de auxílio para desastres.[7] Ao contrário, os ricos subúrbios da Flórida, prejudicados pelo furacão Andrew e vistos como cruciais para uma vitória de Bush em novembro, receberam ajuda enorme e rápida.[8]

No fim, a única resposta decisiva da Casa Branca aos pedidos de ajuda federal para Los Angeles, afora os agentes dos fuzileiros e do FBI, foi um esquema ousado para saquear os principais bens públicos da cidade. Por trás da observação aparentemente canhestra de Dan Quayle para o município vender o aeroporto, havia um esforço concentrado de defensores da privatização radical para forçar uma liquidação urbana. Esses privatizadores de última hora eram liderados por Robert Pool Jr., fundador do direitista Reason Institute, de Los Angeles; John Girudo, ex-conselheiro da comissão de privatização do presidente Reagan; e C. Boyden Gray, o principal conselheiro do presidente Bush. Com Quayle atropelando os escrúpulos do chefe do orçamento Richard Darman, Bush emitiu uma ordem executiva destinada a pavimentar o caminho para as cidades em dificuldade venderem obras públicas financiadas pelo governo federal no valor de 220 bilhões de dólares, indo desde sistemas de tratamento de esgoto até estradas e aeroportos. Exultante, Pool saudou a ordem como pouco menos do que uma "Carta Magna para a privatização".[9]

Esse também foi outro espantoso exemplo de como a política de Washington com relação às cidades passou a se parecer com as políticas internacionais de dívida. Na era Reagan-Bush, as grandes cidades se tornaram o equivalente doméstico de um país insolvente e criminalizado do Terceiro Mundo cujo único caminho para a redenção é uma combinação de militarização e privatização. Afora isso, os republicanos se mostraram absolutamente inflexíveis nos últimos 12 anos em embargar ajuda para as cidades. Na verdade, essa guerra de fato contra as cidades tem sido um dos pilares estratégicos da política conservadora moderna, corporificando profundos objetivos eleitorais e econômicos.[10]

Por um lado, desde o momento da vitória em 1980, os ideólogos republicanos estavam insistindo por uma ofensiva "à la Thatcher" contra núcleos eleitorais democratas. O American Enterprise Institute, em particular, promoveu a lógica tipo "vencer ou vencer" de "explodir a infraestrutura política do partido democrata urbano" matando programas como o Urban Development Action Grants (UDAGs), "que compra poder para pessoas que andam por aí com um D maiúsculo".[11] Ao cortar violentamente a ajuda aos centros urbanos, eles esperavam enterrar os restos da Great Society e aprofundar a divisão entre eleitorados democratas compostos por negros urbanos e brancos suburbanos.[12]

Por outro lado, o corte de investimentos federais nas grandes cidades também deveria liberar os espíritos animais do capitalismo urbano. Como Barnekov, Boyle e Rich observam, esse preceito canônico da era Reagan – como tantos outros – foi na verdade incubado na segunda metade da administração Carter. Foi a comissão para uma agenda nacional para os anos 1980, de Carter, que rejeitou "a política nacional urbana administrada de modo centralizado" como "inconsistente com a revitalização da economia nacional mais ampla". Segundo a comissão, Washington tinha de "se reconciliar" com o declínio das antigas cidades industriais e não interferir com a ascensão de uma nova "economia pós-industrial" ajudando diretamente comunidades com problemas.[13]

No governo Reagan, esse ressurgente darwinismo social recebeu uma característica ainda mais implacável de Emmanuel Savas, o secretário-assistente do Departamento de Habitação e Desenvolvimento Urbano encarregado do desenvolvimento de políticas. Em vários artigos e relatórios oficiais, Savas argumentou que a política urbana federal fora um fracasso completo e que as cidades precisavam ser desmamadas, ainda que brutalmente, de sua dependência artificial de Washington. Admitindo casualmente que "nem todas as cidades vão se beneficiar do mesmo modo, e algumas podem não se beneficiar de modo algum", Savas – apoiado pelo diretor de Orçamento David Stockman – defendia uma aceitação competitiva da nova disciplina da economia mundial e uma privatização ampla dos serviços dos governos locais. Era hora de as cidades pararem de ser casos de serviço social e passarem a ser empresas magras e duras. Assim, o Relatório de Política Urbana Nacional de 1982 esboçado por Savas visualizava uma guerra interurbana de todos contra todos, enquanto as cidades eram aconselhadas a "formar parcerias com seus setores privados e planejar estrategicamente para aumentar suas vantagens comparativas com relação a outras jurisdições".[14]

Mas devolver as cidades ao ermo darwiniano ou hobbesiano exigia uma enorme cumplicidade dos democratas. Os republicanos calcularam espertamente que os democratas sulistas e suburbanos, tendo um pretexto adequado, estavam prontos a enfiar a faca nas costas de seus irmãos das cidades grandes. (Carter, afinal de contas, já havia congelado os gastos com as cidades, em 1978.) Foi exatamente isso que aconteceu em 1985–1986, quando a liderança democrata no Congresso permitiu que o compartilhamento geral de recursos fosse morto num comitê e expôs as verbas urbanas a cortes explícitos segundo o processo de redução de déficit Gramm-Rudman.[15] O estilete foi malignamente girado de novo em 1988, quando três quartos dos representantes democratas do sul votaram para eliminar a UDAG, com o objetivo de financiar um grande aumento de verbas para a estação espacial da NASA.

Dois anos depois, enquanto os cortes na ajuda federal colocavam as cidades em sua pior crise financeira desde a Depressão, a liderança democrata da Câmara negociou um acordo de orçamento com a Casa Branca que impedia qualquer resgate das cidades num futuro visível. Ainda que Washington tenha inventado por duas vezes "emergências fiscais" para passar por cima do Gramm-Rudman e financiar a Guerra do Golfo e o resgate do S&L, o governo simplesmente "bocejou" diante do pedido urgente da Conferência de Prefeitos dos EUA para um Plano Marshall doméstico.[16] De fato, ao aprovar a Lei de Orçamento de 1990, com sua moratória nos gastos sociais, a maioria democrata abdicou de qualquer fingimento que restasse de uma oposição comprometida contra as políticas de morte das cidades implementadas pela administração Bush. Foi o último prego no caixão do New Deal.

A CONTAGEM DE CORPOS

Abandonadas pelo Partido Democrata em nível nacional aos ventos malignos do "pós-industrialismo", as grandes cidades enfrentaram enormes cortes nos investimentos federais exatamente quando a desindustrialização e as epidemias dos anos 1980 (aids, crack, falta de moradias) estavam impondo novos e imensos fardos financeiros. Num importante estudo, Demetrios Caraley estima que o corte de 64% em ajudas federais, desde 1980, custou às cidades 26 bilhões de dólares por ano (em dólares de 1990). Para as cidades com mais de 300 mil habitantes, a participação média das verbas federais no orçamento municipal caiu de 22% em 1980 para meros 6% em 1989.[17] Como na média nacional a ajuda dos estados permaneceu constante em 16%, as cidades tiveram de compensar a queda com recursos locais: em geral impostos muito regressivos sobre vendas e pagamentos por serviços públicos.

A Tabela 1 mostra a escala do recuo federal em dez das maiores cidades. Se Los Angeles sofreu o maior declínio em participação no orçamento, a guerra dos republicanos contra as cidades provavelmente infligiu o maior dano absoluto em Filadélfia e Nova York. Apesar de ser posta sob uma virtual recebedoria pelo Legislativo estadual, Filadélfia vem saltando de um déficit gigantesco para outro, desde 1990.

Enquanto isso, do Harlem a Flatbush, a falta de ajuda federal revelou a diferença entre a preservação do legado de La Guardia para Nova York e o atual "orçamento do juízo final" do prefeito Dinkins com suas 20 mil dispensas de trabalhadores. Forçadas a abandonar programas de redistribuição e falidas demais para pavimentar ruas ou modernizar sistemas de esgotos, as grandes cidades americanas, como párias, lutam para simplesmente pagar seus credores e manter um fina linha de defesa composta de policiais uniformizados. Como observa Ester Fuchs, de modo sombrio, a coincidência da recessão prolongada com o corte de investimentos federais garante que "as perspectivas para a América urbana nos anos 1990 sejam, em muitos sentidos, piores do que durante a era da Depressão".[18]

Além disso, os números da Tabela 1 podem esconder substancialmente o verdadeiro impacto da revolução Reagan nas finanças urbanas. Como observou James Fossett num estudo de 1984 para a Brookings Institution, as verbas federais e o compartilhamento de recursos nos anos 1970 proporcionavam uma parcela muito maior dos gastos operacionais das cidades do que dos orçamentos totais, inclusive de desembolsos de capital. Através dessa medida alternativa, a ajuda federal a Los Angeles (42% do orçamento operacional no ano de 1978, que foi o pico) pode ter sido duas vezes mais significativa do que sugere a Tabela 1.

Mais importante ainda, as verbas federais constituíam o recurso público predominante para muitos, se não a maioria, dos bairros pobres nas cidades. Fossett estimou, por exemplo, que 91% dos repasses federais para Los Angeles beneficiavam grupos pobres e de renda moderada.[19] Desnecessário dizer que esses repasses também lubrificavam as engrenagens das políticas comunitárias. Como veremos mais tarde, o fato de os republicanos terem dinamitado o aqueduto federal para as cidades forçou um importante realinhamento político. Privados das verbas e do patrocínio que antes vinha de Washington, muitos políticos e organizadores locais recuaram durante os anos 1980 – exatamente como pretendiam os ideólogos de Reagan – para a dependência do paternalismo corporativo estilo Booker T. Washington. Da mesma forma, a maioria das organizações comunitárias precisaram "empresariar" a si mesmas e aos seus programas para sobreviver à longa seca de ajuda federal.

Tabela 1
Contribuição Federal para Orçamentos, algumas grandes cidades[20]

		1977	1985
1.	Nova York	19%	9%
2.	Los Angeles	18%	2%
3.	Chicago	27%	15%
4.	Filadélfia	20%	8%
5.	Detroit	23%	12%
6.	Baltimore	20%	6%
7.	Pittsburgh	24%	13%
8.	Boston	13%	7%
9.	Cleveland	33%	19%
10.	Minneapolis	21%	9%

Em termos setoriais, os programas urbanos nacionais que sofreram o recuo mais implacável desde 1980 foram os de moradia subsidiada (-82%), assistência ao desenvolvimento econômico (-78%) e treinamento profissional (-63%).[21] De novo, como tinha sido programado ideologicamente, a ajuda federal para as cidades foi cortada exatamente enquanto elas confrontavam a reestruturação mais difícil desde a revolução industrial. Como os arrendatários irlandeses durante a Fome da Batata, na década de 1840, os pobres urbanos dos Estados Unidos de hoje foram condenados pela adesão fanática do Estado ao dogma da não intervenção. O declínio em subsídios habitacionais, por exemplo, ajudou a deixar mais americanos das cidades no frio do que a Grande Depressão, ao passo que a evaporação das verbas para treinamento profissional e o fim da Comprehensive Employment Training Act (CETA) [Lei de Treinamento Profissional Amplo] relegou uma infinidade de pessoas ao submundo da economia das drogas. Os Estados Unidos são a única grande nação industrial a responder ao regime competitivo internacional dos anos 1980 eliminando, implacavelmente, o ajuste estrutural na assistência aos trabalhadores e às cidades.

Além disso, a política federal golpeou de outros modos os trabalhadores das cidades. Desde a primeira onda de desindustrialização urbana no início dos anos 1970, o setor público das cidades e os militares dos EUA forneceram as mais importantes oportunidades compensatórias de emprego para trabalhadores negros e latinos que, diferentemente de suas contrapartidas brancas, não puderam se mover lateralmente para novos nichos de trabalho suburbano ou ascender para o estrato profissional-administrativo dos centros financeiros. Desde meados dos anos 1980, entretanto, a redução de ajuda federal acelerou a queda nos salários e na força de trabalho dos governos locais que começou, como tendência, durante a Revolta dos Impostos em 1978-1979. A segurança dos empregos nas prefeituras e nos condados foi minada pela enorme privatização de tudo, desde saneamento até cadeias e escolas. Reduções, terceirizações e deflação de salários são tão comuns nos setores públicos locais quanto eram no setor privado durante os anos 1980.

Mais recentemente, o encolhimento do setor militar convencional no fim da Guerra Fria fechou a mais importante opção de emprego para os jovens dos guetos e dos *barrios*. Desde 1986, a percentagem de jovens negros que entraram nas Forças Armadas caiu de 20% para 10%, ao passo que a proporção geral de não brancos entre os militares caiu de um terço em 1979 para um quarto hoje.[22] Além disso, as minorias sofreram desproporcionalmente com o fechamento das bases militares no país, como a Base Aérea Norton em San Bernardino, o maior empregador de negros no "Império Interior" do sul da Califórnia.

Mas a culpa de Washington na atual crise urbana se estende muito além do mero corte na ajuda financeira. Os republicanos também estouraram os orçamentos das cidades transferindo deliberadamente os custos de muitos problemas nacionais para localidades dominadas pelos democratas. Impuseram ordens de fornecer novos serviços sem oferecer verbas adicionais. Nova York e Los Angeles, por exemplo, são os principais portos de entrada para a maior onda de imigração desde o início da década de 1900, mas a administração Bush se recusou a pagar a elas (ou aos governos de seus estados) as verbas compensatórias prometidas segundo a Lei de Reforma e Controle de Imigração de 1988 (IRCA). Ainda que vários estudos feitos no sul da Califórnia tenham mostrado que os imigrantes, tanto os sem documentos quanto os legais, contribuem mais em impostos do que consomem, o governo federal suga o novo acréscimo através de impostos sobre as folhas de pagamento, deixando as cidades e os condados com déficits substanciais para serviços prestados. Como é de se esperar, essa recusa federal em reembolsar os governos locais por seu papel na política nacional de imigração apenas exacerba o preconceito contra os imigrantes em nível local, que então é politicamente colhido por nativistas e conservadores.

A Guerra Contra as Drogas, claro, é a outra iniciativa Reagan-Bush que impôs custos esmagadores às cidades. Endossando editorialmente as descobertas de um recente relatório da Rand Corporation que examinou os protestos de Los Angeles no contexto da política nacional, o *Los Angeles Times* admitiu que a Guerra Contra as Drogas havia "devastado comunidades minoritárias sem atrapalhar significativamente a distribuição dos narcóticos".[23] Os pesquisadores da Rand mostraram que o aumento exponencial no número de pessoas presas devido às drogas (mais de 1 milhão por ano) era simplesmente desperdício de dinheiro e vidas. Apesar dos subsídios federais e da ação das polícias locais, a criminalização do uso de drogas está acumulando gigantescos custos sociais de longo prazo que recairão principalmente sobre os governos insolventes das cidades e dos condados.[24]

Finalmente, como demonstra a Tabela 2, as várias políticas antiurbanas da era Reagan-Bush, combinadas com enormes subsídios de impostos para o desenvolvimento do varejo e de escritórios nos subúrbios, abriram um novo abismo de desigualdade entre os centros das cidades e seus círculos suburbanos. Na última década, as áreas urbanas tradicionais perderam o número impressionante de 30% de sua base de trabalho, enquanto os subúrbios viram os empregos crescerem 25%.[25] Em alguns casos, como Washington, D.C., os subúrbios mais distantes acumularam 15 vezes mais capacidade de impostos *per capita* do que seus centros urbanos agonizantes.[26] Uma nova e frequentemente espantosa geografia econômica emergiu à medida que as sedes corporativas e os serviços empresariais, acompanhando as fábricas e os shopping centers, mudaram-se para os nódulos de edifícios espalhados como pérolas nos círculos externos das vias expressas, entre 30 e 120 quilômetros dos antigos centros urbanos.

Tabela 2
Centros de Cidades Comparados com Círculos Suburbanos (=100%)[27]

		1980	1990
1.	Lares pobres	360%	650%
2.	Renda per capita	90%	59%

Nota: Os números da renda *per capita* são de 1980 e 1987.

O NOVO APARTHEID ESPACIAL

Boa parte do que Joel Garreau e outros autores comemoraram como a ascensão da "Cidade Periférica (Edge City)" – "a maior mudança em cem anos no modo como construímos cidades"[28] – é resultado das políticas federais tremendamente diferentes com relação aos centros metropolitanos e às periferias. Enquanto esvaziava os centros das cidades, o reaganismo cobria os empreendedores comerciais suburbanos e os industriais renegados com cortes de impostos e com subsídios. A maioria dos ganhos de capital nos anos 1980, que supostamente se destinava a armar tecnologicamente a América corporativa para a concorrência no mercado mundial, estava na verdade sendo repassada para um enorme excesso de construção de espaços para escritórios e aluguéis ao longo dos cinturões entre as cidades e os corredores intermunicipais. Ou, colocado de outro modo: o "vertedouro espacial" do crescimento econômico nacional que Savas e Stockman prometeram que eventualmente retornaria à cidade empresarial prejudicada, atualmente foi levado pela força centrífuga para as bordas.

Com efeito, essas políticas também subsidiaram a fuga dos brancos e a ressegregação metropolitana. No mundo ideal da economia neoclássica, a melhor opção para os trabalhadores nos centros decadentes e pouco competitivos das cidades é simplesmente seguir a migração de empregos para as novas cidades periféricas. Isso, claro, é exatamente o que milhões de brancos urbanoides fizeram desde os levantes dos guetos no fim dos anos 1960. A Tabela 3 (a–c) resume a recomposição étnica das 14 cidades (24 milhões de pessoas) que constituem o centro das dez maiores regiões metropolitanas dos EUA (76 milhões de pessoas).

Numa ampliação ligeiramente maior, é possível fazer uma outra distinção importante entre os itinerários urbanos dos brancos, negros, latinos e outros grupos. Tomando Los Angeles como exemplo, quase toda a população trabalhadora branca do antigo cinturão industrial do sudeste – cerca de 250 mil pessoas – mudou-se para a orla suburbana, rica em empregos, durante os anos 1970 e início dos 1980.[29] Ela foi substituída por 328 mil imigrantes mexicanos, principalmente colocados em empregos industriais e de serviço não sindicalizados. De fato, em Los Angeles o contraponto à latinização do trabalho manual tem sido o virtual desaparecimento do tradicional estrato de operários brancos no núcleo urbano. Uma charge sobre a força de trabalho residente na cidade mostraria uma elite de profissionais liberais e administradores brancos, uma força de trabalho negra no setor público, uma pequena burguesia asiática e um proletariado latino. A Tabela 4 mostra a distribuição do poder político que acompanhou essa mudança na composição étnica urbana.

Tabela 3
a. Mudanças étnicas nos centros das 10 maiores metrópoles

- 8.000.000 de brancos
+ 4.000.000 de latinos
+ 1.500.000 de asiáticos
+ 800.000 negros
- 900.000 na população total

b. Composição étnica, 1970 versus 1990 (%)[30]

	1970	**1990**
Brancos	70,0	39,9
Negros	27,6	31,4
Outros	2,4	28,7
Asiáticos		6,8
Latinos		21,9

c. 10 maiores centros metropolitanos: percentagem de brancos

	1970	**1980**
1. Nova York	75,2	38,4
2. Los Angeles	78,3	37,2
3. Chicago	64,6	36,3
4. Área de Washington, D.C.	41,4	33,0
5. Área da baía de São Francisco	75,1	42,9
6. Filadélfia	65,6	51,3
7. Detroit	65,6	20,3

8.	Boston	81,7	58,0
9.	Dallas	75,8	49,8
10.	Houston	73,4	39,9

Ainda que os mexicano-americanos de segunda e terceira gerações não se movam com tanta liberdade dentro das áreas metropolitanas do sul da Califórnia quanto os brancos de classe operária ou média, sua taxa de mobilidade é surpreendentemente elevada. Uma das maiores mudanças étnico-políticas na última década, por exemplo, foi a explosão do poder chicano na área suburbana do Vale de San Gabriel, a leste de Los Angeles.

Já os afro-americanos ficaram presos no mesmo lugar em Los Angeles, como em outras áreas urbanas dos Estados Unidos. Números dramáticos que se propõem a mostrar a suburbanização da Los Angeles negra representam primariamente a expansão territorial do tradicional gueto no centro-sul para cidades adjacentes, mas incorporadas separadamente: por exemplo, Lynwood no leste, Inglewood e Hawthorne no oeste, e Carson no sul. Quando esse quociente de "mudança no gueto" é deduzido dos números do censo de 1990, o que resta da suburbanização negra no sul da Califórnia é um movimento de tendência única para subúrbios operários (principalmente Fontana, Rialto e Moreno Valley) no Império Interno dos condados do oeste de San Bernardino e Riverside.

Certamente esse é um fenômeno significativo, e há indicações de que o êxodo negro para o Império Interno pode ter se acelerado desde a rebelião na primavera passada. Mas deve-se enfatizar que a "fuga negra" foi restrita a um punhado de subúrbios com dramáticos déficits nas taxas relativas entre serviços e moradia. Comparados não somente aos brancos de classe operária, mas especialmente aos chicanos, houve, na melhor das hipóteses, apenas uma pequena difusão dos negros nos mercados mais amplos de moradia e empregos no sul da Califórnia.

CIDADES MORTAS

Em outras palavras, a barreira de cores permanece viva nos polos de crescimento suburbano do sul da Califórnia como Simi Valley, Santa Clarita, Temecula, Irvine, Laguna Hills e Rancho Bernardo. Entre 1972 e 1989, o círculo suburbano de Los Angeles ganhou mais de dois milhões de novos empregos enquanto sua população negra caía para menos de 2%. (Os negros compõem 11% da população do condado de Los Angeles como um todo.)[31] Qualquer que seja a combinação exata de discriminação racial e de classe, os afro-americanos foram sistematicamente excluídos do crescimento dos empregos nas cidades periféricas. Por outro lado, como resultado disso eles se tornaram mais dependentes do que nunca do emprego público no centro da cidade, a pedra fundamental da economia comunitária negra.

Tabela 4
Maiores Diversidades Étnicas (1990) e Prefeitos (1992)[31]

	Pluralidade	Segunda maior	Prefeito
1. Nova York	Brancos 38,4	Negros 29,8	Negro
2. Los Angeles	Latinos 39,3	Brancos 37,2	Negro
3. Chicago	Negros 40,8	Brancos 36,6	Branco
4. Área de Washington, D.C.	Negros 62,2	Brancos 33,3	2x Negro
5. Área da baía de São Francisco	Brancos 42,9	Asiáticos 22,8	2x Branco, 1 Negro
6. Filadélfia	Brancos 51,3	Negros 39,9	Negro
7. Detroit	Negros 75,7	Brancos 20,3	Negro
8. Boston	Brancos 58,0	Negros 25,6	Branco
9. Dallas	Brancos 49,8	Negros 27,2	2x Branco
10. Houston	Brancos 39,9	Negros 28,1	Branco

Nota: D.C. inclui Baltimore; área da baía inclui São Francisco, Oakland e San Jose; e Dallas inclui Fort Worth.

Com mínimas nuances ou exceções, esse padrão de apartheid espacial (com frequência equivocadamente chamado de "desproporção espacial") tem sido repetido em cada área metropolitana dos Estados Unidos, nos anos 1980. Na área da Baía, por exemplo, a atividade financeira ignorou os esforços desesperados de Oakland, governada por um negro, para atrair empregos de nível mais alto, preferindo exportar dezenas de milhares de empregos secundários para além das colinas de Berkeley até as cidades brancas do Condado de Contra Costa. Enquanto isso, a grande Atlanta e Detroit brigam entre si pela distinção de ser a mais perfeita "rosquinha urbana": negra no centro desindustrializado, branca como lírio na orla rica em empregos.

A MAIORIA SUBURBANA

A era da cidade periférica é a culminância de um processo de separação racial. Isso tem duas consequências políticas memoráveis. Primeiro, a identidade semântica de raça e urbanidade no discurso político dos EUA agora está virtualmente completa. Assim como durante a *kulturkampf* étnico-religiosa do início do século XX quando "cidade grande" era um eufemismo para a "enorme massa papista", hoje ela se iguala a uma "subclasse" negro-latina. Os debates contemporâneos sobre a cidade – como sobre as drogas e o crime – são, na verdade, invariavelmente sobre raça. Por outro lado, como sempre enfatiza Jesse Jackson, o destino do setor público urbano se tornou fundamental para a agenda de sobrevivência da América negra.

Segundo, 1992 foi o ano divisor de águas em que os eleitores suburbanos e seus representantes se tornaram a maioria política nos Estados Unidos (eles já haviam sido uma maioria do eleitorado branco desde pelo menos 1980). A política dos subúrbios, observa Fred Siegel num recente artigo na *Dissent*, é "não tanto republicana quanto antiurbana... e ainda mais antinegra do que antiurbana".[32] A polarização racial, claro, vem acontecendo há gerações ao longo da cerca de estacas brancas entre o subúrbio e a cidade. Mas a dramática suburbanização do crescimento econômico na última década e a prevalência cada vez maior das viagens estritamente subúrbio a subúrbio entre emprego e casa deram a essas "utopias burguesas" (como diz Fishman) uma autonomia política sem precedentes com relação à crise dos centros das cidades.[33] E vice-versa, "a ascendência do eleitorado suburbano até o virtual status de maioria lhe deu poder... para abordar as necessidades básicas de serviços sociais... através de governos suburbanos locais e através de receitas geradas localmente, e para separar ainda mais os laços já fracos com eleitorados urbanos cada vez mais negros".[34] Isso, por sua vez, simplificou tremendamente a geografia das políticas partidárias: atualmente a afiliação ao Partido Republicano está em função direta da distância dos centros urbanos.[35]

Os núcleos das cidades, de sua parte, assistiram impotentes à repartição de sua força política na política nacional, que já foi decisiva. Desde Jimmy Carter, sua representação no Congresso caiu de um quarto para um quinto das cadeiras. Na política presidencial, o ponto alto do poder das grandes cidades foi sem dúvida a eleição de 1960, quando a máquina de Daley ressuscitou os mortos para dar a margem de vitória a John Kennedy sobre Richard Nixon. Naqueles dias, Chicago mobilizou 40% dos votos de Illinois; hoje em dia só consegue 25%. Do mesmo modo, a formação de maiorias decisivas nas 20 maiores cidades já foi fundamental para chegar à Casa Branca. Mas como Carter, Mondale e Dukakis demonstraram, era possível dominar os núcleos urbanos e ser esmagado nos subúrbios pela defecção dos chamados "democratas de Reagan", um grupo que consiste principalmente de brancos de classes baixa e média refugiados das cidades.

A campanha de Clinton, claro, foi a culminância da batalha de toda uma década por parte dos democratas suburbanos e do sul para arrancar o controle do Partido Democrata dos sindicatos profissionais, dos prefeitos das grandes cidades e dos grupos de defesa dos direitos civis. Depois do fracasso de Mondale em 1984, Clinton se juntou a Bruce Babbitt, Charles Robb e outros governadores do "cinturão do sol" para estabelecer o Conselho de Liderança Democrata (DLC) como um poder que competisse com o Comitê Nacional Democrata (DNC). Os principais objetivos do DLC eram marginalizar Jesse Jackson (o defensor dos pobres urbanos), reverter as reformas internas no partido, tirar o controle do DNC e indicar um candidato que desafiasse o reaganismo em seu próprio terreno caipira.

O gênio de Clinton foi sua habilidade em atrair o estereótipo de democrata de Reagan dos membros do DLC. Desde a execução na cadeira elétrica de um condenado negro com problemas cerebrais às vésperas das primárias de Nova York até sua súbita dificuldade de fala diante da palavra "cidade", Clinton foi programado para garantir aos brancos suburbanos, em cada oportunidade, que não era frouxo com o crime, amigável com a classe baixa nem tolerava os gastos sociais nas grandes cidades. Essa música-tema implicitamente antinegra e antiurbana foi tocada num refrão contínuo com suas promessas de reinvestir na mobilidade econômica e educacional da classe média ao mesmo tempo que continuava a defender a Nova Ordem Mundial de George Bush.

Apesar da clareza da mensagem essencial de Clinton, sua vitória gerou esperanças estranhas e interpretações equivocadas. Como os patéticos pobres de Port-au-Prince que supostamente teriam organizado um culto ao redor de Clinton na crença equivocada de que ele abriria a porta dourada da América às massas haitianas, uma jubilosa turba de prefeitos do cinturão desindustrializado, desenvolvedores comunitários e membros do Comitê Negro do Congresso aplaudiu a derrota de Bush como o nascimento de um New Deal. Alguns talvez tenham se intoxicado com a garantia de Arthur Schlesinger, frequentemente repetida, de que a grande roda da política americana estava girando outra vez, inexoravelmente, da direita para a esquerda. Outros podem ter se alucinado com a ideia ainda mais estranha, brotada em círculos do DAS, de que Clinton é na verdade "um social-democrata disfarçado", comprometido com uma gigantesca expansão keynesiana da educação e do atendimento à saúde.[36]

De qualquer modo, não há evidências de que o presidente Clinton seja o "candidato da Manchúria"* de uma social-democracia americana amplamente invisível. Nem, por sinal, existe evidência de que a eleição de 1992 tenha levado o país de volta para qualquer coisa que se assemelhe a um liberalismo pró-cidades tipo New Deal. Como observou frequentemente Walter Dean Burnham, do MIT, a roda mítica de Schlesinger para a política americana não se move mais, está travada semipermanentemente, numa posição centro-direita que corresponde ao nosso sistema político atual "pós-partidário" suburbanizado.[37]

Mais importante, não existe motivo óbvio para uma campanha cuidadosamente programada com o objetivo de diminuir a importância de as cidades produzirem um presidente subitamente fixo nas necessidades dessas cidades. Depois da rebelião de Los Angeles, nem a *Business Week* nem o *National Journal* puderam localizar uma linha divisória significativa entre as abordagens de Clinton e de Bush à política urbana.[38] O principal conselheiro de Clinton, Will Marshall, presidente do Progressive Policy Institute do DLC, admitiu que havia "muito pouca diferença com relação à ideia central", enquanto sua contrapartida republicana, o diretor de política interna da Heritage Foundation, Stuart Butler, "não via diferença conceitual entre Clinton e Bush". Nas raras ocasiões em que qualquer um dos dois candidatos abordava questões urbanas, cada um usava a mesma retórica desgastada do "aumento de poder" para falar de zonas de empreendimento, criação de escolas, privatização do sistema público de habitação e ênfase no trabalho e não na previdência social.[39]

Tampouco, nos meses desde a eleição, brotaram flores subitamente em Cabrini-Green ou no sul do Bronx. Tentando apresentar as dificuldades de Nova York à equipe de transição de Clinton, o congressista Charles Rangel, do Harlem, reclamou que "eles ouvem e não dizem nada" – o que não é nenhuma surpresa, já que a "bíblia" da equipe de transição, o *Mandate for Change*, do Progressive Policy Institute, omite totalmente as cidades de seus 14 títulos de capítulos.[40] De sua parte, o

---

* Referência ao filme de John Frankenheimer, *The Manchurian Candidate*, que no Brasil se chamou *Sob o domínio do mal*. (N. do T.)

novo secretário de Habitação e Desenvolvimento Urbano, Henry Cisneros, pode ter levantado grandes expectativas entre a turba que cultua Clinton, mas até agora só prometeu trabalhar com as verbas existentes, trazer à tona de novo a legislação federal de zonas de empreendimento e preservar o "Weed and Seed", que ele descreveu como "um programa importante".[41] Enquanto isso, o Congresso dá pouco sinal de que vá questionar a continuação da negligência urbana entre Bush e Clinton. Uma pesquisa pós-eleitoral do Gallup com membros democratas do novo Congresso revelou que a ajuda às cidades ficou num deplorável décimo terceiro lugar entre 18 temas (a moradia ficou em último).[42]

Mas, só pela discussão, vamos supor que a crescente inquietação urbana, talvez provocada por outro protesto em Los Angeles, force Clinton – como fez com um igualmente relutante Richard Nixon, em 1969 – a tentar abordar algumas das contradições urbanas subjacentes. Será que ele poderia mobilizar os recursos políticos e orçamentários para salvar as cidades? Agora é difícil ver isso. A previsão para qualquer retomada das reformas urbanas é bastante sombria enquanto os gastos federais estiverem acorrentados pelo déficit, pelos eleitores de Perot e por uma recessão da classe média.

LÊMINGUES VESTIDOS DE POLIÉSTER

O principal legado da era Reagan-Bush, claro, é o custo de 2 trilhões de dólares para "vencer" a Guerra Fria. Toda uma geração de investimentos públicos – provavelmente o equivalente fiscal de vários New Deals – foi transformada em bombardeiros invisíveis e frotas nucleares, financiados pelos meios mais regressivos imagináveis (gigantescos cortes nos impostos para os ricos e espalhafatosos empréstimos internacionais). Então a política bipartidária acrescentou mais meio trilhão de dólares para retirar investidores ricos do fracasso de poupança e empréstimo. Gastas com cidades e recursos humanos, essas quantias imensas teriam transformado a América urbana na Terra de Oz, e não na devastação atual.

O fardo social de pagar o serviço dessa dívida pode ser medido em comparação com o orçamento anual combinado das 50 maiores cidades dos Estados Unidos. Em 1980, os pagamentos de juros sobre a dívida federal foram duas vezes maiores do que o orçamento agregado das grandes cidades: hoje são seis vezes maiores. Por outro lado, o déficit de 300 bilhões de dólares em 1990 era simplesmente igual ao custo dos juros anuais de uma dívida federal que se aproximava de cinco trilhões de dólares.[43]

Os keynesianos, apontando para dívidas *per capita* muito maiores no mundo da OCDE (Organização para a Cooperação Econômica e Desenvolvimento) podem argumentar que é ridículo permitir que a dívida se torne um grilhão que segure o crescimento ou o investimento urbano. Mas o déficit não é meramente um número numa planilha, também é a principal arma estratégica da direita. É a alavanca de Arquimedes que a coalizão conservadora no Congresso usou para desmantelar os direitos de cidadania dos pobres das cidades e do campo, e é a garantia estrutural, através do Gramm-Rudman e do tratado de orçamento de 1990, de que a Revolução Reagan é irreversível. Como argumentou Guy Mollineux com eloquência, o pedido de "sacrifício compartilhado" por parte dos guerreiros do déficit é "uma verdadeira inversão orwelliana da linguagem política" onde gastar com as cidades é "ceder a interesses especiais" e "escolhas difíceis" significa mais austeridade para os pobres.[44]

A voz mais orwelliana na política dos Estados Unidos, claro, fala num sotaque da gente simples do Texas. Clinton pode continuar esnobando Ross Perot, mas a diminuta sombra do bilionário (ampliada pelos mercados acionários internacionais) paira enorme sobre a nova administração. O feito de Perot foi criar uma cruzada populista sem precedentes, com 19 milhões de participantes, ao redor da tese de que o déficit, e não o declínio das cidades ou o sofrimento dos pobres, é a questão atual enfrentada pelos americanos comuns. Como lêmingues vestidos de poliéster, milhões de seus seguidores prometem saltar dos penhascos de uma enorme depressão econômica para equilibrar o talão de cheques federal.

Perot também é o porteiro de qualquer realinhamento político. Clinton venceu a eleição porque Perot roubou os votos de Bush nas cidades periféricas, nas comunidades de aposentados e nos cinturões de alta tecnologia. (Ver tabela 5.) Sozinho, Clinton conseguiu uma parcela 3% menor do voto popular do que até mesmo Dukakis, em 1988. O foco estratégico de sua administração, portanto, será atrair os eleitores de Perot nos subúrbios, que, segundo mostraram as pesquisas, são esmagadoramente a favor de cortes nos impostos e menos gastos governamentais, especialmente com os pobres das cidades.[45] Como era de se esperar, o gabinete Clinton está cheio de falcões do déficit e admiradores do Novo Federalismo de Reagan. Em particular, a combinação de Leon Panetta ("hora de fazer sacrifícios... cortar, e não aumentar os gastos públicos" etc.) e Alice Rivlin no Departamento de Administração e Orçamento é o equivalente moral de ter o próprio Perot no gabinete.[46]

Por fim, a esperança de que Clinton destinará às cidades parte de seu orçamento proposto de 20 bilhões de dólares em investimentos (infraestrutura, tecnologia e educação) talvez seja a miragem mais cruel de todas. Tanto um subsídio para gigantescos mercados de ações municipais de Wall Street como a Goldman, Sachs and Company – cujo presidente, Robert Rubin, é agora o chefe de "segurança econômica" de Clinton – quanto para os municípios, o orçamento de investimentos, que encolhe rapidamente, tem como alvos principais caros projetos ferroviários, de fibra óptica e autoestradas interestaduais que beneficiarão os eleitores de Perot nos subúrbios e o tradicional lobby de estradas composto por autoridades dos estados, empreiteiros e empresas de construção dominadas por brancos.

Ironicamente, esta é a arena de gastos domésticos – presumivelmente porque é mais cara aos corações dos suburbanos engarrafados – que menos precisa de investimentos federais adicionais. Reagan e Bush podem ter dizimado as verbas para moradias urbanas e treinamento profissional, mas sabiamente deixaram as vias expressas em paz. A Lei das Vias Expressas, de 1983, ainda gera grandes construções de estradas, ao passo que a Lei de Eficiência do Transporte Intermodal de Superfície, de 1991, alocou 155 bilhões de dólares nos próximos seis anos para trânsito ferroviário, inclusive o faraônico sistema de metrô de Los Angeles.[47]

Tabela 5
O Fator Perot nas "cidades periféricas"[48] (votos nacionais para Perot = 15%)

Condado	Bush 1988	Bush 1992	Declínio	Perot 1988
Orange (Cal.)	68%	44%	-24%	24%
San Bernardino (Cal.)	60%	37%	-23%	23%
Santa Clara (Cal.) (Vale do Silício)	47%	28%	-19%	22%
San Diego (Cal.)	60%	35%	-25%	26%
Clark (Las Vegas)	6%	33%	-23%	25%
Orange (Orlando)	68%	46%	-22%	19%
Gwinnett (Georgia)	76%	54%	-23%	16%
Du Page (Illinois)	69%	48%	-21%	21%
Fairfax (Virginia)	61%	44%	-17%	14%

Se os prefeitos das grandes cidades e o Comitê Negro do Congresso tentarem desviar parte desse investimento para necessidades urgentes dos núcleos das cidades (por exemplo, escolas, moradia barata, limpeza ambiental e espaços públicos), enfrentarão batalhas sem precedentes com os subúrbios. A queda atual é a pior recessão da classe média desde os anos 1930. Centenas de milhares de administradores de nível médio, programadores de computador, contadores e vendedores caíram de seus ninhos seguros nos arranha-céus dos bancos e nos escritórios principais das corporações. A eles se juntaram regimentos de trabalhadores do setor de defesa redundantes, engenheiros aeroespaciais e trabalhadores especializados de construção civil. Pela primeira vez, as novas cidades periféricas estão sentindo parte da dor das cidades mais antigas, e a competição por recursos se tornou excepcionalmente intensa.

Ninguém avalia melhor a lógica interna dessas lutas de redistribuição à sombra do déficit do que Richard Darman, o diretor de Orçamento de Bush, que está de saída. Numa entrevista coletiva convocada para dar a Clinton o presente não desejado de uma gigantesca perspectiva de aumento no déficit, Darman, quase alegre, lembrou ao novo governo que ela era prisioneira do passado Reagan-Bush. Segundo enfatizou, era impossível para Clinton lidar simultaneamente com o déficit e implementar seu programa de investimentos sem assumir o rumo politicamente suicida de taxar a classe média ou reduzir suas verbas de seguro social e seguro-saúde. Assim, as promessas de campanha de Clinton eram apenas lixo, e a única opção elaboradamente segura para os democratas, assim como para os republicanos, era continuar a explodir as grandes cidades e os pobres urbanos.

> O sistema político aceitou as reformas que afetam os pobres... mas não aceitou as reformas que afetem os ricos. Tampouco, mais importante, aceitou reformas, em termos gerais, que afetem a ampla classe média, e isso é metade do orçamento. Quando você tem sessenta milhões de adultos que são beneficiários dos amplos programas destinados à classe média, isso é um bocado de eleitores.[49]

ESTADOS POBRES DE LEIS

Nos dias sombrios do início da administração Reagan, muitas grandes cidades olhavam para a nova luz que pensavam enxergar brilhando nas sedes dos governos estaduais. O recuo federal na política interna (que, como vimos, na verdade começou com Carter, em 1978) abriu o caminho para que os governos estaduais assumissem um papel mais dinâmico nas finanças urbanas e no desenvolvimento econômico local. O Legislativo da Califórnia, por exemplo, organizou um grande resgate fiscal para as cidades, condados e distritos escolares ameaçados pelos desastres combinados da Proposta 13 (a emenda fiscal Jarvis-Gann) e dos cortes federais. Michigan e Massachussetts compensaram a ausência de uma estratégia industrial nacional trazendo suas abaladas áreas urbanas para ambiciosos programas de desenvolvimento no nível estadual, enquanto outros estados assumiram papéis importantes em bancar a educação local.[50] Os gastos agregados dos estados, apenas 60% do orçamento federal durante a presidência de Lyndon Johnson, foram quase iguais ao orçamento de Bush em 1990: 1 trilhão de dólares versus 1,1 trilhão.[51]

No fim dos anos 1980, os grandes institutos de política de Washington e Nova York, desde o Brookings até o Committee for Economic Development, falavam desse extraordinário "renascimento do estado".[52] Conservadores defensores dos direitos dos estados reclamavam amargamente dos poderes que tinham sido deixados nas mãos dos liberais nos estados, ao passo que os progressistas especulavam com otimismo sobre o futuro do "keynesianismo em um (dois, três, muitos?) estado(s)". Mas a ilusão de que o pior do reaganismo poderia ser interrompido na fronteira estadual, ou que os estados poderiam substituir Washington como salvadores da cidade, foi sustentada apenas pela relativa autonomia fiscal dos estados ricos em meio ao boom "bicosteiro" de meados dos anos 1980. (O "novo papel econômico" dos estados pobres foi confirmado na maioria das instâncias, como no Arkansas de Clinton, tornando-se melhores vendedores de vantagens fiscais em trabalho barato não sindicalizado.)

O início de uma nova recessão, em 1990, puxou o tapete desse "renascimento" superalardeado nos estados e expôs o verdadeiro dano subjacente causado por mais de uma década de cortes federais. Com os custos da Medicaid e do desemprego – bancados pelos estados – crescendo absurdamente, a administração Bush tungou a capacidade fiscal dos estados aumentando a parte federal nos impostos sobre gás, fumo e álcool. Outros recursos fiscais tradicionais dos estados foram postos fora dos limites pela Proposta 13 e sua prole por todo o país. Enquanto isso, a Guerra Contra as Drogas estava se tornando literalmente um "Vietnã doméstico", e os orçamentos descontrolados das prisões sugavam grandes parcelas das verbas operacionais dos estados.[53] Sem que restasse ninguém para salvá-los, agora os governos estaduais seguiam as prefeituras para dentro do buraco negro fiscal escavado pelos republicanos em Washington.

O resultado – segundo o princípio "subúrbios primeiro no barco salva-vidas, cidades e pobres por último" – tem sido a redução dramática, e até mesmo a eliminação, de dinheiro e assistência médica para os pobres urbanos. Os sistemas de assistência social de toda uma camada de estados tradicionalmente progressistas e industriais cujos nomes ainda ressoam como uma chamada de votos para Roosevelt – Illinois, Michigan, Massachussetts, Maryland e Minnesota (além de Ohio e Oregon) – foram reduzidos à insignificância do Mississippi e de Arkansas. Legislativos nominalmente democratas reduziram radicalmente a cobertura de seguro-saúde, cortaram os pagamentos e reduziram o direito e a duração dos benefícios.

No caso mais extremo, a assistência geral em Michigan foi abolida, e os desempregados adultos solteiros e casais sem filhos foram deixados sem qualquer apoio de rendimentos ou segurança médica. Além disso, Maryland expurgou de suas listas de previdência todo mundo, menos os deficientes e os muito idosos, ao passo que Ohio, Minnesota e Illinois têm pagamentos de assistência por tempo limitado, independentemente das dificuldades ou do clima econômico. Enquanto isso, Massachussetts reduziu o direito dos deficientes e Oregon excluiu a hospitalização.[54] Medidas semelhantes estão perto de ser aprovadas em Nova York, Nova Jersey e, como veremos, na Califórnia. Um estudo sugere que pelo menos 40 estados estão atualmente avaliando a redução nos benefícios para as crianças.[55] Como assassinos em série, o exemplo de um estado cortando benefícios levou outros a imitar os mesmos atos danosos.

Enquanto isso, o debate na maioria dos governos estaduais está totalmente atualizado com a Reforma da Lei dos Pobres, da década de 1830, e com o reverendo Malthus. Diante do abuso bipartidário contra a "subclasse da previdência social", defensores dos pobres tentaram chamar atenção para o desgaste implacável dos padrões de manutenção dos rendimentos. Tanto o salário mínimo quanto o benefício médio da previdência social (AFDC) perderam 40% do valor real (em dólares ajustados pela inflação) desde 1970, ao passo que o benefício médio da previdência para uma família de três pessoas hoje em dia quase não chega a um terço da chamada linha de pobreza.[56] E, ao contrário da demonologia de um sistema de previdência cheio de trapaceiros e preguiçosos, mais de 28% da população vivendo abaixo da linha da pobreza não recebem qualquer ajuda pública.[57]

Mas essas estatísticas fazem pouco progresso atualmente em Lansing, Columbus ou Sacramento. Num artigo importante, John Begala e Carol Bethel argumentam que o atual ataque legislativo contra os pobres é impulsionado pela mesma força citada anteriormente: a pressão competitiva de ansiosos eleitores de rendimento médio, inclusive trabalhadores de fábricas transferidos e pessoas demitidas de segundos empregos.[58] A luta não tem a ver com a economia moral da previdência pública, e sim com a precedência política dos subúrbios e os direitos da classe média. Em Michigan, por exemplo, isso assumiu a forma de uma guerra cruel dos subúrbios brancos de Detroit contra a população desempregada no centro da cidade habitado por negros. Numa conversa típica, um legislador suburbano sugeriu que, se os desempregados de Detroit estavam insatisfeitos com a abolição da assistência geral, poderiam "se mudar para a ensolarada Califórnia, para a chique Nova York ou, se gostassem de esportes de inverno, para Minnesota".[59]

Ainda que "o relacionamento entre governos estaduais e municipais tenha se deteriorado, talvez, ao nível mais baixo que se consegue lembrar", os estados puderam legislar essa nova miséria dickensiana sem encarar a revolta em massa nas cidades.[60] Governadores espertos e líderes das maiorias legislativas aprenderam a fazer barganhas faustianas com autoridades dos municípios e especialmente dos condados.

Em troca de ceder a cortes dos benefícios dos estados e ao mau uso dos impostos, por exemplo, os municípios são legislativamente liberados da obrigação de proporcionar alguns serviços essenciais como atendimento médico e social para os indigentes. O "golpe" – como gostam de dizer os legisladores e outros assassinos – é dado diretamente na rua, e os donos de propriedades nos centros urbanos são atraídos para a causa comum com os subúrbios.

UMA FOGUEIRA DE DIREITOS

A baixa definitiva nessa atual onda de ataques dos governos e dos legislativos estaduais contra os pobres urbanos pode ser a sustentabilidade da crença na cidadania comum. Em nome do orçamento ou da Guerra Contra as Drogas, direitos sociais e econômicos que foram obtidos através de gerações de lutas duras são agora rotineiramente reduzidos ou mesmo abolidos. Desde o fim da Reconstrução, jamais tantos americanos enfrentaram uma desvalorização tão drástica de sua cidadania quanto atualmente as comunidades urbanas de cor. E nenhuma sequência recente de ações de governo colocou essa fogueira de direitos num destaque mais nítido do que os acontecimentos em Sacramento desde o veredicto de Rodney King.

Enquanto as cinzas do centro-sul de Los Angeles ainda estavam quentes, Art Torres, o liberal senador estadual do leste de Los Angeles, submeteu duas leis ao legislativo da Califórnia, pedindo consideração urgente. Uma delas simplesmente financiava o atendimento de emergência para Los Angeles com o mesmo aumento temporário de impostos que fora usado, em 1989, para ajudar a área da baía de São Francisco depois do terremoto de Loma Prieta. A outra dava um pequeno passo na direção do reconhecimento da existência da brutalidade policial que havia provocado os protestos, estabelecendo um processo padronizado de reclamação dos cidadãos e um banco de dados em todo o estado. Nenhuma das leis foi considerada controvertida.

Mas, para consternação de Torres, ambas foram rapidamente incineradas num contragolpe suburbano anti-L.A., orquestrado pelo poderoso lobby policial. O tratamento igual para vítimas do protesto violento e do terremoto foi descartado pelo líder republicano no Senado Ken Maddy (de Fresno), que observou sarcástico a Torres que "não houve o mesmo tipo de jorro de sentimento a favor de Los Angeles".[61] Enquanto isso, a modesta proposta de Torres para a vigilância do Estado contra o abuso policial – um barômetro da atitude do Capitólio diante do quase linchamento de Rodney King – foi morta e substituída por quatro leis criminais de autoria do líder da maioria no Senado, David Roberti (de Hollywood). Roberti, que durante o verão surgiria como o quinta-coluna do governador republicano Pete Wilson, no Partido Democrata, propôs uma mensagem alternativa para o centro da cidade. Queria proibir a liberdade condicional para saqueadores condenados, aumentar de sete para nove anos a pena para uso de bomba incendiária, aumentar o prazo para os indiciamentos e oferecer recompensas do Estado para a prisão de saqueadores. Suas propostas de lei foram aprovadas facilmente.

Enquanto o Senado expunha seu mau humor, todo o Legislativo estava embolado num épico debate sobre o futuro da Califórnia que veio a colocar os protestos à sombra. Apanhado entre a Proposta 13 e a pior recessão desde 1938, o orçamento do estado estava 6 bilhões de dólares no vermelho com a perspectiva de déficits ainda maiores no futuro. Os democratas, sob a liderança de Roberti e do presidente da Câmara Willie Brown (um advogado corporativo negro, de São Francisco), propuseram inicialmente aumentar os impostos dos milionários, fechar algumas brechas notórias e rolar o resto da dívida até que a economia se recuperasse.

O governador republicano Wilson, por outro lado, culpava o movimento trabalhista e os pobres pela recessão e queria fazer cortes profundos e permanentes na assistência às famílias, no atendimento médico e na educação mais elevada. Em troca de liberar os governos dos condados de suas obrigações com a saúde e o bem-estar social, ele também propôs acabar com a liberação da Proposta 13 do governo municipal de Sacramento. Num estado cuja prosperidade pós-guerra fora gerada pelos níveis tradicionalmente elevados de investimento em educação e serviços públicos, Wilson defendia um recuo draconiano, estilo Michigan.

No início do verão, os democratas haviam capitulado quase totalmente. Depois de uma blitz nos bastidores feita pela Câmara de Comércio e os lobbies do petróleo e dos imóveis, os filhos do povo liderados por Willie Brown abandonaram suas débeis tentativas de aumentar os impostos dos ricos e fechar as brechas de impostos corporativos. Ignorando um relatório sobre as crianças do estado, que mostravam os níveis de desemprego dos jovens e as taxas de homicídios crescendo lado a lado, os democratas da Câmara revelaram seu próprio plano de orçamento, que o *Los Angeles Times* descreveu como sugerindo "cortes ainda mais profundos em serviços dos estados do que os propostos por Wilson".[62] Um proeminente deputado democrata disse aos seus colegas republicanos: "Por que vocês não declaram simplesmente a vitória e vão para casa?"[63]

Em retrospectiva, é difícil dizer o que foi mais espantoso: a falsa guerra dos democratas e a rendição abjeta ou a recusa subsequente de Wilson em "declarar a vitória e ir para casa". Ostensivamente, a crise do orçamento se arrastou por todo o verão, forçando o estado a pagar suas contas com vales, porque o governador continuou dogmaticamente a insistir em cortes profundos na educação, coisa que os democratas, grandemente financiados por organizações de professores, não podiam se dar ao luxo de aceitar. O presidente (da Câmara) Brown, como autoridades locais de Los Angeles que procuravam compensações pelos protestos descobriram horrorizados, queria, em vez disso, sacrificar a ajuda às cidades.

De fato os dois lados estavam travando jogos diferentes com apostas desiguais. Os democratas, dominados por uma maioria neoliberal alimentada pelos lobistas, simplesmente queriam desviar o máximo de dor possível de seus eleitores suburbanos, cujas maiores preocupações eram impostos, transportes e educação, e não o bem-estar social ou o desenvolvimento urbano. Eles consolavam seus eleitores propondo "gatilhos" que restaurariam os programas cortados e reduziriam o sofrimento dos pobres assim que a recessão terminasse e voltassem os dias das verbas públicas com fins políticos.

O governador, por outro lado, estava jogando duro – isto é, usando política estratégica – contra o jogo mole dos democratas. Sofrendo o cerco dos chamados "homens das cavernas" de sua própria direita, Wilson ("não mais o sujeito legal") tinha decidido abandonar o compromisso bipartidário em troca do confronto ideológico. Como Reagan em 1980, ele pretendia encolher permanentemente o papel social do estado e fragmentar a tradicional coalizão democrata. Foi intransigente com o orçamento porque estava decidido a obrigar os democratas a trair seus aliados na área de educação e admitir a permanência estrutural dos cortes. Além disso, quando Brown evocou a transitoriedade da recessão, o governador falou sobre a inevitabilidade da "demografia".

Na batalha do orçamento, que durou todo o verão (e finalmente terminou com o grosso dos cortes, como queria Brown, afastado da educação para o governo municipal), Wilson citou repetidamente duas bíblias oficiais. Uma era o relatório da Comissão de Competitividade do Governador, comandada por Peter Ueberroth e divulgada às vésperas das manifestações, que punha a culpa da doença econômica da Califórnia e da "fuga de capitais" no excesso de regulamentação e nos impostos exagerados sobre as empresas. A outra era um relatório do Departamento de Finanças de 1991, *California's Growing Taxpayer Squeeze*, que alertava que os imigrantes e as mães que viviam da previdência social estavam se multiplicando mais rapidamente do que os contribuintes fiscais. A originalidade intelectual de Wilson foi sintetizar os dois relatórios numa única visão demoníaca dos trabalhadores de classe média e empreendedores sob o cerco de exércitos de sanguessugas da previdência social e imigrantes ilegais, ajudados e acobertados por sindicatos do setor público e pelos democratas de Sacramento. Os protestos de Los Angeles tornaram as imagens mais vívidas e coloridas nos rostos do inimigo.

QUEM MATOU L.A.? UMA AUTÓPSIA POLÍTICA

Na verdade, o contínuo "déficit estrutural" da Califórnia é nada mais do que a conta, finalmente apresentada, da Proposta 13, que, em 1978, cortou e congelou os impostos sobre propriedades imobiliárias. Segundo números num recente estudo feito pela Comissão Consultiva sobre Relações Intergovernamentais (ACIR), o déficit desapareceria se a Califórnia (29º lugar em "esforço fiscal" nacional) simplesmente taxasse os proprietários segundo a média nacional. Com 6% a mais de capacidade fiscal *per capita*, o estado dourado de Pete Wilson exige 38% a menos de taxação *per capita* do que a Nova York de Mario Cuomo.[64]

Wilson evocou repetidamente esse cenário "demográfico", com seus tons racistas e nativistas, para justificar sua cirurgia radical no setor público do estado. Regulamentos, direitos, impostos e emprego público tiveram de encolher permanentemente, ao passo que a classe parasita da previdência social tinha de ser afastada dos benefícios (o governo esboçou uma iniciativa de votação para cortar pagamentos e o número de processos). De fato, Wilson estava construindo – com a cumplicidade da maioria democrata – uma bomba atômica econômica para largar sobre as comunidades mais pobres do estado, acima de tudo os *barrios* e guetos de Los Angeles, Oakland e das cidades do Central Valley.

Ainda que nem o governo nem os democratas se detenham no fato, a bomba do déficit foi primariamente concebida para prejudicar as crianças – que, afinal de contas, compõem dois terços da subclasse que depende da previdência e metade dos imigrantes. E como um verdadeiro instrumento nuclear, continuará a causar danos sobre elas durante gerações, já que implica uma redução permanente nas verbas para educação, saúde e bem-estar social. Os filhos dos novos imigrantes e das pessoas de cor (agora uma maioria nas escolas primárias do estado) não terão as mesmas oportunidades e privilégios desfrutados pelas gerações anteriores de californianos. A cidadania está sendo reduzida.

No decorrer do verão mais ignóbil da história moderna da Califórnia, quando os déficits de orçamento foram usados para justificar todo tipo de desumanidade, um veterano legislador confessou seu desespero a um repórter: "O governo do estado está dando as costas aos pobres?

Sim. O Partido Democrata está dando as costas aos pobres? Sim. Não gosto disso, mas o fato é que a maioria das pessoas aqui não compartilha meus valores. Se os pobres passam fome na rua, elas não se importam. Qualquer orçamento que aprovarmos devastará os pobres."[65]

1992

NOTAS

1. Citado em Burt Solomon. "Bush and Clinton's Urban Fervor...", *National Journal*, 16 de maio de 1992, p. 1196.
2. Citado no *Los Angeles Times*, 17 de maio de 1992.
3. Cf. Rochelle Stanfield, "Battle Zones", *National Journal*, 6 de junho de 1992, p. 1349; e Kirk Victor, "Fiscal Fire Sale", ib., 27 de junho de 1992, p. 1514.
4. Ver Jack Germond e Jules Witcover, "Clinton's at Risk After Riots in L.A.", *National Journal*, 9 de maio de 1992, p. 1137.
5. *Los Angeles Times*, 4 e 5 de novembro de 1992.
6. Ibid., 2 de junho de 1992.
7. Ver críticas à FEMA feitas por autoridades municipais e estaduais no *Los Angeles Times*, 11 de janeiro de 1993.
8. Ver Neal Pierce, "A Riot-Ravaged City Is Still on Hold", *National Journal*, 10 de outubro de 1992, p. 2325.
9. A imprensa local em grande parte deixou de publicar essa história. Ver Victor, op. cit., p. 1512–16.
10. É importante contrastar as diferentes estratégias urbanas dos regimes Nixon-Ford Reagan-Bush. O "Novo Federalismo" de Nixon não procurou tanto desmantelar a Grande Sociedade quanto realocar seus benefícios à "nova maioria republicana" nas cidades e subúrbios do Sunbelt. Ele e Ford expandiram a ajuda urbana mas a redirecionaram para longe do núcleo democrático das grandes cidades no nordeste para o sul e o oeste urbanos. Além disso, Nixon acabou com a era de "máxima participação viável" da

Guerra Contra a Pobreza e devolveu o controle administrativo das verbas federais para elites tradicionais das prefeituras. Assim, tanto na política urbana quanto na externa, a revolução Reagan foi orientada contra os legados de Nixon e Ford e contra os de Johnson e Kennedy.

11. O especialista em orçamentos do American Enterprise Institute, Allen Schick, citado no *Wall Street Journal*, 4 de fevereiro de 1985, p. 4.
12. Para uma discussão mais ampla, ver meu ensaio "The Lesser Evil?: The Left, the Democrats and 1984" em *Prisoners of the American Dream*, Londres, 1986, p. 267–70.
13. *President's Commission for a National Agenda for the Eighties, Urban America in the Eighties: Perspectives and Prospects*, e *A National Agenda for the Eighties*, Washington, D.C., 1980; citado em Timothy Barnekov, Robin Boyle e Daniel Rich, *Privatism and Urban Policy in Britain and the United States*, Oxford, 1989, p. 101–5.
14. Citado em ib., p. 105–7. *Privatism and Urban Policy*, de Barnekov, Boyle e Rich, é uma análise indispensável da política urbana neoconservadora.
15. Ver Timothy Conlan, *New Federalism: Intergovernmental Reform from Nixon to Reagan*, Washington, D.C., 1988, p. 233. Anteriormente, Ted Kennedy tinha, em 1982, se juntado a Dan Quayle para matar dezenas de milhares de empregos públicos municipais apoiados pelo Comprehensive Employment Training Act (CETA) de 1973; ver p. 175–76.
16. Para a indiferença dos democratas ao plano de sete pontos proposto pelos prefeitos em janeiro de 1992, ver Rochelle Stanfield, "Cast Adrift, Many Cities Are Sinking", *National Journal*, 9 de maio de 1992, p. 1122.
17. Demetrios Caraley, "Washington Abandons the City", *Political Science Quarterly* 107, nº 1 (1992), p. 8 e 11. Eu emendei a estimativa de Caraley da redução percentual total na assistência federal urbana com números de "The Economic Crisis of Urban America", *Business Week*, 18 de maio de 1992.
18. Ester Fuchs, *Mayors and Money: Fiscal Policy in New York and Chicago*, Chicago, 1992, p. 288.
19. US Bureau of Census, *City Government Finances*, 1977–78 e 1984–85; e Preston Niblack e Peter Stan, "Financing Public Services in L.A.", em James

Steinberg, David Lyon, e Mary Vaiana, *Urban America: Policy Choices for Los Angeles and the Nation*, Santa Monica, Calif., 1992, p. 267.

20. Ver James Fossett, "The Politics of Dependence: Federal Aid to Big Cities", em Lawrence Brown, James Fossett e Kenneth Palmer, coords., *The Changing Politics of Federal Grants*, Washington. D.C., 1984, p. 121–24 e 48.
21. Cf. *Washington Post National Weekly Edition*, 11–17 de maio de 1992, e Caraley, ib., p. 9.
22. Ver James Hosek e Jacob Klerman, "Military Service: A Closing, Door of Opportunity for Youth", em Steinberg e outros, ib., p. 165–67.
23. *Los Angeles Times*, 4 de janeiro de 1993.
24. Ver Joan Petersilia, "Crime and Punishment in California", em Steinberg e outros, ib.
25. A queda no número de empregos nas cidades é multiplicada ainda mais pela grande percentagem de empregos com bons salários dos trabalhadores que moram fora dos centros.
26. Cf. Caraley, p. 5–6, e Fred Siegel, "Waiting for Lefty", *Dissent*. Primavera de 1991. p. 177.
27. National League of Cities, 1992, e Caraley., ib.
28. Ver Joel Garreau, *Edge City: Life on the New Frontier*, Nova York, 1991, p. 3.
29. US Bureau of the Census, Population, 1970 e 1990.
30. Para a transformação étnica do coração industrial de Los Angeles, ver meu capítulo "The Empty Quarter" em David Reid (org.), *Sex, Death and God in L.A.*, Nova York, 1991.
31. Números calculados a partir de California's Economic Development Department, *Statistical Abstracts*, e do censo de 1990. A fronteira das cidades de contorno, como defino, inclui os condados de Ventura e Orange Counties, além do norte do condado de Los Angeles (basicamente Santa Clarita e o Antelope Valley), o corredor da I-5 do oeste dos condados de San Bernardino e Riverside, e a parte suburbana do Condado de San Diego. Exclui parte do suburbano Inland Empire.
32. Siegel, ib., p. 177–79.
33. Robert Fishman. *Bourgeois Utopias: The Rise and Fall of Suburbia*. Nova York, 1991, p. 217.

34. Thomas Edsall com Mary Edsall, *Chain Reaction: The Impact of Race, Rights, and Taxes on American Politics*, Nova York, 1991, p. 217.
35. Ver James Barnes, "Tainted Triumph", *National Journal*, 7 de novembro de 1992, p. 2541.
36. Para o argumento de que Clinton "virou de cabeça para baixo a política neoliberal", trouxe o fim à era conservadora e é realmente um "social-democrata disfarçado", ver Harold Meyerson, "The Election: Impending Realignment", *Dissent*, outono de 1992, p. 421–24.
37. Walter Dean Burnham, "Critical Realignment: Dead or Alive", em Byron Shafer, org., *The End of Realignment?*, Madison, Wis., 1991, p. 125–27.
38. "A abordagem de Clinton parece ainda mais republicana... zonas de empreendimento, organizações financiadas pelo governo para emprestar dinheiro e dar conselhos a novos empreendedores – o tipo de cooperação público-privada que a administração Bush também estará buscando" (*Business Week*, 18 de maio de 1992). "Essa campanha cada vez mais estranha... com o espetáculo de Bush e Clinton... dizendo praticamente as mesmas coisas sobre a agonia dos centros urbanos" (*National Journal*, 16 de maio de 1992, p. 1996, passim.)
39. Citado em ib., p. 1197.
40. E quando os clintonianos falam sobre cidades, jamais reconhecem as circunstâncias especiais dos negros ou latinos. Andrew Harker observa, por exemplo, que o livro de Clinton e Gore, *Putting People First*, "praticamente nunca menciona raça, sequer obliquamente. Um capítulo intitulado 'cidades' não usa a expressão 'núcleos urbanos' (*inner cities*) nem menciona a segregação residencial ou de escolas" ("The Blacks and Clinton", *New York Review of Books*, 28 de janeiro de 1993, p. 14).
41. Citado ao *Los Angeles Times*, 25 de janeiro de 1993.
42. *Washington Post National Weekly Edition*, 14–20 de dezembro de 1992.
43. Caraley, ib., 25.
44. Ver sua matéria opinativa, *Los Angeles Times*, 5 de novembro de 1992.
45. Cf. Rhodes Cook, "Republicans Sufer a Knockout That Leaves Clinton Standing", *National Journal*, 12 de dezembro de 1992, p. 3810; e James Barnes, op. cit., p. 2541.

46. Em seu livro *Reviving the American Dream*, Rivlin ressuscita a iniciativa federalista de Reagan de 1982 que teria devolvido programas de doações aos estados e encerrado o papel federal nos serviços de assistência social em troca da nacionalização do financiamento do atendimento de saúde para os pobres. Outros conselheiros da Casa Branca estão igualmente ansiosos por continuar com a revolução de Reagan, inclusive David Osborne, autor de *Reinventing Government* (1992), cuja expressão "governo empresarial" aparece regularmente nos discursos de Clinton. Ver Rochelle Stanfield, "Rethinking Federalism", *National Journal*, 28 de outubro de 1992, p. 2255-57.
47. Números do *Congressional Quarterly*, 12 de dezembro de 1992, p. 3.815-20.
48. Kirk Victor, "A Capital Idea", *National Journal*, 28 de novembro de 1992.
49. Richard Darman citado em in ib., 7 de janeiro de 1993.
50. Para uma comparação de sete estados patrocinados pelo corporativista Committee for Economic Development, ver R. Scott Fosler, coord. *The New Economic Role of American States*, Nova York, 1988.
51. *National Journal*, 3 de outubro de 1992, p. 2256.
52. Expressão usada por Timothy Conlan, da Brookings, ver *New Federalism*, p. 228.
53. Para uma visão sucinta do crescente déficit estrutural dos estados, ver Penelope Lemov, "The Decade of Red Ink", *Governing* (agosto de 1992).
54. Cf. J. Michael Kennedy, "Cutbacks Push Poor to the Edge", *Governing* (abril de 1992); e John Begala e Carol Bethel, "A Transformation Within the Welfare State". *The Journal of State Government*, 1992.
55. De um estudo de 1991 feito pelo Center on Budget and Policy Priorities (Washington, D.C.) e pelo Center for the Study of the States (Albany, N.Y.).
56. Cf. House Ways and Means Committee, *Green Book*, Washington, D.C., 1991, e Center on Law and Poverty, citado em *Los Angeles Times*, 18 de junho de 1992.
57. Kennedy, ib.
58. Begala e Bethel, ib.
59. Kennedy, ib.

60. Representante do estado, citado em Rochelle Stanfield, "Rethinking Federalism", op. cit., p. 257.
61. Citado no *Los Angeles Times*, 15 de junho de 1992.
62. Ib., 2 de julho de 1992.
63. Estudo Children Now, citado em ib., 25 de junho de 1992: e o representante Phil Isenberg (Sacramento), citado em Linda Paulson e Richard Zerger, "Blundering Toward a Budget", *California Journal* (setembro de 1992), p. 426.
64. Elevar o esforço da Califórnia ao padrão nacional geraria aproximadamente 170 dólares *per capita* em impostos adicionais. Multiplicando isso por 30 milhões anula-se a maior parte do déficit de 1992–93. Ver ACI, *State Fiscal Capacity and Effort 1988*, Washington, D.C., agosto de 1990, p. 75, 103, 132 e 133.
65. John Vasconcellos (D-Santa Barbara), citado em *L.A. Weekly*, 10 de julho de 1992.

Epitáfio por Compton

14. Medo e abominação em Compton

— Esta cidade de merda foi condenada à morte. Todo mundo quer dar uma facada nas costas de Compton.

Ricky Miller e eu estamos passeando de carro pelo Compton Boulevard. A lua cheia – pendendo sobre algumas palmeiras idosas – banha numa fria luz branca a exausta paisagem dos anos 1950 da cidade mais notória dos Estados Unidos. Os bairros ao norte do bulevar são principalmente território dos Crips; os ao sul são terra predominantemente dos Piru (Bloods). Há uma trégua instável entre as gangues desde 1992. É uma noite quente de verão e as ruas silenciosas estão quase vazias.

Ricky, de 34 anos, é produtor de rap local e ativista comunitário. Como falou, foi "criado de corpo e alma em Compton". Tem uma cicatriz serrilhada de pontos acima do olho esquerdo, onde recentemente um policial o acertou com uma lanterna de aço.

— O Compton Boulevard ia direto até a praia, até que nós ficamos conhecidos como a capital *gangsta-rap* do universo. Agora todas essas cidadezinhas mortas de medo a oeste daqui [Gardena, Hawthorne, Lawndale e Redondo Beach] trocaram o nome da via para "Marine Avenue". Atualmente ninguém pode reivindicar Compton nem lhe dar qualquer respeito, a não ser nós. É como se fôssemos o Haiti.

A comparação com o Haiti traz uma lembrança estranha, já que Compton é a única cidade americana invadida pelos fuzileiros. Isso aconteceu durante os protestos de abril de 1992, quando 43 lojas foram queimadas e várias pessoas morreram. O centro-sul de L.A., claro, ficou supersaturado com a mídia, mas praticamente ninguém se incomodou em dirigir mais um quilômetro e meio de Watts a Compton. Assim, poucas pessoas fora da área central entendem que essa foi a primeira vez que os negros pobres saquearam e queimaram as propriedades da burguesia negra em qualquer grande escala (as estimativas de danos chegam a cem milhões de dólares).

Compton, a mais antiga cidade governada por uma maioria negra a oeste do Mississippi, também reivindica a infeliz distinção de ter criminalizado mais de seus jovens do que qualquer outro lugar do planeta. De fato, as estatísticas do Departamento de Polícia de Compton retratam uma taxa de participação nas gangues maior do que 100%. Esse, pelo menos, é o peculiar quociente que surge da divisão do número de "membros de gangues em Compton" mantido no banco de dados da polícia (10.435) – em 40 grupos negros, latinos e samoanos – pelo número real de rapazes entre 15 e 25 anos registrado pelo censo de 1990 em Compton (8.558). Talvez alguns Crips façam hora extra como Bloods, e vice-versa, não é?

Para completar uma ladainha cruel, Compton – com uma população de 91.600 pessoas – tem um distrito escolar definido pela Associação Educacional Nacional como "horrível", uma taxa de homicídios geralmente maior do que a de Detroit ou Washington, a maior taxa de evasão escolar da Califórnia, as maiores taxas de impostos sobre propriedades e de desemprego do condado de Los Angeles. Além disso, nos 18 meses passados, Compton experimentou algo como uma completa dissolução de suas instituições governamentais.

No início do ano passado, seu ex-chefe de polícia não contestou que roubara dinheiro de um fundo destinado à compra de drogas em investigações que era mantido trancado em seu escritório. Pouco depois, o presidente do Compton Community College foi demitido após uma auditoria revelar que quase 500 mil dólares destinados a estudantes de baixa renda tinham sido gastos impropriamente em roupas, móveis de escritório, carpetes e despesas de nepotismo com parentes dos administradores. Naquele mês de julho, o Distrito Escolar Unificado de Compton, falido e assolado por escândalos, foi posto sob o controle financeiro do estado por não ter conseguido manter os padrões mínimos de educação.

Então, em 29 de julho deste ano, uma estação de televisão local transmitiu um vídeo amador de um franzino adolescente latino sendo espancado e chutado por um furioso policial afro-americano de Compton. Imediatamente comparado ao caso Rodney King, o espancamento de Felipe Soltero, de 17 anos, tornou-se um para-raio para os ressentimentos acumulados dos latinos contra a elite política negra de Compton. "Será que agora os oprimidos decidiram se transformar em opressores?", perguntou um proeminente ativista latino numa cidade bastante latina.

Duas semanas depois, um pedaço ainda maior do céu caiu sobre o Compton Boulevard. O novato congressista Walter Tucker 3d, talentoso e belo filho de uma dinastia política conhecida localmente como os "Kennedy de Compton", foi indiciado por um promotor federal por extorsão e evasão fiscal. Enquanto era prefeito em 1991–92, Tucker supostamente teria aceitado 30 mil dólares em subornos e exigido mais 250 mil de um grupo que queria construir um gigantesco incinerador de lixo sólido. (O projeto acabou sendo derrotado pela oposição comunitária militante.)

Os dois anos de investigação do FBI na prefeitura devem produzir indiciamentos de outros proeminentes políticos e empresários locais. Ninguém ainda faz ideia de quantos esqueletos os federais podem ter descoberto nos armários. Segundo *The Sentinel*, o maior jornal negro do condado de L.A., a vereadora Bernice Woods teria dito a um júri de instrução federal: "Todo mundo na cidade de Compton era bandido, menos eu."

A COR AZUL

Para Ricky Miller, esse "crescente fardo de negatividade... tanto escândalo e corrupção" era mais motivo ainda para sentir orgulho de ter morado na mesma rua que Clarence "D.J. Train" Lars. Com apenas 23 anos, foi um DJ conhecido e se apresentou com astros do rock por toda a Europa. Além disso, Train se recusou a deixar seu bairro do Southside. Morando no duplex dos avós – com a mãe, três irmãs e seus discos de ouro –, trouxe dignidade e respeito a toda a rua. Ele e Ricky estavam planejando um show de paz multicultural em outubro, para juntar os jovens negros e latinos.

Agora Ricky acha difícil admitir que Train está morto, ou que tenha morrido de modo tão desnecessário.

— Era mais ou menos uma e meia da madrugada [25 de julho] quando minha irmã me acordou gritando a respeito de um incêndio. Corri para fora e vi chamas saltando das janelas da cozinha de Train. Vários de nós lutamos contra o fogo com mangueiras de jardim, mas podíamos ouvir alguém dentro, desorientado, batendo freneticamente nas paredes. Era impossível entrar na casa pelo lado da cozinha, por isso corri para a frente. A polícia de Compton já havia chegado, mas só estava parada ali, sem fazer nada. Quando me aproximei de uma janela acessível, um jovem policial gritou para eu recuar. Expliquei que havia alguém preso dentro. Perguntei por que a polícia não estava fazendo nada. Isso pareceu deixá-lo puto da vida. Ele tentou me dar uma gravata, depois tirou uma lanterna comprida do cinto. Brandindo-a como um cassetete, me acertou duas vezes no rosto. Pou! Pou! Foi bem no alvo. Minha cabeça explodiu. Sangue espirrou para todo canto.

"Então vieram outros policiais e me jogaram em cima do capô do carro de Train. Enquanto me algemavam, os vizinhos gritavam: 'Deixem ele em paz. O que ele fez?' Implorei que eles salvassem Train, mas um policial disse: 'Deixe o crioulo queimar.' Me trancaram numa radiopatrulha, não vi os bombeiros chegarem, mas disseram que eles encontraram Train perto da janela da sala. Mais tarde, no hospital, eu o vi rapidamente. Estava nu em uma maca, a pele cor de carne crua, todo inchado e cheio de bolhas. Morreu um dia depois. Eu fui acusado de 'agredir um policial' e solto com fiança de mil dólares."

Quando idiotamente perguntei a Ricky de que cor era o policial que bateu nele, ele olhou através de mim.

— Era latino, e isso não é mais nem menos importante do que o fato de o policial que espancou Soltero ser negro. O que você precisa entender, meu chapa, é que todos os policiais têm a cor azul.

O EMBARGO BRANCO

Uma semana depois da morte de Train, Ricky liderou uma grande multidão entoando "Sem justiça não há paz!" diante do Departamento de Polícia de Compton. Dezenas de moradores negros juntaram-se aos vizinhos latinos protestando contra o espancamento selvagem de Felipe Soltero. Muitos argumentaram que a brutalidade policial em Compton, ainda que certamente vitimizasse muitos jovens latinos, é essencialmente uma questão de classe, e não de raça. Uma pessoa carregava uma placa em memória de dois jovens samoanos desarmados que levaram 19 tiros nas costas dados por um policial de Compton, em 1991. Outros distribuíam panfletos exigindo o estabelecimento de uma comissão civil para investigar a má conduta policial.

Theresa Allison defende a família Soltero. Fundadora do Mothers Reclaiming Our Children, trabalha para unir mulheres negras e latinas cujos filhos se perderam no labirinto do sistema prisional do estado. Ela se sente entristecida e perplexa com o declínio de Compton:

— Quem se lembra agora do orgulho e da esperança que esta cidade já representou? Quem poderia ter previsto que nosso próprio povo iria nos tratar desse modo?

De fato, em 1969, quando Douglas Dollarhide assumiu como primeiro prefeito negro de Compton, depois de uma heroica luta de 15 anos pelos direitos civis, a cidade foi vista amplamente como uma nau capitânia para o poder negro. Mas o que o *Los Angeles Times* rotulou paternalisticamente como "uma experiência no autogoverno dos negros" foi estruturalmente mutilado desde o início. Os antigos ainda se lembram de como o "regime de senzala" do coronel Clifton Smith – o velho chefe político da cidade e editor do *Compton Herald-American* – tinha lutado contra cada avanço dos negros com políticas de terra arrasada. Havia interrompido a construção de escolas e parques, cortando verbas ou solicitando novos investimentos industriais. Desprezou ajuda federal e ignorou a deterioração do distrito de varejo do centro da cidade, que havia fornecido o grosso dos impostos municipais.

Apesar da calma que reinou nos bairros negros de Compton durante agosto de 1965, a rebelião de Watts ali perto foi o sinal de uma verdadeira Dunquerque branca. Na fuga em direção aos enclaves de South Gate e Lakewood, os brancos abandonaram quase duas mil casas e tiraram da cidade a maior parte do capital de varejo. O Compton Boulevard ficou sem um único restaurante, loja de ferramentas, cinema ou farmácia. Enquanto isso, o orçamento municipal era insuficiente para lidar com as necessidades de uma população negra muito mais jovem. O único setor que o antigo regime deixou intacto – na verdade, expandido – foi o Departamento de Polícia, e por muitos anos a maioria negra teve de viver com a anomalia zombeteira de uma força policial dominada por brancos.

No fim dos anos 1960, quando Dollarhide chegou, ficou claro que a sobrevivência fiscal de Compton dependia de uma campanha agressiva para anexar áreas industriais na periferia não incorporada. Mas a Comissão de Formação de Área Local do condado, totalmente composta por brancos, discriminou Compton sistematicamente. Ainda que rodeada por novas indústrias e armazéns ligados ao porto, Compton teve de assistir à sua base fiscal potencial ser roubada por cidades de maioria branca como Carson, Torrance e Long Beach. No microcosmo do condado de Los Angeles, este era o equivalente estrutural de um embargo branco.

Sem uma base fiscal expandida de varejo ou corporativa, Compton teve de aumentar a pressão fiscal implacavelmente sobre os proprietários de casas. Ao mesmo tempo, os principais bancos cortaram a maior parte dos financiamentos para casas e pequenas empresas. Dessa forma, os moradores não puderam reformar as moradias antigas e abaixo do padrão, ao passo que a construção de novas casas foi praticamente interrompida. Os altos impostos imobiliários, a recusa em fornecer hipotecas e a decadência residencial foram as maiores causas do êxodo da classe média negra da cidade durante os anos 1970 (ironicamente, muitos foram para alguns quilômetros mais ao sul, para a branca Carson, rica devido aos impostos).

Assim, a transição racial dos anos 1960 foi seguida por uma recomposição de classe nos anos 1970. A propriedade de casas declinou e o rendimento médio das famílias despencou (de 92% da média do condado, em 1970, para 62%, em 1990), ao passo que a pobreza, o número excessivo de pessoas por domicílio, a dependência da previdência social, o analfabetismo e o desemprego foram às nuvens. A praga dos cortiços com proprietários ausentes se espalhou pela cidade como uma infecção por fungos. Cada vez mais, profissionais negros do setor público, junto com policiais brancos e lojistas latinos, iam trabalhar em Compton mas moravam em outros locais. Os ativistas comunitários começaram a usar a palavra "neocolonialismo".

Esse círculo vicioso teve dois arcos finais e decisivos: primeiro os gastos com o Departamento de Polícia virtualmente engoliram o resto do orçamento da cidade depois de meados dos anos 1970. Hoje, Compton destina incríveis 70% de seus ganhos gerais para a "segurança pública" – possivelmente a maior percentagem do país. A escalada mais dramática ocorreu entre 1985 e 1990, quando o orçamento da polícia aumentou em espantosos 195% enquanto as verbas para parques e recreação desmoronaram (menos 97%). O governo municipal fora reduzido a um calcanhar de ferro.

Segundo, a ajuda federal tinha sido o último recurso financeiro de Compton, e nenhuma cidade sofreu brutalidade maior por parte da contrarrevolução de Reagan e Bush na política urbana. No entanto, como reconhece francamente o Plano Geral da cidade de 1991, as verbas federais foram amplamente malbaratadas numa série de quimeras de reformas urbanas que deixaram Compton com um fantasmagórico shopping center de automóveis com dois terços das lojas vazias, um insolvente centro de convenções e hotel que se mantém flutuando graças ao bingo e shopping centers subsidiados que praticamente não devolvem qualquer ganho à prefeitura.

O principal ganhador no fiasco da reforma de Compton foi o empresário Danny Bakewell, que obteve lucros fabulosos com descontos de terras do município e subsídios diretos. Figura espalhafatosa, frequentemente comparada ao reverendo Al Sharpton, Bakewell dirige a principal instituição de caridade para negros na Califórnia, a Brotherhood Crusade, e tem sido importante em lutas sensacionalistas contra as comunidades latina e coreana. Como era de se esperar, ele é também um dos mais generosos colaboradores de campanha para membros do Conselho Municipal de Compton, que também atuam como comissários da agência de reforma urbana.

Enquanto o FBI continua a investigar possível corrupção na administração das verbas para reformas na cidade, a maioria do Conselho Municipal cultua um novo bezerro de ouro: um proposto cassino de carteado no defunto shopping de automóveis. Em vez de fazer um plebiscito sobre os jogos, e portanto arriscar a oposição mobilizada das poderosas igrejas de Compton, o conselho simplesmente contrabandeou a decisão no meio de um de seus projetos. Os críticos dizem que os ganhos projetados do cassino – que deve ser inaugurado em 1995 – são estimativas loucas que ignoram as condições competitivas num mercado de jogos já superinflado.

UMA NOVA SENZALA?

Os excessos da reforma urbana também aprofundaram o abismo entre a prefeitura e a crescente comunidade latina de Compton. Durante anos, os impostos foram sugados dos bairros latinos do norte de Compton sem visíveis investimentos de retorno. Alguns líderes latinos se preocupam com a hipótese de a cidade estar sendo tão sugada por pessoas de fora que logo não restará nada para atender às necessidades de suas crianças. Eles comparam amargamente o favoritismo demonstrado a empresários ligados aos políticos, como Bakewell, com a quantidade de regulamentos – proibição de vendas ao ar livre, colocação dos camelôs na ilegalidade, e assim por diante – que, segundo eles, discriminam os latinos.

Por mais de uma década, os latinos vêm tentando negociar um acordo de divisão de poder com a elite política negra de Compton. Constituindo 11% da força de trabalho da cidade e apenas 5% dos professores do distrito escolar, a emergente maioria latina se vê trancada fora dos empregos públicos. Em 1988–89, tanto a prefeitura quanto a comissão escolar rejeitaram propostas de ação afirmativa para abrir oportunidades para latinos à medida que os empregados negros mais velhos se mudam ou se aposentam. "Não precisamos de ação afirmativa; a maioria dos empregados é de minoria", argumentou o presidente da comissão escolar, John Steward.

Ao mesmo tempo, os latinos estavam lutando para aumentar sua representatividade nos cargos eletivos, além do único assento na comissão escolar que ocuparam desde 1963. Segundo o promotor municipal

Legrand Clegg, o eleitorado ativo ainda é de 80% de afro-americanos e "composto principalmente de cidadãos mais idosos que moram na cidade há 30 anos ou mais". Os candidatos latinos, então, procuraram construir coalizões de "bom governo" que atraíssem os eleitores negros.

Em 1991, Pedro Pallan, popular proprietário da principal padaria mexicana de Compton, conseguiu quase mil votos de negros para forçar Omar Bradley a um segundo turno para o Conselho Municipal. Bradley ganhou, mas dois anos depois recrutou Pallan como aliado numa batalha feroz pela prefeitura. Pallan concordou em atrair eleitores latinos e samoanos para Bradley e sua chapa, em troca de ser nomeado para o assento vazio de Bradley no conselho. Latinos foram em bandos às urnas para dar o que acreditavam ser um voto duplo para Bradley e Pallan. Cada voto latino contou, quando Bradley derrotou a briguenta vereadora Joan Moore por meros 349 votos. Então, antes que alguém pudesse dizer "multiculturalismo", Bradley renegou a promessa pública a Pallan e nomeou um relativamente desconhecido afro-americano para o conselho.

Quando entrevistei Pallan no ano passado, algumas semanas depois da eleição, ele sugeriu, mal-humorado, que a elite negra de Compton parecia decidida a reconstruir o mesmo tipo de senzala política baseada numa maioria despossuída que Dollarhide e a NAACP haviam derrubado nos anos 1960. "Que ironia", observou ele, "se nós, latinos, tivermos de pedir ao Departamento de Justiça para intervir em Compton e impor nossos direitos civis". No final do mês anterior, eles fizeram exatamente isso.

Apesar de uma corajosa "Cúpula de Unidade Multicultural" na primavera anterior, copatrocinada pelo Fundo de Defesa Legal e Educacional Mexicano-Americano e pela NAACP, os humores étnicos permanecem acirrados. Depois de assistir ao vídeo do espancamento de Soltero, o prefeito Bradley demonstrou pouco respeito pelos sentimentos dos latinos quando disse gelidamente: "Sem comentários." No extremo oposto, Arnulfo Adatorre Jr., um dos líderes da nova Coalizão Latinos Unidos, enfureceu os afro-americanos com sua alegação idiota de que "os latinos são tratados pior pelas autoridades municipais de Compton do que os negros eram tratados pelos brancos na África do Sul".

Enquanto isso, Ricky Miller, patriota de Compton, permanece otimista. Acha que o espancamento de Soltero galvanizou a unidade "onde ela realmente importa – não no topo, mas na base, entre os ativistas, os rappers, os rapazes negros e os *chollos* dos bairros". Honrando sua promessa a D.J. Train, ele está organizando o show para jovens negros e latinos no outono.

1994

Não é apenas um filme...

15. A escolha de Dante

FUNERAL DUPLO

O sofrimento de Blondie silenciou a capela funerária apinhada. Todas as tosses e os movimentos cessaram enquanto os enlutados se concentravam na sentinela tensa diante do altar. Durante 15 minutos, Blondie ficou imóvel perto do caixão de Oscar, examinando cada detalhe da branca máscara da morte como se procurasse inutilmente algum indício de um riso maroto familiar. Em vida, Oscar sempre tivera um belo brilho nos olhos, mas hoje as pálpebras estão fechadas e a boca numa tensão sobrenatural.

Por fim, Blondie se curva sobre o caixão aberto. Com grande ternura, levanta a cabeça de Oscar e gentilmente coloca uma guirlanda de cravos brancos, feita em casa. Nas mãos cruzadas põe um pequeno crucifixo prateado. Depois, tremendo, ele beija Oscar no rosto. Quando se vira para se afastar, a expressão abalada em seu rosto vai além da dor. Alguém no fundo da capela começa a soluçar.

Quatro dias antes, Oscar Trevizo, de 22 anos, tomava cerveja com um amigo negro num banco de ponto de ônibus nos limites da Koreatown de Los Angeles. Ainda que a família de Oscar tenha se mudado da área (o Hobart Boulevard, entre os bulevares Venice e Washington) vários anos antes, ele passava ali frequentemente para bater papo com Blondie e os outros rapazes do quarteirão. Segundo uma testemunha ocular, ele sorriu quando dois jovens afro-americanos (mais tarde identificados pela polícia como membros dos Avenue 20s Bloods) se aproximaram do ponto de ônibus. Um deles ordenou em voz baixa que o companheiro de Oscar se afastasse. Então, sem mais aviso, o outro esvaziou uma automática calibre 22 no peito e no abdômen de Oscar.

Agora uma grande multidão (o organizador do funeral estima em 400 pessoas) está enfileirada atrás do carro funerário de Oscar. Blondie lidera os carregadores do caixão, seguido pelos parentes mais próximos, e em seguida pelos mais distantes. Há um número quase grande demais de primos (do Texas, do Novo México, de Chihuahua e de Sonora) para ser contado. Os *compañeros* de trabalho do sr. Trevizo – homens grandes, bigodudos, com uniformes profissionais da Sears – caminham lado a lado com os colegas da filha mais velha que estudava na UCLA, com seus ternos de tweed.

Mas o maior contingente veio do quarteirão 1.700 do Hobart Boulevard, passados e presentes. Negros, mexicanos, japoneses, irlandeses, havaianos, coreanos, guatemaltecos e salvadorenhos – representam duas gerações de unidade e independência do bairro. E, desde a velha viúva nissei até o jovem membro de gangue salvadorenho, vieram não somente enterrar Oscar – a vítima inocente de uma incipiente guerra de gangues entre negros e latinos por toda a cidade –, mas também para se despedir de alguma parte inefável de si mesmos e de sua vida juntos. É um enterro duplo para um garoto e um bairro.

O INFERNO URBANO DEFINITIVO

Oscar foi enterrado no cemitério de Inglewood, em frente ao campo dos Lakers, no Fórum. Como outros cemitérios dentro da cidade, está apinhado com um número absurdo de vítimas da doença infantil chamada violência das gangues. Quase 10 mil bebês, crianças, adolescentes e jovens adultos foram trucidados no condado de Los Angeles desde que Oscar entrou no jardim de infância, em 1976. A maioria morreu nas ruas, mas outros foram assassinados em casa, nas escolas, em playgrounds e até no útero das mães. É arrepiante pensar que há bairros no sul da Califórnia onde as crianças têm mais probabilidade de visitar o necrotério antes dos 18 anos do que visitar a Disneylândia.

No entanto, apesar de toda essa carnificina apavorante, há também o sombrio consolo de que a guerra das gangues tem sido principalmente confinada a comunidades étnicas específicas. Por motivos amplos ou caprichosos demais para serem totalmente entendidos, as comunidades negra e latina (e algumas vezes também asiáticas e do Pacífico) implodiram em estilhaços de violência de fúria interétnica e ódio por si próprias. Os Crips se concentraram em matar Bloods, e vice-versa, ao passo que os garotos do Eastside se dizimaram mutuamente por causa de intricadas fronteiras territoriais incompreensíveis para o mundo exterior. Milagrosamente, numa metrópole transformada pela imigração e por dramáticas mudanças espaciais e demográficas, a etnia ou a raça em si raramente foram o *casus belli* da violência das gangues. Uma surpreendente atitude de "coexistência pacífica" (os mais cínicos chamariam de "repressão mútua") ao longo das principais divisões culturais manteve vivo – em meio ao derramamento de sangue – o sonho de uma cidade arco-íris.

Agora o sonho pode estar morrendo. Se as milhares de fogueiras de abril de 1992 iluminaram o furioso abismo entre negros e coreanos, o ano passado testemunhou uma agourenta escalada e um sentido aleatório na violência entre latinos e negros. Protestos entre os dois grupos se tornaram brutais ocorrências semanais no gigantesco e apinhado sistema prisional do condado de Los Angeles (por exemplo, aconteceram 55 apenas em 1993). Distúrbios menos letais, mas igualmente violentos, entre jovens negros e latinos levaram a polícia, com equipamento antimotim, a uma dúzia de escolas secundárias desde Inglewood até Palm Springs. Exemplos arrepiantes de "limpeza étnica" contra moradores negros foram informados nos subúrbios predominantemente latinos de Paramount, Norwalk, Azusa e Hawaiian Gardens. E a alguns quarteirões do famoso calçadão de Venice gangues negras e latinas estão travadas numa rixa mortal que custou 17 vidas e ameaça provocar uma explosão por toda a cidade.

O assassinato de Oscar, em 28 de junho de 1993 – parte de um ciclo contínuo de tiroteios interétnicos na área de Midcity –, coincidiu com esse dramático aumento nas tensões entre negros e latinos e forma uma base tosca para narrar alguns acontecimentos perturbadores de anos recentes. Mas antes de retraçar os últimos passos na descida para o inferno urbano definitivo, é necessário contar brevemente a história do que foi, e em muitos lugares ainda é, a realidade cotidiana dos relacionamentos intergrupais em Los Angeles. A tendência atual para a mortal violência étnica que se perpetua deve ser medida numa comparação com o notável sucesso de muitos bairros da cidade ao administrar pacificamente mudanças culturais e econômicas sem precedentes. Considere, por exemplo, o quarteirão 1.000 da Hobart Avenue.

UMA FAMÍLIA AMPLIADA

Enormes colunas de pedra, a um quarteirão da casa onde Oscar foi criado, lembram que o Hobart Boulevard fazia parte originalmente de um bairro de elite – lar de dentistas, corretores imobiliários e viúvas ricas – conhecido como Westmoreland Heights. Em 1910, esse era o limite da cidade – mais a oeste existiam apenas quilômetros de estradas de terra ladeadas de eucaliptos e fazendas espalhadas até chegar ao Lar Nacional dos Soldados em Sawtelle. Uma pioneira regulamentação de zoneamento, de 1909, a primeira do tipo na América do Norte, tinha excluído as indústrias poluentes a oeste do centro da cidade e determinado, de uma vez por todas, que a classe média de Los Angeles cresceria em direção ao pôr do sol.

Nas três gerações seguintes esse "Westside" burguês se deslocou repetidamente mais para o oeste e o norte, cada vez mais perto do oceano e dos morros, mas deixando para trás alguns enclaves fósseis de dinheiro antigo como Fremont Place e Hancock Park. Na década de 1920, um punhado de famílias negras ricas conseguiu superar as restrições e comprar casas na área de West Adams, adjacente a Westmoreland Heights. Em 1940 esse era o "Sugar Hill" de Los Angeles, com uma elite afro-americana que incluía o pioneiro dos seguros William Nickerson e os astros de cinema Stepin Fetchit e Louise Beavers. Apesar dos protestos de grupos defensores dos direitos civis, a via expressa Santa Monica (agora I-10) atravessou o coração de Sugar Hill no início dos anos 1960, deslocando centenas de famílias. Para os amargos sobreviventes, a via expressa sempre representaria a contrapartida negra da infame demolição do bairro de Chavez Ravine que abriu caminho para os Dodgers, em 1958.

Os pais de Oscar, claro, mal sabiam dessa história ou de suas cicatrizes quando se mudaram para o bairro em 1969. Para eles, o Hobart Boulevard era simplesmente um bem-vindo oásis urbano. Numa cidade notória pela escassez de casas para famílias grandes, as gigantescas moradias estilo Craftsman eram uma pechincha maravilhosa. A família Trevizo, com seus quatro filhos, era de fato uma das menores do quarteirão: os clãs Diaz e Pinela, ali perto, tinham juntos 18 filhos. Nas manhãs de sábado, no início dos anos 1970, o Hobart Boulevard era um pandemônio de crianças andando de bicicleta, chutando bolas, jogando balões cheios d'água, brincando de esconde-esconde – todas vigiadas pela sra. Hagio, uma viúva nissei que mais de uma vez salvou a vida de uma criança dos carros em alta velocidade. Na lembrança carinhosa das irmãs de Oscar, todo mundo – mexicanos, negros, brancos e asiáticos – se fundia numa única família ampliada.

Ao lado, por exemplo, moravam os Taylor, uma família branca muito ativa na igreja católica de St. Thomas, assim como o grande clã Diaz, que morava mais adiante. As três irmãs de Oscar costumavam brincar com as crianças da família Pinela, cujo pai era chefe de seção na RTD, ou com as filhas dos Berrio, cujo pai, de Porto Rico, era cozinheiro num famoso restaurante francês em Beverly Hills. Desde os quatro anos,

Oscar fora inseparável do filho dos Garcia, Gilberto (ou "Blondie", como passou a ser conhecido no início do ensino médio, por ser louro). Enquanto isso, o herói da rua era sem dúvida Steven Beamon. Astro do basquete no ensino médio, cuja mãe era veterana voluntária para Tom Bradley, ele era alto, bonito e extremamente gentil. Quando não estava ensinando os garotos mexicanos mais velhos a acertar na cesta, estava comprando sorvete para os irmãos mais novos deles. Não era surpresa que ele fosse, também, o queridinho de cada menina adolescente do quarteirão.

Apesar da decadência que se esgueirava e do aperto no perímetro da violência das gangues, o Hobart Boulevard – quase exclusivamente composto por famílias de operários e funcionários públicos – prosperou durante o fim dos anos 1970. Os jovens mais velhos tinham extraordinário sucesso acadêmico. Os Trevizo, por exemplo, se maravilhavam com os rígidos e diligentes Pinela, que mandaram todos os oito filhos para universidades, dentre as quais Harvard, Yale, USA e Berkeley. Enquanto isso, Dolores, a irmã mais velha de Oscar, ganhou uma bolsa para a Occidental e mais tarde para a UCLA, enquanto a irmã do meio, Lupe, frequentou a Cal State Los Angeles.

ALDEIAS PERDIDAS

Mas no início dos anos 1980, o Hobart Boulevard começou a sofrer uma metamorfose perturbadora. Primeiro, depois de ter seu filho morto na rua por um motorista que fugiu do local, o casal nissei que era dono do prédio de apartamentos na esquina da Pico o vendeu a um anônimo dono de cortiços que o atulhou de centro-americanos pobres e se recusava a fazer reparos. Então, enquanto as famílias mexicanas mais antigas começavam a se mudar para os novos subúrbios latinos (como Whittier, Fontana e Huntington Park), suas gigantescas casas eduardianas também foram convertidas em apartamentos para famílias salvadorenhas e guatemaltecas.

Na esteira da Proposta 13, as escolas locais perderam os recursos de que precisavam para enfrentar uma segunda e maior onda de crianças de fala espanhola. O tamanho das turmas cresceu tremendamente, professores se demitiam e a taxa de evasão aumentava. Enquanto isso, os adolescentes locais não conseguiam mais arranjar emprego. A irmã mais velha de Oscar, Dolores, lembra-se amargamente de ter se candidatado a mais de 40 empregos na área de Koreatown, entre 1981 e 82. Em geral os comerciantes coreanos se recusavam a empregar jovens negros ou latinos, a não ser em confecções de fundo de quintal. Rejeitados por professores e empregadores, esses "garotos jogados fora" – como costumavam chamar a si mesmos – achavam famílias substitutas nas ruas.

Como consequência, o quarteirão 1.700 do Hobart Boulevard se dividiu gradualmente em dois mundos. Na extremidade norte, as crianças ainda brincavam na rua enquanto os pais cortavam grama e pintavam garagens. Mas a extremidade sul foi tomada por uma gangue de rua centro-americana – os Crazy Riders – e os apartamentos próximos começaram a se encher com *los zombies* (viciados em crack). Crescendo como erva daninha num quintal subitamente abandonado, outras gangues proliferaram nas margens do Hobart Boulevard: os Playboys, os Clanton, os Midcity Stoners e uma franquia local da maior gangue do país, a Eighteenth Street (que afirma ter entre 10 e 20 mil membros, no sul da Califórnia). Os moradores negros, cujas raízes no bairro remontavam ao início da década de 1920, ficaram especialmente alarmados com a ascensão das gangues latinas. Os piores temores foram confirmados em 1984. As irmãs de Oscar se lembram, pesarosas, do dia em que Steve Beamon foi esfaqueado no Normandie Park por um membro de gangue latina que roubou sua linda bicicleta de dez marchas. No hospital ele teve sérias complicações que interromperam o sonho de conseguir uma bolsa de atletismo para uma faculdade importante. Ficou cada vez mais abatido e recolhido. Então, algumas semanas depois da morte do pai, ele se matou. Os moradores antigos do Hobart Boulevard jamais superaram sua morte.

Enquanto isso o irmãozinho Oscar, como milhares de outros garotos da cidade, era transferido entre escolas distantes dezenas de quilômetros. Depois de passar os anos do ensino fundamental na escola da 21st Street, de maioria negra, passou a ser levado de ônibus (às seis da manhã, todos os dias) para uma área branca do Vale, para o início do ensino médio; depois, foi transferido de volta para fazer o ensino médio no centro-sul de Los Angeles. A Manual Arts High era etnicamente polarizada entre as notórias gangues dos Rollin' 60s Crips e a 18th Street. Ainda que Oscar falasse inglês negro e adorasse a cultura rap, procurou a proteção dos garotos da 18th Street depois que seu melhor amigo, Blondie, foi derrubado e espancado por alguns Crips. Como mais tarde Oscar explicou, era uma questão de pura sobrevivência.

No entanto, teve repercussões perigosas no Hobart Boulevard, onde as rivalidades entre gangues latinas – frequentemente refletindo tensões entre mexicanos e salvadorenhos – também estavam ficando mais violentas. Os Midcity Stoners, por exemplo, originalmente eram pouco mais do que um amontoado de garotos que ficavam à tarde em volta da Bishop Conaty High para flertar com as garotas. E lentamente se transformaram numa turma heavy metal – bastante comum em Los Angeles durante meados dos anos 1980 – antes de cair sob o feitiço proselitista de veteranos carismáticos que os convenceram a adotar o estilo e a agressividade de uma tradicional gangue de rua chicana. Assim *"cholloizada"*, a gangue que trocou o nome para Midcity Locos montou uma ofensiva violenta que expulsou os Crazy Riders do Hobart Boulevard. De repente Oscar se viu de fora.

Nesse ponto os pais de Oscar se mudaram com ele, providencialmente, para Whittier. A irmã mais nova, Cesy, e seu marido nicaraguense ficaram para administrar as unidades alugadas em que a antiga casa da família foi subdividida. Observavam nervosos enquanto o Hobart Boulevard e seus arredores se tornavam cada vez mais militarizados. À medida que um número maior de garotos abandonava as escolas apinhadas, formando uma aldeia perdida com aproximadamente

50 mil membros em toda a cidade, gangues como a Midcity, que tinha começado com uma dúzia de garotos, se transformaram em pequenos exércitos bem armados com mais de cem membros. Veteranas gangues negras, como os Avenue 20s Bloods, da área de Gramercy e Washington, também foram vistas com mais frequência.

O segundo protesto de Los Angeles, em abril de 1992, foi outro divisor de águas na violenta transfiguração do Hobart Boulevard. O cruzamento da Western com Venice, ali perto, se transformou num importante nódulo de incêndios e saques. As brasas de um McDonald's incendiado puseram fogo em palmeiras nos quintais de duas mansões de Westmoreland Heights que tinham sido amorosamente restauradas à sua glória *art nouveau* por um minúsculo grupo de profissionais liberais gays. Lupe, a irmã do meio de Oscar, que tinha pele clara (era assistente social no distrito escolar de Inglewood) lembra-se, rindo, de que foi acuada diante de sua casa por alguns membros de gangue que alertaram: "Aí, sua puta branca, é melhor sair da rua. Aqui o negócio é preto e latino!" Mas apesar desses protestos de unidade, muitas lojas de negros, além de coreanos, foram tremendamente danificadas ou destruídas.

Quatorze meses depois, numa quente noite de sábado (24 de junho de 1993), um Midcity Loco conhecido como "White Boy" atirou num Avenue 20s Blood que estava jantando no TNT Tacos na esquina de Western com Venice. Algumas horas depois, houve mais tiros na esquina de Venice com Hobart. No dia seguinte, policiais antigangue do DPLA atravessaram o bairro alertando os membros de gangues latinas contra a retaliação inevitável. Oscar, em casa, em Whittier, não soube nada sobre esses acontecimentos.

Na segunda-feira, foi de carro a Hobart para terminar um serviço no quintal da casa dos pais. Depois disso ficou com um vizinho branco, dividiu uma Wendy's com seu pequeno sobrinho e então, por volta das nove horas – e ainda sem saber da morte de dois dias antes –, foi até a esquina fumar um cigarro. Ao passar por uma lavanderia automática reconheceu um velho amigo, que lhe ofereceu uma cerveja depois de Oscar se prontificar para ajudar a dobrar roupas. Dez minutos depois, um Cadillac branco circulou lentamente o quarteirão, depois parou a alguns metros do ponto de ônibus onde Oscar estava sentado. Ele sorriu enquanto os dois estranhos se aproximavam.

Sua irmã Lupe nunca conseguiu tirar da mente a conversa que teve com Oscar alguns dias antes de seu assassinato: "Fique longe do Hobart Boulevard", alertou. "Tudo mudou. Você não conhece mais a área. Vai ser morto." Oscar apenas riu baixo. "Eu, não. Gosto de todo mundo. Por que iriam querer me fazer mal?"

A FÁBRICA DE ÓDIO

Dois dias depois do enterro, começou a *Novenaria* de Oscar: nove noites rezando o rosário pela alma do falecido. "Dios me salve María..."* Um antiquado costume católico, o mesmo que acontece nos bairros latinos de Los Angeles e em Palermo ou Galway, é uma vigília feita por mulheres, rezando a outra mulher cujo filho foi assassinado há dois mil anos. Também é uma oportunidade para as três irmãs de Oscar começarem a falar em meio à tristeza. Elas se concentram repetidamente na questão terrível: por que subitamente negros e latinos estão se matando.

Dolores, a mais velha, lembra-se de que, há alguns anos, algumas famílias negras foram expulsas da área de Pico-Union por uma gangue salvadorenha. Lupe fala do conflito racial que encontrou cada vez mais nas escolas de Inglewood e Hawthorne. Cesy se lembra vagamente de um incidente durante um dos semestres que passou na Los Angeles High. Mas todos esses exemplos são de fora do bairro; não explicam

---

* No original: "Dios me salve María..." Há um pequeno erro na transcrição de Mike Davis da *Novenaria* (novena). O autor provavelmente relata a oração "Ave-Maria" que, em espanhol, inicia com "Dios te salve, María", em tradução livre, "Deus te guarde, Maria". No entanto, mantivemos o trecho conforme grafado pelo autor. (*N. da E.*)

por que Oscar foi assassinado ou, por sinal, por que um dos seus amigos negros mais íntimos foi imediatamente escolhido para vingança (ele foi ferido seriamente, mas sobreviveu). Como enfatiza Lupe:

— O Hobart Boulevard sempre foi diferente. Nós sempre fomos unidos.

"Homegirl", uma vizinha de 17 anos que às vezes anda com uma gangue de rua salvadorenha, ouviu a conversa. Ela tem uma explicação melhor.

— Não, cara – diz ela com forte sotaque de rua –, a coisa vem da cadeia. Eles criam o ódio no condado. Especialmente em Wayside. Os carinhas trazem de volta quando saem. As coisas são realmente foda em Wayside. Tipo uma guerra racial. Pode ir sacar.

Algumas saídas depois do parque de diversões Six Flags Magic Mountain, no norte do Condado de Los Angeles, "Wayside", ou o Peter J. Pitchess Honor Rancho, como é oficialmente conhecido, é uma utopia destruída. Foi estabelecido no fim dos anos 1930 pelo xerife Eugene Biscailuz como uma "experiência revolucionária" para reabilitar pequenos criminosos. Biscailuz, um lendário homem do ar livre com "aversão inata pelo confinamento", administrou Wayside como uma fazenda de trabalho onde os prisioneiros podiam experimentar a vida dura e reabilitadora dos caubóis nas "colinas livres". O gado ainda pasta nas campinas de Wayside, mas o benigno "rancho da honra" se transformou numa versão monstruosa das cadeias superlotadas que Biscailuz queria reformar: 9 mil presos – 90% negros e latinos – são espremidos em instalações projetadas para menos de 6 mil. Apenas um punhado de internos confiáveis ainda desfruta da vida ao ar livre proposta por Biscailuz; todos os outros são confinados de 16 a 23 horas por dia em dormitórios claustrofóbicos. Antes Wayside produzia alfafa, agora – como explicou "Homegirl" com exatidão – seu principal produto é o ódio.

Dewayne Holmes arriscou a vida para lutar contra esse ódio. Um ano mais velho do que Oscar, é um veterano PJ Crip do conjunto residencial Imperial Courts, em Watts. Depois que a polícia matou seu primo em 1991, Dewayne organizou um cessar-fogo entre os Crips e os Bloods. Reconhecido como "herói comunitário" pela congressista Maxine Waters e pelo ex-governador Jerry Brown, Dewayne acaba de ser condenado a sete anos na cadeia por um roubo de 10 dólares que ele afirma não ter cometido. (Uma dúzia de testemunhas no Imperial Courts sustenta sua história.)

Esperando a sentença final, Dewayne passou seis meses na definitiva panela de pressão humana de Wayside: a "Super Max". Ele lamenta o violento rompimento nas relações entre negros e latinos:

— Quando cheguei, encontrei um velho parceiro de Watts – um dos meus colegas mexicanos. Nós crescemos juntos e sempre fomos muito ligados – quase como melhores amigos. Mas dessa vez ele parecia preocupado, muito cauteloso. Sussurrou para mim: "Ei, Sniper [apelido de Dewayne], eu adoro você, cara, mas agora as coisas são diferentes. Quando a merda acontece, ela acontece. Todo mundo tem de entrar na linha. Sabe o que eu quero dizer? Vigie suas costas." Nós não nos falamos de novo.

Dewayne sofreu duas emboscadas por parte de prisioneiros latinos. Num dos encontros, quase perdeu uma orelha ("Quase que nem o tal de Van Gogh", brinca ele.) Agora fica vigilante até durante o sono. Explica a lógica simples e implacável do ódio:

— Veja bem, os Crips e os Bloods ainda são a maioria no centro da cidade [na Cadeia Masculina Central, na Bauchet Street], mas aqui os latinos são em número maior, de dois para um. Quando os irmãos batem nos mexicanos lá no centro, alguém pega o telefone e pouco depois nós sofremos aqui. É um sistema infernal que mantém o protesto constante. Ninguém acha que pode controlar ou parar com isso. E daqui a pouco pessoas vão começar a morrer.

De fato, o Departamento do Xerife do Condado de Los Angeles, responsável pela administração cotidiana de aproximadamente 22 mil prisioneiros (47% latinos, 33% negros), admite que centenas de confrontos violentos aconteceram desde 1991. Comumente as brigas de socos se transformam em protestos descontrolados. Uma sequência típica começou na segunda-feira, 3 de janeiro de 1993, quando 20 prisioneiros negros e latinos tiveram uma briga rápida. Aparentemente os policiais do xerife não fizeram qualquer esforço para separar os lados em combate, e no dia seguinte a batalha recomeçou, com 60 prisioneiros envolvidos. Três negros foram esfaqueados nas costas com estoques (faca improvisada) de 15 centímetros, enquanto oito outros prisioneiros sofreram pequenos ferimentos.

Quando a notícia das facadas no centro da cidade chegou a Wayside, imediatamente provocou uma reação em cadeia de ataques e contra-ataques. Na quarta-feira irrompeu uma briga nas instalações do leste, seguida, um dia depois, por uma batalha feroz numa enfermaria, ferindo 15 prisioneiros. Enquanto isso, num ônibus do Departamento do Xerife que ia de Wayside para o Tribunal Superior de San Fernando, meia dúzia de prisioneiros brancos e latinos algemados foram violentamente espancados por dois negros que conseguiram se soltar das algemas. Na sexta houve mais baixas durante uma confusão nas instalações do norte. Tudo isso simplesmente estabeleceu o cenário para uma gigantesca erupção no domingo, 9 de janeiro.

Com precisão militar, latinos armados com estoques e cabos de vassoura com pontas emboscaram simultaneamente negros em todos os 20 dormitórios de segurança máxima às 15h55 daquela tarde. Um desesperado combate corpo a corpo, envolvendo até mil prisioneiros, durou horas até que os policiais, disparando balas de borracha à queima-roupa, finalmente restauraram o controle. Incrivelmente ninguém foi morto, ainda que houvesse 80 feridos, inclusive 24 com sérios ferimentos de faca ou ossos partidos.

O comandante do xerife, Robert Spierer, prometeu um sério programa de reformas para impedir outros acontecimentos assim, mas um novo grande protesto irrompeu no início do verão (14 de junho). Estima-se que 800 prisioneiros negros e latinos, de novo brandindo cabos de vassouras, facas e meias cheias de pedras, travaram batalha por quase meia hora até ser contidos por policiais com cassetetes e sprays de pimenta. O Departamento do Xerife afirma que essa violência praticamente incessante foi importada das ruas e das penitenciárias para as cadeias do condado. Desde 1988, quando os latinos se tornaram maioria no sistema – segundo a explicação oficial –, houve uma luta constante pelo controle interno das cadeias, agravada pelas ambições da máfia mexicana para retirar as vendas de drogas nas ruas das mãos das gangues negras, que eram dominantes.

Ainda que muitos prisioneiros admitam alguma verdade nessa explicação, eles culpam primariamente a superlotação desumana nos sistemas de detenção juvenil, de cadeias do condado e das penitenciárias (situação que logo ficará ainda mais bárbara com a nova lei dos "três golpes" na Califórnia). "Se não estivéssemos apinhados nesses dormitórios o dia inteiro como escravos num antigo navio negreiro", observa Dewayne, "as relações entre os negros e os latinos não seriam tão explosivas". Além disso, defensores dos direitos dos presos, como a Coalizão Contra o Abuso Policial e o grupo Mães Reivindicando Nossos Filhos, acusaram os policiais de inflamar deliberadamente os antagonismos, até mesmo preparando os prisioneiros para ataques. No entanto o xerife Sherman Block, o mais inatacável e talvez o mais poderoso político do condado de Los Angeles, ignora essas críticas. Apesar de evidências diárias de que a violência interétnica dentro do sistema de cadeias está envenenando toda a cidade, nenhuma autoridade pública ainda teve a coragem de propor uma investigação pública do Departamento do Xerife.

PEQUENOS INFERNOS

Jordan Downs é uma comunidade de moradias públicas onde vivem 2.500 pessoas (80% afro-americanas e 20% latinas) a alguns quarteirões das famosas Watts Towers. No início da manhã de sábado, 15 de junho de 1992, várias figuras – mais tarde identificadas como conhecidos traficantes de crack e cocaína – foram vistas derramando gasolina do lado de fora de um apartamento ocupado pela família Zuniga, recém-chegada da Cidade do México. O inferno que se seguiu consumiu a vida de dois adultos e três crianças pequenas. (O *Los Angeles Times* fez um relato pungente dos esforços heroicos porém malsucedidos da avó de 78 anos para proteger o neto de 2 anos das chamas de 640 graus.) Um vizinho negro, correndo para salvar a família, levou um tiro por engano e foi imobilizado pelo avô em pânico.

Ainda que a investigação tenha revelado que os Zuniga foram escolhidos como alvo por causa de seus repetidos protestos contra as vendas de drogas diante de sua porta e não necessariamente por causa da etnia, a tragédia foi amplamente interpretada pela imprensa como consequência de um longo aumento nas tensões entre negros e latinos no sistema de habitação pública de Los Angeles. Alguns aterrorizados moradores latinos de Jordan Downs exigiram urgentemente ser transferidos para um complexo mais "seguro" e segregado. Graças a ardorosos esforços de líderes do conjunto habitacional e dos organizadores da Trégua entre Gangues de Watts (cujo slogan não oficial é "Crips mais Bloods mais Mexicanos – Unidos!"), um enorme êxodo de famílias latinas foi evitado e as relações intercomunitárias melhoraram gradualmente.

Mas – assim que o pesadelo nas relações entre inquilinos parecia ter passado – houve novos incêndios no fim do verão, desta vez em lares negros no conjunto residencial Ramona Gardens, em Boyle Heights. Frequentemente descrito pelo DPLA como "berço da máfia mexicana", Ramona Gardens já foi bastante integrado, mas famílias negras fugiram depois de uma série de tiroteios fatais no fim dos anos 1960. Mas nos anos 1980, meia dúzia de famílias negras se mudaram de volta para o conjunto e foram bem tratadas pela maioria dos vizinhos. O incêndio de 30 de agosto, que destruiu dois apartamentos mas, incrivelmente, não feriu ninguém, supostamente teria sido iniciativa de membros jovens de gangues envenenados pela guerra étnica nas cadeias juvenis.

Ainda que uma calma tensa tenha retornado aos núcleos de habitação pública de Los Angeles (no caso de Ramona Gardens porque quase todos os moradores negros se mudaram), famílias afro-americanas isoladas continuaram a ser atacadas em subúrbios predominantemente latinos. Hawaiian Gardens, por exemplo, é uma obscura cidade de 2,5 quilômetros quadrados – sem indústria ou comércio significativos – enfiada entre a via expressa de San Gabriel River (605) e a fronteira do Condado de Orange (o Coyote Creek), logo ao norte de North Beach. Originalmente um dos dois subúrbios claramente "brancos caipiras" do Condado de Los Angeles (Bell Gardens era o outro), agora é predominantemente latino, ainda que com minorias asiática (8%) e afro-americana (4%) crescendo rapidamente. Mas os 620 moradores negros foram sujeitos a um virtual reinado de terror por parte das gangues latinas locais.

Em março de 1993, por exemplo, os policiais do xerife e o FBI foram chamados a Hawaiian Gardens depois que um coquetel molotov foi atirado na cozinha de uma família negra que anteriormente fora alvo de discussões raciais. Pichações na parede do apartamento de outra família negra diziam: "Vamos dar tiros na sua casa e não queremos saber se vocês têm crianças aí dentro." Duas semanas antes, membros de gangues latinas tinham emboscado e espancado violentamente um jovem negro num shopping center próximo. Crianças negras foram temporariamente afastadas de uma escola local depois de serem repetidamente provocadas e atacadas.

Alguns meses depois, famílias afro-americanas em Azusa – pequena cidade de maioria latina no Vale de San Gabriel – disseram que também tinham sido vítimas de intimidações sistemáticas por parte de gangues. Segundo um processo aberto contra o Departamento de Polícia de Azusa (acusado de inação), duas famílias foram obrigadas a se mudar depois de tiros serem disparados contra suas casas e seus filhos serem atacados num parque próximo. A polícia de Azusa admitiu que cinco crimes de ódio racial haviam sido denunciados desde o início do ano, todos "envolvendo gangues".

O mesmo padrão lamentável se repetiu em fevereiro de 1994, numa área latina de Norwalk, no sudeste do Condado de Los Angeles. Depois de persistentes ataques de gangues contra seus filhos e seus lares terem expulsado várias famílias negras da área da Walnut Street, Robert Lee Johnson prometeu ficar. Em 10 de fevereiro, um atirador o feriu na perna e no pé enquanto ele estava assistindo a um vídeo em sua sala de estar. E duas semanas depois, um coquetel molotov explodiu em sua varanda e queimou toda a casa. Apesar das muletas e da perna ferida, Johnson conseguiu resgatar a esposa e sete filhos e netos que estavam dormindo (com idades entre 2 e 22 anos). Como explicou cansado ao *Times*: "Tem muita coisa de racismo explodindo, hispânicos provocando negros. Minha família estava toda em casa, na cama. Eles não se importaram com o que acontecesse. Não se importaram com quem estariam matando lá dentro."

Os velhos subúrbios operários do Condado de Los Angeles – principal destino dos negros e latinos que deixam a área central da cidade – também testemunharam feias explosões raciais em suas apinhadas escolas secundárias. A situação típica envolve uma mudança no equilíbrio de poder étnico (em geral uma maioria latina emergente) combinada com uma nítida deterioração no ambiente educacional. Em 1991, por exemplo, a polícia com equipamento antimotim foi chamada repetidamente aos pátios de escolas nas comunidades contíguas de Lennox, Lawndale, Hawthorne, Inglewood e Gardena, no sudoeste do condado de Los Angeles, para acabar com brigas entre alunos negros e latinos algumas vezes armados com canos e outras armas.

No outono de 1993, distúrbios quase idênticos – de novo exigindo a intervenção da polícia com equipamento completo antimotim – irromperam num cinturão de escolas de South Bay (as escolas Compton, Centennia, Dominguez e Jordan de Long Beach) além da Pomona High School no Vale de San Gabriel. Dezoito meses depois, tensões entre os 500 estudantes negros e os 2.300 latinos na Paramount High School irromperam num enorme protesto que levou o Departamento do Xerife a esvaziar a escola. Paramount, uma cidade operária pobre a leste de Compton, também tem sido cena de vários assassinatos raciais ligados às gangues.

Seria equivocado sugerir que esses micropogroms e tumultos de pátio de escola tenham um ímpeto inexorável e cumulativo. Em algumas situações, trabalhadores comunitários e autoridades escolares foram surpreendentemente bem-sucedidos em consertar as relações entre os grupos, se bem que a atual pobreza de recursos públicos torna isso mais difícil em toda parte. Mas por todo o Condado de Los Angeles, de Midcity a Pomona, e onde quer que os negros estejam perdendo a importância devido à transição demográfica, há uma tendência maligna para a maior violência interétnica. Esta lógica aconteceu de modo mais completo, e mais consternador, na área litorânea de Venice, em Oakwood.

OAKWOOD DESPOSSUÍDA

Como aconteceu com o Hobart Boulevard, a história de Oakwood diz respeito a um sonho que chegou a acontecer. Negros idosos no sul da Califórnia ainda lembram o velho ditado: "Jim Crow [a segregação] mora na praia." De fato, na década de 1920, muitas cidades litorâneas, inclusive Redondo Beach e Manhattan Beach, eram fervorosos baluartes do império invisível da KKK. A faixa costeira era a região mais rigorosamente segregada da Califórnia, com uma única exceção famosa: os 2,5 quilômetros quadrados de Oakwood em Venice, que foram estabelecidos como "área dos serviçais". Com o passar dos anos, o lugar se transformou num orgulhoso enclave de proprietários negros, ruas com bangalôs bem-cuidados a poucos quarteirões do Boardwalk e do Pacific Ocean Park.

Mas em fins dos anos 1960, enquanto grandes empreendedores começavam a "miamizar" o litoral entre Ocean Park e o píer de Venice, ondas de choque especulativas solaparam Oakwood. Num clássico exemplo de arrasa-quarteirão ao contrário, agentes imobiliários convenceram centenas de proprietários tradicionais a vender suas casas. Quando Miami se recusou a atravessar o Ocean Boulevard, os empreendedores exploraram as lucrativas vantagens fiscais da Seção 8 do programa federal de habitação para plantar 15 cortiços malfeitos, de estuque, no coração de Oakwood. Outros senhorios descobriram um lucrativo mercado de aluguéis para brancos da contracultura que estavam sendo expulsos dos calçadões das praias de Venice devido à enorme valorização das propriedades. Uma precária ecologia nova surgiu entre os antigos proprietários negros, os negros pobres, os inquilinos latinos da Seção 8, os jovens boêmios brancos e um punhado de artistas e arquitetos ricos e estabelecidos (principalmente na borda oeste da área).

A chegada simultânea da cocaína e do aburguesamento no fim dos anos 1970 e início dos 1980 fez explodir esse equilíbrio tenso. Oakwood, infelizmente, estava localizada com perfeição para se tornar um supermercado de drogas funcionando 24 horas por dia para consumidores ricos nas comunidades praianas brancas. Jovens desempregados e amargos dos cortiços da Seção 8 foram facilmente recrutados como uma força de vendas de baixos salários e dispensável. Enquanto isso, condomínios cercados e casas elegantes começaram a deslocar os bangalôs do *ragtime* e os barracos. Em 1988, o bairro foi oficialmente considerado "um dos mais quentes mercados imobiliários do Westside". Até mesmo "mansões furtivas" apareceram, inclusive o notório antro de prazer de Dennis Hopper disfarçado de bunker do tamanho de um quarteirão (uma cerca de madeira branca deliberadamente sublinha a piada de mau gosto). Oakwood pode ser o único lugar em área urbana dos Estados Unidos onde estrelas de cinema vivem a 50 metros de cortiços dominados pelos Crips.

Como resultado disso, as tensões étnicas e de classe estiveram perto de ferver durante a maioria dos anos 1980. Um último ingrediente foi o rápido crescimento de uma população latina imigrante em casas e apartamentos subdivididos e apinhados. Segundo o censo de 1990, os 9.200 moradores de Oakwood eram metade latinos, um quarto brancos e apenas um quinto negros. Como era de se supor, muitos moradores negros ficaram aborrecidos com o que consideravam uma campanha deliberada para expulsá-los de seu bairro histórico. As duas principais gangues da área – os Venice Shoreline Crips (negra) e a Venice-13 (latina) – trocaram golpes pela primeira vez em fins dos anos 1970, numa breve mas violenta guerra de rua que deixou quatro mortos e uma dúzia de feridos. Mas os ativistas comunitários tiveram sucesso em estabelecer uma trégua, e durante a década seguinte, enquanto cresciam os atritos entre brancos aburguesados e negros pobres, os Crips e os V13 conseguiram ficar fora do caminho uns dos outros.

Durante o protesto que assolou toda a cidade em abril de 1992, jovens negros – identificados pela polícia como pertencentes aos Shoreline Crips – atacaram os símbolos mais visíveis do aburguesamento: Mercedes-Benz estacionados, caros condomínios novos e casas de proeminentes membros antigangues da Vigilância do Bairro. Um ciclista branco foi espancado até ficar inconsciente, e várias casas foram saqueadas. Mais tarde, o DPLA acusou cinco jovens negros, inclusive o filho de um líder opositor do aburguesamento, de tentativa de homicídio e terrorismo urbano. Mas esse suposto caso "Denny West" desmoronou rapidamente depois que a principal testemunha da acusação – o mais conhecido ativista antigangues de Oakwood – admitiu que tinha inicialmente identificado os suspeitos errados. (Quando lhe mostraram uma série de fotos, ele escolheu duas: uma de um morto e a outra de um prisioneiro.)

Apesar de serem retiradas as principais acusações contra os "Cinco de Venice", o bairro permaneceu tumultuado. Houve mais ataques incendiários contra as casas de supostos informantes da polícia, e alguns dos moradores brancos mais participantes fugiram de Oakwood. Apesar do protesto de organizações judaicas nacionais, inquilinos desesperados contrataram o Fruit of Islam – a ala de segurança do Nation of

Islam – para acabar com a venda de drogas nos conjuntos residenciais da Seção 8. Mas os desafiadores Shoreline Crips logo obrigaram os desarmados seguidores de Louis Farrakhan a se retirar de Oakwood. Mais ou menos na mesma época, um veterano da V-13 – Mark Herrera, de 32 anos – foi morto a facadas por uma negra chamada Diane Calhoun, que argumentou legítima defesa, com sucesso. Algumas semanas depois, ela foi morta no que foi amplamente considerado um atropelamento de retaliação.

Os assassinatos de Herrera e Calhoun, em 1992, contaminaram por baixo da superfície mas não provocaram um ciclo de vingança imediato. Então, em 27 de setembro de 1994, Benjamin Ochoa, de 41 anos – que a polícia identificou como outro veterano da V-13 –, foi morto a tiros por um negro não identificado num beco perto da elegante Rose Avenue. Oakwood explodiu. Nas três semanas seguintes, houve dez sérios incidentes com tiros, inclusive dois ataques contra o DPLA. Em emboscadas separadas, em 10 de outubro, pistoleiros da V-13 mataram dois conhecidos membros dos Shoreline Crips. Onze dias mais tarde – após uma briga racial na Venice High School –, um estudante latino com uma grande tatuagem da V-13 levou um tiro a um quarteirão da escola. Nas seis semanas seguintes, *chollos* e Crips lutaram olho por olho, dente por dente, numa escalada de violência que provocou mais oito vítimas fatais (cinco negros e três latinos) e feriu outras 30. Pelo menos um dos mortos – o técnico de enfermagem da UCLA Shawn Patterson (alvejado em 16 de novembro) – não era filiado a qualquer gangue e parece ter sido alvo apenas por ser negro.

Mesmo assim, em várias entrevistas publicadas no *Los Angeles Times* e no *Outlook* de Santa Mônica, ativistas comunitários argumentaram que Oakwood estava engolfado numa guerra de gangues, e não étnica. Segundo a visão deles, a violência surgiu quase inadvertidamente – ainda que em condições altamente inflamáveis – por causa do assassinato de Ochoa. Os moradores negros mais velhos, especialmente, discerniam uma metatrama estilo *Chinatown* por trás do derramamento de sangue.

Como disse um deles ao *Times*: "Os grandes empreendedores estão lá, sentados, girando os polegares, dizendo que, assim que eles se matarem uns aos outros, Oakwood vai virar Marina Venice."

Enquanto isso, o DPLA continuou a elaborar a teoria magistral de uma tomada de controle do tráfico de drogas nas ruas apoiado pelo EME. Especificamente acusava a V-13 de ter se unido com seus ex-inimigos, os latinos Culver City Boys, numa ousada invasão de uma área de venda de drogas dos Shoreline Crips nos conjuntos residenciais de Mar Vista, um quilômetro e meio a oeste de Oakwood. Os Crips, agora em menor número e com menos armas, estavam lutando desesperadamente para proteger seu meio de vida.

Mas à medida que o Natal se aproximava, a rixa parecia perder ímpeto. Ainda que houvesse vários ataques a tiros não fatais em janeiro (inclusive contra Jimmie Powell, popular mediador entre gangues ferido por adolescentes latinos), que podem ter sido relacionados aos protestos de ano-novo em Wayside, o inverno se passou sem outras mortes. Alguns líderes comunitários falaram esperançosos sobre "a tempestade que passou". Mas os pistoleiros dos bairros estavam apenas dando um tempo. No início de março, os tiros voltaram – não somente em Oakwood, como, cada vez mais, também no resto de Venice e Mar Vista. No dia 20, os V-13 emboscaram um proeminente G.O. (gângster original) dos Shoreline Crip. Cinco dias depois, Anselmo Cruz, cozinheiro de um asilo de idosos, de 30 anos e sem afiliação a gangues, foi assassinado enquanto levava as duas filhas pequenas e um amigo delas para a escola. As crianças foram feridas pelo vidro estilhaçado. Duas semanas depois, um jovem latino foi morto no conjunto residencial de Mar Vista. Membros dos V-13 ou dos Culver City Boys, por sua vez, feriram o ator Byron Keith Minns, que tinha feito o papel de um líder de gangue no filme *South Central*. No fim de maio, atiraram num morador negro de Oakwood no movimentado Lincoln Boulevard – a maior via entre Santa Mônica e o aeroporto LAX.

À medida que se aproximava a época da formatura no ensino médio, adolescentes da área de Venice começaram a perceber que todos eram alvos potenciais numa guerra de rua que não fazia mais distinções claras entre combatentes e seus grupos étnicos. Em 7 de junho, por exemplo, seis jovens latinos foram feridos quando pistoleiros numa picape abriram fogo numa festa de formatura do ensino médio perto do Penmar Recreation Center, em Venice. Três dias depois, dois jovens latinos foram mortos e dois feridos quando seu carro foi emboscado perto da Venice High School por três jovens negros com armamento pesado. As vítimas, de 17 e 18 anos, que vinham da área de Mid-Wilshire, não muito longe do Hobart Boulevard, iriam se formar na semana seguinte.

Já no início da carnificina da primavera, Marilyn Martinez – a repórter do *Outlook* que fora a principal cronista das guerras de Oakwood – apontava "sinais de que a área de 2,8 quilômetros quadrados está começando a se esgarçar sob a pressão da violência". Como os moradores de Sarajevo, os residentes de Oakwood tiveram que aprender a evitar o fogo de atiradores, vivendo nos cômodos de trás de suas casas, não se aventurando do lado de fora depois do anoitecer e mudando constantemente as rotinas diárias de ida para a escola e o trabalho. Crianças da primeira série conversam nervosas sobre corpos que viram nas ruas, tiroteios e helicópteros da polícia que as mantêm acordadas a noite inteira. Seus pais falam sobre cercas de segurança, queda do valor das propriedades e a impotência da polícia em lutar contra os assassinatos. Centenas de pessoas simplesmente se mudaram.

PÓS-ESCRITO

Nos três anos desde a morte de Oscar, o conflito interétnico nos sistemas de cadeias do condado e nas penitenciárias estaduais apenas aumentou. Cortes violentos nos serviços do condado, nos empregos públicos e na ajuda federal fizeram crescer a violência da vida cotidiana nos bairros da cidade de Los Angeles e nos velhos subúrbios operários. Mas a guerra de ruas em Oakwood terminou.

Quando seu conflito estava em vias de se transformar num apocalipse entre gangues negras e latinas que tomaria toda a cidade, os Shoreline Crips e os V-13 aceitaram uma mediação de último minuto e, com ajuda de dois veteranos oficiais de condicional, negociaram uma trégua que até agora conseguiu superar as provocações inevitáveis. Como me disse recentemente um dos mediadores: "Como a trégua de gangues em Watts, este é um pequeno milagre social lançado diante dos corações de pedra e das mentes cínicas. Mas o maremoto do aburguesamento está se acelerando de novo em Oakwood, e a questão fundamental para esses garotos continua sendo EMPREGOS. Não se esqueça de escrever isso em letras maiúsculas."

1995

PARTE IV
CIÊNCIA RADICAL

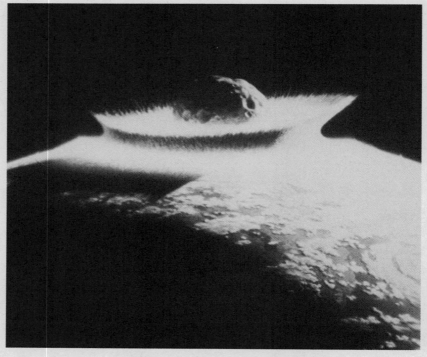

Impactos: A verdade existencial da Terra?

16. Dançarinos cósmicos no palco da história?

> Nas ruas o povo para e olha
> Fascinado com Monstruosos portentos no céu.
> Onde cometas de nariz feroz se esgueiram em chamas,
> Ameaçando as torres serrilhadas enquanto voam.
>
> *Stefan Heym*

No início da manhã de 1º de fevereiro de 1994, o presidente Clinton, o vice-presidente Gore, o estado-maior das Forças Armadas e os membros do Conselho de Segurança Nacional foram despertados por autoridades do Pentágono.* Um satélite de vigilância militar tinha detectado um clarão brilhante de explosão nuclear sobre o Pacífico oeste. Houve uma preocupação intensa de que ogivas estratégicas a bordo de um submarino russo ou chinês pudessem ter detonado acidentalmente. Mas aeronaves militares americanas não conseguiram detectar qualquer radiação incomum no setor oceânico indicado, e especialistas em inteligência do Departamento de Defesa logo concluíram que o satélite havia testemunhado a explosão de um fragmento de asteroide, que mais tarde eles estimaram ter sido equivalente à detonação de um artefato nuclear de 200 quilotons. O presidente voltou para a cama.[1]

---

* Sou extremamente grato a Phil "Pib" Burns (Northwestern University), Andrew P. Ingersoll (Cal Tech) e Herbert Shaw (USGS, Menlo Park), por seus comentários generosos.

Cinco meses depois, a partir de 16 de julho, centenas de milhões de pessoas assistiram fascinadas ao telescópio espacial Hubble transmitir imagens da morte feroz do cometa Shoemaker-Levy 9 na densa atmosfera de Júpiter. Durante quase uma semana, a trilha de fragmentos produziu uma sucessão de gigantescas bolas de fogo – equivalentes a muitos milhões de megatons de energia explosiva – que deixaram cicatrizes escuras, temporárias, no planeta gigante. Então, em 9 de dezembro de 1994, um objeto comparável a um dos fragmentos do Shoemaker-Levy 9 – o asteroide 1995XMI – se aproximou a 105 mil quilômetros da Terra, uma proximidade recorde nos breves anais do monitoramento dos chamados Objetos Próximos da Terra (OPT).[2]

Esses acontecimentos fizeram de 1994 uma espécie de divisor de águas na percepção do público sobre a vulnerabilidade da Terra ao bombardeio por parte de cometas e asteroides.[3] De fato, os espectadores da imolação do Shoemaker-Levy foram a primeira geração de humanos a observar um grande impacto planetário desde que monges medievais registraram a colisão de um asteroide com a Lua, formando a cratera Giordano Bruno, em 1178.[4] O Congresso americano ficou suficientemente impressionado para acelerar um grande estudo sobre tecnologia de detecção de OPT e para enviar uma sonda ao asteroide Eros – lançada em 16 de fevereiro.[5] Enquanto isso, os amigos do projeto Guerra nas Estrelas, inclusive o pai da bomba H, Edward Teller, faziam lobby para um sistema de defesa orbital antiasteroides composto por super lasers e armas termonucleares. (Duas coisas que, como observaram imediatamente Carl Sagan e outros, poderiam ser voltadas contra os Saddam Husseins da Terra com tanta facilidade quanto contra os OPT.)[6]

Além do previsível exagero da mídia sobre exterminadores do espaço sideral – que tanto lembram a "histeria dos cometas" por toda a história humana –, os acontecimentos de 1994 também foram um ensinamento incomparável sobre a cidadania da Terra no sistema solar. A gigantesca bola de fogo de fevereiro sobre o Pacífico, a fuzilaria de julho sobre

Júpiter e o quase choque de dezembro serviram como estudos para a nova ciência da Terra sendo moldada pela planetologia comparativa e pela reinterpretação neocatastrofista do registro estratigráfico. É uma lição, claro, que muitos geólogos, além de geógrafos e historiadores, têm grande dificuldade para aceitar. Ainda mais do que a tectônica de placas, uma visão da Terra como um "sistema aberto" que reconhece o *continuum* entre a dinâmica terrestre e extraterrestre ameaça as bases vitorianas da geologia clássica. Para citar apenas um exemplo, um único evento de impacto comprime em minutos, até mesmo segundos, o equivalente a um milhão ou mais de anos de processo "uniformitarianista".

UMA CIÊNCIA REVOLUCIONÁRIA?

Mas isso não é somente uma briguinha familiar. A "era de ouro" da exploração espacial durante a Guerra Fria, agora encerrada, semeou os campos da filosofia com descobertas tão estranhas e reveladoras quanto as de Magalhães e Galileu – nomes, bastante apropriados, de nossos mais recentes galeões planetários. Devo confessar que, como socialista idoso que passou os anos de glória do programa Apolo protestando contra os bombardeios genocidas na Indochina, demorei metade da vida para me sentir atraído por uma cultura científica incubada no militarismo e no ufanismo tecnológico da Guerra Fria. No entanto, ela também é o berço contemporâneo de tentativas brilhantes e, ouso dizer, revolucionárias, de repensar a Terra e a evolução no contexto de outras histórias planetárias.

Enquanto o pós-modernismo desfolhava as ciências humanas e transformava o textualismo numa prisão da alma, as ciências naturais – que agora incluem a planetologia, a exobiologia e a biogeoquímica[7] – de novo, como no tempo de Darwin, Wallace, Huxley e Marx, se tornaram local de extraordinários debates que ressoam nos níveis mais profundos da cultura humana. Neste capítulo exploro como um debate – sobre o papel dos impactos de asteroides e cometas nos eventos de extinção em massa – abriu uma porta para uma nova visão da Terra e, talvez, até mesmo da história humana.

Começo com uma pergunta polêmica: se a oceanografia do pós--guerra produziu uma revolução conhecida como "tectônica de placas", o que a exploração geológica do sistema solar produziu? Esse é um ardil para discutir a profunda estrutura "axiomática" da ciência tradicional da Terra, surpreendentemente não perturbada pela tectônica de placas mas mortalmente ameaçada pela perspectiva pós-newtoniana da planetologia comparativa. Uma revisão do debate sobre a tectônica dos impactos e o "catastrofismo coerente" introduz, então, três estudos. *Craters, Cosmos, and Chronicles* (1994), de Herbert Shaw, é uma obra desconcertante – de energia e palidez rabelaisiana – que usa a teoria de sistemas dinâmicos não lineares (conhecida como teoria do caos) para repensar a história da Terra como a "coevolução" da dinâmica do manto e do bombardeio de asteroides.[8] *Solar System Evolution: A New Perspective* (1992), de Ross Taylor, proporciona um enterro digno para as "Grandes Teorias Unificadas" na tradição de Kant e Laplace. Taylor oferece, em vez disso, uma viagem intelectualmente ofegante por um sistema solar radicalmente contingente e histórico, que leva, por sua vez, a um breve encontro com Vladimir Vernadsky, Stephen Jay Gould e o feroz deus Shiva. Por fim, os astrônomos especialistas em cometas Victor Clube (de Oxford) e William Napier (de Edimburgo) desenvolveram no decorrer de várias dezenas de artigos e livros a ideia de uma "microestrutura do catastrofismo terrestre" que inclui devastadoras tempestades de meteoros a intervalos de alguns milhares de anos. Onde está a evidência arqueológica e geológica para o papel de seus "Demônios Taurídeos" na história humana?

DANÇARINOS CÓSMICOS NO PALCO DA HISTÓRIA?

O DRAGÃO E O COMETA

> Como moradores terrestres, habitamos apenas cerca de um quarto da superfície; e essa parte é quase exclusivamente um teatro de decadência, e não de reprodução.
>
> *Charles Lyell* [9]

Imagine uma expedição científica a um mundo distante que, depois de quase 175 anos de exploração intensiva, fracassou totalmente em descobrir a característica mais espetacular da superfície do planeta: uma cadeia de montanhas vulcânicas que o rasga ao meio de forma surpreendente e com quase 60 mil quilômetros de comprimento. Dado um caso tão improvável, na certa consideraríamos que os líderes da expedição, se não fossem literalmente cegos ou loucos, estariam presos a algum conceito epistemológico fatal.

No entanto, o planeta é a Terra; e a expedição é a geologia moderna antes de 1956. A serpenteante cadeia de montanhas é o sistema da Crista Oceânica – ou, como um famoso geofísico gosta de chamá-la, o "Dragão".[10] Um segmento dela, a Crista Mesoatlântica, foi descoberta durante esforços para colocar um cabo transatlântico em meados da década de 1870, mas só foi reconhecida na expedição alemã Meteoro, em 1925–1927, cujas sondagens também revelaram uma proeminente crista mediana. No início dos anos 1930, a expedição inglesa de John Murray confirmou uma topografia semelhante de crista e vale no oceano Índico.

Por fim, em 1956, depois de explorações pioneiras da bacia submarina do Pacífico, Bruce Heezen, Maurice Ewing e Marie Tharp puderam demonstrar que as cristas com vales – que, segundo eles reconheceram, coincidiam com a distribuição dos focos de terremotos meso-oceânicos – constituíam um cinturão global contínuo, erguendo-se numa média de 2,8 quilômetros acima do piso do oceano. O mapa de Heezen e Tharp, publicado no *New York Times*, foi o acréscimo mais dramático de conhecimento humano sobre a superfície rochosa da Terra desde Colombo. Como observa Menard em suas memórias sobre o período, ele também "forneceu um alvo que uniu a exploração global durante o Ano Geofísico Internacional" – o Grande Salto Adiante na ciência na Terra.[11]

A presunção ofuscante da geologia tradicional, claro, era sua fé na uniformidade dos processos das crostas continental e oceânica. Até a década de 1950, aceitava-se geralmente que o grosso da composição da crosta da Terra era horizontalmente homogêneo e que a geologia continental podia ser extrapolada para o piso do oceano. A crosta oceânica, ainda que supostamente mais antiga e sem relevos, era concebida como semelhante à grossa crosta granítica dos continentes. (Alguns chegavam a argumentar que grandes partes do solo oceânico consistiam de continentes afundados, como a Atlântida.) A exploração geológica das plataformas continentais – que de fato se mostraram "continentais" na litologia – parecia ratificar o modelo ortodoxo. Era considerado muito improvável que a futura exploração das profundas bacias oceânicas revelasse alguma característica tectônica não familiar.

No caso, os frenéticos esforços da Guerra Fria para mapear o solo oceânico revelaram uma realidade radicalmente diversa. A crosta oceânica era basáltica, e não granítica; fina, e não grossa; jovem, e não antiga. Em vez da prevista planície abissal, os geólogos marítimos ficaram chocados ao descobrir espantosas famílias de novas formas geológicas: milhares de colinas e ilhas submersas (*guyots*) além do gigantesco cinturão da crista meso-oceânica que envolvia todo o globo.[12] Além disso, descobriram uma infinidade de escarpas inexplicavelmente longas – zonas de fratura – ramificando-se dos eixos da crista, como cruzamentos de uma ferrovia do deus Netuno.

Além disso, estruturas novas indicavam processos novos, à medida que se tornou cada vez mais aparente que as cristas com vales eram fábricas de magma – "centros de disseminação" – produzindo crosta nova que eventualmente era engolida (subduzida) nas fundas trincheiras nas margens dos oceanos. Em outras palavras, os grandes motores da reprodução da crosta estavam escondidos sob os mares.

A revolução conservadora da tectônica de placas

Essas revelações fundamentais – produzidas pela mudança de perspectiva do "teatro de decadência" de Lyell para o "oceano de verdade" de Menard – tornaram inevitável uma nova visão da Terra. De fato, hoje em dia a tectônica de placas é reconhecida convencionalmente como uma das "revoluções" clássicas, kuhnianas, na história da ciência. No entanto, o que houve exatamente de "revolucionário" na nova teoria? Roubando uma distinção vinda da história social, foi realmente uma revolução "radical" que reconstruiu as ciências da Terra sobre novos alicerces ou uma revolução "conservadora" que salvou os alicerces enquanto erguia uma estrutura de explicação reformada?

Certamente a tectônica de placas varreu para longe os restos da geofísica do fim do período vitoriano que visualizava as montanhas como expressões amarrotadas do esfriamento interno.[13] No lugar da "teoria da contração" – e de sua alternativa, a de expansão térmica –, ela oferecia uma nova visão da Terra como uma incansável fábrica química, onde as placas oceânicas atuam como correias transportadoras entre o manto e a crosta. À medida que são digeridas, as placas que mergulham produzem bolhas de magma que se tornam vulcões ou as raízes plutônicas de montanhas que eventualmente são erodidas de volta em sedimento do solo oceânico para serem subduzidas de novo. Alguns dos líderes da revolução, como o grande geofísico canadense J. Tuzo Wilson, chegaram a prever um majestoso megaciclo, com duração de muitas eras geológicas, de oceanos se abrindo e fechando para criar ou fragmentar um supercontinente, ou Pangeia.[14]

A velha-guarda da geologia – especialmente os soviéticos – se fechou em seus palácios de inverno teóricos, agarrada desesperadamente aos geossinclinais diante do desafio enorme do novo paradigma. Mas quando o som e a fúria morreram, tornou-se claro que a tectônica de placas, apesar de todo o seu trabalho de demolição na superestrutura, tinha deixado intactas as doutrinas centrais que prendiam a ciência da Terra. "Na época, a nova tectônica global parecia ser um afastamento extremamente radical da geologia clássica. Mas em retrospectiva podemos ver que a tectônica de placas, como é visualizada hoje, é totalmente coerente com os conceitos de uniformidade herdados de Hutton e Lyell: as placas se separam gradualmente, deslizam e se suturam, levadas por forças intrínsecas ao globo."[15]

É lugar-comum, claro, igualar a doutrina de embasamento com o uniformitarianismo de Hutton e Lyell por si. Mas eu argumentaria que a geologia de Lyell pegou emprestada uma premissa decisiva, ainda que não verbalizada, de Newton (a independência do processo da Terra de qualquer contexto astronômico), e, por sua vez, passou adiante um importantíssimo axioma de Darwin (a evolução como uma reforma gradualística de projeto natural). Cada um desses princípios básicos pode ser representado como silogismos simples, e juntos constituem uma estrutura axiomática que raramente foi questionada por geólogos antes dos anos 1980.

Tabela 1
A Terra como Sistema Fechado (velha estrutura axiomática)

1. *Garantia de Newton* (ele expulsou o caos do sistema solar)
   a. O sistema solar é um planetário de precisão – um sistema mecânico bem regulado.
   b. O contexto astronômico da Terra, consequentemente, é imutável, a não ser nas estruturas temporais mais amplas (Terra primitiva, Terra mais velha)
   c. A Terra, portanto, pode ser estudada como um sistema fechado.

2. *Princípio de Lyell* (ele expulsou a catástrofe do processo da Terra)
    a. A mudança tectônica é gradual em períodos vastos. O catastrofismo, bíblico ou secular, é uma leitura equivocada dos registros geológicos.
    b. Segundo uma perspectiva da Terra inteira, há um estado constante. Qualquer corte transversal do tempo geológico revela os mesmos processos e formas de terrenos.
    c. O presente, portanto, é análogo ao passado.
3. *Corolário de Darwin* (ele expulsou os saltos da evolução)
    a. A evolução biológica acompanha o ritmo gradual de evolução ambiental de Lyell. "A natureza nunca progride por saltos."
    b. Em consequência, a extinção e a especiação são uniformes em escala e ritmo.
    c. A seleção natural sintoniza a adaptação.
    d. A evolução, portanto, tem uma lógica sutil, progressiva.

A visão de Lyell de uma Terra uniformitarianista, cuja superfície é esculpida pela ação contínua de pequenas causas, em grandes intervalos de tempo, acabou tirando o sentido básico da história natural ao excluir os acontecimentos únicos – catástrofes – que lhes deram direção narrativa. Além disso, no nível mais fundamental, Lyell afirmou que a geologia era imune ao caos astronômico. Essa garantia de "segurança cósmica", que Clube e Napier chamam de "pino de trava" da ciência moderna, foi dada pela mecânica celeste de Newton "em que a Terra se move sem ser perturbada por forças cósmicas".[16] Ainda que o autor dos *Principia*, no século XVII, fosse um astrólogo fervoroso, o Newton endeusado pelo Iluminismo foi visto como tendo expulsado dos céus o cometa apocalíptico – símbolo da influência extraterrestre na história da Terra – que havia empolgado as imaginações medievais.[17]

Mais tarde, a geologia admitiria o papel do bombardeio planetário na história da Terra primitiva, mas esse éon Hadeano, com seus oceanos de magma e visitantes infernais do espaço, era conceitualmente separado do resto do tempo geológico "normal, de sistema fechado". Segundo E.G. Nisbet, por exemplo, "no Hadeano, a Terra estava em seu estágio formativo, sujeita a influências externas, ao passo que no Arqueano ela evoluía segundo suas próprias restrições internas, como um sistema fechado".[18]

Além disso, o anticatastrofismo de Lyell dava corda no relógio evolucionário de Darwin que, por sua vez, mantinha um perfeito tempo newtoniano:

> Lyell é a fonte da suposição de Darwin de que, vista segundo a perspectiva adequada, a mudança orgânica, tanto dentro das espécies quanto atravessando fronteiras de espécies, move-se em ritmos que podem acelerar aqui e ali, mas mesmo assim são graduais. Se pensamos que a história geológica e a biológica são pontuadas por discretas, dramáticas, catastróficas mudanças, isso só ocorre porque, com todo o nosso revolver e escavar, só encontramos pedaços isolados de dados que falsamente adicionamos a mudanças grandes e súbitas.[19]

Nada na tectônica de placas questionava diretamente esse modelo de sistema fechado da evolução gradual da Terra ou a fronteira sacrossanta entre geologia e astronomia. Depois de 1960, com certeza, surgiu alguma ansiedade devido a crescentes evidências de episódicas extinções em massa, bem como a descoberta de uma quantidade inesperada de prováveis crateras de impacto. Mas os antigos alicerces da ciência da Terra repeliram todos os ataques até os anos 1980. Então, muito apropriadamente, o golpe veio do espaço sideral.

CATASTROFISMO COERENTE?

> Os impactos de grandes corpos não são explicações do tipo *deus ex machina*, são inevitabilidades.
>
> *Walter Alvarez e outros.*[20]

O choque do reconhecimento, claro, foi a descoberta perto de Gubbio, Itália, de uma indelével assinatura extraterrestre – uma improvável concentração de irídio – numa camada de argila fina como um lápis correspondente à fronteira entre o Cretáceo e o Terciário (fronteira K/T), há 65 milhões de anos. Em seu famoso artigo de 1980 interpretando o significado dessa anomalia, o físico Luis Alvarez e sua equipe baseada em Berkeley – inclusive seu filho geólogo, Walter – afirmaram com ousadia ter descoberto a pistola fumegante responsável pela extinção dos dinossauros.[21] Uma subsequente cascata de pesquisa corroborante, inclusive a identificação de um padrão mundial de anomalias de irídio e a confirmação, em 1990, da gigantesca cratera de impacto de Chicxulub, na ponta da península do Yucatan, estabeleceu, sem qualquer dúvida, que a Terra fora golpeada por um bólido – um núcleo de cometa ou asteroide – com pelo menos dez quilômetros de diâmetro e poder explosivo equivalente a cinco bilhões de bombas atômicas do tamanho da que destruiu Hiroshima. Sua capacidade mortal foi redobrada pela coincidência de que a rocha vaporizada, que incluía grossas camadas de anidrido rico em enxofre, teria produzido 600 bilhões de toneladas de aerossol de ácido sulfúrico que caiu como uma chuva ácida infernal e transformou temporariamente os mares num "oceano de Strangelove".[22]

Apesar de uma longa história de especulação sobre a origem catastrófica da extinção da fronteira K/T, o grupo Alvarez-Berkeley – como enfatizou William Glen – foi o primeiro a propor uma hipótese genuinamente "testável", isto é, falsificável.[23] Nesse sentido, sua anomalia de irídio era comparável à famosa anomalia magnética – a hipótese de Vine-Matthews – que havia facilitado a defesa da tectônica de placas. No entanto, assim como a oceanografia da Guerra Fria criara o contexto mais amplo de descoberta que tornou necessária a tectônica de placas, o surgimento da planetologia comparativa provocada pela corrida espacial havia radicalizado a paisagem conceitual do debate sobre o impacto K/T.

De fato, muitos geofísicos pelo menos agora falam de "duas revoluções paralelas nas ciências da Terra": uma que revelou as paisagens inesperadas do solo oceânico e outra que "transformou a Lua e os planetas, de objetos astronômicos, em geológicos".[24] Assim como uma geologia de toda a Terra era impossível antes da descoberta das cristas e vales meso-oceânicos, "não havia como desenvolver uma compreensão decente da história original e evolucionária de um único planeta complexo e altamente evoluído (a Terra) estudando-o isolado da classe de objetos da qual é apenas um membro".[25]

Além disso, o estudo da história planetária comparativa exige uma nova compreensão dos processos dinâmicos que organizam os corpos planetários, grandes e pequenos, num único processo complexo de interação. Assim, o reconhecimento da Terra feito por satélite, ao decifrar as silhuetas de dezenas de astroblemas em áreas remotas, confirmou a criação de crateras de impacto como um processo geológico fundamental. Segundo uma equipe de pesquisadores, a Terra experimentou pelo menos 200 mil impactos iguais ou maiores do que o da famosa Cratera Meteoro no Arizona, desde o início do período devoniano, há 408 milhões de anos.[26]

A Terra como sistema aberto

Um punhado de astrofísicos e geólogos planetários certamente vinha defendendo havia muito o papel provável de agentes extraterrestres – cometas e asteroides – na história fanerozoica da Terra. Mas eram vozes gritando no deserto até os anos 1980, quando a geologia convencional finalmente teve de confrontar novas e poderosas evidências que surgiam tanto da exploração planetária quanto do debate sobre a fronteira K/T. Com a vantagem da percepção posterior, agora está claro que uma visão da história da Terra como sistema aberto, lutando contra a hegemonia da velha estrutura axiomática, teve de suplantar quatro grandes desafios científicos.

Primeiro: foi necessário estabelecer inequivocamente as credenciais extraterrestres das supostas crateras de impacto na Terra. Grove Karl Gilbert, fundador da moderna geomorfologia, abriu o debate com sua pesquisa sobre a chamada "Cratera Meteoro" no início da década de 1890. Mesmo tendo sido o principal defensor de uma origem de impacto, e não vulcânica, para as crateras da Lua, Gilbert ficou pasmo com a geometria implausível da estrutura no Arizona e a ausência de qualquer grande massa meteorítica.[27] A física do impacto – inclusive a vaporização do bólido de 60 metros – foi finalmente esclarecida pelo distinto astrofísico Forest Ray Moulton, em 1929, mas a aceitação geral da hipótese do impacto entre os geólogos teve de esperar os estudos revolucionários de Eugene Shoemaker sobre o metamorfismo de choque nos anos 1950 e início dos 1960.[28] Mais tarde, as fotografias feitas por satélites e pelos ônibus espaciais revolucionaram a busca por pegadas de impacto, enquanto a controvérsia K/T aumentava dramaticamente as apostas científicas. Atualmente foram autenticadas 145 crateras, indo de algumas centenas de metros de diâmetro até 300 quilômetros, inclusive duas megaestruturas – Vredefort, na África do Sul, e Sudbury, em Ontário – que podem ser os equivalentes terrestres dos mares lunares.[29]

Segundo: era essencial identificar um plausível reservatório de objetos de impacto potencial contra a Terra em órbitas instáveis. Aqui o acontecimento fundamental foi a descoberta, em 1932, do primeiro asteroide – 1862 Apolo – numa órbita que se cruzava com a da Terra. No fim da década de 1940, toda uma família de asteroides que se cruzavam com a órbita da Terra – conhecidos como Apolos – fora identificada, e alguns astrônomos, como Fletcher Watson e Ralph Baldwin, alertavam que grandes colisões poderiam ocorrer, aproximadamente, a cada milhão de anos.[30] De fato, uma expedição soviética à Sibéria, em 1927, tinha confirmado a origem meteoroide de uma gigantesca explosão no ar em 1908 – agora estimada como equivalente a uma bomba de hidrogênio de 20 megatons – que arrasou quase 2 mil quilômetros quadrados de taiga na região remota do rio Tunguska.[31]

Desde que Shoemaker, usando telescópios Schmidt de campo amplo, lançou, em 1973, a Pesquisa de Asteroides que Atravessavam a Órbita do Planeta, a detecção de OPT aumentou quase exponencialmente. Hoje em dia, foram identificados cerca de 163 asteroides que atravessam a órbita da Terra – muitos deles extintos cometas de período curto – com diâmetros maiores do que 1 quilômetro: menos de 10% da população total estimada.[32] Enquanto isso, o programa Spacewatch no Observatório de Kitt Peak, no Arizona, descobriu um anteriormente insuspeitado "Cinturão de Asteroides Próximos da Terra" composto de OPT menores, chamados de Arjunas, com dezenas de metros de diâmetro. Pelo menos 50 desses miniasteroides do tamanho aproximado do objeto de Tunguska passam a cada dia entre a Terra e a Lua.[33] O Grupo de Pesquisa de OPT da NASA estimou recentemente que há entre 500 mil e 1,5 milhão de Arjunas nesse enxame próximo à Terra.[34]

Além disso, hoje em dia sabe-se que os asteroides e os cometas de período curto do sistema solar interno têm órbitas muito imprevisíveis. De fato, em última instância, o caos governa todo o sistema solar,[35] mas em escalas de tempo radicalmente diferentes para diferentes classes de objetos planetários. Como observa Carlisle: "Abaixo de um determinado tamanho, que depende da distância com relação ao Sol e da proximidade de outros planetas, uma órbita é estável por não mais do que cerca de dez milhões de anos antes de decair para o caos, ao passo que um objeto maior, na mesma órbita, pode ser estável por dez bilhões de anos."[36] As órbitas dos OPT, em particular, evoluem de modo tão caótico que "não podem ser computadas suficientemente longe no futuro para determinar de modo confiável o risco de impacto planetário".[37] E além dos objetos caóticos, o sistema solar também contém numerosas zonas caóticas, inclusive a instável "Lacuna de Kirkwood" em ressonância de 3:1 com Júpiter, que alguns especialistas acreditam ser uma fonte primária para asteroides e lixo de meteoro que atravessam a órbita da Terra.[38]

Terceiro: usando os registros de crateras na Lua e nos outros planetas telúricos (Mercúrio, Vênus, Terra e Marte) como arquivo comparativo, foi necessário estabelecer alguns parâmetros gerais para tamanho e frequência dos impactos. Na geologia, pelo menos, um empedernido contingente de vulcanólogos rejeitou a origem das crateras da Lua a partir de impactos de asteroides até que as missões Apolo trouxeram dos planaltos lunares incontestáveis "verdades de solo" na forma de brechas de impacto e não basálticas.[39] Ainda que a maioria dos teóricos planetários havia muito vissem a Lua como uma imagem especular fóssil da antiga história de impactos da Terra, a exploração direta proporcionou medidas da taxa de formação de crateras desde o fim do chamado "último bombardeio pesado" há 3,8 bilhões de anos. Enquanto isso, a sonda Magalhães, da NASA, produziu estimativas semelhantes para Vênus, onde o número de crateras, devido à relativa juventude da superfície planetária – aproximadamente 500 milhões de anos –, consiste exclusivamente de eventos dentro do tempo fanerozoico.[40]

Originalmente, os planetólogos tinham esperado criar uma estratigrafia de grandes impactos para todo o sistema solar. Mas, como observou o cientista planetário Stuart Ross Taylor, "os fluxos de formação de crateras parecem variar amplamente em diferentes partes do sistema, e não parece haver aquele pré-requisito: um fluxo de impactos uniforme em todo o sistema solar".[41] Mesmo assim, extrapolando os casos de Vênus e da Lua, e contando com as diferenças de gravidade e densidade atmosférica, foi possível estimar as frequências de impactos na Terra, que, por sua vez, podem ser verificadas em comparação com a idade e a distribuição das mais de 140 crateras conhecidas. Os cálculos pioneiros dos Shoemaker são reproduzidos na Tabela 2.[42] (As explosões de bólidos na atmosfera, claro, são muito mais comuns. A estimativa atual é que um evento do tamanho de Hiroshima acontece anualmente, ao passo que uma explosão de 1 megaton no ar deve acontecer uma ou duas vezes por século.)[43]

Tabela 2
Produção estimada de crateras de impacto na Terra durante os últimos cem milhões de anos

	Diâmetro mínimo das crateras (km)						
Objeto de colisão	*10*	*20*	*30*	*50*	*60*	*100*	*150*
Asteroides	820	180	73	10	4,5	0,3	0
Cometas	(270)	60	24	8	5,3	1,7	1
Todos os objetos	(1090)	240	97	18	10	2	1

Finalmente, para juntar todas as peças, era crucial mostrar uma correlação entre catástrofes resultantes de impactos e divisores de águas significativos na história da vida. A controvérsia K/T, como observa marotamente Raup, é "sucesso de bilheteria" e concentrou de modo sem precedentes recursos interdisciplinares no exame dos dois problemas: a extinção em massa e os impactos de bólidos.[44] Um dos resultados foi uma dramática renovação no interesse sobre o ciclo de 30 milhões de anos identificado pela primeira vez pelo eminente geofísico escocês Arthur Holmes durante os anos 1920, no decorrer de sua pesquisa sobre flutuações em larga escala do nível dos oceanos. Em 1980, geólogos que examinavam dados sobre a idade das crateras de impacto trombaram inesperadamente com paleontólogos que escavavam registros de extinções. As duas cronologias – formação de crateras e extinções em massa – coincidiam (com uma margem de erro bastante generosa) ao redor do comprimento de onda de 26–33 milhões de anos estabelecido por Holmes.[45] Escrevendo alguns meses depois sobre a feliz casualidade dessa convergência, Stephen Jay Gould propôs dar ao ciclo de impactos e morte o nome de Shiva, o deus hindu dançarino, da destruição e do renascimento.[46]

O carrossel cósmico

Ainda que muitos geólogos tenham questionado imediatamente a correlação, outros detectaram peridiocidades holmesianas numa espantosa gama de fenômenos tectônicos. Michael Rampino, do Instituto Goddard de Estudos Espaciais, por exemplo, distingue uma ligação casual entre grandes eventos de impactos, vulcanismo de torrente de basalto e extinções. Usando analogias lunares, ele argumenta que os maiores impactos podem perturbar suficientemente a crosta e o manto para produzir erupções de torrentes de basalto. Modelos sismológicos, bem como estruturas parecidas em Mercúrio e na Lua, sugerem que as ondas sísmicas transversais têm mais probabilidade de serem focalizadas pelo manto no local antípoda à cratera de impacto. Curiosamente, cálculos feitos pela tectônica de placas sobre o fim do Cretáceo indicam que as Deccan Traps – uma vasta província de torrente de basalto na Índia – ficam diretamente opostas à cratera Chicxulub.[47] O colega de Rampino, Richard Stothers, ampliou ainda mais essa ligação tectônica com uma proposta de sincronismo entre a história de formação das crateras da Lua (como substituta da história da Terra) e os seis maiores episódios de criação de montanhas na Terra.[48]

As afirmações cada vez mais avassaladoras dos teóricos dos impactos – inclusive a hipótese de Rampino-Stother de que levantes tectônicos globais são impulsionados periodicamente por energia de colisões – logo produziram um realinhamento partidário no debate K/T. A linha de batalha original entre vulcanólogos e defensores da hipótese dos impactos foi suplantada pelo que o astrofísico inglês William Napier caracterizou como "teoria do impacto gigante único" versus "catastrofismo coerente". Os defensores da primeira posição, segundo Napier, aceitam o impacto de Chicxulub mas rejeitam o catastrofismo terrestre; o evento K/T, segundo a visão deles, foi uma exceção única à regra geral de processos uniformitarianistas.[49] A defesa do "catastrofismo coerente", por outro lado, foi feita de modo mais enfático pela astróloga Ursula Marvin, de Harvard, numa reunião em 1988 para discutir a controvérsia da fronteira K/T. "É hora de reconhecer", disse ela na Second Snowbird Conference, "que o impacto de bólidos é um processo geológico de grande importância que, por sua própria natureza, demole o uniformitarianismo como princípio básico da geologia". "Assim que toda a implicação do impacto de bólidos for claramente entendida", acrescentou ela, "os geólogos perceberão que essa força violenta traz consigo um afastamento muito mais revolucionário da geologia clássica do que aconteceu com a tectônica de placas".[50]

Diferentemente dos defensores da tectônica de placas na década de 1960, os neocatastrofistas contemporâneos como Marvin aceitam a necessidade de reconstruir os próprios fundamentos da ciência da Terra. Em sua luta contra o que Victor Clube chama de "chauvinismo terrestre"[51] da geologia oficial, eles repelem a garantia de Newton sobre a imunidade da Terra com relação a forças cósmicas malignas. Em vez disso, propõem uma nova visão da Terra (resumida na Tabela 3) como "sistema aberto" integrado na complexa e imprevisível ecologia de impactos e mudanças químicas do sistema solar. Num sentido importante, eles finalmente completam a revolução de Copérnico.

Tabela 3
A Terra como Sistema Aberto (nova estrutura axiomática)

1. *O cometa de Halley* (teoria do caos revela profundas estruturas de singularidade) a) O sistema solar é fundamentalmente histórico: uma *bricolagem* de acontecimentos e montagens únicas,

governado pelo caos determinista e aberto a perturbações galácticas.

   a. O ambiente astronômico da Terra forma um *continuum* dinâmico com a geofísica e a tectônica de placas.

   b. Apenas a planetologia comparativa – *uma ciência histórica* – pode estabelecer a verdadeira especificidade da evolução da terra sólida e da biosfera.

2. *A vingança de Cuvier* (a catástrofe organiza a geologia como história)

   a. Os regimes de processo – desde terremotos a ciclos de supercontinentes – são (re)estruturados por acontecimentos únicos (catástrofes); na verdade, as periodicidades se desdobram como histórias não lineares.

   b. Os processos catastróficos e uniformitarianistas são entrelaçados em todas as escalas temporais.

   c. O passado é apenas um análogo parcial do futuro.

3. *O legado de Vernadsky* (Gaia dança com Shiva)

   a. A biosfera é adaptada, através da evolução da cooperação biológica, a crises caóticas de seu ambiente planetário. Em geral a natureza progride por saltos.

   b. Os eventos de extinção em massa são fábricas não darwinianas de seleção natural. Em seus extremos, a evolução é um equilíbrio pontuado entre dinâmicas autônomas de mudança ambiental e genética.

   c. A história natural, como a história planetária, se caracteriza por sua contingência irreversível e imprevisível.

Como era de se esperar, a nova estrutura axiomática foi abraçada com mais facilidade por astrônomos e planetólogos como Marvin, em

Harvard; Clube e Napier, em Oxford; Rampino e Stothers, no Instituto Goddard; os Shoemakers, no Observatório Lowell; R.A.F. Grieve, no Geological Survey do Canadá; Jay Melosh e John Lewis, na Universidade do Arizona; e Stuart Ross Taylor e Duncan Steel, na Austrália. Na paleontologia e na biologia evolucionária, seus maiores defensores – como David Raup e John Sepkoski, da Universidade de Chicago – tendem a ser aliados do campo do "equilíbrio pontuado", de Stephen Jay Gould e Niles Eldridge. Curiosamente, os defensores mais radicais do neocatastrofismo dentro da geologia acadêmica são asiáticos, como Kenneth Hsu, na China (e Suíça), e Mineo Kumazawa, da Universidade de Nagoya, fato que pode estar relacionado à especificidade cultural da tradição uniformitarianista. As tradições filosóficas chinesas, em particular, privilegiam o papel dos acontecimentos astronômicos na história da Terra. Daí os geólogos chineses terem abraçado a hipótese de Alvarez com alvoroço e imediatamente lançado uma notável caçada nacional por anomalias isotrópicas extraterrestres em outros horizontes de extinção, que mais tarde foram confirmados no início do Cambriano e no fim do Permiano. Também foram os mais ousados em reconceituar fronteiras estratigráficas: "É óbvio que a subdivisão dos principais estágios da história geológica não deve depender somente da evolução da Terra, mas principalmente da ocorrência de acontecimentos astro-geológicos."[52]

Afora sua frente unida para a origem de impacto na extinção durante a fronteira K/T, muitos neocatastrofistas também organizaram sua pesquisa ao redor do mesmo jogo hipotético do bilhar planetário. Eles conjeturam que o ciclo de impactos de Shiva é impulsionado por uma maré galáctica, provavelmente a oscilação vertical do Sol no plano da Via Láctea.[53] A cada vez que o sistema solar, como um cavalo de carrossel, sobe ou desce no plano galáctico, a atração gravitacional de estrelas ou, mais raramente, de nuvens moleculares interestelares – os objetos de maior massa na galáxia – solta cometas gigantes da Nuvem de Oort. Quando esses cometas eventualmente chegam ao cinturão planetário, a gravidade de Júpiter ejeta a maioria deles do sistema solar, mas alguns são lançados em órbitas de curto período próximas do Sol.[54] A energia solar desintegra o núcleo dos cometas gigantes, que se transformam em longas trilhas de cometas menores, fragmentos de asteroides e poeira zodiacal. Em órbitas que atravessam a órbita da Terra, eles produzem episódios regulares de bombardeio e extinção relativamente intensos, além de mudanças em regimes climáticos induzidas por meteoros.[55]

A evolução da Terra, em outras palavras, é controlada ao nível galáctico através de uma cadeia de acidentes gravitacionais extremamente complicados: uma hipótese que é empolgante para a maioria dos astrônomos e absurda para a maioria dos geólogos. Mas ela permanece sendo, simplesmente, uma hipótese grandiosa, carecendo de provas em todos os detalhes cruciais. Ainda não é o santo graal do "catastrofismo coerente" que Clube, Napier, Steel e outros procuram com tanto ardor. De fato, houve muita confusão quanto a saber se uma nova síntese, tão teoricamente unificada e testável quanto a tectônica de placas, era ao menos possível. Então, em 1994, Herbert Shaw publicou sua obra magna: um tratado de quase 700 páginas – *Craters, Cosmos, and Chronicles* – que tem o corajoso subtítulo "Uma nova teoria da Terra".

ACASALAMENTOS CAÓTICOS

> Os impactos de meteoros não são simplesmente eventos cósmicos impostos independentemente *à* Terra. São eventos que evoluíram *com* a Terra...
>
> *Herbert Shaw*[56]

Algumas vezes o debate sobre os impactos é retratado como a ressurreição da épica luta do século XIX entre o uniformitarianismo e o catastrofismo. O paleontólogo David Raup, pelo menos, vê os fantasmas de Cuvier ("o pai da catástrofe") e Lyell ("o pai do gradualismo") pairando sobre o campo de batalha da fronteira K/T.⁵⁷ No entanto, como tentei mostrar, esses rótulos tradicionais capturam de modo inadequado o conflito epistemológico ainda mais profundo entre as visões de sistemas fechado e aberto da interação da Terra com um sistema solar estável – ou caótico. O maior passo para as ciências da Terra não foi a admissão de uma ou duas catástrofes ocasionais, e sim a aceitação de que os acontecimentos terrestres, numa variedade de escalas de tempo, formam um *continuum* significativo com processos extraterrestres.

O lugar onde a maioria dos geólogos teme pisar, claro, é há muito um território familiar para astrofísicos e geofísicos. A física de plasma do espaço, por exemplo, estuda um único sistema Sol–Terra: "uma cadeia de regiões intimamente ligadas que se estende da superfície do Sol até a Terra – a fotosfera solar, a coroa solar, o vento solar, a magnetosfera da Terra, a ionosfera da Terra e a atmosfera da Terra".⁵⁸ Herbert Shaw, um geólogo pesquisador da USGS em Menlo Park, ampliou ousadamente essas ligações até uma cadeia ilimitada de "ressonâncias" ligando os microcosmos terrestres a macrocosmos galácticos. Ainda que o ponto crucial da teoria de Shaw tenha a ver com complexas relações entre o regime termodinâmico da Terra (o sistema de núcleo-manto) e a história de impactos, seu conceito de "sistema da Terra", como o conceito de Hegel da história, tem uma abrangência dialética total.

> Parece necessário concluir que estamos diante de uma revolução nos conceitos de história natural. Essa evolução é mais profunda do que o sugerido pelas correlações entre eventos vulcânicos e eventos de impactos de meteoros... a implicação mais surpreendente é a possibilidade de que a sincronicidade possa se estender entre fenômenos tão amplamente separados no espaço e no tempo quanto a genética bioquímica e a dinâmica intergaláctica. Cada tipo e escala de disciplina científica foi unida de maneiras que violam (ou esclarecem) tradições de autonomia estabelecidas há muito.⁵⁹

DANÇARINOS CÓSMICOS NO PALCO DA HISTÓRIA?

Shaw é um incansável missionário, nas ciências da Terra, em defesa do ponto de vista da teoria de sistemas dinâmicos não lineares, que, como veremos, ele usou para revisar a hipótese de Alvarez-Berkeley numa espantosa direção nova. Como outros cientistas entediados com a ortodoxia que viviam na área da baía de São Francisco durante os intelectualmente inquietos anos 1970, ele viu pela primeira vez a Sarça Ardente do Caos na estrada para Santa Cruz. Em seu prólogo, ele se lembra com carinho do lendário "Coletivo de Sistemas Dinâmicos" da UC Santa Cruz e de sua análise pioneira das torneiras pingando e outros fenômenos caóticos. Como reologista com amplo passado na pesquisa de magma – um notório tema não linear – que ficou fascinado na década de 1970 pelo papel das deformações causadas por marés na história térmica da Terra, ele tinha predisposição para gostar das "ressonâncias conceituais" – especialmente entre a astrofísica e a geofísica – que a teoria do caos parecia revelar.[60]

Em comum com outros defensores da não linearidade, Herbert Shaw algumas vezes parece falar numa língua fractal. *Craters, Cosmos, and Chronicles* é uma desafiadora floresta equatorial, composta de alusões entrelaçadas, digressões luxuriantes e densa erudição. No entanto, também é cheio da energia quase bêbada do trabalho teórico de ponta. Duas coisas, suspeito, arbitrarão a recepção dessa obra estranha mas visionária, mesmo entre neocatastrofistas empedernidos. Primeiro, será fascinante ver se outros geofísicos estão dispostos a endossar sua teoria de "Estrutura de referência celeste" ligando orientação balística e anomalia do manto – a ser discutida daqui a pouco – como hipótese viável. Segundo, há a questão maior da credibilidade da teoria do caos, que está sob forte interrogatório lógico, como uma visão mundial e uma epistemologia revolucionária.

Os críticos podem ser capazes de tratar essas duas questões separadamente, mas para o próprio Shaw a validade de sua visão dos impactos é indissociável de seu antirreducionismo radical. Considere, por exemplo, suas provocadoras definições de "causalidade" e periodicidade. Shaw rejeita causa e efeito lineares – por exemplo, "jogos de bilhar planetários" – em favor de uma causalidade estrutural que surge de "*loops* estranhos" com retroalimentação complexa. "O universo da experiência", acrescenta ele, "é governado por processos que raramente (e em detalhe, jamais) têm a ver com partes proporcionais diretas – partes que podem simplesmente ser usadas para descrever os efeitos finais desses processos".[61]

Causalidade: complexa e emaranhada

A declaração "impactos causam extinções", portanto, não passa de um resumo descuidado. Nenhum único subsistema, por mais significativo que seja, pode ser causativo em si, já que "o comportamento só existe por virtude da sincronização não linear do todo". Além disso, "como periodicidades ígneas do sistema solar e galácticas são baseadas em fenômenos não lineares comuns, a separação em fenômenos endógenos e exógenos se perde como base para classificar mecanismos". "Para alguém que estude dinâmica não linear", acrescenta Shaw, "o fato de que o sistema solar é encravado no sistema galáctico indica que o primeiro é uma subestrutura especial que existe por causa de interações de ressonância com o sistema como um todo". ("Ressonância", por sinal, é mais do que uma boa vibração; no texto de Shaw ela frequentemente tem a mesma conotação – de causalidade múltipla, emaranhada – da "superdeterminação" na teoria dos sonhos de Freud ou de "causalidade estrutural" na teoria dos modos de produção de Althusser.) Portanto a formulação rigorosamente correta – mas tente explicar isso a um dinossauro – é que os impactos e as extinções são "osciladores acasalados".[62]

Da mesma forma, como não há processos perfeitamente independentes, não há relógios newtonianos perfeitos. O tempo abstrato, calibrado linearmente – como sua negação, a pura aleatoriedade – é uma ilusão, reforçada pela escala dimensional e autorreferência específicas de nossa espécie. "Somente o comportamento do próprio sistema natural (suas propriedades de recorrência não linear sob condições específicas de observação) identifica o significado contextual do tempo."[63] Como a coluna geológica, o tempo não linear é uma ordem fractal de pontuação periódica mas não uniforme (por exemplo, a famosa "escada do diabo" de Mandelbrot), tipicamente escalonada em frequências de número irracional ("quase periódico"). Como resultado, ele tem intervalos de calibração ao mesmo tempo nítidos e turvos.[64] Em sua leitura de Shaw, o geógrafo inglês e historiador do catastrofismo, Richard Huggett, vê uma "questão fundamental" em jogo: "De que modo a periodicidade se desenvolve em sistemas repletos de interações dependentes de ritmo e formas complexas de retroalimentação com outros processos. Uma possível resposta é que as periodicidades fundamentais, em qualquer sistema, surgem da variabilidade do acasalamento não linear, que emergem como conjuntos de ressonâncias interativas no decorrer de uma evolução irreversível."[65]

As "ressonâncias interativas" que estão no âmago da reformulação da Hipótese dos Impactos feita por Shaw aliam a evolução do interior da Terra com a configuração de órbitas próximas à Terra ocupadas intermitentemente por bólidos capazes de gerar impactos. Ele aposta corajosamente a fazenda da família na proposta de que os principais eventos de impacto no último meio bilhão de anos não foram aleatórios, e sim organizados; não somente em seu padrão temporal – como acreditam muitos catastrofistas –, mas também no padrão espacial. Espantosamente descobre que a maioria dos impactos se reúne ao redor de três "nódulos de formação de crateras no fanerozoico" (PCN, em inglês) ligados por um único grande círculo (ou "faixa fanerozoica"). Os PCN, segundo Shaw, estão ligados num relacionamento angular estável com o eixo de rotação da Terra, que é mais fundamental e invariável do que a "estrutura de referência de pontos quentes" normalmente usada nas reconstruções paleogeográficas. Consequentemente, propõe uma "estrutura de referência celeste" (CRF, em inglês) criada pela projeção de esfera celeste do padrão de formação de crateras no fanerozoico, bem como uma nova estrutura para interpretar a história da superfície da Terra.[66]

Mas o que estabeleceu esse notável padrão de formação de crateras? De novo, a resposta de Shaw é de tirar o fôlego: a Terra tem uma "quilha geodésica meridional" (MGK, em inglês) – uma anomalia de massa longitudinal encravada no fundo do manto (e correspondendo a anomalias sísmicas de onda primária observadas) – que é legado do violento nascimento da Lua há 4,4 bilhões de anos. Através da MGK, o passado da Terra controla o futuro. Quando "crises caóticas" – inclusive a maré galáctica de 30 milhões de anos – fazem inchar a população de objetos próximos da Terra (OPT), as ressonâncias gravitacionais da MGK, talvez ajudadas pela Lua, recrutam alguns como satélites temporários da Terra. À medida que seus objetos decaem, a MGK proporciona "controle de voo" que guia os bólidos através da CRF até o marco zero dentro do PCN, onde seu impacto reforça o antigo padrão da MGK. (Um exemplo virtuosístico, sem dúvida, da retroalimentação circular positiva!)[67]

A Tabela 4 converte de modo grosseiro o argumento "multifractal" de Shaw num resumo linear ou caricatura. Mas *Craters, Cosmos, and Chronicles* se desvia com tanta frequência para um ensino da teoria de sistemas dinâmicos não lineares que algumas vezes deixa de focalizar adequadamente ou elaborar algumas de suas teses mais ousadas. A mais importante, acho, é o primado que Shaw dá à formação de crateras como uma atividade geológica. Para a maioria dos geólogos, claro, tem sido bastante difícil aceitar o bombardeio extraterrestre como um processo contínuo na Terra. Mas Shaw vai muito mais longe.

Aquecida pelo bombardeio

Uma das maiores pontas soltas da teoria geofísica atual, por exemplo, é solucionar a natureza definitiva do regime térmico da Terra. Muitos teóricos atualmente duvidam de que apenas a perda de calor do núcleo seja suficiente para produzir os jorros de manto que supostamente produzem cristas nos continentes e impulsionam o movimento das placas. Ao mesmo tempo, há pouca concordância quanto à contribuição quantitativa do aquecimento radiogênico na litosfera. Na pior das hipóteses, os geofísicos veem uma misteriosa discrepância. Segundo a visão de Shaw, entretanto, esse é um enigma desnecessário decorrente de subestimar a energia cumulativa dos impactos. Corretamente calculados, os impactos e outras fontes de energia interna, inclusive a fricção de marés, equilibra as contas.[68]

Shaw estima, por exemplo, que a doação extraterrestre para o estoque de energia da Terra no último bilhão de anos foi de pelo menos 10^{33} ergs – o equivalente a um bilhão de terremotos tão poderosos quanto o último tremor histórico no Chile, em 1960, com magnitude 9,5.[69] Enquanto a maioria dos geólogos, e mesmo alguns neocatastrofistas, parece visualizar a formação de crateras por impactos como um processo separado e independente da tectônica de placas, Shaw afirma que os dois estão ligados indivisivelmente desde a formação dos primeiros protocontinentes na primeira era Arqueana. Ele sugere claramente que a "revolução" da tectônica de placas só será completada quando integrar o papel dos impactos e de outras fontes de energia externa.[70]

Tabela 4
Resumo linear da teoria não linear de tectonismo de impacto, de Shaw

1. A colisão entre a Terra e um protoplaneta do tamanho de Marte (há 4,4 bilhões de anos) cria a Lua; deixa imensa cicatriz/oceano de magma, provavelmente ancestral da bacia do Pacífico (p. 110–12, 271–77).

2. O bombardeio secundário por lixo orbital reforça a anomalia de massa longitudinal (quilha geodésica meridional, ou MGK) no fundo do manto, que evolui a partir de um sistema básico de oceano de magma (p. 110–12).

3. Essa MGK, que Shaw identifica com a atual anomalia sísmica (onda-P rápida) ao redor do oceano Pacífico – exerce influência gravitacional (ressonância de órbita-*spin*) em satélites naturais temporários da Terra (p. 271–80).

4. Um reservatório (orbital) geocêntrico se enche intermitentemente com pequenos asteroides (10 quilômetros ou menos) e lixo de cometas; crises caóticas – talvez causadas pela maré galáctica periódica – produzem uma cascata de impactos sobre a Terra (p. 3, 11–12).

5. A MGK exerce controle de voo sobre os objetos de impacto, cujas trajetórias, portanto, não são caminhos aleatórios, e sim "tiroteios concentrados" governados por uma estrutura de referência celeste invariável (CRF) ligada ao movimento de longo prazo do eixo médio de rotação (p. 165–202, 559).

6. Portanto, os impactos não são aleatórios, e sim com um padrão no espaço e no tempo. Onde faixas de bombardeio se cruzam, nódulos de formação de crateras fanerozoicos (PCN) podem ser identificados. Shaw também aceita a versão não linear "escada do diabo" do ciclo holmesiano de 30 milhões de anos para o pico de energia dos impactos (p. 30–41).

7. Assim há uma retroalimentação circular positiva (MGK–CRF–PCN–MGK...) entre as anomalias de massa internas da Terra e a história dos impactos. Shaw se refere a isso como uma espécie de "telegrafia balística orbital" ou "impressora a laser não linear" (p. 3, 10, 35).

8. Os impactos padronizados dão uma contribuição importante ao estoque de energia da Terra; há uma retroalimentação persistente entre a energia cumulativa dos impactos e o resultado do movimento das placas tectônicas (p. 245–59).

9. A MGK também guia o movimento das placas; as principais zonas de subducção se correlacionam grosseiramente com profundas anomalias de massa. Num sentido não trivial, a bioestratigrafia é, em última instância, estruturada pelo sistema solar (p. 277–83, 312).

10. Esse sistema é específico da Terra: outros planetas não "experimentaram o mesmo grau de acasalamento entre seus estados de ressonância dinâmicos-não lineares interno e externo versus a evolução caótica do sistema solar" (p. 305).

Indo de uma hipótese ousada a outra, *Craters, Cosmos, and Chronicles* instiga a imaginação geológica com interpretações novas e não ortodoxas da história da Terra à luz de seu contexto cósmico. Num sentido estritamente formal, o livro dá um modelo antecipatório dos tipos de relacionamentos complexos de retroalimentação e ressonância que qualquer teoria ampla de sistema aberto teria de explicar. No entanto, o extremo antirreducionismo de Shaw também funciona como um mecanismo à prova de falha contra testes potenciais – isto é, falsificação – de suas hipóteses individuais. Por exemplo, quando discute a correspondência hipotética entre os padrões de formação de crateras, anomalias profundas no manto e geomagnetismo, Shaw conclui que eles formam um "sistema global de múltiplos osciladores emparelhados com defasagem de tempo".[71]

"Osciladores emparelhados com defasagem de tempo?" O que Shaw parece estar dizendo é que, ainda que não haja um relacionamento direto no tempo entre esses fenômenos, eles podem ser correlacionados em algum nível mais profundo de "defasagem de tempo", ou fractal. Em outros trabalhos ele evoca "padrões rítmicos de proporções orquestrais".[72] Isso, claro, segue quase tautologicamente a premissa de Shaw de um sistema holístico Terra-cosmo onde os fenômenos são por definição conectados temporalmente, e não por ligações empíricas. Afinal de contas, o que não pode ser emparelhado em oscilação com alguma "defasagem de tempo"? De fato, Shaw reconhece calmamente que "isso não é uma boa notícia segundo o ponto de vista de separar causas e efeitos específicos, ou segundo o ponto de vista de relacionar frequências únicas a mecanismos específicos".[73] Com efeito, suas ressonâncias, em sua "diversidade indiferente", ameaçam se dissipar no mesmo "infinito ruim" que, segundo alertou Hegel, era o cemitério de todos os Absolutos não dialéticos (leia-se, sistemas globais).[74]

ELEFANTES EM MARTE

> Será que Shiva e Gaia representam um sistema acasalado e que evoluiu junto – a estabilidade de um seria de algum modo dependente de distúrbios causados pelo outro?
>
> *Michael Rampino*[75]

Em dezembro de 1998, depois de duas décadas de exasperantes atrasos e desastres, a espaçonave Galileu finalmente chegou ao seu encontro com Júpiter e lançou uma sonda no pandemônio de hidrogênio e amônia da atmosfera do planeta. Na hora que se passou antes que o meteoro artificial da NASA fosse incinerado, ele transmitiu dados "tão estranhos que os pesquisadores reunidos correram para ver se os instrumentos não estavam loucos".[76] A maior parte da água prevista na atmosfera não estava presente: uma ausência que invalida os modelos existentes do estoque de energia e da química. A *New Scientist* previu que "agora os cientistas planetários talvez tenham de repensar totalmente suas teorias sobre a estrutura do planeta gigante".[77]

Isso não era mais do que o normal. Desde 1959, quando a Luna 3, da URSS, documentou a ausência de mares no lado mais distante da Lua, a surpresa foi o racionamento padronizado de reconhecimento planetário. A pesquisa geológica do sistema solar revelou novas realidades tão completamente inesperadas quanto as descobertas feitas pela oceanografia da Guerra Fria durante a década de 1950. Como observou uma equipe de pesquisadores, "A sensação de novidade provavelmente não seria maior se tivéssemos explorado um sistema solar diferente".[78] Em essência, a teoria foi incapaz de prever a composição ou a dinâmica planetária antes da exploração. O sistema solar é distinguido pela ampla ausência de "planetas normais". Em vez disso, cada um é um indivíduo excêntrico com sua própria química e identidade tectônica. Além disso, a mesma regra se aplica tanto a mundos em miniatura quanto aos grandes, já que "cada satélite acabou sendo diferente do vizinho em alguma característica significativa". Em outras palavras, a singularidade parece ter uma distribuição fractal entre as escalas.[79]

O notável cosmoquímico australiano Stuart Ross Taylor chegou a importantes conclusões epistemológicas a partir dessas individualidades planetárias. "A complexidade do sistema solar", argumenta ele, "não está de acordo com as teorias que partem de alguma condição inicial simples". Segundo seu ponto de vista, a diversidade planetária confunde o clássico projeto kant-laplaciano de descobrir "alguns princípios uniformes, análogos à Tabela Periódica ou à evolução darwiniana, a partir da qual possamos construir clones do nosso sistema solar". Em particular, ele questiona as teorias elegantes, "de cima para baixo", sobre a origem do sistema, como o "modelo da condensação de equilíbrio" tão popular nos anos 1970, com seus postulados de uma nebulosa quimicamente zoneada e um processo organizado de acreção planetária.[80]

Em contraste, Taylor vê a acreção como algo inerentemente confuso e impelido pelos acontecimentos. Em vez de uma "grande teoria unificada", ele propõe uma narrativa "de baixo para cima" em que a formação planetária é resultado de uma espécie de caos determinista. "Se os grandes impactos de planetesimais são uma característica nos estágios finais da acreção planetária, então os detalhes dos impactos individuais se tornam, até certo ponto, parâmetros livres."[81] Assim, mesmo em suas características mais gerais, o sistema solar atual não pode ser teoricamente "deduzido" a partir das equações do estado da nebulosa solar original. Eventos singulares de impacto, imprevisíveis em qualquer modelo laplaciano, produziram algumas das anomalias características apresentadas na Tabela 5.

Tabela 5
Características históricas (caóticas) do sistema solar
(resumo a partir de Taylor)

1. atmosferas
2. obliquidades
3. satélites irregulares (em órbitas retrógradas e não equatoriais)
4. densidade de Mercúrio
5. lenta rotação retrógrada de Vênus
6. sistema Terra/Lua
7. cinturão de asteroides
8. dicotomia da crosta de Marte
9. anéis em planetas gigantes
10. sistema Plutão/Caronte

Numa palavra, o sistema solar de Taylor é radicalmente histórico – ou seja, caótico – e a formação de crateras de impactos é seu momento existencial. A mecânica celeste clássica, claro, não deixava um papel para as colisões – ou para resultados intrinsecamente imprevisíveis ou irreversíveis. A concepção de Taylor para o sistema solar como *bricolagem*, portanto, prescreve inumeráveis caminhos evolucionários possíveis a partir das mesmas condições iniciais. As principais características planetárias "são resultado de eventos que poderiam facilmente ter ido em outra direção".[82] Ainda que "outros sistemas planetários sem dúvida existam", a duplicação da sequência singular que produziu o sistema solar atual é tão provável quanto "encontrar um elefante em Marte".[83]

A vida na Terra

Esta é uma visão amplamente compartilhada por outros cientistas planetários que, nos últimos anos, deram uma definição mais precisa às precondições externas para a existência da biosfera da Terra.[84] Parece haver quatro contingências fundamentais. Em primeiro lugar, os modelos de computador indicam que um clima que conduza à vida na Terra depende dos parâmetros orbitais extraordinariamente estreitos que definem uma "zona habitável contínua" (ZHC), onde a água pode existir em estado líquido. Isso algumas vezes é chamado de "problema de Cachinhos Dourados", já que Vênus é quente demais, Marte, frio demais e só a Terra está "no ponto" para a vida.[85]

> Se a órbita da Terra fosse apenas 5% menor do que é atualmente, durante os primeiros estágios de sua história teria havido um "efeito estufa descontrolado" [como em Vênus], e as temperaturas teriam subido até que os oceanos fervessem totalmente!... [Por outro lado] se a distância entre a Terra e o Sol fosse pelo menos 1% maior, teria havido uma glaciação descontrolada da Terra há cerca de 2 bilhões de anos. Os oceanos da Terra teriam congelado totalmente e teriam permanecido assim desde então, com uma temperatura global média abaixo de 45ºC negativos [como em Marte].[86]

(Ainda que Marte, como especulam alguns exobiólogos, tenha preservado uma "biosfera invisível" de bactérias anaeróbicas primitivas nos interstícios de sua crosta datada do Arqueano, seu motor da evolução, para todos os objetivos, está desligado.)[87]

Segundo, Júpiter representa um papel essencial como irmão maior e protetor da Terra. Sua vasta massa impede que a maioria dos cometas que se dirigem ao Sol penetre no sistema solar interior. Sem esse escudo, estima-se que a Terra teria experimentado um fluxo de impactos de objetos do tamanho de cometas *mil vezes maior* do que foi registrado durante o tempo geológico. Em outras palavras, catástrofes do tamanho da K/T teriam acontecido a intervalos de cem mil anos, e não de cem milhões de anos. Se a superfície da Terra não fosse totalmente esterilizada por esse bombardeio, é difícil imaginar a sobrevivência além dos níveis mais primitivos da evolução. (Nils Holm e Eva Andersson sugerem sistemas hidrotérmicos no fundo do mar como os únicos refúgios possíveis a salvo do bombardeio pesado.)[88] Isso sugere, como precondição mínima, que apenas sistemas planetários que contenham planetas terrestres e gigantes gasosos são capazes de sustentar formas de vida complexas.[89]

Terceiro, o escudo gravitacional dos planetas gigantes, ainda que altamente eficaz, deve ocasionalmente deixar de proteger a Terra. Um dos paradoxos centrais da ciência planetária – o chamado "enigma temperatura/voláteis" – é que as temperaturas para a existência de água líquida existem apenas no sistema solar interno, ao passo que os blocos básicos para a construção da vida, inclusive a própria água, ocorrem principalmente além do cinturão de asteroides. De fato, a Terra "provavelmente se formou quase totalmente isenta dos elementos biogênicos". Assim, alguma frequência modulada de impactos de cometas foi necessária para trazer oceanos de água, além de carbono e nitrogênio, das regiões ricas em substâncias voláteis no sistema solar para a Terra. Em outras palavras, a evolução da biosfera dependeu de um sutil excedente no comércio dos cometas na forma de voláteis importados que estavam pouco abaixo das magnitudes de impacto que destruiriam a atmosfera ou vaporizariam os oceanos.[90]

Quarto, o satélite único e enorme da Terra, a Lua, representa um papel fundamental na estabilização da obliquidade do eixo rotacional da Terra. Ligada numa ressonância de giro e de órbita com a Terra – isto é, o dia lunar equivale ao mês lunar – a Lua, com seu momento angular mantém a Terra inclinada dentro de 1 grau (a mais ou a menos) de 24,4 graus relativos ao seu plano de translação. A obliquidade, claro, é que cria as estações na Terra, tão importantes para a evolução e a diversidade da vida. Marte, em contraste, tem uma inclinação que oscila loucamente e uma sazonalidade caótica, ao passo que Vênus, rodando lentamente para trás, praticamente não tem estações. Pode ser impossível para uma biosfera "de tipo Gaia", com sua complexa rede de ciclos biogeoquímicos autorregulatórios, evoluir em tais condições, independentemente da presença de água.[91]

Os extraterrestres: onde estão?

Portanto, a interpretação "histórica" do sistema solar pareceria reforçar o pessimismo existencialista de Jacques Monod – veterano da Resistência e biólogo ganhador do prêmio Nobel – que, em *Chance and Necessity* (1970), argumentou que "o universo não estava grávido de vida, nem a biosfera estava grávida do homem".[92] Alternativamente, nas palavras de Zuckerman e Hart, "o programa de exploração planetária dos EUA, ainda que altamente bem-sucedido a partir de um ponto de vista técnico e científico, fracassou em produzir ao menos uma sugestão de biologia extraterrestre".[93] A recente identificação de objetos planetários fora do sistema solar, e a probabilidade de que muitos outros logo serão descobertos, não aumenta necessariamente as chances de encontrar formas de vida alienígena.[94] De fato, outro paradoxo implícito na nossa compreensão do sistema solar é que, ainda que os sistemas planetários possam ser comuns, os planetas capazes de sustentar vida provavelmente são extremamente raros. Em outras palavras, a exploração planetária tirou conclusões sobre a prevalência da vida – ou, pelo menos, de suas precondições ambientais – que são antípodas à biologia molecular contemporânea, que tende a ver a vida emergindo em todo lugar, robusta, até mesmo um "imperativo cósmico". (Em *Vital Dust*, por exemplo, o prêmio Nobel Christian de Duve afirma confiante que "o Universo é um canteiro de vida" e que "trilhões de biosferas circulam pelo espaço em trilhões de planetas".)[95] Do mesmo modo, a nova visão da história da Terra gerada pela exploração do sistema solar e pelo debate K/T confunde o dogma ultradarwinista de que a seleção natural centrada nos genes é o processo evolucionário dominante, se não exclusivo. Uma perspectiva planetária exige uma reconceitualização do registro fóssil, não somente em termos de catastrofismo de impacto e extinções em massa, mas também em termos de interações amplamente não competitivas que tecem ecologias locais numa biosfera global em evolução.

De fato, um dos maiores frutos intelectuais da era da NASA foi a renovação do interesse pelo conceito de "biosfera" proposto em 1926 pelo mineralogista soviético Vladimir Vernadsky (1863–1945). Vernadsky tentou quebrar as barreiras artificiais entre biologia e geologia que tinham se erguido durante o fim do século XIX. Ele argumentava que a vida é o verdadeiro arquiteto da superfície da Terra e que a evolução reorganiza necessariamente a química da atmosfera, dos oceanos e da litosfera. Portanto, a biosfera envolve todas as redes biogeoquímicas – os "transformadores", na terminologia de Vernadsky – através das quais a vida comanda cada vez mais a geologia e acelera a "migração biogênica dos átomos".[96] (Ainda que a vida, a qualquer momento, possa parecer um arranhão insignificante na face da Terra, a massa total de todos os organismos que jamais viveram é estimada em mil ou até mesmo dez mil vezes a massa da própria Terra!)[97] Além disso, como enfatizou Alexej Ghilarov, Vernadsky acreditava numa "profunda conexão natural entre todos os organismos e a escala planetária". Como fundador do Comitê sobre Meteoritos da URSS, ele também era fascinado pelas possíveis interações químicas entre a biosfera e o cosmo.[98]

DANÇARINOS CÓSMICOS NO PALCO DA HISTÓRIA?

As ideias de Vernadsky exerceram uma influência sutil no surgimento do paradigma do "ecossistema" na ecologia americana – principalmente através da amizade entre seu filho e o biólogo de Yale C. Evelyn Hutchinson[99] –, mas o pensamento sobre a biosfera teve pouco prestígio na ciência da Terra fora da União Soviética até fins dos anos 1960, quando a NASA começou a investigar técnicas para a descoberta de vida em outros planetas. O debate sobre a vida em Marte, em particular, provocou um reexame das marcas globais da vida nos processos da Terra, especialmente na manutenção de um nível de oxigênio atmosférico (21%) em radical desequilíbrio químico. James Lovelock, um dos pesquisadores da NASA, mais ou menos reinventou Vernadsky com sua ousada hipótese "Gaia", de que, para sobreviver, os organismos devem "ocupar o planeta amplamente e evoluir com ele como um sistema único... A evolução das espécies e a evolução de seu ambiente estão profundamente unidas num processo único e inseparável".[100]

Ainda que a maioria dos cientistas permaneça cética diante das afirmações de Lovelock de que Gaia é um literal "superorganismo" com capacidade de regular as condições ambientais para sua própria sobrevivência, a controvérsia de Gaia, como o debate K/T, revigorou as ciências da Terra ao estimular a pesquisa interdisciplinar sobre ciclos biogeoquímicos globais e as implicações evolucionárias da teoria da tectônica de placas.[101] A "visão de mundo vernadskiana", como diz Lovelock, também foi compartilhada pelos biólogos que veem a simbiose e o mutualismo como importantes mecanismos da evolução.[102] Como argumentaram Lynn Margulis e outros, a arena darwiniana da seleção natural competitiva presume uma biosfera preexistente, construída principalmente por ordens cooperativas de bactérias, protozoários, fungos e plantas.[103] Além disso, o campo ultradarwinista não conseguiu reconhecer que um organismo competitivo, num determinado nível de análise, é a ecologia de um organismo diferente, em outro. ("Os 'indivíduos' vistos como unidades nas equações de população são complexos simbióticos envolvendo incontáveis números de entidades vivas integradas de diversas maneiras, de um modo não estudado.")[104]

Mas o maior desafio do gradualismo darwinista continua sendo o papel das periódicas extinções em massa. Por um lado, geneticistas intransigentes e ecologistas populacionais, liderados por Richard Dawkins, continuam a definir a evolução principalmente em termos de taxas de "extinção de fundo" e da rotação gradual das espécies. Por outro lado, os geólogos e paleontólogos se concentram na evidência irrefutável de catastróficas cascatas de extinção que têm taxa de dizimação mais alta, inclusive de ordens e até mesmo de classes inteiras. Será que o evento no fim da era Permiana, por exemplo, que extinguiu 96% das espécies da Terra, pode realmente ser comparado à fina cunha de Darwin e à sintonia fina da seleção natural?

A resposta neocatastrofista é contundente. Stephen Jay Gould e Niles Eldredge são cruéis, porém honestos, quando insistem que extinção em massa na verdade significa "evolução por loteria" e "sobrevivência do mais sortudo". Os eventos de extinção reajustam de modo implacável todos os relógios ecológicos.[105] As interações entre as espécies representam um papel pequeno na determinação da sobrevivência depois de grandes impactos de bólidos; e os maiores divisores de águas na evolução da vida não atuam segundo a seleção natural ortodoxa. (Por exemplo, a decisiva "vantagem adaptativa" dos mamíferos durante a catástrofe K/T simplesmente pode ter sido sua concentração em regiões circumpolares menos afetadas pelo impacto de Chicxulub, que aconteceu em latitude baixa.) Assim Darwin, como Laplace, deve ser submetido a revisão por parte da contingência caótica e histórica. Discutindo as implicações evolucionárias radicais da hipótese de Alvarez, Eldredge ecoa claramente Taylor e Monod: "A história evolucionária... é profunda e ricamente contingente. Foram-se os últimos vestígios da ideia de que a evolução substitui inevitável e inexoravelmente o que é velho e comparativamente inferior por modelos novos e superiores. A evolução, pelo menos numa escala grandiosa, não está eternamente remendando, tentando inventar uma ratoeira melhor."[106] "A evolução por catástrofe", acrescenta Michael Rampino, "também implica a especiação através de um processo diferente dos mecanismos gradualistas clássicos do isolamento geográfico e da mudança adaptativa. A catástrofe substitui o lento caminhar linear e temporal da microevolução por explosões não lineares de macroevolução. Chuvas de cometas aceleram a mudança evolucionária ao injetar gigantescos pulsos de energia súbita nos circuitos bioquímicos. A reciclagem de nutrientes é estimulada e os bólidos acrescentam novos estoques de moléculas orgânicas."[107] (Segundo o astrônomo especializado em cometas Duncan Steel, a Terra acumula uma média de 200 mil toneladas de lixo cósmico por ano.)[108]

Mais importante, as catástrofes rompem ecossistemas estáticos e abrem espaço adaptativo para a explosiva irradiação de novas espécies – como os mamíferos depois do horizonte K/T. Rampino, espantado com essa dialética da destruição criativa, se pergunta abertamente se a catástrofe dos impactos não é a verdadeira força impulsionadora por trás do movimento em direção à maior diversidade biológica, e se Gaia não desenvolveu sua intricada coreografia com Shiva – a forma definitiva de macroevolução.[109]

Rampino, claro, não é o primeiro a pensar na estranha valsa da Terra com cometas apocalípticos. De fato, a hipótese pós-moderna de que a vida, numa escala planetária, é periodicamente renovada por cataclismos extraterrestres ecoa de modo incrível a cosmologia barroca da Inglaterra do período da Restauração. Num documento lido na Royal Society, em 1694, Edmond Halley – cujo nome, claro, foi dado ao famoso cometa – argumentou que, com o tempo, a Terra se torna inevitavelmente estéril e infértil. Os grandes cometas aniquilam populações existentes, mas também renovam a fertilidade da Terra e preparam o caminho para novas criações. "Mortal a curto prazo mas saudável a longo, as colisões de cometas permitiram a sucessão dos mundos."[110]

OS DEMÔNIOS TAURÍDEOS

> Mesmo na curta história do *homo sapiens*, os acontecimentos mais violentos na Terra foram impactos extraterrestres.
>
> John Lewis[111]

Como os defensores de Gaia, os que apoiam a hipótese de Shiva são uma minoria científica pequena mas produtiva. À luz da avassaladora evidência de que a formação de crateras de impacto permaneceu como um significativo processo geológico durante todo o período fanerozoico, eles fizeram uma respeitável defesa de seu papel episódico em alterar o processo da evolução por caminhos novos e imprevisíveis. E, junto com outros neocatastrofistas, acrescentaram um embasamento impressionante para a teoria de Gould-Eldredge de equilíbrio pontuado e da história caótica da Terra. A Hipótese de Impacto, em outras palavras, agora tem uma firme influência no tempo geológico (entre 10^7 e 10^6 anos). Mas e quanto ao tempo ecológico (10^4 a 10^6 anos) e ao tempo cultural (10^2 a 10^4 anos)? Será que os eventos de impacto deixaram suas pegadas catastróficas na história humana? Poucas questões na história da Terra são mais controvertidas.

Em 1993, por exemplo, dois cientistas austríacos publicaram um livro em que afirmam ter resolvido o mistério do "capítulo mais sombrio da história humana": a catástrofe da grande chuva contada no épico Gilgamesh, no Velho Testamento, nos Vedas e em incontáveis tradições orais em todo o mundo. Edith Kristan-Tollmann e Alexander Tollmann juntaram evidências antropológicas e geológicas para embasar sua tese de que sete grandes fragmentos de cometa caíram no oceano há quase dez mil anos, causando terríveis tsunamis agora lembrados como o Dilúvio. Por um lado, eles citam numerosos relatos antigos de "sete estrelas invasoras", indo desde as "grandes montanhas em chamas" do profeta judeu Enoque até os "ferozes filhos de Muspels" das sagas islandesas, que eles interpretaram como sendo contemporâneos das lendas dos dilúvios. Por outro lado, apresentaram "prova geológica" na forma de tectitas (produtos vítreos dos impactos) "com idade de quase dez mil anos" achados na Austrália e no Vietnã, além da pequena cratera de impacto de Kofels, no Tirol austríaco – causada, segundo eles, por uma "lasca" do cometa de Noé.[112]

Apesar de terem criado uma previsível agitação na mídia, os Tollmann foram pontualmente massacrados na imprensa científica. Numa crítica, uma equipe de eminentes pesquisadores de meteoritos, inclusive R.A.F. Grieve, descartou suas "provas" como "pura fantasia" e caracterizou a abordagem deles como "pseudociência na tradição de Donnelly e Velikovsky". As críticas demoliram sistematicamente sua datação de tectitas bem como as afirmações exageradas para a estrutura de Kofels.[113]

Claro que este não é o primeiro caso em que a autoproclamada confirmação de acontecimentos bíblicos ou míticos se transformou num fiasco. Todo o terreno intelectual do catastrofismo arqueológico e histórico tem sido poluído por um número demasiado de hipóteses bizarras e descobertas espúrias. Fenômenos astronômicos raros e únicos se tornaram a dieta principal de um crescente gênero de livros pseudocientíficos abordando megadesastres.[114] No entanto, correndo o risco de parecer ridículos, astrônomos cometários – liderados por Victor Clube, em Oxford, e William Napier, em Edinburgh – perseveraram com uma argumentação científica para a intervenção cósmica na história humana. Na verdade, eles afirmam que algumas sociedades antigas quase certamente experimentaram o equivalente devastador de uma guerra nuclear.

Numa importante reafirmação da teoria que vêm desenvolvendo nos últimos 20 anos, Clube e Napier – junto com David Asher e Duncan Steel, do Observatório Anglo-australiano – comparam duas interpretações diferentes da tectônica de impactos. O "catastrofismo estocástico", como eles chamam, preocupa-se com a influência extraterrestre no longo prazo geológico. Baseia-se em taxas médias de formação de crateras, derivadas de estruturas terrestres conhecidas e dos registros de impactos na Lua e nos planetas interiores. A história de objetos de impacto menores (menos de 1 quilômetro de diâmetro), porém mais frequentes, é discriminada nesta abordagem porque eles não produzem individualmente consequências globais e porque a erosão terrestre apaga suas pegadas com mais rapidez.[115] Além disso, o conjunto de dados é muito granuloso para resolver heterogeneidades temporais – eventos agrupados, por exemplo, dentro de frequências de menos de 1 milhão de anos. Por isso, não pode diferenciar o que Clube e Napier chamam de "microestrutura do catastrofismo terrestre" dentro de períodos de tempo relevantes para a evolução humana.[116]

O "catastrofismo coerente", por outro lado, afirma que "o efeito geral dos cometas gigantes sobre a evolução terrestre é muito mais complexo do que o dos impactos gigantes simples". Os eventos de impactos operam em todas as escalas de tempo, e crises pontuais são "hierarquicamente aninhadas ao modo geral dos períodos glaciais-interglaciais". Para visualizar todo esse espectro de fenômenos, especialmente a influência dos impactos de corpos pequenos, Clube e Napier usaram dados de formação de crateras e censos de objetos próximos da Terra com uma grande quantidade de dados históricos, inclusive registros medievais europeus e arquivos astronômicos chineses.[117]

Enquanto outros pesquisadores se absorveram na busca de celebridades catastróficas, como bólidos exterminadores com bilhões de megatons, Clube e Napier se concentraram no estudo da população mais prosaica de produtos comuns – pequenos asteroides Apolo, enxames de meteoroides, poeira zodiacal – resultantes da destruição de cometas gigantes. Ainda que os cometas cheguem em órbitas que atravessam a órbita da Terra apenas a intervalos de cerca de cem mil anos, seu lixo "interage catastroficamente com a Terra em escalas de tempo relativamente curtas: 10^2 a 10^5 anos". De fato, Clube argumentou que, devido à frequência dos impactos de corpos pequenos, o catastrofismo terrestre pode ser "uniformitarianista" em todas as escalas de tempo maiores do que um milênio. Assim, uma "nova visão do mundo, abraçando os efeitos de todo o âmbito dos 'pequenos corpos' no sistema solar... se tornou um dos maiores imperativos de nosso tempo".[118]

A astronomia encontra a História

As principais preocupações de Clube e Napier são os enxames organizados, contendo objetos entre 10 e 300 metros – Arjunas e pequenos Apolos – que, segundo eles, bombardeiam a Terra a intervalos de poucos milhares de anos.[119] Esses bólidos são responsáveis pelo "catastrofismo de nível baixo na 'escala de tempo bíblica'" que foi "assunto de interesse de Newton e seus contemporâneos bem como dos catastrofistas do início do século XIX". "Acreditamos", acrescentam, "que atualmente há pelo menos um desses aglomerados de material que nos últimos 20 mil anos produziu episódios de detonações atmosféricas com consequências significativas para o ambiente terrestre e para a humanidade". O "grande perigo para a humanidade" que Clube e Napier têm em mente são os meteoros taurídeos.[120]

O complexo taurídeo é uma grande corrente circunsolar de lixo de cometas e asteroides em órbita subjupteriana que, acreditam Clube e Napier, resultaram da destruição hierárquica de um grande cometa nos últimos 20 mil anos. Além do cometa remanescente P/Encke, o complexo inclui meia dúzia de asteroides do tipo Apolo com mais de 1 quilômetro de diâmetro, quatro grandes nuvens de meteoros – responsáveis pelas chuvas de taurídeos diurnas e noturnas –, uma nuvem de poeira zodiacal e, de modo mais ameaçador, centenas de milhares de Arjunas do tamanho de pedregulhos que, como se fossem bombas de hidrogênio em órbita, são capazes de explosões atmosféricas de muitos megatons ou de impactos à superfície da Terra. (Como vimos antes, dados recentes do Spacewatch sugerem que a população geral desses miniasteroides pode ser 40 vezes maior do que se acreditava anteriormente.)[121]

Os taurídeos, segundo Clube e Napier, representam um risco máximo a intervalos de alguns milhares de anos, quando a precessão da órbita da nuvem produz uma interseção com a da Terra. Essas "eras de cometas", que podem durar vários séculos, são caracterizadas por agrupamentos de impactos do tamanho de Tunguska, na maioria coordenados com as chuvas diurnas de meteoros betataurídeos (de 24 de junho a 6 de julho), bem como com concentrações incomuns de poeira de meteoros. Duncan Steel confirma uma assinatura taurídea numa variedade de fenômenos geofísicos, inclusive incomuns anomalias de irídio e níquel na capa de gelo da Groenlândia. No final do Holoceno, Clube e Napier, apoiados por Steel e Asher, identificam três períodos de bombardeio intenso: nos séculos ao redor de 3000 a.C., 1200 a.C. e 500 d.C.[122]

Então onde estão as catástrofes taurídeas nos registros humanos? Olhando na nossa cara, segundo Clube e Napier, na forma de textos religiosos de uma extraordinária diversidade de culturas. Eles dedicaram três livros – *The Cosmic Serpent* (A serpente cósmica, 1982), *The Origin of Comets* (A origem dos cometas, 1989) e *The Cosmic Winter* (O inverno cósmico, 1990) – a uma exaustiva elaboração de possíveis correlações entre relatos humanos sobre casos de cometas e tempestades taurídeas previstas por mecanismos orbitais. Para pegar apenas dois exemplos: por volta de 3000 a.C., eles encontram uma universalidade de deuses celestes malignos e o domínio político de sacerdotes astrônomos numa era que pode ter sido perturbada ambientalmente pela destruição do gigantesco progenitor do cometa P/Encke. Então, quase 3.500 anos depois, quando os taurídeos estão de novo atravessando a órbita da Terra, astrônomos chineses alertam sobre "um estranho cometa no mesmo ano em que um monge descreve cenas – ainda não explicadas historicamente – sobre extraordinárias devastações e colapso social na Grã-Bretanha."[123]

Mas Clube e Napier não se restringem à mera correlação e a relatos de particularidades. Além de proporcionar uma nova estrutura para entender levantes ecológicos, eles também fazem amplas afirmações sobre a história das atitudes humanas com relação à natureza. Praticamente todas as grandes culturas experimentaram períodos alternados de otimismo e desespero cósmicos. Em diferentes épocas, os céus foram vistos como providenciais ou ameaçadores. As tempestades taurídeas, segundo eles, foram os provocadores secretos desse ciclo escatológico. As duas crises cometárias do mundo pré-romano, por exemplo, foram "momentos decisivos fundamentais na história humana e geraram crenças sombrias no fim do mundo, que eram provavelmente realistas e desde então jamais desapareceram totalmente". De novo, no século XVII, sacudido por cometas, Cromwell ascendeu ao poder numa onda milenarista alimentada pela "iluminação sobrenatural".[124]

Clube e Napier fazem a interessante sugestão de que o materialismo no mundo clássico surgiu como reação à tirania dos deuses celestes pré-históricos e seu cosmo maligno. De fato, a principal corrente da filosofia europeia, desde Aristóteles até Kant, foi obcecada em exorcizar o medo dos cometas e proporcionar explicações racionais para o surgimento deles. A "crítica dos cometas", portanto, tem sido uma precondição essencial para estabelecer uma visão da história aberta a possibilidades infinitas dentro de um cosmo benevolente ou pelo menos neutro. Inversamente, o materialismo filosófico sempre sofreu oposição das ideologias milenaristas, inclusive o neoplatonismo, que veem a história amarrada pelo cataclismo, até mesmo a extinção humana. Nessa tradição, os cometas sempre foram reconhecidos como poderosos agentes de destruição e/ou renascimento. Clube e Napier desafiam os historiadores a procurar um ciclo ambiental existente – como as precessões taurídeas – que possa estar por trás dessa alternância entre sistemas filosóficos otimistas e catastróficos.[125]

No entanto, a tese de Clube e Napier permanece mais fascinante do que convincente. Ainda que eles tragam novas ferramentas – especialmente o estudo feito por Clube dos registros chineses sobre as bolas de fogo – para a interpretação do "registro apocalíptico" transcultural, as correlações dentro da história natural são pouco mais do que circunstanciais. O que realmente pode ser deduzido, afinal de contas, de "provas" como o fato de que a palavra hebraica para minério de ferro (*necoshet*) significa literalmente "cocô de cobra" ou que os frisos representando Quetzalcoatl algumas vezes façam o deus emplumado parecer um cometa feroz?[126] Clube e Napier, infelizmente, raras vezes conseguem corroborar a exegese do mito e da religião com provas materiais vindas da arqueologia – como, por exemplo, na recente escavação na Holanda que descobriu configurações de poços com 1.700 anos de idade na forma da constelação de Touro.[127]

Bombardeio ou erupção?

De um modo mais chocante, eles distorceram eventos até ficarem irreconhecíveis para apoiar sua afirmação – derivada de cálculos orbitais – de que os bombardeios taurídeos produziram a crise da civilização no leste do Mediterrâneo, por volta de 1450 a.C. O mundo minoico desmoronou de modo catastrófico, mas a explicação não exige a solução de qualquer mistério extraterrestre. De fato, o turista moderno que vai à ilha de Santorini (Tera) pode olhar direto para uma gigantesca caldeira enchida pelo mar, produzida por quatro grandes acontecimentos vulcânicos entre 1628 e 1450 a.C. A erupção final de Tera, que explodiu todo o cone vulcânico na atmosfera, foi descrita como "uma catástrofe natural sem paralelos em toda a história", e sua assinatura indelével pode ser encontrada em todo o mundo, tanto em anéis de árvores na Califórnia quanto em núcleos de gelo na Groenlândia. Com poder explosivo dez vezes maior do que o do Cracatoa, Tera causou danos terríveis a Creta e produziu um tsunami que engolfou os litorais da Palestina e do Egito. Geomitos como as pragas bíblicas e o evento do Êxodo podem ser descrições das erupções e suas consequências.[128]

Tampouco o complexo taurídeo se estabeleceu como fato indiscutível. Numa revisão recente de cálculos orbitais, uma equipe de pesquisadores concluiu que a "hipótese de relacionamento genético entre alguns ou todos os corpos que estão em órbitas [cometárias] tipo Encke não é apoiada [nem foi refutada]". Eles também questionaram a outra hipótese fundamental de Clube e Napier, de que Encke tinha sido formado com a destruição de um núcleo gigante de cometa nos últimos 20 mil anos. E, finalmente, previram que a maioria dos objetos em órbitas taurídeas cairiam no Sol, e não colidiriam com os planetas internos.[129] Parece que a tarefa de Clube e Napier é como tentar capturar um elefante com uma rede de borboletas. As evidências textuais apenas, mesmo quando reforçadas com registros astronômicos chineses e japoneses, são obviamente insuficientes para estabelecer correlações fortes entre tempestades taurídeas previstas e as idades das trevas na história humana. Como outros teóricos dos impactos, Clube e Napier são monocausalistas que minimizam o papel de diversas instâncias catastróficas, especialmente o vulcanismo, na história da Terra. No entanto, diferentemente dos Tollmann, a equipe de Oxford juntou evidências consideráveis – desde estudos de fluxos de formação de crateras e populações de OPT – para sustentar a hipótese central de que grandes episódios de bombardeios provavelmente cruzaram a história humana.[130]

Um elo que falta, claro, são as provas arqueológicas de destruições sem outra explicação possível; o outro é a documentação geológica de impactos ou explosões na atmosfera. Não devemos supor que o registro de crateras no Holoceno seja completo em algum sentido. Por exemplo, a bacia de impacto de Iturralde (com 8 quilômetros de diâmetro) na Amazônia boliviana – produto de um impacto de 500 megatons por volta de 8000 a.C. – ainda não foi inspecionada do chão.[131] Tampouco geólogos ainda exploraram a região do rio Curuca, perto da fronteira entre Brasil e Peru, onde fotografias do Landsat sugerem uma cratera produzida pelo "evento de Tunguska brasileiro" em 13 de agosto de 1930, que atraiu o interesse de pesquisadores tentando calcular a frequência de impacto dos Arjunas.[132] Ainda mais espetacular, e não estudada completamente, é a cadeia de crateras de 30 quilômetros perto do rio Cuarto, na Argentina, que só foi descoberta em 1989. A melhor datação por radiocarbono até agora indica cerca de 2900 a.C.: bem dentro da janela temporal da primeira catástrofe taurídea de Clube e Napier. Além disso, o impacto do bólido de 300 metros deu um soco (de mil megatons) equivalente a Tera, dez Krakatoas, ou 50 mil armas nucleares como a de Hiroshima.[133]

No entanto, apenas um quarto do registro de crateras é preservado em terra. Como nos lembra John Lewis, da NASA, "três em cada quatro impactos na Terra acontecem na água".[134] Desde o início da primeira dinastia no Egito, estima-se que 500 OPTs de tamanho igual ou maior do que o Arjuna que criou a cratera Meteoro no Arizona golpearam a Terra. Aproximadamente 375 deles devem ter se chocado contra o oceano.[135] Quando um objeto em alta velocidade, pesando centenas de milhares ou milhões de toneladas, bate no oceano, a hidrodinâmica resultante é extraordinária. Impactos de corpos grandes, por exemplo, produzirão gigantescas bolhas explosivas de vapor – com até 500 quilômetros cúbicos no caso do bólido de Chicxulub – e aquecerão vastas áreas do oceano.[136] Alguns teóricos preveem que um aquecimento tão extremo do oceano poderia dar energia para superfuracões, conhecidos como "*hypercanes*" ("hipercões"), que, por sua vez, podem levantar vastas quantidades de água e aerossóis até a estratosfera, mudando o clima.[137]

Corpos com mais de 100 metros, além disso, provocarão tsunamis de pesadelo saídos da ficção científica. Steel, por exemplo, prevê que o impacto de um asteroide com 500 metros de diâmetro no Pacífico, digamos a 100 quilômetros da costa de Los Angeles, poderia produzir um tsunami com vários quilômetros de altura.[138] Até mesmo um impacto com um décimo desse tamanho ainda resultaria numa superonda com altura de quase 20 andares; e dois animados pesquisadores japoneses alertaram, recentemente, sobre 1 a 2% de possibilidade de que "a maioria das construções artificiais no litoral do Pacífico seja destruída, no próximo século, por impacto de asteroide no Pacífico".[139]

Dadas a frequência três vezes maior de impactos no mar e a letalidade dez vezes maior dos tsunamis comparada aos impactos em terra – onde está a pistola soltando fumaça? Até agora há apenas algumas pistas hipnotizantes. Lewis aponta para um extraordinário depósito causado por tsunami em Lanai, numa altura equivalente ao edifício Empire State – mas que se deve mais provavelmente a um deslizamento de terra na ilha do Havaí, que fica perto.[140] Talvez algumas das grandes ondas representadas nas pinturas japonesas e tradicionalmente atribuídas a terremotos fossem realmente originadas por meteoros. Mas ninguém realmente sabe, já que "o campo de pesquisa de avaliações geológicas de tsunamis produzidos por impactos é praticamente inexistente e precisa ser iniciado".[141] Em última instância, Clube e Napier estão provavelmente corretos ao supor que algum posto avançado da humanidade antiga foi sujeito a um horror súbito e quase além de qualquer descrição. Mas onde e quando esse holocausto aconteceu continua sendo um dos maiores enigmas da história.

HISTÓRIAS OCULTAS

> A rigidez de Hutton é ao mesmo tempo uma dádiva e uma armadilha. Ela nos deu profundidade de tempo, mas, no processo, perdemos História. Qualquer relato adequado da Terra exige as duas coisas.
>
> *Stephen Jay Gould*[142]

Em 1º de março de 1996, uma equipe de geólogos dos Estados Unidos, da Áustria e da África do Sul anunciou uma descoberta espantosa: uma cratera de impacto com 90 quilômetros, enterrada sob a boca da baía de Chesapeake. Depois de usar reflexão sísmica para determinar a silhueta da estrutura com anéis múltiplos, eles fizeram uma enorme quantidade de furos dentro e fora da borda da cratera. Recuperaram amostras de brechas derretidas e outras evidências claras de um enorme metamorfismo de choque na rocha impactada. Além disso, a química detalhada dos núcleos de brecha coincidia com a composição isotópica de tectitas recuperadas previamente pelo Projeto de Perfuração em Mar Profundo no leito do oceano a 330 quilômetros a nordeste da baía de Chesapeake. Os pesquisadores dataram o impacto em 35,5 milhões de anos, perto da fronteira entre as épocas do Eoceno e do Oligoceno.[143]

O impacto de Chesapeake – 30 milhões de anos depois do cataclismo K/T – se correlaciona amplamente com o "evento terminal do Eoceno". Mas, diferentemente da fronteira K/T, onde atualmente a maioria das opiniões científicas apoia a instantaneidade da extinção,[144] as drásticas mudanças bióticas no fim do Eoceno provavelmente ocorreram "em passos" no decorrer de vários milhões de anos. De fato, anomalias de irídio e depósitos de tectita indicam impactos em série – uma "rajada de Uzi", na terminologia de Shaw – das quais o bólido de Chesapeake pode ter sido o maior. Rampino e Haggerty sugerem uma complexa sequência de retroalimentação entre acontecimentos individuais de impacto, véus de poeira na atmosfera e mudanças climáticas rápidas, levando à formação da calota polar do leste da Antártida e de um clima global mais frio no Oligoceno.[145]

A descoberta da estrutura de Chesapeake, na frequência prevista por Holmes, bem como a recente correlação entre uma cadeia de crateras – provavelmente de origem cometária – no norte do Chade e a grande extinção do Devoniano, reforça a ideia do catastrofismo coerente.[146] Até mesmo o espaçamento entre os impactos se ajusta à hipótese de Clube e Napier, de episódicas tempestades de cometas gigantes lançadas pelas marés galácticas.[147] No entanto, como demonstra a divergência radical entre os eventos do K/T e do fim do Eoceno, provavelmente é tolice esperar qualquer repetição nos detalhes entre catástrofes diferentes. Como enfatizou um dos principais pesquisadores das extinções em massa, "não linearidades, limiares e retroalimentações elaboradas frequentemente descartam a reconstrução de cascatas simples de causa e efeito. O mesmo fator pode ter efeitos radicalmente diversos dependendo do estado do sistema no momento da perturbação, e vários fatores alternativos podem produzir a mesma resposta biótica".[148] O que os grandes impactos têm em comum é a capacidade de reorganizar a biosfera global numa escala supradarwiniana. Mas cada grande sequência de extinção – inclusive aquelas em que os impactos podem não ter representado qualquer papel – tem sido uma conjuntura histórica única.[149]

De fato, segundo um ponto de vista global, os impactos são os equivalentes funcionais das guerras e revoluções na história humana. Como vimos, as catástrofes são ao mesmo tempo condensações de processos temporais – por exemplo, um milhão de anos de trabalho ambiental "normal" condensado em horas, até mesmo segundos – e escaladas exponenciais de energia circulando pelo metabolismo planetário. Nesse sentido dual, os bombardeios de cometas atuam como supercarregadores de evolução geológica e biológica. Mas a catástrofe é igualmente uma erupção de historicidade: uma cascata literal de acontecimentos singulares, complexos e, talvez, sensíveis demais para que as condições iniciais sejam capturadas em qualquer modelo exato ou grande teoria unificada. Enquanto Shaw apela para a pedra filosofal da teoria do caos, Clube e Napier evocam o conceito de "episodicidade" para caracterizar funções periódicas modificadas por acontecimentos aleatórios. No entanto, a palavra banida, "narrativa", também pode ser relevante. A revolução permanente na ciência da Terra, acima de tudo, tem sido uma insurreição em nome da História Natural, com "H" maiúsculo. E a maior descoberta da exploração do sistema solar tem sido uma Terra existencial moldada pelas energias criativas de suas catástrofes.

1996

NOTAS

1. A massa do fragmento foi estimada em 2.500 toneladas. Foi a quarta explosão meteórica de vários quilotons detectada por satélites, desde 1988. Ver I. Nemtchinov, T. Loseva, e A. Teterev, "Impacts into Oceans and Seas", *Earth, Moon, and Planets* nº 72 (1996), p. 414–16. Ver também Duncan Steel, *Rogue Asteroids and Doomsday Comets*, Nova York, 1995, p. 203–5.
2. John Lewis, *Rain of Iron and Ice*, Reading, Mass. 1996, p. 146–49; "Comet Shoemaker-Levy 9", seção especial em *Science*, nº 267, 3 de março de 1995, p. 1277–1323. Um asteroide de 110 metros de diâmetro chegou quase igualmente perto (120.000 quilômetros) em 14 de junho de 1002. Um objeto desse tamanho causou a catástrofe de Tunguska, na Sibéria, em 1908, arrasando 2 mil quilômetros quadrados de florestas.
3. A distinção tradicional entre asteroides e cometas foi erodida pelo reconhecimento de que muitos asteroides próximos da Terra são na verdade cometas extintos (sem gás). Ver David Jewitt, "From Comets to Asteroids: When Hairy Stars Go Bald," *Earth, Moon, and Planets*, nº 72 (1996), p. 185–201.
4. Esse acontecimento muito discutido foi registrado nas Crônicas de Canterbury e provavelmente aconteceu em 25 de junho, segundo o moderno calendário gregoriano. Isso corresponde à chegada anual da corrente betataurídea discutida mais tarde neste capítulo. Um proeminente astrônomo muçulmano está convencido de que o mesmo enxame de meteoros provocou um impacto anterior na Lua em 26 ou 27 de junho de 617 d.C., acontecimento descrito no Corão como a "rachadura da Lua". J. Hartung, "Was the Formation of a 20-km-Diameter Impact Crater on the Moon Observed on June 18, 1178?", *Meteoritics* 2 (1976), p. 187; e Imad Ahmad, "Did Muhammad Observe the Canterbury Meteoroid Swarm?", *Archaeoastronomy* 11 (1989–93), p. 95–96.
5. Ver Steel, *Rogue Asteroids*, cap. 12. Enquanto isso, o Japão está planejando pousar num asteroide em 2002, ao passo que a NASA espera trazer de volta amostras de poeira do cometa Wild-2 em 2003.

6. Ib.; e D. Morrison e E. Teller, "The Impact Hazard: Issues for the Future", em T Gehrels, org., *Hazards Due to Comets and Asteroids*, Tucson, Ariz., 1994, p. 1140.
7. A "biogeoquímica" estuda a transformação global e o movimento de substâncias químicas cujos ciclos passam pela biosfera. A exobiologia é uma ciência comparativa, decorrente da exploração do sistema solar, interessada nas condições da vida na Terra e em outros planetas, solares e extrassolares.
8. É importante pôr minhas cartas na mesa desde o início. No que se segue, entendo que a teoria do caos implica três resultados experimentais principais: 1) a maioria dos movimentos determinísticos – de mudança temporal – na natureza depende sensivelmente das condições iniciais; 2) a estrutura fina da maioria dos fenômenos "aleatórios" é, na verdade, alguma forma de ordem complexa; e 3) a transição de fase de um estado organizado para outro é geralmente uma "avalanche" de eventos determinados, mas imprevisíveis, organizados através de relacionamentos de retroalimentação. Portanto, o caos se revela em padrões notavelmente diversos: como uma infinita complexidade florescente (fractais de Mandelbrot); uma eterna recorrência de domínios alternantes de ordem e desordem (rios serpenteantes) ou uma dialética de evolução e revolução (história natural e humana).
9. Charles Lyell, *Principles of Geology*, vol. 1, Londres, 1872 (12ª ed.), p. 97.
10. William Kaula, "The Earth as a Planet", *Geophysical Monograph 60,* American Geophysical Union, Washington, D.C., 1990, p. 18.
11. Ver H. W. Menard, *The Ocean of Truth: A Personal History of Global Tectonics*, Princeton, N.J., 1986, p. 94–107. Infelizmente, a contribuição pioneira de Mary Tharp é ignorada na maioria das histórias posteriores da revolução da tectônica de placas, inclusive o livro de William Glen, *The Road to Jaramillo, Critical Years of the Revolution in Earth Science*, Stanford, Calif., 1982, e H.E. Le Grand, *Drifting Continents and Shifting Theories*, Cambridge, 1988.
12. "A forma natural mais comum na face da Terra era a até então insuspeitada montanha abissal. Principalmente baseado nos ecogramas do Midpac e do Capricorn, concluí, em 1956, que 90% do solo do oceano Pacífico é terreno montanhoso e que os 10% restantes só são lisos porque os morros

foram enterrados por sedimentos ou fluxos de lava líquida" (Menard, *The Ocean of Truth*, p. 52).

13. Para uma brilhante história intelectual, ver Mott Greene, *Geology in the Nineteenth Century: Changing Views of a Changing World*, Ithaca, N.Y., 1982.
14. A faculdade da Open University produziu uma notável introdução à geologia contemporânea à luz da tectônica de placas: F. Brown, C. Hawkesworth e C. Wilson, orgs., *Understanding the Earth: A New Synthesis*, Cambridge, 1992.
15. Ursula Marvin, "Impact and Its Revolutionary Implications for Geology", em V. Sharpton e P Ward, orgs., *Global Catastrophes in Earth History: An Interdisciplinary Conference on Impacts, Volcanism, and Mass Mortality*, GSA Special Papers 247, Boulder, Colo., 1990, p. 153.
16. Ver Stuart Ross Taylor, *Solar System Evolution: A New Perspective*, Cambridge, 1992, p. 287; e Victor Clube e William Napier, *The Cosmic Winter*, Oxford, 1990, p. 96, 127.
17. Para uma fascinante discussão sobre Newton como astrólogo, alquimista e catastrofista, inclusive sua visão sobre portentos cometários, ver David Kubrin, "'Such an Impertinently Litigious Lady': Hooke's 'Great Pretending' vs. Newton's *Principia* and Newton's and Halley's Theory of Comets", em Norman Thrower, org., *Standing on the Shoulders of Giants: A Longer View of Newton and Halley*, Berkeley, Calif., 1990.
18. E.G. Nisbet, "Of Clocks and Rocks – The Four Aeons of the Earth", *Episodes* 14, nº 2 (1994), p. 326. Mas em outro contexto, Nisbet explica que os geólogos que estudam o Arqueano sempre se sentiram desconfortáveis com o uniformitarianismo ortodoxo: "O tecido da interpretação das rochas arqueanas", enfatiza ele, "deve ser construído de novo a partir de primeiros princípios" (*The Young Earth: An Introduction to Archaean Geology*, Londres, 1987, p. 3–6).
19. David Depew e Bruce Weber, *Darwinism Evolving: Systems Dynamics and the Genealogy of Natural Selection*, Cambridge, Mass., 1995, p. 109. Os autores enfatizam a importância da dinâmica newtoniana como o terreno ontológico que está sob os pés de Lyell e Darwin (ver Capítulo 4).

20. Walter Alvarez e outros, "Uniformitarianism and the Response of Earth Scientists to the Theory of Impact Crises", em V. Clube, org., *Catastrophes and Evolution: Astronomical Foundations* (1988 BAAS Mason Meeting of Royal Astronomical Society at Oxford), Cambridge, 1989, p. 14. A ideia da origem da extinção K/T ligada a um asteroide ou cometa fora apresentada anteriormente por vários pesquisadores, inclusive Victor Clube e William Napier num texto notável, "A Theory of Terrestrial Catastrophism", *Nature*, nº 282 (1979), p. 455.

21. L. Alvarez, W. Alvarez, F. Asaro e H. Michel, "Extraterrestrial Cause for the Cretaceous-Tertiary Extinction", *Science*, nº 208 (junho de 1980). Um geofísico da Pemex, Antonio Camargo, foi o primeiro a propor (em 1980) uma origem de impacto para Chicxulub. Mas demorou quase uma década até que outros pesquisadores mexicanos e americanos reexaminassem as amostras das perfurações e publicassem as provas. Para uma descrição ampla, ver Virgil Sharpton e outros, "A Model of the Chicxulub Impact Basin Based on Evaluation of Geophysical Data, Well Logs and Drill Core Samples", *Geol. Soc. Am. Spec. Paper*, nº 307, 1996.

22. Richard Grieve, "Impact: A Natural Hazard in Planetary Evolution", *Episodes* 17, nos 1–2 (1995), p. 14. A fortuita composição química da rocha alvo em Chicxulub também pode explicar por que os dois outros impactos fanerozoicos, Manicouagan, no Canadá, e Popigai, na Sibéria, que são comparáveis em magnitude, não produziram acontecimentos de extinção na mesma escala.

23. William Glen, "What the Impact/Volcanism/Mass-Extinction Debates Are About", em William Glen, org., *The Mass-Extinction Debates: How Science Works in a Crisis*, Palo Alto, Calif., 1994, p. 7–12.

24. James Head, "Surfaces of the Terrestrial Planets", em J. Kelly Beatty e Andrew Chaikin, orgs., *The New Solar System*, Cambridge, Mass., 1990 (3ª ed.), p. 77.

25. Noel Hinners, "The Golden Age of Solar-System Exploration", em Beatty e Chaikin, orgs., *The New Solar System*, p. 7.

26. G. Neukum e B. Ivanov, "Crater-Size Distributions and Impact Probabilities on Earth from Lunar, Terrestrial-Planet, and Asteroid Cratering Data", em Gehrels, org., *Hazards Due to Comets*, p. 411.
27. Kathleen Mark, *Meteorite Craters*, Tucson, Ariz., 1987, p. 25–39.
28. Os astrônomos, por outro lado, tiveram pouca dificuldade para aceitar a hipótese do impacto. Na década de 1940, claras exposições de formação de crateras por explosão e reconhecimentos casuais sobre a origem de impacto da cratera no Arizona podiam ser encontrados em livros comuns. Ver Steel, *Rogue Asteroids*, p. 34. Para a história do Shoemaker, ver David Levy, *The Quest for Comets*, Nova York, 1994.
29. R. Grieve e L. Pesonen, "Terrestrial Impact Craters: Their Spatial and Temporal Distribution and Impacting Bodies", *Earth, Moon, and Planets*, nº 72 (1996), p. 357–76.
30. Steel, *Rogue Asteroids*, p. 28–27.
31. E. Krinov, *Giant Meteorites*, Oxford, 1966.
32. David Morrison, Clark Chapman e Paul Slovic, "The Impact Hazard", em Beatty e Chaikin, orgs., *The New Solar System*, p. 61.
33. T. Gehrels e R. Jedicke, "The Population of Near-Earth Objects Discovered by Spacewatch", *Earth, Moon, and Planets*, nº 72 (1996), p. 233–42; e Richard Kerr, "Earth Gains a Retinue of Mini-Asteroids", *Science*, nº 258 (1992), p. 403.
34. "A recente descoberta de que nós existimos dentro de um enxame de asteroides tem enormes consequências de longo prazo, e sua importância histórica poderá ser vista algum dia no mesmo nível da descoberta do Novo Mundo por Colombo". NASA Ames Space Science Division (na Internet), NEO Survey Working Group's 1995 Report, seções IV e XI.
35. De fato, o desenvolvimento da teoria do caos remonta à questão fundamental da Academia Sueca em 1890: "Até que ponto nosso sistema planetário é estável?" Essa pergunta foi finalmente respondida pelo matemático francês Henri Poincaré, que decidiu que até mesmo o problema dos três corpos é matematicamente não integrável e que o sistema planetário também tem sua história. Ele criou a matemática da dinâmica de bifurcação que levou

ao conceito contemporâneo do caos determinístico (Friedrich Cramer, "The Two Modes of Time – of Planets and of Life", *Interdisciplinary Science Reviews* 20, nº 1 [1995], p. 62).

36. David Brez Carlisle, *Dinosaurs, Diamonds, and Things from Outer Space*, Palo Alto, Calif., 1995, p. 82–83.
37. J. Tatum, D. Balam, e G. Aikman, "Astrometric Recovery and Follow-Up of Near Earth Asteroids", *Planet. Space Sci.*, 42, nº 8 (1994), p. 611.
38. Ver "Band Gaps", Cap. 8, em Ivars Peterson, *Newton's Clock: Chaos in the Solar System*, Nova York, 1993.
39. Ursula Marvin e David Raup criticaram a indiferença da geologia convencional diante dos espantosos avanços no estudo dos meteoritos e da planetologia durante as décadas de 1960 e 1970. Claude Allegre, por outro lado, censurou geólogos ocidentais por ignorar – pelo menos até meados dos anos 1970 – a pioneira teoria soviética da "acreção planetária progressiva" que fora desenvolvida por Otto Schmidt e seus alunos já na década de 1940. Ver Marvin, "*Impact and Its Revolutionary Implications for Geology*", p. 152–55; David Raup, "The Extinction Debates: A View from the Trenches", em Glen, org., *The Mass-Extinction Debates*, p. 146–47; e Claude Allegre, *From Stone to Star: A View of Modern Geology*, Cambridge, 1992, p. 109–15. Para uma visão geral da contribuição soviética, ver A. Levin e S. Brush, *The Origin of the Solar System: Soviet Research 1925–1991*, Nova York, 1995.
40. Ver Henry Cooper, *The Evening Star: Venus Observed*, Nova York, 1994, p. 238–49.
41. Taylor, *Solar System Evolution*, p. 146.
42. Eugene Shoemaker e Carolyn Shoemaker, "The Collision of Solid Bodies", em Beatty e Chaikin, orgs., *The New Solar System*, p. 261. "Os núcleos dos cometas tendem a se partir quando passam pela atmosfera, portanto, a taxa em que produzem crateras com menos de 20km pode ter sido suprimida." Ver também Neukum e Ivanov, "Crater Size Distributions and Impact Probabilities", p. 359–416.
43. Morrison e outros, "The Impact Hazard", p. 63.

44. David Raup, *Extinction: Bad Genes or Bad Luck?*, Nova York, 1991. Ver também Philippe Claeys, "When the Sky Fell on Our Heads: Identification and Interpretation of Impact Products in the Sedimentary Record", *US National Report to International Union of Geodesy and Geophysics*, 1992–1994, suplemento da *Review of Geophysics* (julho de 1995).

45. Ver Walter Alvarez e Richard Muller, "Evidence from Crater Ages for Periodic impacts on the Earth", *Nature*, nº 308 (1984), p. 718–21; e David Raup e Jack Sepkoski, "Periodicity of Extinctions in the Geologic Past", *Proc. Natl. Acad. Sci. USA*, nº 81 (1984), p. 801–5. Por outro lado, alguns críticos afirmam que o registro de crateras na Terra tem muitas alterações sérias em idade e tamanho, resultado de efeitos da erosão, para apoiar estatisticamente essa periodicidade. Grieve, em particular, acha que a controvérsia será resolvida mais provavelmente por um estudo mais detalhado do arquivo de crateras da lua. Ver R.A.F. Grieve e outros, "Detecting a Periodic Signal in the Terrestrial Cratering Record", *Proc. Lunar Plant. Sci. Conf. 18th*, 1988, p. 375–82; e Alexander Deutsch e Urs Schaerer, "Dating Terrestrial Impact Events", *Meteoritics*, nº 29 (1994), p. 317.

46. "[Shiva] segura numa das mãos a chama da destruição, em outra (ele tem quatro no total) o damaru, um tambor que regula o ritmo da dança e simboliza a criação. Ele se move num anel de fogo – o ciclo cósmico – mantido por uma interação de destruição e criação, tocando um ritmo tão regular quanto qualquer relojoaria de colisões de cometas" (Stephen Jay Gould, "The Cosmic Dance of Shiva", *Natural History*, agosto de 1984, p. 14).

47. Também há uma correlação proposta entre a extinção do fim do Permiano, as Armadilhas Siberianas e uma cratera fóssil no platô submarino das Falklands. Ver Michael Rampino, "Impact Cratering and Flood Basalt Volcanism", *Nature*, nº 327 (1987), p. 468; e (com K. Caldeira) "Major Episodes of Geologic Change: Correlations, Time Structure and Possible Causes", *Earth and Planetary Science Letters*, nº 114 (1993), p. 215–27.

48. Richard Stothers, "Impacts and Tectonism in Earth and Moon History of the Past 3.800 Million Years", *Earth, Moon, and Planets*, nº 58 (1992), p. 151.

49. William Napier, "Terrestrial Catastrophism and Galactic Cycles", em Clube, org., *Catastrophes and Evolution*, p. 135 e 160.
50. Marvin, "Impact and Its Revolutionary Implications for Geology", p. 153. É interessante, claro, especular se uma posição intermediária, isto é, que a história da Terra se alterna entre períodos de catastrofismo (aceleração nas taxas de mudança) e uniformitarianismo (uniformidade das taxas de mudança), poderia ser tornada teoricamente consistente. Ver a discussão em Richard Huggett, *Catastrophism: Systems of Earth History*, Londres, 1990, p. 194–200.
51. Victor Clube, "The Catastrophic Role of Giant Comets", em Clube, org., *Catastrophes and Evolution*, p. 85.
52. Dao-yi Xu e outros, *Astrogeological Events in China*, Nova York, 1989, p. 221.
53. Napier, entretanto, argumenta que o ciclo de 30 milhões de anos é na verdade um artefato harmônico de uma periodicidade mais fundamental, de 15 milhões de anos. Ver Napier, "Terrestrial Catastrophism and Galactic Cycles", p. 141.
54. Para uma visão recente de forças galácticas periódicas versus estocásticas agindo sobre a nuvem de cometas de Oort, ver John Matese e outros, "Periodic Modulation of the Oort Cloud Comet Flux by the Adiabatically Changing Galactic Tide", *Icarus*, nº 116 (1995), p. 255–68.
55. Ib., p. 138–57; também Steel, *Rogue Asteroids*, p. 97–103. Além disso, ver o número especial "Dynamics and Evolution of Minor Bodies with Galactic and Geological Implications", *Celestial Mechanics and Dynamical Astronomy* 54, nºs 1–3 (1992). R. Mullet argumenta que mudanças no fluxo de meteoros são responsáveis pelo ciclo de glaciação de cem mil anos que dominou o período quaternário ("Extraterrestrial Accretion and Glacial Cycles", *New Developments Regarding the KT Event and Other Catastrophes in Earth History*, Houston, Tex., 1994, p. 85–86).
56. Herbert Shaw, *Craters, Cosmos, and Chronicles: A New Theory of the Earth*, Palo Alto, Calif., 1984, p. xxvii.
57. David Raup, *The Nemesis Affair*, Nova York, 1986.

58. Donald Williams, "Space Plasma Physics", em *Geophysical Monographs* 60, p. 21.
59. Herbert Shaw, *Terrestrial-Cosmological Correlations in Evolutionary Processes*, USGS, Open-File Report 88-43, 1988, p. 5.
60. Shaw, *Craters, Cosmos, and Chronicles*, p. xxvii-xxxvii. Shaw usou o exemplo jupteriano – onde gigantescas forças de marés produzem uma convecção térmica cataclísmica em grandes luas – para levantar o argumento subversivo de que "muitos acréscimos significativos no estoque de energia de massa da Terra, além da energia solar, vêm de fora". Ver "The Periodic Structure of the Natural Record, and Nonlinear Dynamics", *Eos* 68, nº 50 (1987), p. 1654.
61. Shaw, *Craters, Cosmos, and Chronicles*, p. 27.
62. Shaw, "The Periodic Structure", p. 1653 e 1665. Assim Shaw acha que boa parte da controvérsia sobre os testes estatísticos da periodicidade de Holmes é quase sem sentido.
63. Shaw, *Craters, Cosmos, and Chronicles*, p. 20; e seu "The Liturgy of Science: Chaos, Number, and the Meaning of Evolution", em Glen, org., *The Mass-Extinction Debates*, p. 171.
64. Shaw enfatiza "que nosso conhecimento da periodicidade não linear deve muito aos estudos pioneiros de V.I. Arnold, B.V. Chirikov e outros na União Soviética" ("The Periodic Structure", p. 1665).
65. Huggett, *Catastrophism*, p. 198. Ele está se referindo a "The Periodic Structure".
66. Grieve e Shoemaker também concluem que a "distribuição espacial de crateras conhecidas não é aleatória", mas aos olhos deles isso é simplesmente uma consequência trivial de diferentes taxas de erosão. "Muito poucas crateras conhecidas ocorrem fora de áreas cratônicas, que, com seus níveis relativamente baixos de atividade tectônica e erosiva, são as superfícies mais adequadas para a aquisição e preservação de crateras no ambiente geológico terrestre". Ver R.A.F Grieve e E. Shoemaker, "The Record of Past Impacts on Earth", em Gehrels, *Hazards Due to Comets*, p. 419.

67. Num artigo recente, Michael Rampino e Tyler Volk analisam uma ocorrência linear de oito crateras paleozoicas no Kansas, Missouri e em Illinois, que, segundo eles, provavelmente foram produzidas por objetos na órbita natural da Terra. Eles observam que isso apoia "a tese de Shaw, de que efeitos de ressonância não linear no sistema solar interno podem tornar mais provável a captura na órbita da Terra" ("Multiple Impact Event in the Paleozoic: Collision with a String of Comets or Asteroids?", *Geophysical Research Letters* 23, nº 1 [1996], p. 49–52).
68. Ver Shaw, *Craters, Cosmos, and Chronicles*, p. 245–59.
69. Ib., p. 258. (A conversão da energia de terremotos é minha.)
70. "A tese central de minha obra afirma que um sistema de retroalimentação geodinâmica entre a energia cumulativa dos impactos e os deslocamentos das placas tectônicas e o movimento dos continentes persistiu através da história geológica" (ib., p. 35).
71. Ib., p. 219.
72. Shaw, *Terrestrial-Cosmological Correlations in Evolutionary Processes*, p. 2.
73. Ib., p. 231.
74. G.W.F. Hegel, *Phenomenology of Spirit*, Oxford, 1977, p. 7–9. Respondendo a um esboço deste artigo, Shaw rebate minhas críticas observando que "frequências únicas [leia-se: causa e efeitos lineares] são ilusões nos fenômenos naturais. Pelo contrário, existem espectros multifractais de alcance muito amplo que têm picos de energia em certos âmbitos de frequência em diferentes locais e/ou mecanismos, e em diferentes tempos".
75. "Gaia Versus Shiva: Cosmic Effects on the Long-Term Evolution of the Terrestrial Biosphere", em Stephen Schneider e Penelope Boston, orgs., *Scientists on Gaia*, Cambridge, Mass., 1993, p. 388.
76. Richard Kerr, "Galileo Hits a Strange Spot on Jupiter", *Science*, nº 271, 2 de fevereiro de 1996, p. 593–94.
77. Bob Holmes, "Probe Finds Jupiter Short of Water", *New Scientist*, 27 de janeiro de 1996, p. 7; e Bob Holmes e Covert Schilling, "Hidden Helium Heats Jupiter from Within", *New Scientist*, 3 de fevereiro de 1996, p. 16.
78. B. Smith e outros, *Science*, nº 204 (1979), p. 951.

79. Taylor, *Solar System Evolution*, p. xi.
80. Ib., p. 12–13, 289.
81. Ib., p. 181.
82. Ib., p. xii. Taylor enfatiza que até mesmo os corpos que colidiram pareciam ser recrutados de diversas populações específicas de diferentes regiões do sistema solar. Assim conclui que "a acreção dos planetas foi em grande parte uma situação local, que a mistura entre os limites internos e externos do sistema solar foi mínima e talvez localizada, mesmo dentro do sistema solar interno…" (ib., p. 175).
83. Ib., p. xi, 287–89. Ver também Taylor, "The Origin of the Earth", em Geoff Brown e outros, orgs., *Understanding the Earth*, Cambridge, 1992.
84. O debate atual sobre o excepcionalismo biológico terrestre começa com o livro fundamental de Lawrence Henderson, *The Fitness of the Environment: An Inquiry into the Biological Significance of Matter*, Nova York, 1913.
85. Michael Rampino e Ken Caldeira, "The Goldilocks Problem: Climatic Evolution and Long-Term Habitability of Terrestrial Planets", *Annu. Rev. Aseron. Astrophys.*, nº 34 (1994), p. 83.
86. Michael Hart, "Atmospheric Evolution, the Drake Equation and DNA: Sparse Life in an infinite Universe", em Ben Zuckerman e Michael Hart, orgs., *Extraterrestrials: Where Are They?*. Cambridge, 1995 (2ª ed.), p. 216–17. Para visões ligeiramente mais otimistas da amplitude do CHZ, ver Rampino e Caldeira, "The Goldilocks Problem", p. 105–6; e G. Horneck, "Exobiology, the Study of the Origin, Evolution and Distribution of Life within the Context of Cosmic Evolution: A Review", *Planet. Space Sci.* 43, nºs 1–2 (1995), p. 195.
87. P. Boston. M. Ivanov e C. McKay, "On the Possibility of Chemosynthetic Ecosystems in Subsurface Habitats on Mars", *Icarus*, nº 95 (1992), p. 300–8.
88. "Os sistemas hidrotermais são praticamente os únicos ambientes em que a vida primitiva poderia estar protegida contra os impactos postulados de meteoritos e vaporização parcial do oceano." Ver Nils Holm e Eva Andersson, "Abiotic Synthesis of Organic Compounds under the Conditions of

Submarine Hydrothermal Systems: A Perspective", *Planet. Space Sci.*, n°s 1–2 (1995), p. 153.
89. Jonathan Lunine, "The Frequency of Planetary Systems in the Galaxy", *Planet. Space. Sci.* 43, n°s 1–2 (1995), p. 202–3.
90. C. Chyba, T. Owen, e W. Ip, "Impact Delivery of Volatiles and Organic Molecules to Earth", em Gehrels, org., *Hazards Due to Comets*, p. 13–14, 43–44.
91. Ver James Pollack, Atmospheres of the Terrestrial Planets, em Beatty e Chaikin, orgs., *The New Solar System*, p. 91–106; e D. Brownlee, "The Origin and Early Evolution of the Earth", em Samuel Butcher e outros, org., *Global Biogeochemical Cycles*, Londres, 1992, p. 18.
92. Jacques Monod, *Chance and Necessity*, Nova York, 1971, p. 145–46.
93. "Preface to the Second Edition", Zuckerman e Hart, *Extraterrestrials: Where Are They?*, p. xi.
94. Os relatos populares, por exemplo, sobre a descoberta do planeta 70 Vir B enfatizaram sua temperatura congenial – possivelmente chegando a 80°C – e a possível presença de água. Porém, como observa a *New Scientist*, "as afirmações de que o planeta pode sustentar vida são quase certamente apenas um desejo, porque o 70 Vir B é provavelmente um gigante gasoso, sem superfície rochosa onde a vida pudesse evoluir." Ver Gabrielle Walker, "When Worlds Boost Search for Life", *New Scientist*, 27 de janeiro de 1996, p. 57.
95. Christian de Duve, *Vital Dust: The Origin and Evolution of Life on Earth*, Nova York, 1995, p. 292.
96. Alexej Ghilarov, "Vernadsky's Biosphere Concept: An Historical Perspective", *The Quarterly Review of Biology* 70, n° 2 (1995), p. 193–203. Junto com o norueguês V.M. Goldschmidt (1888–1947), Vernadsky fundou a moderna ciência da biogeoquímica.
97. Rampino e Caldeira, "The Goldilocks Problem", p. 103.
98. Ghilarov, "Vernadsky's Biosphere Concept".
99. Ver Frank Golley, *A History of the Ecosystem Concept in Ecology*, New Haven, Conn., 1993, p. 58–59.

100. James Lovelock, *The Ages of Gaia*, Nova York, 1995 (ed. rev.), p. 7, 11.
101. Ver o festival de ideias em Boston, *Scientists on Gaia*.
102. De novo – como nos casos da teoria planetária e da dinâmica não linear – a ciência russa do início do século XX estava na linha de frente da biologia simbiótica com figuras seminais porém esquecidas como Famintsin, Mereschkowsky e Kozo-Polianski. Ver Lynn Margulis, "Symbiogenesis and Symbionticism," em Lynn Margulis e Rene Fester, orgs., *Symbiosis as a Source of Evolutionary Innovation: Speciation and Morphogenesis*, Cambridge, Mass., 1991, p. 2–7.
103. Mark e Dianna McMenamin, por exemplo, argumentaram recentemente que micorrizos e outros fungos simbióticos integram toda a flora terrestre num único sistema – "hipermar" – de circulação de nutrientes. Ver seu *Hypersea: Life on Land*, Nova York, 1994. Mas para uma defesa brilhante dos caminhos darwinianos (competitivos) para o mutualismo e a orquestração de biomas numa biosfera global, ver E.G. Nisbet, "Archaean Ecology" em M. Coward e A. Ries, org., *Early Precambrian Processes, Geological Society Special Publications*, nº 95, Londres, 1995, p. 46–47.
104. Ib., p. 10.
105. Simon Conway Morris, "Ecology in Deep Time", *TREE* 10, nº 7 (1995), p. 292.
106. Niles Eldredge, *Reinventing Darwin: The Great Debate at the High Table of Evolutionary Theory*, Nova York, 1995, p. 156.
107. "Os cometas são de interesse especial para a exobiologia porque – dentre todos os corpos celestiais – contêm a maior quantidade de moléculas orgânicas... Argumentou-se que um pouso suave do núcleo de um cometa na superfície de um planeta 'adequado' pode proporcionar todos os pré-requisitos para a vida se originar" (Horneck, *Exobiology*, p. 192).
108. Steel, *Rogue Asteroids*, p. 91; mas Horneck estima em 10 mil toneladas (*Exobiology*, p. 194).
109. Rampino, "Impact Cratering and Flood Basalt Volcanism", p. 387–88. Ver também M. Rampino e B. Haggerty, "The 'Shiva Hypothesis': Impacts, Mass Extinctions and the Galaxy", *Earth, Moon, and Planets*, nº 72 (1996), p. 441–60.

110. Sara Genuth. "Newton and the Ongoing Teleological Role of Comets", em Thrower, org., *Standing on the Shoulders of Giants*, p. 302-3. A afirmação de Halley – com a qual Newton aparentemente concordava – de que a Terra era "os destroços de um mundo anterior" causou consternação em círculos da Igreja da Inglaterra e levou a sua perda da cadeira de astronomia em Oxford. Ver Kubrin, em ib., p. 64-66.
111. Lewis, *Rain of Iron and Ice*, p. 557.
112. Edith Kristan-Tollmann e Alexander Tollmann, "The Youngest Big Impact on Earth Deduced from Geological and Historical Evidence", *Terra Nova*, nº 6 (1994), p. 209-17.
113. Alexander Deutsch e outros., "The Impact-Flood Connection: Does It Exist?", *Terra Nova*, nº 6, p. 644-50. Ignatius Donnelly foi o apocalíptico populista americano cujo *Ragnarok: The Age of Fire and Gravel* causou sensação na década de 1880; enquanto Immanuel Velikovsky, claro, é o famoso autor de *Worlds in Collision*, 1950.
114. Para um exemplo recente, ver D. Allan e J. Delair, *When the Earth Nearly Died: Compelling Evidence of a Catastrophic World Change-9500 BC*, Bath, 1995.
115. Para uma discussão sobre a dependência da "constante de decaimento" no tamanho das crateras, ver S. Yabushira, "Are Periodicities in Crater Formations and Mass Extinctions Related?", *Earth, Moon, and Planets*, nº 64 (1994), p. 209-10.
116. D. Asher, S. Clube, W Napier, e D. Steel, "Coherent Catastrophism", *Vistas in Astronomy*, nº 38 (1994), p. 5 e 20-21.
117. Ib.; e S. Clube, "Evolution, Punctuational Crises and the Threat to Civilization", *Earth, Moon, and Planets*, nº 72, 1996, p. 437.
118. Ib., p. 81, 94 e 104.
119. Os pequenos Arjunas – 100 vezes mais numerosos do que o previsto pelo espectro da lei de potência de verdadeiros asteroides – podem ser "principalmente fragmentos de cometas decaídos". Ver D. Rabinowitz, "The Flux of Small Asteroids Near the Earth", *Asteroids, Comets, meteors 1991*, Lunar and Planetary Institute, Houston, Tex., 1992, p. 484.

120. V. Clube "The Catastrophic Role of Giant Comets", p. 101; e Asher e outros, "Coherent Catastrophism", p. 5.
121. Clube e Napier, *The Cosmic Winter*; p. 152, 157; Asher e outros, "Coherent Catastrophism", p. 7, 15; Steel, *Rogue Asteroids*, p. 203; e Tom Gehrels, "Collisions with Comets and Asteroids", *Scientific American*, março de 1996, p. 59.
122. V. Clube, "The Catastrophic Role of Giant Comets", p. 101–4; Steel, *Rogue Asteroids*, p. 151–53. Além disso, registros chineses e japoneses sobre meteoros, que foram examinados por Clube e Napier, mostram fluxos máximos por volta de 1000 d.C. e 1900 d.C., que foram interpretados como sendo de origem taurídea. Ver Ichiro Hasegawa, "Historical Variation in the Meteor Flux as Found in Chinese and Japanese Chronicles", *Celestial Mechanics and Dynamical Astronomy*, nº 54 (1992), p. 129–42.
123. V. Clube, "The Catastrophic Role of Giant Comets", p. 39, 03–4.
124. Clube e Napier, *Cosmic Winter*, p. 172.
125. *Cosmic Serpent*, p. 157 passim e 254; Clube e Napier, *Cosmic Winter*, p. 172.
126. Frequentemente eles contam com a interpretação aventureira de presságios cuneiformes apresentados por Judith Bjorkman, "Meteors and Meteorites in the Ancient Near East", *Meteoritics* 8 (1973), p. 91–132.
127. Clube e Napier, *Cosmic Serpent*, p. 196; Govert Schilling, "Stars Fell on Muggenburg", *New Scientist*, 16 de dezembro de 1995, p. 33–34. Sobre a existência de "poços taurídeos" semelhantes em Stonehenge I, ver Steel, *Rogue Asteroids*, p. 148–49.
128. Para a visão de Clube e Napier, ver Cap. 10, "1369 BC", em *The Cosmic Serpent*, p. 224–72. Sobre Tera, ver P. LeMoreaux, "Worldwide Environmental Impacts from the Eruption of Thera", *Environmental Geology*, nº 26 (1995), p. 172–75; e D. Hardy e outros, orgs., *Thera and the Aegean World III, Proceedings of the Third Congress* (Santorini), The Thera Foundation, Londres, 1990.
129. Ver G. Valsecchi e outros, "The Dynamics of Objects in Orbits Resembling That of P/Encke", *Icarus* 181, nº 1 (1995), p. 177–79; e J. Klacka, "The Taurid Complex of Asteroids", *Astronomy and Astrophysics*, março de 1995.

130. Outros especialistas em impactos questionam a probabilidade de uma catástrofe resultante de impacto na história antiga. Morrison e outros, por exemplo, argumentam que a estimativa de uma dúzia ou mais de eventos de múltiplos megatons dentro da história humana provavelmente envolveram áreas pouco habitadas como a Amazônia ou a Sibéria: "É improvável que impactos do tamanho do de Tunguska tenham destruído ao menos uma cidade em todos os dez mil anos de história humana" ("The Impact Hazard", p. 67).
131. K. Campbell, R. Grieve, J. Pacheco, e B. Garvin, "A Newly Discovered Probable Impact Structure in Amazonian Bolivia", *National Geographic Research* 5 (1989), p. 495-99.
132. Patrick Fluyghe, "Incident at Curuca", *The Sciences* (março-abril de 1995), p. 16. O impacto de Curuca, se foi de um megaton ou mais, sugeriria uma frequência mais elevada de acontecimentos como o de Tunguska, talvez dois ou mais por século, do que se acreditava anteriormente (p. 14-15).
133. P. Schultz e R. Lianza, "Recent Grazing Impacts on the Earth Recorded in the Rio Cuarto Crater Field", *Nature*, nº 355 (1992), p. 234-37 (eles estimam que a maior cratera foi resultado de um impacto de 350 megatons), e Lewis, *Rain of Iron and Ice*, p. 88 e 99 (estimativa de megatons totais).
134. Lewis, *Rain of Iron and Ice*, p. 151.
135. A origem da cratera Meteoro foi um fragmento de asteroide de ferro com trinta a cinquenta metros de diâmetros. "A Terra colide com um objeto desse tamanho ou maior uma vez a cada século", Tom Gehrels, "Collisions with Comets and Asteroids", *Scientific American*, março de 1995, p. 55. No entanto, Neukum e Ivanov indicam um índice de formação de crateras muito menor. Ver "Crater Size Distributions and Impact Probabilities", p. 411.
136. H. Melosh, "The Mechanics of Large Meteoroid Impacts in the Earth's Oceans", em Leon Silver e Peter Schultz, orgs., *Geological Implications of Impacts of Large Asteroids and Canters on the Earth* (1985 conferência Snowbird), documento especial da GSA 590, 1982, p. 121-26.

137. Kerry Emanuel e outros, "Hypercanes: A Possible Link in Global Extinction Scenarios", *Journal of Geophysical Research* 100, nº D7 (1995), p. 13, 755-65.
138. Steel, *Rogue Asteroids*, p. 40.
139. Lewis, *Rain of Iron and Ice*, p. 157; S. Yabushira e N. Harra, "On the Possible Hazard to the Major Cities Caused by an Asteroid Impact in the Pacific Ocean", *Earth, Moon, and Planets*, nº 65 (1994), p. 7.
140. Lewis, *Rain of Iron and Ice*, p. 150.
141. J. Hills e outros, "Tsunami Generated by Small Asteroid Impacts", em Gehrels, org., *Hazards Due to Comets*, p. 788. Megabrechas do Devoniano na área de Las Vegas foram identificadas recentemente como assinatura de um impacto de asteroide no paleoceano Pacífico. Ver J. Warme e C. Sandberg, "Alamo Megabreccia: Record of a Late Devonian Impact in Southern Nevada", *GSA Today* 6, nº 1 (1994).
142. Stephen Jay Gould, *Time's Arrow, Time's Cycle: Myth and Metaphor in the Discovery of Geological Time*, Cambridge, Mass., 1987, p. 97.
143. Pesquisadores russos também reivindicam uma data do fim do Eoceno para a cratera Popigai, de 500 quilômetros, na Sibéria. Ver Grieve e Pesonen, "*Terrestrial Impact Craters*", p. 367.
144. Para a desintegração da defesa da extinção demorada, ver o relato de Peter Ward da conferência "Snowbird Three", de 1994: "The K/T Trial," *Paleobiology* 21, nº 3 (1995), p. 245-57.
145. M. Rampino e B. Haggerty, "Extraterrestrial Impacts and Mass Extinctions of Life", em Gehrels, org., *Hazards Due to Comets*, p. 846. O paleontólogo Donald Prothero, que estuda o eoceno, admite os impactos mas nega que tenham representado qualquer papel significativo na virada caótica da fauna terrestre e marítima. Ver *The Eocene-Oligocene Transition: Paradise Lost*, Nova York, 1994, p. 529-50.
146. Ver Press Release 96: 55 da NASA, "Chain of Impact Craters Suggested by Spaceborne Radar Images", 20 de março de 1996.
147. S. Clube e W. Napier, "Giant Comets and the Galaxy: Implications of the Terrestrial Record", em R. Smoluchowski, J. Bahcall, e M. Matthews, orgs.,

DANÇARINOS CÓSMICOS NO PALCO DA HISTÓRIA?

The Galaxy and the Solar System, Tucson, Ariz., 1986, p. 260–85. Esta é a mais elegante das diversas apresentações da "hipótese Clube-Napier", e contém importantes esclarecimentos da diferença entre impactos simples e episódios de bombardeio prolongado (p. 277–78) e o papel potencial de mudança de clima nas "poeiras" zodiacais da estratosfera (p. 271–77).

148. D. Jablonski, "Mass Extinctions: Persistent Problems and New Directions", em *New Developments Regarding the KT Event*, p. 56.
149. Clube e Napier, "Giant Comets", p. 277–78. Nos seis anos desde que esse artigo foi publicado na *New Left Review* (maio–junho de 1996), surgiram poucas evidências para sustentar a defesa dos impactos na estrutura temporal do Holoceno. Os demônios taurídeos continuam a ser uma hipótese não provada, ainda que hipnótica. Por outro lado, as pesquisas produziram um impressionante dossiê dos papéis extraterrestres nas grandes extinções além da K/T e a do fim do Eoceno. Surgiu mais empolgação com a publicação recente de evidências de uma série de anomalias isotópicas relacionadas a impactos em sedimentos do fim do Permiano, no sul da China.

O fim do Permiano (há cerca de 151 milhões de anos) é a mãe das extinções: responsável pelo desaparecimento de 90% de todas as espécies marinhas e 70% de todos os vertebrados terrestres. Anteriormente a "Grande Mortandade" era frequentemente relacionada ao episódio de torrente de basalto das Armadilhas Siberianas, a maior nos últimos 500 milhões de anos. Mas a equipe japonesa que estudou o calcário chinês encontrou as pegadas químicas de "uma gigantesca liberação de enxofre do manto" (provocando chuva ácida e um "oceano de Strangelove") bem como grãos de ferro-silício-níquel metamorfoseados por impacto (Kunio Kaiho e outros, "End-Permian Catastrophe by Bolide Impact", *Geology* 29, nº 9 [setembro de 2001], p. 815–18).

Isso deu embasamento a afirmações anteriores de pesquisadores da Universidade do Havaí que diziam ter descoberto uma assinatura extraterrestre na composição isotópica de gases presos em fulerenos em sedimentos do fim do Permiano. As torrentes de basalto da Sibéria, por sinal, podem ser consequência de um impacto gigante (como foi teorizado anteriormente, devido à coincidência de Chicxulub e das Armadilhas de Decca). A maior parte dos principais cientistas envolvidos nessa caçada com apostas cada vez maiores pelo assassino do Permiano acredita que o impacto aconteceu mais provavelmente no oceano – daí a ausência, até agora, de quartzo de colisão ou picos de irídio. Um geólogo australiano afirmou, recentemente, ter identificado uma gigantesca estrutura de impacto – com 360 quilômetros de diâmetro e provavelmente do fim do Permiano – no mar a noroeste da Austrália. Seria essa a "arma fumegante" do fim do Permiano? (Luann Becker e outros, "Impact Event at the Permian-Triassic Boundary", *Science* 291 [23 de fevereiro de 2001], p. 1530-33; e Luann Becker, "Repeated Blows", *Scientific American*, março de 2002, p. 78-83).

Houve uma empolgação ainda mais recente. Na primavera de 2002, geólogos do Lamont-Doherty identificaram anomalias de irídio na fronteira entre o Triássico e o Jurássico (T/J), onde outros pesquisadores tinham encontrado anteriormente grãos de quartzo de impacto e um pico (um aumento da presença) de samambaia: três indicadores fundamentais de uma catástrofe global. A transição T/J corresponde a uma grande extinção de répteis não dinossauros seguida por um dramático aumento no registro fóssil de dinossauros carnívoros, sugerindo que o domínio dos dinossauros, como seu desaparecimento, foi provocado por eventos de impacto (Richard Kerr, "Did an Impact Trigger the Dinosaurs' Rise?", *Science* 296 [17 de maio de 2002], p. 1215-16).

A zona morta

17. Cidades mortas: uma história natural

CIÊNCIA NAS RUÍNAS

> Pois esta cidade maravilhosa, da qual tais lendas se contam, afinal era feita apenas de tijolos, e quando a hera cresceu, árvores e arbustos brotaram e, finalmente, as águas do subsolo irromperam, esta gigantesca metrópole foi logo arruinada.
>
> Richard Jefferies, *After London or Wild England*
> (*Pós-Londres ou Inglaterra selvagem*, 1886)

Desde o final do século XIX, a maior parte da energia controlada pela raça humana tem sido dedicada à construção e à manutenção de seus hábitats urbanos. A agricultura, que durante 8 mil anos foi o ponto principal do trabalho humano e animal, agora está em segundo lugar diante do imenso e literalmente "geológico" drama da urbanização. Geólogos calculam que a energia fóssil atualmente gasta para moldar a superfície da Terra às necessidades de uma explosiva população de habitantes das cidades é geomorficamente equivalente – pelo menos a curto prazo – à obra dos motores tectônicos primários do planeta: a expansão do solo oceânico e a erosão das montanhas. ("Nós nos tornamos o principal agente geomórfico a esculpir a paisagem", escreve um especialista na história da movimentação humana na Terra.)[1] Mais assustador ainda, o metabolismo de carbono das áreas urbanas está transformando o clima do planeta, e nesse processo talvez destruindo o recente nicho de clima moderado que tornou possível a superurbanização.

Deixando de lado a mudança global, sempre houve motivos importantes para se preocupar com a "sustentabilidade" dos grandes núcleos urbanos. A capacidade da estrutura física de uma cidade para organizar e codificar uma ordem social estável depende de sua possibilidade de dominar e manipular a natureza. Mas as cidades são artefatos radicalmente contingentes cujo "controle da natureza", como observou notoriamente John McPhee, é, em última instância, ilusório.[2] A natureza está constantemente forçando as correntes que a prendem: procurando pontos fracos, rachaduras, falhas e até um pedacinho de ferrugem. As forças sob seu comando são, claro, tão colossais quanto um furacão e tão invisíveis quanto os bacilos. Nos dois extremos da escala, as energias naturais são capazes de abrir brechas que podem rapidamente desenrolar a ordem cultural. As cidades, assim, não podem se dar ao luxo de deixar a flora ou a fauna, o vento ou a água ficarem soltos. O controle ambiental exige investimento contínuo e manutenção sistemática: quer construindo um sistema de controle de enchentes ao custo de vários bilhões de dólares ou simplesmente arrancando as ervas daninhas do jardim.

É, inevitavelmente, um trabalho de Sísifo. Mesmo que visualizemos as cidades como "montanhas inteligentes" equipadas com miríades de sensores humanos para detectar e impedir a erosão, interfaces fundamentais com a natureza – a condição do estoque de moradias, o status dos dutos de fornecimento de água e remoção de esgoto, o controle de espécies comensais que transmitem doenças, como ratos e moscas, e assim por diante – estão geralmente em desequilíbrio. A crise ambiental é sinônimo da escala metropolitana em expansão. Além disso, as cidades ricas não são necessariamente mais estáveis do que as pobres. "Esta metrópole grandiosamente suspensa, inorgânica", escreveu Ernst Bloch sobre Nova York ou Berlim (ver o prefácio), "deve se defender diariamente, hora a hora, contra os elementos como se contra uma invasão inimiga".[3] A complexidade infraestrutural cada vez maior, como os americanos tiveram consciência de modo sofrido depois do 11 de Setembro, simplesmente multiplica o número de nódulos críticos onde é possível a falha catastrófica de sistemas.

No entanto, as cidades ricas têm maior capacidade de exportar suas contradições naturais para mais adiante. Los Angeles, por exemplo, captura água e energia e exporta poluição, lixo sólido e recreação de fim de semana num vasto âmbito de dezenas de estados do Oeste e na Baja California. A tradicional condição natural da urbanização – o domínio de uma única grande bacia fluvial – foi transformada pela megalópole em imperialismo ambiental de âmbito subcontinental. Para citar outros exemplos: a cidade de Nova York, que um dia simplesmente se empoleirava no rio Hudson, agora estende seu alcance (através da energia hídrica de Quebec) até a baía de Hudson. Tóquio, segundo um relatório do Earth Council de 1998, exige para seu sustento uma área de terra biologicamente produtiva mais de três vezes maior do que o tamanho do Japão.[4]

As cidades muito grandes – aquelas que têm um rastro ambiental global, e não apenas regional – são, assim, o produto final mais dramático, em mais de um sentido, da evolução cultural humana no Holoceno. Presumivelmente, elas deveriam ser assunto da investigação científica mais urgente e ampla. Não são. Sabemos mais sobre a ecologia das florestas tropicais do que sobre a ecologia urbana. Além disso, o estudo das cidades é um dos últimos bastiões da análise linear de problema pela decomposição mecânica. A engenharia, por exemplo, sempre lidou com a natureza urbana tratando de um problema de cada vez, como no projeto de infraestruturas com objetivos únicos. No mesmo espírito teimosamente monolítico, os administradores dessas tecnologias vitais têm pouca tradição de falar uns com os outros, mesmo onde – como no caso do controle de enchentes, esgotos e suprimento de água – eles estão lidando com aspectos do mesmo sistema natural integral.

CIDADES MORTAS

Se em algumas áreas – química atmosférica ou meteorologia térmica – dominam abordagens mais holísticas, por enquanto mal podemos vislumbrar a forma distante de uma ciência urbana realmente unificada. A necessidade mais urgente, talvez, seja de modelos conceituais de larga escala para entender a dialética entre cidade e natureza. Aqui a ousadia pode ser uma virtude. O que aconteceria, por exemplo, se simplesmente apagássemos da lousa todas as equações diferenciais (representando o "trabalho" realizado pelos humanos sobre o meio ambiente) que ficam no lado da cidade, na interação? O que restaria do lado da natureza? De fato, qual é a natureza urbana "subjacente", sem o controle humano? Será que a cidade seria gradualmente (ou catastroficamente) reivindicada por sua ecologia "original" ou por alguma outra coisa, possivelmente mais parecida com uma quimera? Em outras palavras, as "cidades mortas" podem nos dizer muito sobre a dinâmica da natureza urbana. Mas que especialista forense já examinou como tal o cadáver de uma grande cidade? Quem jamais levou um microscópio às ruínas de Metrópolis?

De fato, dois fantásticos naturalistas autodidatas – Richard Jefferies e George R. Stewart – realizaram importantes exercícios teóricos disfarçados de romances sobre as histórias naturais póstumas das regiões de Londres e da baía de São Francisco. Eles foram, por assim dizer, Darwin e Wallace no arquipélago do Apocalipse. Jefferies, o proeminente historiador natural da Londres e dos Home Counties do fim do período vitoriano, escreveu *After London* em 1886; Stewart, autor também dos clássicos ocidentais sobre o meio ambiente, *Storm* (Tempestade) e *Fire* (Fogo), publicou *Earth Abides*, em 1949. Nos dois casos, as tramas do fictício Último Homem (em última instância derivadas de *Le Dernier Homme* [O último homem] de Cousin de Grainville, de 1806) foram suplantadas pelas brilhantes descrições da reivindicação natural e da sucessão ecológica. Além disso, as conjecturas de Jefferies foram reexaminadas e atualizadas em alguns detalhes pela *The New Scientist* em 1996.

CIDADES MORTAS: UMA HISTÓRIA NATURAL

Mas as cidades mortas não são apenas construções fictícias. Como diz o adesivo de para-choque: "Apocalipse Acontece." O bombardeio estratégico da Europa e do Japão durante a Segunda Guerra Mundial, por exemplo, criou inadvertidamente numerosos casos experimentais para observar a natureza urbana libertada. Nos entulhos deixados pelas bombas em Whitechapel, Altona e Neukolln, botânicos foram capazes de registrar empiricamente as sequências pioneiras do que Jefferies e Stewart só podiam imaginar. A guerra, descobriram eles, era o catalisador para a rápida expansão de espécies anteriormente raras, resultando na criação de uma nova flora urbana algumas vezes chamada de "Natureza II". Seu trabalho tornou-se o alicerce da "ecologia ruderal": o estudo científico das margens urbanas e das terras abandonadas.

Do mesmo modo, a destruição dos bairros centrais das cidades dos Estados Unidos na década de 1970, depois da "Segunda Guerra Civil" (protestos urbanos) no fim dos anos 1960, produziu ruínas fantasmagóricas semelhantes às causadas por ataques de milhares de bombas. Se os amantes dos pássaros e geólogos em geral desprezavam as áreas desertificadas do Bronx, de Newark e Detroit, o fotógrafo Camilo Vergara voltou teimosamente para documentar os mesmos locais mês após mês, ano após ano. Seus estudos de lapso de tempo, publicados em parte como *The New American Ghetto* (1995), são um arquivo único para entender o abandono como um processo paisagístico. Deborah e Rodrick Wallace, por sua vez, usaram as ferramentas formais da ecologia populacional e da epidemiologia matemática para associar o abandono das moradias e a falta de investimento nos bairros às "novas pestes" da tuberculose, do HIV, do aumento da mortalidade infantil e da violência das ruas. Em particular, concentraram-se na ingerência estilo Frankenstein do Rand Institute sobre os serviços de bombeiros da cidade de Nova York durante os anos 1970. O trabalho dos dois é um rico modelo de ciência urbana interdisciplinar, e um alerta sobre como ainda entendemos pouco as dimensões não lineares da ecologia urbana.

A METRÓPOLE TÓXICA

> A terra em que ele andava, a terra preta, deixando pegadas fosfóricas, era composta dos corpos mofados de milhões de homens que tinham falecido nos séculos em que a cidade existiu.
>
> *Richard Jefferies, After London or Wild England*

Em fevereiro de 1884, John Ruskin alertou às plateias de Londres em duas palestras famosas (publicadas como *The Storm-Cloud of the Nineteenth Century* [A nuvem de tempestade do século XIX]) que seu mundo burguês estava à beira de uma catástrofe sobrenatural. Uma "nuvem de veneno" – de fato, uma "nuvem de peste" – agora cobria a Inglaterra, sintoma de "uma infecção miasmática, progressiva e aparentemente fatal do céu". Os céticos, advertia Ruskin, só precisam olhar, pela janela, para o céu enegrecido. Seu próprio jardim doente – "um miserável jardim de ervas daninhas se reproduzindo, as rosas no canteiro mais alto putrefatas como esponjas marrons" – dava mais provas da degeneração irreversível:

> Vou lhes dizer o seguinte: se quando eu era jovem o clima fosse como agora, nenhum livro como *Modern Painters* jamais seria ou *poderia* ser escrito; pois cada argumento e cada sentimento que há nesse livro foi afastado da experiência pessoal da beleza e da bênção da natureza, durante toda a primavera e o verão..., essa harmonia está destruída, e destruído está o mundo... mês a mês a escuridão vai dominando o dia.[5]

O estado mental de Ruskin, sem dúvida, era claramente delirante. No entanto, como enfatizou Raymond Fitchy num grande estudo, ele também falava com a autoridade única do maior estudioso do céu e conhecedor das nuvens no período vitoriano.[6] Além disso, suas apreensões foram ecoadas, mais tarde no mesmo ano, por outro observador hábil: Richard Jefferies, renomado por ensaios únicos sobre os fenômenos naturais de Londres e seus arredores (por exemplo, "The Pigeons at the British Museum", "Herbs at Kew Gardens", "A London Trout" etc.).[7] Numa anotação de diário feita em 21 de julho de 1884 Jefferies escreveu:

> Hyde Pk. Demonstração.
> Pequeno Povoado. Londres Medieval. O Tâmisa. Água preta e pútrida, corpo decomposto sob a roda d'água. Atos sombrios. O Corpo. Nove olmos, costurados num saco. Crianças miseráveis, torturadas – a mesma coisa. A tirania de nobres agora num paralelo pelo Tribunal do Condado. Máquina de extorsão. O sistema de esgotos e a água das latrinas. O terreno preparado para a praga de cólera e febre, zimótico, matando tantos quanto a peste. As 21 paróquias do Sistema de Esgotos do Baixo Tâmisa sem qualquer drenagem. Todo o lugar preparado para a doença e a pestilência. Este século da latrina.

Algumas semanas depois, ele acrescentou:

> A grande esperança do futuro. O Revolucionário.[8]

A extraordinária conjugação feita por Jefferies entre desemprego, corpos decompostos no Tâmisa, autoridades venais, esgoto e revolução compartilhava com o céu envenenado de Ruskin a mesma imagem implacável de um miasma que tudo envolvia. Apesar do novo trabalho de Koch e Pasteur, a maioria das pessoas educadas ainda acreditava, à moda do famoso *Report on the Sanitary Conditions of the Labouring Population* (Relatório sobre as Condições Sanitárias da População Trabalhadora) escrito por sir Edwin Chadwick em 1842, que "átomos pegajosos e miasmáticos" espalhavam a doença como uma literal corrupção do ar. De fato, "Chadwick e seus colaboradores", segundo observa Carlo Cipolla, "agiam e se comportavam não somente como se 'cheiro' fosse doença, mas também como se toda doença fosse 'cheiro'".[9]

Se agora Ruskin afirmava que o fedor de Londres tinha infectado fatalmente o céu, Jefferies via provas de uma crise urbana terminal cujo símbolo era a recém-inventada latrina, jogando excrementos em seu amado Tâmisa.[10]

Há motivos para acreditar que 1884 foi de fato um ano de muitas tristezas e fedores. Nietszche (ou melhor, o "macaco de Zaratustra") também naquele ano estava "nauseado pela grande cidade... onde tudo que é enfermo, infame, luxuriento, crepuscular, almiscarado demais, vaginal e ardiloso apodrece junto".[11] A poluição do ar, como demonstrou Brimblecombe, tinha chegado ao apogeu do século XIX,[12] e a poeira estratosférica e os sulfatos da erupção do Cracatoa, no ano anterior, estavam provocando anomalias climáticas por todo o globo. Provavelmente, a estranha "nuvem de peste" de Ruskin existia realmente. Enquanto isso, o esgoto não tratado de Londres e o suprimento de água contaminada, quatro décadas depois da identificação de sua conexão mortal feita por Chadwick, tornaram quase inevitável a chegada de novas pestilências. Igualmente, o desespero e a raiva crescente do East End, onde dezenas de milhares de pessoas ficaram desempregadas devido à depressão do comércio mundial, levantavam espectros de anarquia ou mesmo de uma Comuna de Londres.

Se Ruskin se voltava dos céus demoníacos em desespero, Jefferies, cujo estrato social – pequenos proprietários rurais em Wiltshire – fora dizimado pela crise agrícola da década anterior, estava mais inclinado a ter vislumbres de Arcádia por trás do Apocalipse.[13] Anteriormente, em "Snowed Up", um conto de 1876 baseado na famosa nevasca de 1874, ele descreveu o rápido colapso de Londres para o barbarismo enquanto a metrópole era cortada das vitais importações de grãos e carvão e assolada por ratos e saqueadores. Jefferies sentia um prazer sem disfarces ao lembrar aos leitores que "apenas uma placa fina e transparente de vidro quebradiço" separava a civilização da barbárie: argumento enfatizado com uma imagem assombrosa de um iceberg no Tâmisa.

Depois de "Snowed Up", talvez tenha sido inevitável que Jefferies retornasse ao tema da Natureza derrotando e devorando a cidade pestilenta.[14] *After London or Wild England* estava claramente se incubando na mente de Jefferies na época de suas anotações de diário em 1884; foi publicado em 1886 e permaneceu em catálogo desde então. É menos um pesadelo do que um profundo sonho-desejo de um ecologista, de que os poderes selvagens sejam reentronizados. (William Morris observou: "Esperanças absurdas se enrolaram no meu coração enquanto eu o lia.") O romance consiste em duas partes que se sustentam sozinhas: "The Relapse into Barbarism" ("A recaída na barbárie") e "Wild England" ("Inglaterra selvagem"). A última narra as aventuras do arquierudito Felix Aquilas, que sobrevive a vários perigos darwinianos (animais ferozes e humanos regredidos) enquanto atravessa a paisagem medievalizada da Inglaterra pós-apocalíptica em busca da "absolutamente extinta cidade de Londres". Jefferies limpa tanto a paisagem cultural quanto a natural: cada traço do século XIX desapareceu, ainda que os clássicos gregos e romanos sobrevivam de algum modo. É um ataque selvagem contra a civilização vitoriana, embora o estilo seja anacrônico e "Wild England" interesse atualmente aos críticos mais como um precursor literário do tipo de ficção científica alegórica e política que tornou famoso H.G. Wells.

"The Relapse into Barbarism", por outro lado, coloca os famosos poderes de Jefferies como naturalista diante do teste de uma catástrofe misteriosa. O narrador anônimo, escrevendo gerações depois das conflagrações que consumiram os registros históricos, tem tão pouca certeza do caráter exato dos Últimos Dias quanto nós temos da identidade da peste enigmática e dos desastres que despovoaram Bizâncio na época de Políbio. Talvez Londres e outras cidades tivessem sido assassinadas por um contato imediato com um "enorme corpo [cósmico] que criou o caos gravitacional na Terra"; por outro lado, a metrópole pode simplesmente ter se envenenado com sua própria poluição. "Tudo que parece certo é que, quando o evento ocorreu, as imensas multidões reunidas nas cidades foram as mais afetadas, e as classes mais ricas usaram seu dinheiro para fugir" (p. 28–29). Em contraste com o enigma da Catástrofe, o narrador pode descrever a decomposição da metrópole morta com precisão forense. Vale a pena resumir "The Relapse into Barbarism" – não somente por suas especulações sobre a evolução acelerada das feras mas, acima de tudo, pela brilhante descrição de Jefferies das forças naturais que reformam a paisagem urbana; primeiro uma explosão de ervas daninhas, depois um reflorestamento inicial, seguido pela vingança do Tâmisa. Foi uma das primeiras descrições, e certamente a mais dramática, do que mais tarde passou a ser chamado de "sucessão ecológica".

Na primeira primavera "depois de Londres", "ficou verde em toda parte": o trigo que não era mais semeado se tornou selvagem, misturando-se com capim e outras ervas que rapidamente cobriram os caminhos. Camundongos aos milhares – além de pardais, gralhas e pombos – se refestelavam no trigo caído e maduro demais nos campos, enquanto vastos exércitos de ratazanas pilhavam os silos e as despensas das casas abandonadas. Inicialmente, os predadores tiveram pouco avanço contra os roedores, mas no inverno sua explosão populacional havia chegado ao limite malthusiano. Então os camundongos e as ratazanas se canibalizaram mutuamente em orgias desesperadas. As tempestades de inverno derrubaram as últimas hastes de trigo e cevada nos campos ao redor de Londres.

No verão do segundo ano, os grãos que já haviam sido civilizados se tornaram quase indistinguíveis do amontoado selvagem de sabugos, capim, azedinha, cenoura selvagem, cardo, margaridas olho-de-boi e mostardeiras dos campos. Mais tarde, urtigas e pastinagas selvagens suplantaram muitas das plantas pioneiras, enquanto urzes brancas e pilriteiros seguiam as sarças. (Jefferies sabia que no tempo de Edward, o Confessor, a abadia de Westminster fora um amontoado de sarças: "Ilha dos Espinhos".) De modo semelhante, as cercas vivas se alargaram e começaram a estreitar os campos e terrenos até que, após aproximadamente 20 anos, os sufocaram completamente. Enquanto campos, terrenos e estradas eram cobertos, surgiam as árvores de novas florestas. Olmos, freixos, sicômoros e castanheiras prosperavam caoticamente nas ruínas, enquanto bosques mais disciplinados de faias, bétulas e nogueiras expandiam implacavelmente suas circunferências.

Enquanto isso, francelhos, corujas e especialmente doninhas tinham controlado a irrupção de roedores. À medida que os gatos – agora principalmente cinzentos e de corpo mais comprido do que o de seus ancestrais domésticos – recuperavam a antiga competência na caça, preferiam as antigas aves domésticas aos roedores. (De fato, o detestado "gato da floresta" algumas vezes até atacava os viajantes.) Forçados a se virar sozinhos, os pequenos cães de colo da antiga classe média (poodles, malteses e lulus da Pomerânia) rapidamente se tornaram comida e pereceram. Os cães maiores – mastins, terriers, spaniels e galgos – permaneceram "fiéis ao homem como sempre" e acompanharam seus donos na fuga das cidades. Mas uma terceira classe de caninos escolheu a liberdade selvagem. Depois de gerações de seleção natural evoluíram em três espécies novas que deixaram de acasalar entre si: cães negros da floresta (descendentes de antigos pastores, que caçavam ovelhas e gado bovino em bandos mas não atacavam os homens); os cães amarelos da floresta (menores e dedicados à caça, perseguindo lebres e cervos); e, lamentavelmente, o cão branco da floresta (um degenerado rapineiro com medo de encarar até mesmo um gato domesticado).

Além disso, a evolução manufaturou rapidamente novas espécies e subespécies a partir de outros animais domésticos. Jefferies se delicia descrevendo como, depois de milênios de aviltante escravidão ao homem, o gado bovino se metamorfoseou de novo nos temíveis deuses dos frisos minoicos. De fato o "perigosíssimo" touro branco ou pardo é o monarca da nova floresta, ainda que os humanos também tenham cuidado com o gado preto selvagem. Formidáveis paliçadas defendem as fazendas contra o gado e os quatro tipos de porcos ferozes, além dos grandes cavalos do mato que vivem em bosques perto d'água. Pequenos pôneis monteses atarracados compartilham as Chalk Hills com duas variedades de carneiro peludo. Uma terceira espécie de ovelha escolheu viver em ilhas como proteção contra os cães do mato. Mas, ocasionalmente, em tempo calmo, os cães nadam até as ilhas e as devoram. Inicialmente os sobreviventes temiam que os animais selvagens do zoológico de Londres e de vários circos fossem se multiplicar nas novas florestas. De fato, leões e ursos percorreram os campos durante alguns anos. Mas sua prole, junto com a das serpentes que escaparam, foi gradualmente morta pelos gelos do inverno. "No pátio do castelo de Longtover ainda podem ser vistos os ossos de um elefante que foi encontrado morrendo na floresta perto dali" (p. 24-25).

Tendo assim decomposto e consumido os tecidos macios da cidade, os monstruosos poderes vegetativos da natureza selvagem começam um ataque em escala total contra o esqueleto de tijolo, pedra e ferro de Londres:

> No trigésimo ano, não havia um único lugar aberto, exceto as colinas, onde um homem podia andar, a não ser que seguisse as trilhas das criaturas selvagens ou abrisse um caminho. Os canais, claro, havia muito tinham se enchido de folhas e galhos mortos, de modo que a água que deveria correr por eles se estagnou, e agora se espalhou para os lugares baixos e pelos cantos do que um dia já foram campos, formando pântanos onde as taboas, os gladíolos e os juncos escondem a água. (p. 5)

Enquanto os pântanos recuperavam as planícies aluviais, chuvas fortes levavam "vastas quantidades de madeira, destroços de cidades e pontes" rio abaixo, de encontro aos pilares das antigas pontes quebradas do Tâmisa. Assim as pontes de Waterloo, de Londres e a Tower se transformaram em represas, segurando a água e inundando os aterros que ainda restavam. A pressão hidráulica do substrato inundado da cidade – passagens subterrâneas, esgotos, porões e sistemas de drenagem – logo estourou os alicerces de casas e prédios, que por sua vez desmoronaram em montes de entulho, atrapalhando ainda mais a drenagem.

Até que a vegetação nova e o entulho antigo bloquearam completamente o Tâmisa. Rio acima, um mar interior com mais de 300 quilômetros de comprimento – O Lago – se formou rapidamente. Suas águas cristalinas – "excelentes para beber, abundando de peixes de todo tipo e adornadas com ilhas verdes" – simbolizavam a ressurreição de uma Terra Verde e Agradável. (Numa curiosa coincidência, Hitler propôs submergir Moscou num lago gigantesco depois da conquista.) Mas rio abaixo, onde agora Londres era mais literalmente um grande tumor, toda a toxicidade da era vitoriana permanecia concentrada no "verde e fétido" pântano, liberando vapores fedorentos que mascaram o Sol. "Pois toda a podridão de mil anos e muitas centenas de milhões de seres humanos está ali, se putrefazendo sob a água estagnada que penetrou na terra e fez flutuar até a superfície o conteúdo das cloacas enterradas" (p. 69). Resumindo, a Londres extinta de Jefferies é uma gigantesca fossa contida, ameaçando a morte como um "destino inevitável" para qualquer um que fosse idiota o bastante para se expor aos seus miasmas venenosos.

JEFFERIES ATUALIZADO

> Em algum momento, talvez quinhentos anos depois de ser abandonada, a Grande Torre Inclinada de Canary Wharf finalmente desmorona.
>
> *New Scientist*

After London encorajou muitas sequências e imitações. I.F. Clarke enfatizou, por exemplo, as afinidades excepcionais entre Jefferies e W.H. Hudson, o naturalista nascido na América do Sul e mais tarde especialista em pássaros de Londres, cujo livro arcaico-apocalíptico, *A Crystal Age* (A era de cristal), foi publicado em 1887. "Em atos violentos e agradavelmente antecipatórios de destruição, os dois homens convocaram a natureza para apagar a infâmia da civilização urbana."[15] Em sua mais celebrada variação sobre a obra de Jefferies, *News from Nowhere* (Notícias de novembro, 1890), William Morris não destrói completamente a "cidade odiosa". Em vez disso, encolhe-a até as dimensões humanas da cidade-jardim socialista que ele visualizara primeiro em *The Earthly Paradise* (1868): "Londres, pequena, branca e limpa/O claro Tâmisa ladeado por seus jardins verdejantes."[16]

Mas levou mais de um século para que *After London*, embasado pela história natural, fosse examinado cuidadosamente. Em 1996, a *New Scientist* pediu a importantes botânicos, etólogos, cientistas de materiais e engenheiros para reconsiderar o "experimento" de Jefferies.[17] Entre os conhecimentos modernos trazidos para abordar o problema do abandono estavam uma melhor compreensão da bioquímica da decadência urbana e da dinâmica do reflorestamento, além dos frutos de cem anos de pesquisa sobre os ciclos de vida das estruturas de aço e ferro-concreto (principais inovações em materiais urbanos, junto com os plásticos, desde a década de 1880).

Em cinco anos, descobriu a *New Scientist*, as ervas daninhas realmente conquistariam os espaços abertos, os caminhos e as rachaduras da cidade.

Mas desde a época de Jefferies, hercúleas ervas estrangeiras – especialmente o formidável arbusto *Buddleja davidii* – estabeleceram domínios em Londres. Se os dentes-de-leão e outras ervas nativas "só exploram as fraquezas existentes", a budleia tem raízes "com força suficiente para penetrar em tijolos e motores e encontrar umidade". Planta de crescimento rápido e disseminada pelo vento, nativa do Himalaia – possivelmente importada como arbusto ornamental já em 1880, mas que se tornou comum especialmente depois da Blitz –, a budleia é adaptada ao trabalho monumental da erosão de montanhas. Assim, a Trafalgar Square não é problema. Como disse um preocupado botânico à *New Scientist*, "a budleia já está em toda parte em Londres, pronta para livrar a cidade de seu concreto e seus tijolos".

CIDADES MORTAS: UMA HISTÓRIA NATURAL

A paisagem em desintegração da cidade, no entanto, é uma dieta pobre e deficiente em nitrogênio para as plantas. A longo prazo, as fixadoras de nitrogênio como o trevo e o amieiro podem fertilizar os detritos arenosos e criar solos adequados para árvores de florestas. O fogo – que Jefferies estranhamente negligencia – acelera enormemente essa transição. Como quase todas as paisagens, Londres tem um ciclo natural de fogo regulado pelo clima e (segundo a visão de um dos especialistas) "o início do outono, por volta de cinco anos após o abandono, é uma época provável para um incêndio".

> As ruas ficaram cobertas de capim e folhas caídas. O período de seca e um raio incendeiam a cidade. O fogo estripa os prédios que ainda dominam a paisagem de Londres. Enquanto as casas queimam e os telhados despencam, são liberados nutrientes de suas madeiras e das folhas amontoadas, proporcionando o fertilizante para acelerar a volta de Londres ao seu passado.

Arbustos cresceriam nas cinzas e rapidamente aumentariam a camada do solo. Trepadeiras subiriam até seis andares em casas e lojas abandonadas. Então as árvores – sabugueiros e bétulas, além de budleias totalmente crescidas – tomariam conta. Suas raízes têm a força de macacos hidráulicos. Um dos cientistas entrevistados pela *New Scientist* ficou pasmo com o dano causado por árvores que havia observado recentemente na cidade fantasma de Pripyat, perto de Chernobyl: "Numa das praças da cidade, o pavimento de concreto foi esmagado e, em alguns lugares, foi erguido a quase um metro de altura pelas raízes das árvores, como se tivesse havido um terremoto gigante."

Enquanto isso, as marés excepcionalmente altas e as enchentes, exatamente como Jefferies havia previsto, reciclariam boa parte do centro de Londres transformando-o em brejos, lodaçais e pântanos. O cervo vermelho selvagem, *kingfishers*, galinholas e andorinhas – cujo fim ele havia lamentado em seus artigos sobre Londres – voltariam rapidamente aos pântanos ressuscitados.[18] Livres de suas restrições artificiais, o Tâmisa provavelmente ficaria esperto demais para se permitir ser permanentemente contido por lixo, como Jefferies imaginou; em vez disso, os pilares das pontes arruinadas iriam se transformar em caniçadas, ideais para a proliferação dos salmões. Enquanto o grande rio retomasse seus meandros naturais na vasta planície inundada, a ilha de Dogs reverteria aos juncos e boa parte de Southwark seria de novo um baixio de lama e santuário de aves migratórias. Do mesmo modo, antigos tributários – os famosos "rios perdidos" de Londres como o Westbourne, que passa sob a Sloane Square, ou o Fleet, sob a Farrington Road – irromperiam à superfície e reivindicariam de volta suas terras úmidas ancestrais.

Em toda parte, a não ser em ilhas altas como Hampstead e Highgate, a água do subsolo iria subir, como descreveu Jefferies, minando rapidamente as estruturas. As construções de madeira, como explicou um engenheiro japonês à *New Scientist*, "seriam as primeiras a desaparecer por completo... seguidas pelos materiais que unem um prédio – divisões, isolamento –, os quais insetos destroem ao fazer ninhos". Insuspeitados por Jefferies, os pássaros representariam um papel vital na decadência estrutural ao introduzir insetos destrutivos. Estruturas modernas de ferro-concreto resistirão à decadência por um ou dois séculos, mas sua eventual corrosão produziria um desfecho catastrófico:

> Enquanto o concreto permanecia alcalino, as barras de aço que o reforçam ficaram protegidas da corrosão. Mas o dióxido de carbono dissolvido na chuva gradualmente carbonatou a superfície do concreto e abriu caminho para dentro, enquanto o ácido da matéria orgânica apodrecendo no chão se infiltrou nos alicerces de concreto.
> Assim que o aço se corrói, o fim é rápido. Os produtos da corrosão ocupam cerca de três vezes o volume do próprio aço [...] de modo que, enquanto se enferruja, o aço se expande até que a cobertura de concreto se parte.

Quando o edifício da Lloyd's começasse a se livrar de suas vigas enferrujadas, a grande floresta de Middlesex estaria amplamente restabelecida. Haveria, claro, modificações significativas: traços de DNA da cidade abandonada. Carvalhos, seguidos por lariços e espruces, predominariam de novo, mas agora acompanhados de antigas árvores de rua, como a castanheira doce e espécies estrangeiras como sicômoros, bordos da Noruega e algumas coníferas. Na base da floresta, nos pântanos e nas campinas, muitas das milhares de plantas de casa e jardim introduzidas morreriam; mas algumas, inclusive "supergramas" híbridas, prosperariam, talvez até dominariam em alguns locais.

A fauna no ano de 2556 poderia ser mais exótica. Ainda que a evolução entre os animais maiores não fosse atuar na velocidade espantosa visualizada por Jefferies, animais de estimação escapados e novos migrantes poderiam criar uma espetacular comunidade de espécies adaptadas. A persistência de arranha-céus arruinados durante tantos séculos, por exemplo, provavelmente atrairia busardos da Escandinávia. Periquitos-de-colar (originalmente da Ásia) prosperariam em grande número, apesar da atenção dos felinos selvagens. E "lobos, ou híbridos de pastor-alemão parecidos com lobos, percorreriam as florestas predando cabritos-monteses, muntjacs, cervos sika e porcos selvagens descendentes dos animais do zoológico de Londres e das fazendas ao redor da cidade".

DEPOIS DE BERKELEY

> Durante milhares de anos o homem se impôs sobre o mundo. Agora o homem se foi, certamente por um tempo, talvez para sempre. Mesmo que tenham restado alguns sobreviventes, eles demorarão muito tempo para obter de novo a supremacia. O que aconteceria ao mundo e às suas criaturas sem o homem? *Isso* ele ficou para ver!
>
> *George R. Stewart, Earth Abides*
> *(A terra permanece, 1949)*

Será que as cidades se arruinariam de modo diferente no ambiente do Novo Mundo? Jack London foi, sem surpresa, o primeiro a dar a largada com um romance "Depois de São Francisco": *The Scarlet Plague* (A praga escarlate, 1912). Rude acólito de Spencer e Galton, usou a cidade morta junto à baía para ilustrar a lei da sobrevivência do mais apto além dos perigos da mistura racial aleatória de homens e animais. Sua natureza, claro, tem dentes e garras tão vermelhos quanto o capitalismo selvagem que ela derrubou. Os cães, por exemplo, se alimentam dos cadáveres de seus donos, depois uns dos outros. Todos os tipos pequenos e fracos são rapidamente eliminados até que resta apenas uma única raça de lobos de tamanho médio. Os cavalos, por outro lado, se "degeneram" em pequenos mustangues miseráveis: suas vastas manadas pisoteiam os antigos vinhedos e fazendas do Vale de San Joaquin. Enquanto isso, entre os sobreviventes humanos, um abrutalhado "chofer" reivindica uma linda mulher da sociedade como sua "fêmea" e impõe seus apetites e sua vontade sobre uma "horda primitiva". O herói de London, um viril professor de literatura da U.C. Berkeley, carrega o fardo solitário de promover a "lenta caminhada ariana" de volta à civilização.[19]

The Scarlet Plague é uma polêmica histérica sobre eugenia, e não sobre história natural imaginativa. Mas tanto Jefferies quanto London foram reescritos em 1949 por um bem-dotado naturalista amador e historiador do Ocidente, George R. Stewart. Se seu *Earth Abides* permanece adorado como um "clássico da ficção científica", ele raramente é citado, como merece, como uma excursão única na história natural regional. De fato, no panteão dos modernos escritores americanos sobre o meio ambiente – Leopoldo, Stegner, Worster, Abbey, McPhee e assim por diante –, Stewart talvez seja a figura importante mais injustamente negligenciada. Durante as quatro décadas (a partir de 1923) que passou no Departamento de Inglês de Berkeley, ele fez parte de uma extraordinária comunidade de sábios que incluía Herbert Bolton, pai da história comparativa de fronteira; Carl Sauer, fundador da "escola de Berkeley" de geografia cultural; Alfred Kroeber, a figura dominante da antropologia na Califórnia; e Julian Steward, pioneiro da "ecologia cultural". Em seus diferentes terrenos de pesquisa, eles deram prioridade semelhante às interações ecológicas entre os seres humanos e sua região natural. O conceito dialético de Sauer da "paisagem cultural" como coproduto da práxis humana e do processo natural ofereceu um tema unificador. "Estamos interessados principalmente", escreveu ele, "em culturas que crescem com vigor original no colo de uma paisagem natural maternal, para a qual cada uma se dirige durante todo o curso de sua existência."[20]

Stewart seguiu fielmente a receita de Sauer. Canônico regionalista do New Deal, foi autor de sete romances e 21 livros de não ficção, na maioria sobre a Califórnia ou o Oeste, inclusive uma importante biografia de Bret Hart e um relato, que se tornou best-seller, sobre o malfadado inverno canibal do *Donner Party*,* nas Sierras. A marca profunda da ecologia cultural de Berkeley é mais evidente em seu quarteto de "romances ambientais" – *Storm* (Tempestade, 1941), *Fire* (Fogo, 1948), *Earth Abides* (A Terra permanece, 1949) e *Sheep Rock* (Monte das Ovelhas, 1951) – cujos "heróis" são, respectivamente, um sistema de tempestade de inverno chamado "Maria", um incêndio florestal chamado "Spitfire", a natureza da Califórnia e um lugar conhecido como "Sheep Rock".

Como avaliou Wallace Stegner numa antiga resenha de *Storm*, a estratégia de Stewart, de tornar a natureza protagonista, não é uma volta ao antropomorfismo de Wordsworth e ao culto à natureza, e sim um artifício inteligente que nos deixa olhar "a argamassa que une a civilização". "A tempestade não é a heroína. Maria não passa da crise." De fato, cada romance do quarteto explora o controle contingente da humanidade sobre a natureza segundo o ponto de vista de uma crise diferente. Stewart, cuja família se mudou da Pensilvânia para os laranjais do sul da Califórnia (Azusa e depois Pasadena) quando ele tinha 12 anos, encontrou um drama sublime na luta de Sísifo dos homens do

---

* Donner Party – grupo de emigrantes que ia para a Califórnia e ficou preso na neve, em outubro de 1846, na Sierra Nevada. Os sobreviventes recorreram ao canibalismo antes de ser resgatados. Apenas metade do grupo original, de 87 pessoas, chegou à Califórnia. (*N. do T.*)

Oeste para controlar seu ambiente. As vitórias humanas temporárias sempre cediam no fim ao poder teimoso do local. Como descobre Geoffrey Archer em sua batalha para domar Sheep Rock: "Essencialmente ele não havia mudado o local, que mantivera sua integridade mais uma vez. Sheep Rock havia conquistado."[21]

Com formação de biógrafo e historiador, Stewart era de fato um "poeta e homem de precisão" (Stegner) em seus relatos detalhados das forças ambientais. As deficiências em sua formação científica eram compensadas por pesquisas heroicas e originais. Assim, enquanto trabalhava em *Storm*, "Stewart dirigiu [durante dois invernos] pelas estradas até Donner Pass, passava por tempestades, viajava nos trilhos cheios de neve da Southern Pacific, observava o superintendente da autoestrada e suas equipes de trabalho ao longo da US 40 e assistia ao trabalho dos encarregados das companhias de telefone e eletricidade. Conseguiu ser apresentado ao pessoal do Departamento do Clima em São Francisco, visitava-os durante tempestades e aprendeu a desenhar seus próprios mapas de clima". Enquanto escrevia *Fire*, acompanhou o combate a incêndios e passou uma semana num posto de vigilância de incêndios em Sierra Buttes, e sua intricada descrição do deserto de Black Rock em Nevada (onde se passa *Sheep Rock*) foi baseada na exploração de uma região desolada hoje em dia famosa por seu festival neopagão do "Burning Man".[22]

Earth Abides, como temos razão de acreditar, é destilado a partir de todos os recursos à mão, inclusive a incomparável rede de amigos naturalistas e colegas cientistas de Stewart. Se *After London* e *The Scarlet Plague* são comprometidos por versões sanguinolentas de darwinismo e evolução reversa, *Earth Abides* se destaca como o primeiro romance a incorporar uma compreensão sofisticada da jovem e ainda relativamente obscura (em 1949) ciência da ecologia. Por exemplo, Stewart explica de modo direto a quase extinção do homem no início do romance em termos de ecologia populacional e predação microbiana, sem recorrer às bombas H, aos monstros extraterrestres ou aos cósmicos "corpos negros" de sempre. Como a população humana suplantou de modo exorbitante a capacidade de sustentação de seu meio ambiente, novas doenças surgiram para ajustar o equilíbrio. É um análogo humano do famoso ciclo de crescimento e queda da população de cervos estudado por Aldo Leopold no platô Kaibab, no Arizona, na década de 1920. Como Stewart sabe, todas as populações que aumentam exponencialmente devem andar numa montanha-russa malthusiana – a "curva de Lokta Volterra" – de picos demográficos e quedas cataclísmicas.[23]

O Sobrevivente de Stewart, um estudante de pós-graduação, misantropo e absorvido em si mesmo, que trabalha numa tese sobre a "ecologia da área de Black Creek", chamado Isherwood Williams ou pelo diminutivo "Ish": óbvia alusão a um *verdadeiro* Último Homem, Ishi, o solitário indígena Yahi, que Alfred Kroeber trouxe a São Francisco, em 1911, como um "fóssil vivo". Assim como o trágico Ish (que contraiu tuberculose com a mulher de Kroeber e morreu em 1916) foi uma testemunha do triunfo da civilização branca urbana, Ish é o solitário narrador científico da desintegração dessa mesma civilização. Fortuitamente inoculado contra a peste por uma mordida de cascavel enquanto fazia trabalho de campo ao pé das mesmas colinas da Sierra onde um dia Ishi encontrara refúgio, Ish volta à sua casa na Lupo Drive nas colinas de Berkeley. Esse é um local privilegiado para testemunhar "o maior de todos os dramas": a majestosa reivindicação da natureza na metrópole da baía.

A nova peste atuou tão depressa que, afora lojas de bebidas saqueadas e alguns incêndios localizados, há pouca destruição física. Tampouco a infraestrutura metropolitana desmorona imediatamente. As grandes turbinas nas Sierras garantem energia hidrelétrica por alguns anos; a água continua a correr nos aquedutos e torneiras por um tempo ainda maior. A ausência de rega, claro, mata rapidamente as plantas de jardins temperados e gramados, enquanto "ervas ferozes partem para destruir outros vegetais mimados pelo homem". Enquanto isso, as centenas de milhares de cadáveres humanos são devoradas pelos cães maiores, enquanto a quantidade de comida apodrecendo fornece um banquete para ratos, baratas, formigas e moscas, cujos números crescem temporariamente em direção ao infinito. Das espécies domesticadas e comensais, Stewart garante que apenas as três variedades de piolhos humanos são imediatamente condenadas pela queda da humanidade:

> No enterro do *Homo sapiens* haverá poucos enlutados. O *Canis familiaris*, como indivíduo, talvez solte alguns uivos, mas como espécie, lembrando-se de todos os chutes e xingamentos, logo se consolará e fugirá para se encontrar com os colegas selvagens. Entretanto o *Homo sapiens* pode sentir conforto no pensamento de que em seu funeral haverá três participantes sinceros. (p. 59)

Os primeiros anos da era pós-humana são um período caótico de loucas mudanças populacionais e implacável competição entre espécies. Onde Jefferies imaginou um processo linear de extinção, seleção e especiação, Stewart sabe que a ecologia moderna prevê uma flutuação não linear. Parece que o equilíbrio entre predador e presa só pode ser estabelecido através de uma sequência de catástrofes recíprocas. Assim, depois de alguns meses, enquanto os cadáveres e a comida acessível vão terminando, as colônias de formigas e baratas se desmoronam, enquanto gatos comem os roedores e são comidos, por sua vez, pelos cães menores. Mas os cães matam gatos demais, e os ratos – a partir de redutos em depósitos de comida e em silos – têm um ressurgimento espetacular. Essa segunda explosão da população de roedores traz em sua esteira a peste bubônica: uma nova ameaça aos sobreviventes humanos. Eventualmente, tendo consumido os grãos que restavam, os ratos passam fome. Em seu frenesi atacam até mesmo cães, e acabam comendo uns aos outros.[24]

Depois dessa "matança secundária" há um breve hiato. Os cães (menos as variedades "estupidamente reproduzidas em excesso", que perecem de imediato) começam a escolher novos pedigrees e a montar matilhas de caça. Os gatos, mais bem-adaptados do que os cães à existência selvagem, aprendem a superar a ameaça canina e sua população se expande até colidir fatalmente com o domínio crescente dos linces das colinas (que preferem seus primos felinos aos coelhos).[25] Mas no *ano 2*, o campo, sob a forma de cervos, coelhos e gado selvagem famintos, invade os subúrbios mortos. Eles destroem boa parte da flora de jardins e plantas ornamentais remanescentes.

Enquanto isso, como seria de esperar num clima mediterrâneo, os motores naturais da paisagem estão trabalhando em velocidade muito maior do que no vale do Tâmisa, de Jefferies. As chuvas de outubro já iniciaram a erosão dos bairros: os drenos pluviais estão bloqueados com entulho, a água empoça nas ruas, casas são inundadas de lama e os quintais começam a se encher de valetas. Além disso, o verão do *ano 3* é extremamente seco e termina com um incêndio gigantesco provocado por raios, que reduz boa parte de East Bay a cinzas, antes que a chuva o extinga. Os arbustos e o capim que crescem na primavera seguinte nas encostas queimadas fornecem alimento rico para o gado selvagem. A população bovina, como a dos ratos anteriormente, suplanta qualquer limite sustentável e depois morre em massa durante a grande seca do *ano 6*. Os leões da montanha, que seguiram o gado até a cidade, se refestelam em suas carcaças e depois, meio loucos de fome, perseguem qualquer presa possível, inclusive os humanos sobreviventes (que, por sua vez, aprendem rapidamente a se tornar hábeis caçadores de leões). Os gafanhotos são seguidores da seca ainda mais destrutivos, e com a terrível eficiência de miríades de nanocortadores de grama devoram o que foi deixado pelo gado faminto.

Boa parte da área de São Francisco, como aconteceu brevemente durante a cataclísmica seca de 1860–1863, agora parece um deserto. Mas novas chuvas, que produzem enormes arroios e liberam centenas de deslizamentos de terra, tornam os morros da baía verdes outra vez. Fontes locais, esquecidas há muito – não mais escravas de qualquer suprimento de água artificial –, reaparecem e provocam mais erosão. A flora e a fauna ribeirinhas retornam de modo espetacular. No *ano 10*, os humanos ficam espantados ao ver cardumes de peixes serranídeos na baía de São Francisco e enormes quantidades de trutas nos riachos dos pés de serra. Se o apocalipse trouxe novos perigos às vidas humanas, também levou as pessoas de volta à graça biológica desfrutada por seus ancestrais paleolíticos antes da revolução agrícola. A corrente epidêmica, que depende de grandes densidades de seres humanos e espécies comensais, foi rompida, e os sobreviventes ficam livres da maioria das doenças infecciosas. Além disso, as aldeias humanas descobrem uma nova fonte de proteína no *ano 19*, quando alces surgem dramaticamente nas colinas de Oakland.

Enquanto isso, estruturas de madeira poupadas dos incêndios – tanto casas geminadas nos flats quanto magníficas mansões Craftsman nas Colinas – iniciam uma decadência acelerada graças à colaboração dos cupins, da chuva e da água do solo, que sobe. Um grande terremoto, no *ano 20*, destrói milhares dessas estruturas enfraquecidas. Racha também o concreto e o asfalto, reduzindo sua resistência ao mato e à erosão. Boa parte da arquitetura no campus da U.C., bem como no centro de São Francisco, se encontra em avançado estado de decrepitude, mas as magníficas pontes Bay e Golden Gate, ainda que enferrujadas, estão estruturalmente intactas.

Na geração seguinte, a paisagem e seus tipos de vida seguem o mesmo ciclo de erosão pontuada: a lenta decadência é acelerada subitamente por eventos climáticos extremos, incêndios e terremotos. No *ano 44*, por exemplo, a maior parte de São Francisco é incendiada. Pouco depois, outros incêndios destroem o antigo campus da U.C. Então, nas últimas semanas do longo mandato de Ish como "o Último Americano", um vão da ponte Bay cai na água. A corrosão provocada pela água salgada começou a dissolver os últimos símbolos arrogantes da antiga civilização.

CIDADES MORTAS: UMA HISTÓRIA NATURAL

A ECOLOGIA DO BOMBARDEIO

> O sinal de nossos tempos são as ruínas. Elas rodeiam nossa vida. Ladeiam as ruas de nossas cidades. São nossa realidade. Em suas fachadas queimadas não floresce a flor azul do romantismo, e sim o espírito demoníaco da destruição, da decadência e do apocalipse.
>
> *Hans Werner Richter*

De fato, houve imensa curiosidade científica sobre o que floresceria nas cidades arruinadas da Europa. Flores azuis, flores demoníacas ou simplesmente dentes-de-leão: os botânicos não sabiam se "a potencial vegetação natural" reivindicaria os desertos de entulho do East End de Londres ou do distrito de Neukolln, em Berlim, ou se plantas estrangeiras e espécies cultivadas iriam se tornar as forças de ocupação. A observação atenta da dinâmica de sucessão nas "zonas mortas" urbanas (expressão cunhada por aliados analistas do bombardeio estratégico) poderia fornecer respostas empíricas a duas questões que perturbavam os estudiosos da natureza urbana. Primeiro, até que ponto a urbanização (seguida pela "desurbanização", vinda do céu) alterava o modelo biofísico da paisagem: o solo e a química do ar, os fluxos de nutrientes, a hidrologia, os microclimas e os reservatórios genéticos (pólen e semente). Segundo, será que os paradigmas clementsianos de ecologia de plantas regionais – uma sucessão organizada de espécies "chegando ao clímax" numa comunidade de pico adaptada de modo ótimo a seu ambiente – descrevem de modo acurado a dinâmica populacional, ou, como alguns críticos do pré-guerra tinham argumentado, se o "equilíbrio" era apenas uma ilusão e o fluxo, a realidade? As primeiras observações publicadas vieram do Botanical Exchange Club de Londres, enquanto os mísseis V-2 de Werner von Braun ainda espalhavam seu terror aleatório; mais tarde, Berlim, durante a "Era do Entulho" que durou até 1954,[26] se tornou o principal laboratório para a pesquisa na ciência da zona morta.

No caso de Londres, já havia uma espécie de tradição de história natural após desastres. Na primavera depois do Grande Incêndio de 1666, por exemplo, o naturalista John Ray e outros sobreviventes ficaram pasmos com o crescimento espetacular e inesperado de "flores do fogo", a famosa London Rocket (*Sisymbrium irio*, uma espécie de mostarda).[27] Do mesmo modo, após o primeiro ataque de Zeppelin contra Londres na primavera de 1915, os preocupados amantes de pássaros da cidade, liderados por W.H. Hudson, autor do magistral *The Birds in London*, de 1895 (e, como vimos antes, de *A Crystal Age*), partiram para ver se os bombardeios estavam espantando os pássaros da cidade.[28] O resultado eventual dessas observações foi a estranha monografia de Sir Hugh Gladstone, *Birds and the War*, que concluiu que apenas os pombos pareciam indevidamente perturbados pelas bombas e pelo fogo antiaéreo. De fato "os rouxinóis são conhecidos por sua indiferença aos tiros, que eles frequentemente parecem considerar um rouxinol rival, particularmente vigoroso, tentando invadir seu território: durante um ataque em maio de 1918, por exemplo, um deles cantava alto num subúrbio de Londres, durante tiroteio pesado e explosões de bombas".[29]

Os esguios bombardeiros de Goering eram incomparavelmente melhores para enfurecer os rouxinóis machos do que as lentas aeronaves do conde Zeppelin. Ainda que os amantes de pássaros continuassem sua vigília durante a Blitz (que, para equilibrar, favorecia grandemente espécies raras como o pisco-ferreiro preto), as novas áreas devastadas eram, acima de tudo, uma oportunidade científica para os botânicos de Londres, liderados por J. Lousley, R. Fitter e E. Salisbury, diretor do Kew Gardens. "Alguns locais agora expostos até os alicerces", disse Lousley com entusiasmo, "podem ter estado cobertos desde os tempos romanos, e precisamos recuar aos anos imediatamente após o Grande Incêndio para a última oportunidade de fazer qualquer investigação botânica ampla nos confins da City".[30]

O censo botânico das áreas bombardeadas na City e no East End revelaram um novo padrão de vegetação urbana adaptada ao fogo, ao entulho e aos espaços abertos. Plantas nativas incomuns e estrangeiras robustas dominaram essa inesperada "ecologia da bomba". A colonizadora mais bem-sucedida dos locais arrasados, por exemplo, foi a anteriormente rara willowherb (*Epilobium angustifolium*), que, na época de Jefferies, só podia ser encontrada no cemitério de Paddington e em algumas margens cobertas de cascalho. Sua tolerância ao solo queimado, bem como o fato de gostar de luz e a prodigiosa produção de sementes, transformou sua timidez anterior numa agressividade violenta, tornando-a "talvez a planta mais comum no centro de Londres" em 1943. Seus principais aliados eram membros da família da tasneira, especialmente a tasneira de Oxford, que, apesar do nome, era uma imigrante recente da Sicília, "onde frequenta cinzas vulcânicas, de modo que, como observa o dr. Salisbury, ela pode muito bem considerar o local de um prédio incendiado um hábitat agradável".[31] Dentre outras plantas estrangeiras que floresceram durante a Blitz estavam a pulicaria canadense, uma planta já familiar em aterros de ferrovias, a formidável budleia, anteriormente descrita, e a peruana *Galinsoga parviflora*, fugitiva do Kew Gardens.[32] Essas novas "flores do fogo", como explicou mais recentemente O. Gilbert, foram os arautos de uma revolução irreversível na ecologia urbana de Londres e outras cidades bombardeadas:

> Na época, todas essas plantas estavam passando por um período de expansão constante que recebeu ímpeto renovado pela súbita disponibilidade do hábitat dos locais bombardeados. Isso agiu como um catalisador. Enquanto cresciam, as populações exerciam uma tremenda pressão inoculadora na área urbana e consequentemente puderam se espalhar para novos habitats. Depois da guerra, descobriu-se que tinham se tornado membros permanentes da flora urbana da maioria das nossas cidades muito bombardeadas, onde anteriormente tinham sido bastante raras.[33]

Gilbert enfatiza a fascinante sobreposição genérica entre as espécies de plantas pioneiras dos locais bombardeados de Londres e as ervas e arbustos resistentes que colonizaram as morenas terminais da última era do gelo. A Blitz, em vários sentidos, recuou o relógio ecológico em 10 mil anos. "A frequência desses gêneros [*Artemisia, Epilobium* etc.] sugere que as condições do terreno devastado que incluem distúrbios intermitentes, baixa pressão de pastagem, baixa competição e a presença de solos ricos em base recém-liberados devem ter semelhanças com as existentes logo depois do fim da idade do gelo: muitas daquelas espécies podem jamais ter tido oportunidades tão boas, desde então."[34]

Na Europa central, claro, uma parte ainda maior do ambiente do fim do Holoceno foi implacavelmente arrancada. A destruição imposta nas áreas urbanas da Alemanha pela campanha de "bombardeio de área" dos Aliados foi toda uma ordem de magnitude maior do que os ataques da Luftwaffe contra Londres e as Midlands. A *Katastrophe* de Hamburgo, em julho de 1943, quando a "Operação Gomorra" do Comando de Bombardeiros abriu os portões do inferno com a primeira tempestade de fogo urbana, provocou Churchill e seus conselheiros (com a participação relutante dos americanos) a lançar uma guerra aérea total contra os civis alemães. Durante a longa ofensiva de bombardeios que durou de 1º de agosto de 1944 até a Rendição Incondicional em 26 de abril de 1945, os Aliados realizaram 205 grandes ataques com bombas, quase metade tendo Berlim como alvo. Dois milhões de toneladas de altos explosivos e bombas incendiárias mataram entre 600 mil e 800 mil civis (um quarto dos quais eram trabalhadores escravos ou prisioneiros de guerra) e feriram quase um milhão a mais. (Os aliados, por sua vez, perderam 75% de suas tripulações de bombardeiros: mais de cem mil homens.) O cartaz de rua mais comum em muitas cidades alemãs tinha escrito "Horripilante": avisando sobre cadáveres apodrecendo no entulho. "Em mais de 40 cidades alemãs, a proporção de área arrasada passava de 50%", e 333 quilômetros quadrados foram transformados de densos agrupamentos de moradias urbanas em entulho.[35] Ainda que nenhuma cidade alemã tenha sofrido o destino cartaginês de Varsóvia (700 mil mortos, suas ruínas transformadas pela SS num vasto campo minado), milhões de moradores urbanos tinham sido reduzidos a trogloditas: "Aldeias de porões [...] apinhadas em porões esquálidos, bunkers antiaéreos e túneis de metrô iluminados fantasmagoricamente por velas tremeluzentes."[36]

Como demonstrou Niels Gutschow, alguns ideólogos nazistas radicais recebiam bem os ataques com milhares de bombas e tempestades de fogo como uma limpeza ritual da "influência judia" na vida da grande cidade e o início de uma regeneração mística da unidade ariana com a natureza. Assim, depois dos holocaustos de Hamburgo, Colônia e Kassel em 1943, o "ecofascista" Max Karl Schwarz, que compartilhava da aversão de Ruskin e Jefferies pela "toxicidade" das metrópoles, propôs "revitalizar a paisagem" nivelando o entulho e plantando árvores. As antigas cidades densas não seriam reconstruídas; de fato, "só depois de as áreas destruídas serem animadas com florestas elas se tornarão uma verdadeira paisagem urbana, isto é, com casas e jardins". Cidades-jardim autenticamente alemãs substituiriam a decadente metrópole "judia". Afinal de contas, Zaratustra não havia ordenado seus seguidores a "cuspir nesta cidade de comerciantes"?[37]

> É do estilo alemão desenvolver capacidades espirituais e força física a partir das conexões com a natureza. Entretanto, esta fonte de vitalidade para os alemães tem sido cada vez mais cortada por uma disseminada alienação da natureza... Para mim está claro que os prédios de muitos andares são uma expressão do espírito judeu, e com esses prédios acabamos espalhando a ideia paralisante de que tudo pode ser construído somente baseado em massa, número e peso... A reconstrução planejada é um genuíno reassentamento, um novo enraizamento, preso na terra. Esta não é uma ideia romântica, e sim a única base para a futura vida de lutas que a agora idosa Europa tem de travar contra os povos do leste.[38]

No caso, ervas daninhas, e não tílias, cresceram tanto sobre os cadáveres de favelas quanto de subúrbios de classe média. O poeta Gottfried Benn escreveu sobre urtigas "altas como homens" que floresciam em toda parte na "cidade de fronteira mongólica que provisoriamente ainda era chamada de Berlim".³⁹ Nos invernos famintos depois da guerra (1945–49), os berlinenses se tornaram especialistas nas propriedades comestíveis da flora do bombardeio, como os dentes-de-leão e as alsinas. Em seu estudo sobre a fotodocumentação do ano zero, Dagmar Barnouw discute uma foto tirada por um empregado da prefeitura no inverno de 1945–1946.

> Mais ou menos na mesma época, Durniok fotografou um grupo de berlinenses de aparência faminta participando de "Aktion Wildgemüse" ("vegetais selvagens", um eufemismo para ervas-daninhas) e aprendendo a distinguir entre plantas comestíveis e não comestíveis. Na maior parte, homens e mulheres mais velhos se vestiam de modo respeitável, com casacos e chapéus, era como se estivessem reunidos no parque da vizinhança, com mato crescido demais, para uma aula de botânica, se não fossem os rostos emaciados e ansiosos. Alguns estão colhendo ervas, outros olham. Eles levarão as ervas para casa e irão picá-las para fazer sopa – se tiverem água e combustível.⁴⁰

O inverno de 1946–1947 foi o mais terrível. Os berlinenses se sentiam membros condenados de um gigantesco e esquecido *Donner Party*, e mesmo em Charlottenburg, que já fora capital do *haute monde* de Weimar, houve relatos verificados de canibalismo. Se proliferavam os boatos desvairados – de deliberadas tramas dos Aliados para provocar a fome ou da fuga de Hitler, num submarino, para a Antártida –, o mesmo acontecia com a vida selvagem. A Berlim ocupada estava subitamente tão feroz quanto a Londres morta de Jefferies. Porcos selvagens "assolavam" os arredores da cidade em grupos de 50 indivíduos e eram avidamente caçados por civis famintos usando arcos e flechas ou por entediados soldados americanos com pistolas automáticas. Do mesmo modo, os soldados ingleses se apresentavam como voluntários para ajudar os berlinenses (agora sobrevivendo com menos de mil calorias por dia) a rastrear as três espécies de cervos famintos que tinham buscado refúgio nas florestas de Spandau e Köpenick. Nos calcanhares dos cervos estavam seus antigos predadores. Rapidamente foram postos cartazes na autoestrada: "CUIDADO COM OS LOBOS!"[41]

Enquanto as "mulheres do entulho" de Berlim trabalhavam manualmente para limpar cem milhões de toneladas de escombros deixados pelos bombardeios (eventualmente reunidas em três montanhas artificiais que permitem aos berlinenses atuais praticar esqui), a flora urbana estava passando por uma transfiguração notável. Como em Londres, mas em escala maior, o substrato incendiado e alcalino da zona morta favorecia a propagação de espécies anteriormente exóticas como robínias, aliantos, *traveller's joy* e budleias. Os botânicos ficaram particularmente surpresos com a rápida disseminação da *Ailanthus altissima* (árvore-do-céu), o equivalente berlinense da *rocket* de Londres em 1666. Importada da China na era de Frederico, o Grande, nunca demonstrara qualquer capacidade de crescimento espontâneo em cerca de 200 anos de cultivo nos jardins e parques de Berlim. E, subitamente, graças ao Comando de Bombardeiros e à Oitava Força Aérea, tornou-se a colonizadora ávida (com outra estrangeira robusta, a *Robinia pseudoacacia*) dos locais de bombardeio com grande quantidade de calcário: "O novo tipo de hábitat permitiu à *Ailanthus* estabelecer novas populações. Esse processo foi favorecido por seu alto potencial reprodutivo, inclusive a floração precoce e prolífica, que em geral se converte em grandes quantidades de sementes, bem como o crescimento rápido." Uma termófila, a alianto foi subsequentemente alimentada pela "ilha de calor" urbana pós-guerra (o centro de Berlim é 3,2 graus mais quente do que seus subúrbios).[42]

A manutenção, até os anos 1980, de vários locais de bombardeios não liberados no oeste de Berlim (notavelmente a Lützowplatz, em Tiergarten, e o antigo Schöneberger Hafen, em Kreuzberg) permitiram a ecologistas liderados por Hans Sukopp e seus colegas observar mais de 40 anos da dinâmica de sucessão. De fato, a vegetação ruderal e a ecologia urbana, como um todo, foram provavelmente mais bem estudadas em Berlim do que em qualquer lugar.[43] Pesquisas confirmaram o papel de limiar da Segunda Guerra Mundial ao naturalizar espécies estrangeiras e estabelecer biótipos urbanos únicos, cujo hipotético estágio de sucessão final e autorregulação costuma ser chamado de "Natureza II".[44] O componente floral dessa segunda natureza gerada pela guerra é espantosamente semelhante na maioria das cidades do centro e do oeste da Europa, apesar de diferenças significativas no clima. Como na Grã-Bretanha, onde Gilbert enfatizou as "misturas improváveis" de espécies de árvores em bosques ruderais, a flora madura é uma comunidade incomum de plantas vasculares originárias do sul da Europa ou da América.[45] Sukopp especulou que essas ecologias dominadas por plantas estrangeiras, longe de marginais, "podem ser os ecossistemas prevalecentes no futuro".[46]

Além disso, as comunidades de zonas mortas são surpreendentemente ricas em espécies. O antigo local de bombardeio na Lützowplatz, em Berlim, por exemplo, abrigava mais de 100 plantas diferentes e mais de 200 espécies de insetos no início dos anos 1980. Em contraste, os parques bem-cuidados do adjacente Tiergarten abrigavam apenas um quarto dessa diversidade.[47] A mesma complexidade de plantas resistentes foi descoberta nas ruínas do "fordismo", além das do hitlerismo. Nos últimos anos, ambientalistas começaram, atrasados, a avaliar que os locais de "campo marrom" da Europa pós-industrial são na verdade oásis biológicos – "ilhas verdes" – cuja diversidade de espécie excede tipicamente não apenas o resto da cidade, mas também o campo cultivado por máquinas e geneticamente modificado ao redor.[48] Na paisagem abandonada e coberta de carvão de West Yorkshire, por exemplo, o correspondente ambiental do *Guardian*, Peter Bowler, se maravilhou com a biodiversidade inesperada:

> Todos tinham orquídeas comuns ou orquídeas abelhíferas crescendo em grande número. Alguns tinham as duas. Quem caminha pelos sítios pós-industriais vê a lebre marrom, uma espécie em rápido declínio e que está

incluída no plano de ação de biodiversidade do Reino Unido. Encontrei abrigos de texugos em dutos de ventilação abandonados, salamandras de crista na maioria das minas de carvão antigas em lagos feitos de tijolos. Um lago tinha todas as três de nossas espécies de salamandras nativas e tanto sapos quanto rãs.[49]

A GEOMORFOLOGIA DO GUETO

> Maravilhem-se com esta grande cidade! E eu gostaria de já ter visto o pilar de fogo em que ela será queimada. Pois tais pilares de fogo devem preceder o grande meio-dia.
>
> *Nietzsche, Assim falou Zaratustra*

Na maior parte da Europa ocidental (para consternação dos amigos das salamandras e dos pássaros em perigo de extinção), os campos marrons urbano-industriais, como os locais de bombardeios que os precederam, são eventualmente reciclados para uso produtivo, frequentemente depois de pesquisas e planejamentos sistemáticos. Esse não é o caso dos Estados Unidos, onde a maioria das áreas abandonadas nas cidades continua como paisagens aparentemente permanentes para o correspondente benefício da natureza ruderal. Aqui, o abandono urbano se tornou o equivalente natural-histórico da guerra. Em 1940–1941, os bombardeiros Heinkel e Junkers da Luftwaffe destruíram 350 mil unidades habitacionais e desabrigaram 1 milhão de londrinos. Nos anos 1970, uma "blitz" igualmente selvagem de falta de investimento dos proprietários, corte de financiamento dos bancos e "negligência benigna" por parte do governo federal levou à destruição de 294 mil unidades habitacionais somente na cidade de Nova York.[50] No decorrer dos mandatos de Nixon e Ford, boa parte dos antigos núcleos urbanos no Meio-Oeste e no Nordeste começou a se parecer com o Ruhr em 1945. Cidades como Detroit, St. Louis e Paterson, que anteriormente tinham a menor percentagem de terra vazia *per capita*, agora tinham a maior. O número de residências em St. Louis diminuiu em quase um quinto nos anos 1960 e início dos 1970, enquanto alguns distritos de Chicago, como North Lawndale, perderam mais de metade de seus lares para o abandono e os incêndios criminosos durante a década de 1970. Em termos nacionais, em 1980, segundo Kevin Lynch, uma em cada 20 moradias nos centros urbanos estava fechada. O abandono em algumas cidades excedia a área destinada a estacionamentos.[51] Nenhuma civilização — especialmente tão rica e poderosa — jamais tolerou tamanha destruição física de seu tecido urbano em tempos de paz. E, mesmo no limiar de um novo milênio, a "era do entulho" dos Estados Unidos estava longe de terminar. Mais de 20 mil moradias por ano ainda estavam sendo abandonadas na cidade de Nova York em 1996, enquanto a bexiguenta Filadélfia continuava a enfrentar o fardo de 55 mil prédios abandonados e terrenos vazios.[52]

Será que a ciência ambiental pode acrescentar alguma coisa à nossa compreensão dessa catástrofe? De fato, a geomorfologia oferece epistemologias adequadas para descobrir as causas emaranhadas das paisagens de gueto. As zonas mortas urbanas, em primeiro lugar, ilustram um postulado básico que os geomorfólogos chamam de *equifinalidade*: diferentes processos produzindo paisagens essencialmente semelhantes.[53] De fato, os processos nunca podem ser simplesmente lidos a partir da forma. Seria uma falácia presumir, apenas pela aparência, que Newark e Detroit sofreram bombardeio arrasador de aviões voando a 20 mil pés, ou que foram devastadas por megaterremotos. No mesmo tom, a geomorfologia afirma que as paisagens reais são sempre produtos complexos de vários processos (tectônicos e erosivos) atuando em diferentes ritmos e escalas. Supõe-se que isso seja tão verdadeiro para paisagens tipo "marco zero" dos guetos de meados dos anos 1970 quanto para montanhas ou plataformas marinhas.

CIDADES MORTAS: UMA HISTÓRIA NATURAL

Aqui, a geomorfologia clássica oferece distinções essenciais entre níveis de análise, bem como um alerta valioso contra sobrepor um ao outro. Como explica Alistair Pitty:

> Nenhuma expressão é mais repetida do que a declaração de W.M. Davis de que as formas de terra são função de *estrutura, processo* e *estágio*. Entretanto, sua implementação real em estudos geomorfológicos específicos exige um exame cuidadoso. Em particular, qualquer ênfase em apenas um elemento dessa trilogia encoraja interpretações que sustentam a si mesmas, à medida que as investigações convergem para esse elemento. Os contrastes nos elementos escolhidos podem resultar em muitas diferenças de opinião na geomorfologia. As dicotomias são inventadas, já que a atenção exclusiva a um elemento permite concepções bastante separadas do elemento para correr em paralelo, mas sem se sobrepor.[54]

Os determinantes triplos de Davis para a paisagem natural podem ter um análogo no caso da erosão econômica e política dos bairros dos centros das cidades. Assim, a *estrutura* na "geomorfologia do gueto" equivale aos determinantes macroeconômicos do declínio do centro da cidade operando em frequências de décadas: desindustrialização, fuga dos brancos, discriminação de moradias e empregos, políticas federais antiurbanas (pró-suburbanas), captura dos ganhos municipais por prioridades corporativas e não de bairro, e assim por diante. Mas, mesmo nessa escala, seria errôneo presumir que a mesma história explica necessariamente o pano de fundo da destruição de moradias tanto em Newark quanto em Detroit, tanto na zona sul de Chicago quanto em Bedford-Stuyvesant. Por exemplo, em *The Assassination of New York* (1995), Robert Fitch mostrou com detalhes impressionantes como as estratégias de acumulação privada (acima de tudo, os vários cálculos de propriedades imobiliárias dos Rockefellers) manipularam a política pública para ajudar a expulsar as pequenas indústrias de Manhattan.[55] Esse tipo de desindustrialização proposital, que acelerou enormemente a decadência dos bairros operários da cidade, provavelmente não foi o caso em Chicago e Detroit.

O *processo*, no contexto urbano, corresponde às forças conjunturais que traduziram o enfraquecimento estrutural das economias e dos serviços públicos urbanos no abandono de lojas, fábricas e moradias. Nas décadas de 1950 e 1960, os principais motores da destruição dos bairros foram a renovação urbana e, especialmente, a construção de vias expressas. Então, no fim dos anos 1960, insurreições nos guetos levaram as áreas urbanas dos Estados Unidos à beira de uma "Segunda Guerra Civil" e destruíram parte da paisagem comercial do centro da cidade. Mas os tijolos e os coquetéis molotov dos amotinados infligiram um dano pequeno comparado com as canetas dos bancos financiadores de habitação e das companhias de seguros. A terceira fase – e mais cataclísmica – da decadência do centro das cidades ocorreu durante a década de 1970 e início da de 1980. Apesar de pesquisadores ainda reclamarem que "há muito pouca análise empírica sobre o abandono de moradias" (em especial, histórias de cidades específicas), os contornos amplos do processo são bastante claros.[56]

A falta de investimentos nos antigos centros das cidades foi liderada pelos bancos, endossada por políticas federais e reforçada por crises fiscais locais que vieram em seguida e pela contração dos serviços municipais básicos. Os bancos e as empresas de empréstimo e poupança, em primeiro lugar, pegavam o capital do centro da cidade mas se recusavam a emprestar de volta, principalmente para bairros de maioria negra. Em vez disso, levaram as economias do norte para o Sunbelt, onde financiaram um enorme boom especulativo de construções. Bancos locais no Brooklyn, nos anos 1970, por exemplo, destinaram menos de 6% dos financiamentos para sua região: 65% da poupança local foi exportada para a Flórida e outros lugares. Segundo o influente estudo de Richard Morris em 1978, isso foi nada menos do que a "'Estratégia sulista' de Mitchel-Nixon-Ford" em ação.[57] Como ele mostra em detalhes, a Administração Federal de Habitação da era Nixon foi a mente por trás de uma política de drenar a poupança de regiões com deficiências de moradia para regiões com fartura de moradias. Em vez de uma barreira contra a falta de investimento urbano, as políticas da AFH foram o mesmo que atirar gasolina na fogueira.

> Ela não era mais uma agência destinada a ajudar a confiança dos bancos em áreas que sofressem de escassez de capital para financiamento. Em vez disso, a AFH se tornou um mecanismo para direcionar o investimento dos bancos *para longe* das cidades do norte e em direção ao crescente Sunbelt. Os financiamentos não eram mais garantidos nos centros das cidades ou no nordeste; em vez disso, o grosso dos compromissos de seguros da AFH jorrou para o sul, onde serviu para atrair dinheiro de toda a nação com a isca de um boom imobiliário suplementado pelas atrações dos seguros federais.[58]

Incapazes de vender os prédios porque os bancos se recusavam a fornecer financiamento razoável, os proprietários ausentes começaram a se afastar dos impostos sobre suas antigas fontes de aluguéis. "A recusa em oferecer financiamento", escreveram Jackie e Wilson, "geralmente põe em movimento uma profecia de declínio inevitável que acaba se realizando. Na maioria das cidades, os bancos avaliavam os bairros negativamente antes da evidência real de deterioração, sem referência às especificidades da capacidade de crédito dos moradores, das condições da moradia, da viabilidade comunitária ou da solvência das empresas".[59] À medida que os valores dos imóveis despencavam, o mesmo acontecia com os ganhos das prefeituras. Em 1976 – às vésperas da dissolução fiscal de Nova York –, metade do déficit da cidade consistia em impostos prediais não recolhidos, de bairros onde os financiamentos eram negados. Com as bases fiscais solapadas, Nova York e outras cidades mais antigas foram congeladas fora do mercado de bônus municipais. Os selvagens cortes subsequentes em serviços municipais vitais, inclusive proteção contra incêndios e inspeção nos prédios, coincidindo com a abdicação da manutenção por parte dos proprietários, completou o círculo vicioso.

O que aconteceu nesse ponto – quando a manutenção e os serviços vitais foram retirados dos bairros residenciais nos centros das cidades – corresponde à análise do que Davis chamou de *estágio*. Também foi onde as forças ambientais voltaram a entrar em quadro. Curiosamente, nesse período nenhum dos grupos de pensadores de Washington, nenhum instituto acadêmico ou departamento governamental tradicionalmente comprometido com a pesquisa urbana parece ter prestado atenção a como as construções e os bairros órfãos chegaram ao seu estado terminal de entulho "bombardeado". O gueto dos anos 1970 e 1980 estava abandonado intelectualmente, além de fiscal e financeiramente. Uma importante exceção foi a não subsidiada observação fotográfica e o jornalismo documental de Camilo Vergara. O escritor e fotógrafo de origem chilena tem sido o "Último Homem" da América abandonada; como Ish em *Earth Abides*, ele é seu único observador dedicado. É estranho dizer que, sem as milhares de fotografias feitas periodicamente por Vergara, mostrando prédios individuais e bairros, hoje em dia não possuiríamos praticamente nenhum registro científico ou histórico dos processos de paisagem dos guetos.

O "New American Ghetto Archive" de Vergara – cujo original agora pertence ao Getty Research Institute, em Los Angeles – consiste de detalhados estudos de tempo sobre o que poderia ser chamado de decadência urbana "canônica". Os cerca de 12 bairros intensamente documentados incluem o sul do Bronx, o Harlem e a maior parte do centro-norte do Brooklyn, bem como zonas mortas comparáveis em Camden, Newark e Detroit (especialmente, o lado nordeste do centro da cidade), e ainda os grandes conjuntos habitacionais públicos de Chicago. Vergara, como bom ecologista, se concentrou deliberadamente em locais de "perturbação", inclusive pontos de vendas de drogas, acampamentos de sem-teto e áreas de despejo de lixo, além de variadas margens e interstícios que "frequentemente carecem de representação política ou mesmo de nome". À medida que a epidemia de crack tornou mais arriscada a fotografia ao nível da rua, ele começou a usar telhados para gerar visões panorâmicas do alto, que, por sua vez, revelaram insuspeitadas facetas da paisagem.

Um bom exemplo da metodologia tenaz de Vergara é seu estudo sobre um complexo de apartamentos que já fora magnífico, na esquina da rua 178 com a Vise Avenue, perto do zoológico do Bronx. Quando ele começou a visitar o "Castelo" no inverno de 1980, o aquecimento havia dado defeito e os inquilinos estavam começando a ir embora. Aparentemente não havia qualquer recurso para reabilitar a glória desbotada do prédio. O outono seguinte foi a temporada de incêndios. Ainda que possamos presumir que os prédios se incendeiam e ficam abandonados de baixo para cima, Vergara descobriu que o oposto era verdade. O primeiro de 12 incêndios em apartamentos começou em unidades ocupadas do último andar. Subsequentemente, tubos e aquecedores foram saqueados dos apartamentos danificados pelo fogo, levando a inundações e danos causados pela água nos andares abaixo.

A fuga dos inquilinos se acelerou. Em janeiro de 1983, o complexo estava totalmente abandonado e tinham sido feitos esforços para lacrar todas as janelas e entradas com blocos de concreto. Mesmo assim, os saqueadores continuaram a entrar para "minerar" os materiais vendáveis do prédio. À medida que continuava a se deteriorar nos dois anos seguintes, o edifício provocou a decadência do resto do bairro: atraindo o crime, fazendo cair o valor das propriedades e encorajando mais abandono. Finalmente, em 1985, ele foi demolido e jogado no esquecimento.[60]

A PANDEMIA URBANA

> Tendo os dados das clínicas pré-natais e das mortes por aids como indicadores, podemos concluir que a destruição das moradias para pessoas de baixa renda, através de uma variedade de mecanismos

diretos e indiretos, alimentou a epidemia de aids na cidade de Nova York, concentrou-a principalmente nas áreas de minorias pobres, levou a uma epidemia muito maior do que teria acontecido de outro modo e marcou uma geração com tanta clareza quanto os assassinatos de bebês cometidos pelo faraó e por Herodes.

Deborah e Rodrick Wallace,
A Plague on Your Houses
(Uma praga em suas casas)

Baseado em sua familiaridade única com a história de locais específicos e suas populações residuais, Vergara publicou análises incisivas sobre os processos sociais do abandono. Em particular, atacou políticas públicas equivocadas ou hipócritas, em geral sob a bandeira da "reconstrução urbana" ou de "reinvestimento comunitário", que escolheram bairros anteriormente devastados como receptáculos para concentrar abrigos para sem-teto e serviços relacionados. Em Nova York, por exemplo, o prefeito Koch, seguido por Giuliani, abriu caminho para o renascimento corporativo da Times Square mandando a maioria dos sem-teto para o sul do Bronx. O resultado, teme Vergara, é a hipersegregação e a emergência do "Novo Gueto Americano" como uma virtual prisão para as classes trabalhadoras redundantes da cidade. (Recentemente, ele revisou essa tese à luz do impacto dinâmico da imigração latina.) Mas ficou para outros – particularmente Rodrick e Deborah Wallace – montar um modelo teórico do processo registrado no arquivo de Vergara.[61]

O casal – ele um epidemiologista matemático e ela uma ecologista populacional – era membro do Scientists and Engineers for Social and Political Action quando, em 1973, foi abordado por bombeiros da cidade de Nova York. Aconselhada pelo Rand Institute – baseado em Santa Monica (cujo trabalho normal era a guerra nuclear e a contagem de corpos do Vietnã), a prefeitura estava propondo uma redução no corpo de bombeiros, fechando postos em bairros de guetos em favor de caixas de aviso de incêndio "automatizadas". Ainda que mais tarde os Wallace descobrissem que o Rand Fire Project era apenas um elemento numa ampla estratégia de "encolhimento planejado" dos serviços municipais defendida pelo comissário de moradias Roger Starr e outros *intimati* do centro da cidade ligados à indústria imobiliária,[62] a atenção imediata de Deborah Wallace se concentrou na precária "ciência" das propostas do Rand.

> Sou ecologista e, naquela época, estava avaliando modelos de população de peixes no rio Hudson. Quando comecei a ler os relatórios do Rand, lentamente ficou claro que a aquisição, interpretação e análise de dados, além da metodologia de modelagem, eram muito mais primitivas do que as da população de peixes do rio Hudson. O nível de ciência do Rand, em Nova York, era inadequado para a ecologia natural e grosseiramente inadequado para experimentos com populações humanas.[63]

Em 1973, obviamente, misteriosas tempestades de incêndios varriam os guetos das cidades mais antigas. Ainda que o sul do Bronx e o centro de Detroit (com sua anual "Noite do Diabo") fossem os infernos mais notórios, a epidemia de incêndios poupou algumas cidades industriais do Meio-Oeste e do Nordeste. Entre 1970 e 1977, por exemplo, mais de um terço das moradias no principal *barrio* porto-riquenho de Chicago, a área da Division Street, foi destruído, principalmente pelo fogo.[64] A visão das agências policiais, corroborada por uma investigação feita em 1977 pela *Newsweek*, foi que o fogo era uma forma criminosa de reforma urbana: uma estratégia para transferir o custo da decadência urbana dos senhorios para as empresas de seguros. Como explicou a *Newsweek*:

> Algumas vezes os prédios são incendiados por vingança, algumas vezes para encobrir outros crimes como assassinato, e algumas vezes só por diversão. Mas muitos incêndios deliberados, talvez a maioria, são obra da indústria do incêndio criminoso – um mundo sombrio composto de pro-

prietários, pessoas ligadas a empresas de hipotecas, autoridades corruptas no setor de bombeiros, corretores de seguros e mafiosos.[65]

Em seus primeiros artigos, os Wallace, sem diminuir a importância dos incêndios provocados por proprietários, mudaram o foco do debate dos acontecimentos em si para as condições que os tornaram possíveis numa escala tão espantosa e epidêmica. Em sua opinião, os incendiários definitivos eram os poderosos defensores (muito antes de qualquer emergência fiscal) da redução e redistribuição geográfica dos serviços municipais. Eles observaram que, ainda que os incêndios de estrutura tivessem aumentado dramaticamente no final da década de 1960, devido ao abandono das moradias e aos incêndios criminosos, a situação fora estabilizada pela adição de novos grupos de bombeiros (parcialmente financiados pela HUD) nos bairros afetados. Mas a partir de 1972, a prefeitura, aconselhada pelos especialistas administrativos do Rand, começou a reestruturação dos serviços de bombeiros: o que os Wallace denunciam como "corte no combate a incêndios". Trinta e cinco grupos foram retirados de bairros pobres com alta incidência de incêndios, e a força geral do Departamento de Bombeiros de Nova York foi reduzida de quase 15 mil funcionários, em 1970, para pouco mais de 10 mil em 1976.[66]

O resultado previsível foi a "Tempestade de Fogo no Sul do Bronx" de 1974 a 1977. Os Wallace empregaram sofisticados modelos de doenças para explorar como o contágio de incêndios, provocado pelo "encolhimento planejado" atuando sobre uma crise habitacional preexistente, iniciou uma reação em cadeia ("caminho aleatório altamente instável") de patologias.

> O uso de um modelo matemático destinado à epidemiologia para explicar o comportamento de incêndios na cidade de Nova York não deve perturbar o leitor: esse modelo descreve um desastre ecológico em que os mecanismos estabilizadores necessários para manter uma população

fracassaram. Um modelo epidêmico dos incêndios na cidade de Nova York, em espírito, é como um modelo do colapso da pesca, a destruição catastrófica de um hábitat ou outra calamidade ecológica.[67]

De fato, o que aconteceu no sul do Bronx (que, como eles observam, "nem mesmo era citado como área pobre em 1967") lembrava de modo sinistro as dinâmicas primária e secundária de matança descritas por Stewart em *Earth Abides*. Primeiro, à medida que a proteção contra incêndios era afastada, senhorios em massa abdicaram da manutenção dos prédios, o que, por sua vez, aumentou a incidência de incêndios. A rápida incineração do âmago do sul do Bronx produziu um êxodo em massa para o oeste do Bronx, onde a superpopulação, junto com a redução contínua dos serviços de proteção contra fogo e de moradia em geral, levou pontualmente a uma segunda onda de incêndios, que também se espalhou para o Harlem e partes do Brooklyn. Depois de chegar ao pico de 153.263 emergências em 1976 (quando os incêndios sérios triplicaram a taxa de 1964), a tempestade de fogo começou a acabar. "O declínio dos incêndios estruturais depois de 1976", observam sombrios os Wallace, "não representa o fim da crise ou a melhoria do serviço de bombeiros, e sim a simples exaustão de combustível nas áreas principais da "infecção" por incêndios, como o sul do Bronx, Bushwick e assim por diante".[68]

Os Wallace poderiam facilmente ter incluído a inspeção de moradias e o extermínio dos roedores, dentre outros exemplos, em sua discussão sobre os círculos viciosos criados pelo "encolhimento planejado". No início da década de 1970, Nova York podia ter 800 inspetores habitacionais trabalhando ao mesmo tempo. Mas a partir de 1975, os números foram progressivamente reduzidos até que menos de 200 inspetores estavam no serviço – um número pequeno demais para monitorar os abusos dos senhorios e a deterioração das moradias. Do mesmo modo, o Departamento de Saúde cortou sua força de extermínio de roedores em dois terços, enquanto bania os incineradores antiquados e poluidores. Os substitutos, gigantescos compactadores de aço que coletam o lixo jogado através de poços nos prédios, rapidamente se mostraram ambientes paradisíacos para a reprodução dos ratos. A crescente população de roedores suplantou, quase imediatamente, o punhado de exterminadores que restava.[69]

Os incêndios destruíram redes sociais vitais ancoradas nos bairros, além de casas. Depois deles, o número de sem-teto e de violência nas ruas cresceu a níveis que não eram vistos desde a Depressão. A geografia da pobreza na cidade de Nova York depois da "desertificação" da maior parte do Bronx e de partes do Brooklyn se tornou "altamente instável, quase explosiva" e a etnia branca acelerou a fuga para os subúrbios. Como enfatizam os Wallace, todos esses fatores tiveram implicação profunda para a ecologia da doença e da saúde pública. Antes de 1970, por exemplo, o vício em heroína no Bronx se concentrava em alguns nódulos estáveis bem conhecidos dos trabalhadores de saúde pública. Mas em 1976, os usuários de drogas injetáveis estavam dispersos por todo o bairro, e assim eram mais difíceis de identificar e tratar. Como resultado, a disseminação epidêmica do HIV entre os usuários de drogas injetáveis nos anos 1980 (como aconteceu inicialmente com a tuberculose, nos anos 1990) era impossível de ser contida. Um quarto dos internados nas emergências em alguns hospitais do Bronx era HIV positivos, uma taxa comparável às taxas de morte por aids na África.[70]

Em pesquisa recente os Wallace continuaram a se concentrar nos efeitos a longo prazo (mortalidade infantil e bebês de baixo peso, homicídio, cirrose, tuberculose e assim por diante) do recuo do governo e da catástrofe habitacional dos anos 1970. Junto a outros pesquisadores, eles se preocuparam com o papel de bairros decadentes e abandonados como "incubadores de virulência". Argumentam que "vetores culturais", como o "novo gueto" de Vergara com sua pobreza hipersegregada ou, por outro lado, uma população de sem-teto nômade e com baixa imunidade, não somente espalha doenças (como insetos vetores) mas aumenta sua virulência. O surgimento de tuberculose resistente a múltiplas drogas entre os sem-teto usuários de drogas injetáveis é um exemplo apavorante da evolução da virulência em condições de altas taxas de transmissão. Só um gigantesco esforço de emergência por parte do Departamento de Saúde Pública dos EUA, nos anos 1990, conseguiu pôr a tuberculose nos centros urbanos de volta a algo parecido com um controle de saúde pública.

Apesar desse sucesso, os Wallace são pessimistas com relação a que "o sistema urbano-suburbano dos EUA conseguirá a longo prazo restringir os níveis crescentes de... doenças contagiosas cada vez mais virulentas dentro de epicentros de minorias". De fato, sua pior hipótese – "o modelo de 'supernova em cascata' para o colapso urbano" – lembra demais o pesadelo de Ruskin e Jefferies, da metrópole se matando com suas próprias toxinas. "A rápida implosão física e social das comunidades minoritárias, impulsionada politicamente, produz 'funções delta' de taxas cada vez mais altas de doenças contagiosas virulentas que então explodem em enclaves suscetíveis dentro dos subúrbios afluentes ao redor."[71] Desnecessário dizer que essas doenças emergentes e novas pestes darão pouca importância aos cartazes que dizem "No meu quintal, não" nas áreas suburbanas.

2001

NOTAS

1. Roger Hooke, "On the History of Humans as Geomorphic Agents", *Geology* 28, nº 9 (setembro de 2000), p. 843.
2. John McPhee, *The Control of Nature*, Nova York, 1990.
3. Ernst Bloch, "The Anxiety of the Engineer", em *Literary Essays*, Stanford, Calif., 1998, p. 307.

4. Mathis Wackernagel e outros, *Ecological Footprints of Nations*, Toronto 1998; e "The Ecological Footprints of Tokyo", www.soc.titech.ac.jp.
5. John Ruskin, *The Storm-Cloud of the Nineteenth Century*, Orpington, 1884, p. 137–38.
6. Raymond Fitch, *The Poison Sky: Myth and Apocalypse in Ruskin*, Athens, Ohio, 1982. Os magníficos céus satânicos de Londres no filme dos irmãos Hughes, *From Hell* (2001), que afora isso é *kitsch*, sugere que alguém no departamento de arte leu Ruskin.
7. Seus artigos sobre a história natural de Londres foram reunidos por Samuel Looker em 1944 numa antologia chamada *Richard Jefferies' London*.
8. Samuel Looker, org., *The Nature Diaries and Note-Books of Richard Jefferies*, Londres, 1948, p. 180–81 e 188. Tem havido debates consideráveis sobre a política de Jefferies, mas anotações posteriores nos *Note-Books* certamente revelam uma identificação com o niilismo, se é que não com o comunismo místico, como na interpretação de H.S. Salt (ver seu *Richard Jefferies: A Study*, Londres, 1894, p. 72 e 86–87).
9. Carlo Cipolla, *Miasmas and Disease: Public Health and the Environment in the Pre-industrial Age*, New Haven, 1992, p. 4 e 7.
10. "...a poluição constante do Tâmisa pelo esgoto converteu um belo rio cheio de salmão numa via aquática que fede a ponto de tornar impossível tomar chá no terraço da Casa dos Comuns, num dia quente de verão" (em R. Fitter, *London's Natural History*, Londres, 1945, p. 171).
11. Friedrich Nietzsche, *Thus Spake Zarathustra: A Book for All and None*, Londres, 1978, p. 176–78.
12. P. Brimblecombe, "London Air Pollution, 1500–1900", *Atmospheric Environment 11* (1977), p. 57–60. O estudo feito pela Royal Society sobre os efeitos globais do Cracatoa, publicado em 1888, foi uma obra-prima da ciência no fim do período vitoriano: Ver G. Symons, Report of the Krakatoa Committee, Royal Society, *The Eruption of Krakatoa and Subsequent Phenomena*, Londres, 1888.
13. "De fato este é um romance da depressão agrícola. A sociedade do campo foi abandonada pelos homens da cidade e deixada a seu próprio destino": W. J. Keith, *Richard Jefferies*, Londres, 1965, p. 117.

14. Jessica Maynard enfatiza o parentesco entre a natureza vingativa em "Snowed Up" e o ensaio de Jefferies, "Weeds and Waste". (Ver "A Marxist Reading of 'Snowed Up'", em Julian Wolfreys e William Baker, orgs., *Literary Theories: A Case-Study to Critical Performance*, Nova York, 1996, p. 154.)
15. Laura Spinney, "Return to Paradise", *New Scientist*, 20 de julho de 1996, p. 30.
16. William Morris, *Selected Writings and Designs*, Londres, 1962, p. 68.
17. O que se segue é parafraseado ou citado a partir do artigo excepcionalmente informativo de Spinney.
18. Ver *Richard Jefferies' London*, p. 124-25.
19. Jack London, *The Scarlet Plague*, Nova York, 1912.
20. Sauer citado em Garrett Eckbo, *Landscape for Living*, Nova York, 1950, p. 31. A declaração clássica de Sauer é *The Morphology of Landscape*, University of California Publications in Geography, Berkeley, Calif., 1929.
21. John Caldwell, *George R. Stewart*, Boise, Idaho, 1981, p. 30 (Stegner) e 41 (citação de *Sheep Rock*).
22. Ib., p. 30.
23. Os demógrafos e ecologistas populacionais comparam espécies oportunistas de seleção-R, ou espécies ruderais, cujas populações "explodem" sob circunstâncias favoráveis, e organismos de equilíbrio, ou de seleção-K.
24. As ratazanas são exemplos espetaculares, até mesmo monstruosos, de "seleção-R". As ninhadas têm até uma dúzia de filhotes e as fêmeas estão prontas para entrar no cio 48 horas depois de dar à luz. Os jovens ratos podem se acasalar aos dois meses.
25. *Research Methods in Ecology* (1905) e *Plant Succession* (1916), de Frederic E. Clements, forneceram um paradigma para a ecologia das plantas até a Segunda Guerra Mundial. Clements acreditava que uma única comunidade de plantas era mais bem adaptada ao equilíbrio de longo prazo com cada ambiente regional ou biótopo. Além disso, afirmou que as comunidades eram verdadeiros superorganismos coevoluídos e não somente artefatos estatísticos.
26. Jeffry Diefendorf, *In the Wake of War: The Reconstruction of German Cities After World War II*, Oxford, 1993, p. 30.

27. Fitter, p. 231.
28. Entretanto, a duradoura popularidade de Hudson se baseia no sucesso póstumo de seu romance sobre a floresta tropical, *Green Mansions*, do qual foi feito um filme famoso.
29. Resumo de Fitter, p. 229-30, de Hugh Gladstone, *Birds and the War*, Londres, 1919.
30. Edward Lousley, *The Flora of Bombed Sites in the City of London in 1943* (reeditado a partir do *Report of the Botanical Exchange Club, 1943-14*), Arbroath 1946, p. 875.
31. Fitter, p. 232.
32. Ib., p. 232-33; e Gilbert, p. 180-81.
33. O. L. Gilbert, *The Ecology of Urban Habitats*, Londres, 1989, p. 180-81.
34. Ib., p. 72.
35. Kenneth Hewitt, "Place Annihilation: Area Bombing and the Fate of Urban Places", *Annals of the Association of American Geographers* 73, nº 2 (1983), p. 258.
36. Diefendorf, *In the Wake of War*, p. 8-11 e 94; e Douglas Butting, *From the Ruins of the Reich: Germany, 1945-1949*, Nova York, 1985, p. 64 e 124.
37. Nietszche, *Thus Spake Zarathustra*, p. 176-78.
38. Niels Gutschow, "Hamburg: The 'Catastrophe' of July 1943", em Jeffry Diefendorf, org., *Rebuilding Europe's Bombed Cities*, p. 115-19 e nota 14, p. 128 (citação).
39. Citado em Wolfgang Schivelbusch, *In a Cold Crater*, Berkeley, Calif., 1998, p. 14.
40. Dagmar Barnouw, *Germany 1945: Views of War and Violence*, Bloomington, Ind., 1995, p. 168.
41. Botting, *From the Ruins*, p. 109, 136 e 147-50.
42. Ulrike Sachse, e outros., "Synanthropic Woody Species in the Urban Area of Berlin (West)", em H. Sukopp e S. Hejny, orgs., *Urban Ecology: Plants and Plant Communities in Urban Environments*, Haia, 1990, p. 239-42. O alianto também é dominante nas paisagens urbanas abandonadas de Nova York e Filadélfia. Eric Darton, em sua "biografia" do World Trade Center,

se maravilhou com plantas "tão resistentes que crescem até na fuligem e no refugo das câmaras de ventilação do metrô" (*Divided We Stand: A Biography of New York's World Trade Center*, Nova York, 1999, p. 221).
43. Ver, por exemplo, H.-P. Blume e outros [com Sukopp], "Zur Ökologie tier Grosstadt Unter Besonderer Berücksichtigung von Berlin (West)", *Schriftenreihe des deutschen Rates Für Landespflege* 30 (1978). Desde o início do período pós-guerra também houve importantes estudos da ecologia de locais bombardeados feitos por W. Kreh em Stuttgart e R. Gutte em Leipzig (RDA).
44. Ingo Kowarik, "Some Responses of Flora and Vegetation to Urbanization in Central Europe", em Sukopp e Hejny, orgs., *Urban Ecology*, p. 57–58 (para os conceitos de "Natureza II" e "*hemeroby system*" para medir a escala do impacto humano).
45. "Esses bosques se compõem de misturas improváveis de plantas nativas como freixo, pilriteiros, salgueiros, giesta e rosa-de-gueldres crescendo lado a lado com laburno, maçã doméstica, *whitebeam* sueca, *cotoneasters* e alfenas" (Gilbert, p. 81). Esse "clímax" de bosque quimérico efêmero, segundo Gilbert, é tipicamente alcançado depois de cerca de 40 anos, seguindo estágios da tasneira de Oxford, de capim e arbustos – todos dominados por plantas estrangeiras resistentes (p. 72–81).
46. Citado em Kevin Anderson, "Marginal Nature: An Inquiry into the Meaning of Nature in the Margins of the Urban Landscape", Departamento de Geografia, Universidade do Texas, sem data.
47. H. Sukopp, "Urban Ecology and Its Application in Europe", em Sukopp e Hejny, orgs., *Urban Ecology*, p. 3 e 10. Uma síntese fundamental é H.-P Blume e outros (com H. Sukopp), "Zur Ökologie der Grosstadt Unter Besonderer Berücksichtigung von Berlin (West)", *Schriftenreihe des deutschen Rates für Landespflege* 30 (1978).
48. Um relato pioneiro é R. Gemmell, "The Origin and Botanical Importance of Industrial Habitats", em R. Bornkamm e outros., orgs., *Urban Ecology*, Oxford, 1982. 49. *Guardian*, 15 de agosto de 2001.

49. John Jackie e David Wilson, *Derelict Landscapes: The Wasting of America's Built Environment*, Savage, Md., 1992, p. 176.
50. Kevin Lynch, *Wasting Away*, São Francisco 1981, p. 91; e Ray Northam, "Vacant Urban Land in the American City", *Land Economics*, p. 352–53.
51. *USA Today*, 20 de março de 2000 (pesquisa nacional de prédios abandonados; a prefeitura da cidade de Nova York se recusou a cooperar).
52. Alistair Pitty, *The Nature of Geomorphology*, Londres, 1982, p. 90.
53. Ib., p. 100. William Morris Davis foi a contrapartida de Frederic Clements na geografia física do início do século XX. Segundo seu ponto de vista, as paisagens se desenvolviam em estágios organizados em direção a uma forma, a peneplanície, análoga à comunidade clímax de Clement. Ainda que sua visão do desenvolvimento das formas geológicas como um ciclo simples de erosão e desnudamento não seja mais aceita pelos geomorfólogos, suas injunções epistemológicas ainda mantêm boa parte da força.
54. Robert Fitch, *The Assassination of New York*, Nova York, 1993.
55. Eu desconsidero a crença da direita, de que o controle dos aluguéis "matou" as moradias baratas na cidade de Nova York e levou os senhorios a abandonar ou incendiar suas propriedades.
56. Richard Morris, *Bum Rap on America's Cities: The Real Cause Of Urban Decay*, Englewood Cliffs, N.J., 1978, p. 73 e 80.
57. Ib., p. 76. Jackie e Wilson também apontam para o impacto desastroso, na era Nixon, do programa da Seção 235 da FHA que teoricamente apoiava a reabilitação das moradias mas de fato garantia lucros gigantescos aos especuladores por "baterem a carteira" dos que compravam casas dentro das cidades e que, em seguida, deixavam de pagar as hipotecas. O "ruína urbana para lucrar", como chamam o programa, foi diretamente responsável por deixar 23% das moradias de Detroit vazias e lacradas; 40% dessas unidades foram rapidamente vandalizadas ou incendiadas (*Derelict Landscapes*, p. 170–71).
58. Ib., p. 159.
59. Relato de Vergara em *The Liveable City* 15, nº 1 (março de 1991), p. 2–4.

60. Deborah e Rodrick Wallace, *A Plague on Your Houses: How New York Was Burned Down and National Public Health Crumbled*, Londres, 1998, p. 130.
61. As justificativas político-intelectuais para o ataque de Starr contra os serviços municipais básicos, como observam os Wallace, já tinham sido criadas pela defesa de Daniel Patrick Moynihan da "negligência benigna" durante seu mandato na administração Nixon. Moynihan via os centros das cidades como "comunidades patológicas".
62. Wallace e Wallace, *A Plague*, p. xii.
63. Felix Padilla, *Puerto Rican Chicago*, Notre Dame, Ind., 1987, p. 215.
64. *Newsweek*, 12 de setembro de 1977, p. 89.
65. Rodrick Wallace, "Fire Service Productivity and the New York City Fire Crisis: 1968–1979", *Human Ecology* 9, nº 4 (1981), p. 435-36. Ver também Rodrick e Deborah Wallace, *Studies on the Collapse of Fire Service in New York City, 1972–76:*
66. *The Impact of Pseudoscience on public Policy*, Washington, D.C., 1979.
67. Wallace, "*Fire Service Productivity*", p. 439.
68. Ib.; Número dado em 1976 pelo *New York Times*, 9 de novembro de 2001.
69. Sobre ratos, ver *Los Angeles Times*, 14 de julho de 1994.
70. Rodrick Wallace, "A Synergism of Plagues: 'Planned Shrinkage', Contagious Housing Destruction, and AIDS in the Bronx", *Environmental Research* 47 (1988), p. 15 e 25.
71. Rodrick Wallace e Deborah Wallace, "Inner-City Disease and the Pubic Health of the Suburbs: The Sociogeographic Dispersion of Point-Source Infection", *Environment and Planning*: A 25 (1993), p. 1709 e 1718.

Terra Nova, 2001

18. Tempos estranhos começam

ANO UM

Em junho passado (1998), a *Science* publicou um curto artigo sobre ursos-polares na ilha de Spitzbergen, no mar de Barentz, no Ártico. Uma equipe de cientistas noruegueses vem sistematicamente aplicando tranquilizantes e marcando os animais num estudo de longo prazo sobre sua dinâmica populacional. Eles ficaram chocados ao descobrir que há um número anômalo de ursos hermafroditas. Suspeitam de que os bifenilos policlorados (PCBs) que se condensam da atmosfera fria do Ártico e se concentram na cadeia alimentar marinha são os perturbadores endócrinos responsáveis pela bizarra mudança sexual.[1]

Em meio a todos os abalos ambientais do passado recente, inclusive secas em escala hemisférica e incêndios continentais, são os ursos-polares hermafroditas que mais me assombram. Como o súbito desaparecimento da população de rãs na América Central, há alguns anos, a mudança sexual nos ursos é um sintoma menos imediatamente dramático, mas em última instância mais aterrorizante, da indizível interferência na biosfera. Além disso, é um pequeno item num extraordinário calendário de catástrofes socionaturais que algum dia podem definir os 12 meses entre junho de 1997 a julho de 1998 (o "ano do clima", como dizem os meteorologistas) como um ponto de virada na história do mundo tanto quanto 1989.

Mais exatamente, acho que talvez tenhamos acabado de experimentar o primeiro ano de como será a vida na Terra no terceiro milênio.

Como num mau romance de ficção científica sobrecarregado de muitas cenas absurdas, os últimos dois semestres conjugaram crise econômica, proliferação nuclear, limpeza étnica, aquecimento global, peste, seca, fome e incêndios. Se, por enquanto, os países da OCDE (Organização para a Cooperação Econômica e Desenvolvimento) (exceto o Japão) foram poupados de grandes choques e, de fato, ainda se alucinam vivendo luxuosamente no "fim da história", a segunda e a terceira camadas do mercado mundial – os tigres e os pobres – estão cambaleando. O século XX está terminando com uma explosão, não com um gemido.

O que o Banco Mundial chama oficialmente de "depressão asiática" provoca violência religiosa e étnica na Indonésia, na Malásia e nas Filipinas.[2] As esperanças do sudeste da Ásia, de recapitular os caminhos percorridos por Taiwan e Coreia de industrialização comandada pela exportação, foram sabotadas pela entrada da força de trabalho imensa, altamente disciplinada e com salários ultrabaixos da China no mercado mundial. As atuais perdas de valor das moedas locais são meros raios no horizonte, um aviso de grandes tempestades que ainda virão. À medida que se torna totalmente integrada nas estruturas do GATT, a espantosa capacidade industrial da China eliminará os nichos de manufatura leve e montagem para exportação que os países asiáticos e latino-americanos mais pobres oficialmente abraçaram como motores de modernização. O único recurso será a exportação acelerada de produtos primários, levando a maior desflorestamento ainda, erosão do solo e escassez de água.

Enquanto isso, a emergente corrida nuclear que põe a Índia contra o Paquistão e a China tornou a guerra atômica regional entre os países mais populosos do mundo uma possibilidade aterrorizantemente real. As guerras civis e étnicas crônicas continuam a se espalhar pelos Bálcãs, pelo golfo da Guiné, pelo chifre da África e pelas partes da América Latina (com a intervenção militar dos EUA contra as guerrilhas colombianas agora transformada num segredo de polichinelo). E a crença popular de que a pandemia do HIV está sob controle foi recentemente despedaçada por um estudo da ONU informando que a contagem potencial de mortes na África, onde em alguns países (como o Zimbábue) um quarto da população está infectada, vai se igualar ou ultrapassar a mortalidade causada pela peste bulbônica no século XIV ou o holocausto da gripe de 1918–19.

Enquanto as bolsas de valores da Ásia desmoronavam e as ondas de choque nucleares chacoalhavam os sismógrafos, o mais forte El Niño do século – no contexto da década mais quente em mil anos – orquestrava eventos climáticos extremos de Quebec à Antártida. Noite após noite, os noticiários televisivos mostravam um mundo pegando fogo, com mais de dez mil incêndios consumindo vastas áreas de florestas na Indonésia, Austrália, Amazônia, América Central, sul do México e Flórida. De uma forma enervante, as estações pareciam andar ao contrário e as regiões pareciam trocar de clima, com Boston fervendo num calor de 32°C, em abril, e Los Angeles subitamente adquirindo a chuvarada de Seattle. Dilúvios nos desertos costeiros hiperáridos do Peru aconteciam enquanto porcos e gado bovino morriam de sede nas selvas de Papua.

Confrontados com a "segunda contradição do capitalismo" de James O'Connor numa escala tão épica, os donos da verdade convencionais fugiram para absurdas distinções platônicas entre sociedade e natureza.[3] Ainda que a mídia de massa possa ocasionalmente admitir alguma ligação significativa entre desordem social e natural – como entre o velho capitalismo e os incêndios criminosos nas florestas da Indonésia –, a estratégia dominante tem sido colocar o El Niño no trono como uma força virtualmente sobrenatural que não faz parte da história e cujas consequências humanas tão têm marcas sociais.

De fato, como especulam muitos pesquisadores, o atual ciclo intensificado de El Niño e Oscilação Sulista (ENSO) pode muito bem ser resultado direto – talvez até mesmo a principal expressão – do aquecimento antropogênico da troposfera. Mas, seja qual for o mecanismo definitivo, os eventos provocados pelo El Niño do ano passado representam, tipicamente, picos nos padrões já crônicos de declínio ambiental regional resultante da industrialização hiperacelerada e da exploração de recursos provocada pelas dívidas dos países. Para ilustrar como o capitalismo global e a mudança climática constituem cada vez mais um círculo vicioso, ofereço pequenas amostras de estudos sobre a síndrome contemporânea de seca no leste da Ásia; o impacto inesperadamente desastroso de eventos climáticos extremos em duas grandes cidades ocidentais; e a catástrofe biológica que espreita nos oceanos e estuários do mundo.

FUTUROS EXAURIDOS

Considere, primeiro, as persistentes faltas de monções de verão e secas severas que perturbaram tanto as partes úmidas quanto as semiáridas do leste da Ásia durante a maior parte da década de 1990 e que podem prefigurar um tempo "normal" na era do aquecimento global.[4] Aqui, a mudança climática está colidindo de frente com modelos econômicos baseados em crescimentos insustentáveis na agricultura comercial e no uso das florestas. Segundo o ponto de vista de sacrificar inestimáveis bens ecológicos nacionais em nome do crescimento de curto prazo, o "socialismo de mercado" no Vietnã e na China não é totalmente diferente do capitalismo corporativo estilo "cortar e queimar" praticado na Indonésia e nas Filipinas.

Ainda que o Vietnã figure pouco nas reportagens ambientais e nem de longe evoque a imagem de uma aridez desértica, a atual seca provocada pelo El Niño, chegando nos calcanhares de violentos períodos secos em 1992 e 1994, causou danos gigantescos às plantações de café e arroz que constituem seus principais produtos de exportação e fontes de dinheiro externo. Como resultado, espantosos 50% da força de trabalho rural do país, segundo estimativas de autoridades do governo, estariam "basicamente desempregados" no início de junho de 1998. Além disso, durante toda a primavera, grande escassez de água provocou apagões regulares nas cidades de Ho Chi Minh e Hanói, causando mais interrupção na produção. Uma centena de grandes incêndios florestais assolou as terras altas, e em algumas áreas do centro do Vietnã, como a província de Thuan Hai, os reservatórios de água ficaram tão baixos depois de seis anos de seca que os agrônomos alertaram sobre a possibilidade de uma eventual desertificação.[5]

Numa recente convenção climática em Londres, o distinto cientista vietnamita Le Huy Ba atribuiu boa parte da recente perturbação ambiental do país à perda drástica de cobertura florestal nas terras altas e no litoral por causa da guerra e da agricultura nos últimos 50 anos (queda de 45% da área do país em 1945 para 19% em 1996). A crescente integração da economia do Vietnã no mercado mundial apenas acelerou o desflorestamento. Enquanto a destruição das florestas nas encostas provocava a rápida erosão do solo e enchentes catastróficas, a destruição dos manguezais para criação especulativa de camarões e retirada de lenha levou à acidificação e à perda de bioma. Segundo ele, a destruição das florestas está mudando o clima de modo mensurável e irreversível. "Nos últimos 20 anos, a temperatura média aumentou em 0,5ºC, enquanto a chuva diminuía em 100 a 150 milímetros."[6]

Num tom semelhante, a *World Watch Magazine* publicou um relato perturbador – a partir de um grande estudo dos serviços de informações dos EUA baseado em dados de satélites espiões – sobre a crescente escassez de água na China. Com apenas 8% dos recursos de água potável da Terra, a China alimenta quase um quarto da população mundial. Além disso, a maior parte da água da China está no sul, enquanto a maior parte de suas terras cultivadas fica no norte. A seca provocada pelo El Niño do ano passado, que aumentou a fome na Coreia do Norte ao destruir 70% de suas vitais plantações de milho, também provocou emergências agrícolas em todo o norte da China. Mas como enfatizam Lester Brown e Brian Halwell, a China está ficando mais vulnerável à seca principalmente porque está extraindo água de duas de suas cinco maiores bacias fluviais num nível duas vezes maior do que ela é reposta. Com 70% das terras agrícolas dependendo de irrigação, os níveis atuais de retirada são uma receita para o desastre nacional, com repercussões impensáveis na rede de segurança alimentar do mundo, se a China for obrigada a importar enormes quantidades de grãos que, de outro modo, poderiam alimentar as vítimas das secas na África ou no Oriente Próximo.[7] O epicentro da crise da água está no berço da civilização chinesa, a grande planície do rio Amarelo:

> Em 1972 o nível da água caiu tanto que, pela primeira vez na longa história da China, o rio secou antes de chegar ao mar.... Desde 1985, ele tem secado a cada ano, com o período de seca tornando-se cada vez mais longo. Em 1996, ficou seco por 133 dias. Em 1997... deixou de chegar ao mar por 226 dias. Durante longos períodos nem mesmo chegou à província de Shangdong, a última pela qual passa a caminho do mar. Shangdong, fonte de um quinto da produção de milho e um sétimo da de trigo, depende do rio Amarelo para metade de sua água de irrigação.

Paradoxalmente, a seca crônica é acompanhada pelo crescente perigo de enchentes. Ao mesmo tempo em que se esgota nas áreas mais baixas, o rio Amarelo continua a transferir quantidades fantásticas de sedimentos da região de platôs de loess desflorestados e erodidos para as planícies onde se planta trigo, embaixo. Ameaçando represar e desviar o curso do rio, a sedimentação exige um trabalho incessante para reconstruir as margens e barragens à medida que o leito do rio sobe de modo ameaçador acima das planícies adjacentes. Esse, claro, é um problema clássico na história da China, que viu milhões de pessoas morrerem nas enchentes do rio Amarelo, mas o perigo chegou a um apogeu moderno nos últimos anos. Como explicou recentemente uma autoridade chinesa: "Declarado de modo simples, o reforço das margens sozinho está condenado ao fracasso na corrida contra a sedimentação do canal. Se o rio romper os aterros na região mais perigosa, a enchente resultante afetará diretamente uma área com mais de 150 milhões de habitantes. O único remédio confiável para esse problema é a conservação do solo nas terras altas compostas por loess."[8]

Mas a erosão do solo na região de loess e em outras áreas cresceu absurdamente desde o declínio das comunas e a introdução da agricultura de mercado. Como resultado, a "área média classificada como 'facilmente inundada e prejudicada pela seca' na China pode chegar a quase 40 milhões de hectares no período entre 1985 e 1990, comparados aos menos de 30 milhões de hectares no início dos anos 1980". Mais de 200 mil quilômetros quadrados de antigas áreas agrícolas ou de capim foram transformados em deserto no mesmo período.[9] Pequim e até mesmo Seul estão agora regularmente cobertas por loess e areia soprados da crescente "Tigela de Pó" da China. Essas gigantescas nuvens de poeira atravessam rapidamente o Pacífico, onde se misturam com a poluição local para formar uma frente contínua de névoa ocre que vai do Arizona a Alberta. É a espantosa assinatura do novo capitalismo de estado da China.

Para uma análise mais profunda do relacionamento entre a degradação ambiental e a estrutura social agrária "reformada" da China, é necessário ir além do mero alarmismo dos relatórios do World Watch Institute e do National Intelligence Council. O geógrafo radical Joshua Muldavin, que trabalhou como consultor durante muitos anos na China rural, publicou recentemente um relato penetrante das consequências ecológicas da descoletivização na província de Heilongjiang (ex-Manchúria). Segundo ele, o socialismo de mercado abandonou as práticas agrícolas sustentáveis e está "solapando" implacavelmente os bens comunitários, construídos de modo heroico pelo trabalho de massa nas décadas de 1950–1960, que são os principais absorvedores de choque do estresse ambiental. O desmantelamento do sistema de comunas depois de 1978 levou à expropriação destrutiva de recursos florestais e de pastagens comunitárias. Ainda que nenhum dos ecossistemas envolvidos nessa transformação tenha a celebridade das florestas tropicais, a devastação inevitável é semelhante em processo e escala. Tratadas como dinheiro rápido e de visão curta, as florestas têm sido rapidamente derrubadas e as áreas de capim foram convertidas em plantações temporárias, com a produtividade mantida artificialmente durante algumas estações com o uso de quantidades cada vez maiores de fertilizantes químicos. Diante da redução de suas pastagens, os criadores, por sua vez, tentam minimizar o empobrecimento reunindo o maior número possível de animais nas pastagens remanescentes. As cidades que se industrializam rapidamente, por sua vez, desviam os recursos hídricos da agricultura, depois lançam o esgoto não tratado e o lixo tóxico no rio mais próximo.[10]

Enquanto isso, "por toda a China, os aldeões não puderam [sob o novo regime] organizar o investimento necessário em mão de obra e capital para a infraestrutura agrícola. Reservatórios, diques, canais de irrigação, poços, controle de erosão, plantação de árvores – críticos para manter e aumentar a produção – recebem pouco investimento de manutenção, quanto mais de melhoria e expansão, e estão em sérias condições de abandono". O governo central se recusou a compensar a queda nos gastos em obras públicas locais, e o investimento estatal na agricultura em geral caiu precipitosamente (de 13 para 5% do orçamento total) durante os anos Deng. Em Heilongjiang, a crise fiscal local permanente, junto à privatização das comunas e à dependência de meios não renováveis – como fertilizantes químicos –, está produzindo um pesadelo ambiental de colinas estéreis e erodidas; pastagens desertificadas; campos salinizados e desastres "naturais" mais frequentes. Como observa sombriamente Muldavin: "Uma política nacional que depende da agressão aos sistemas naturais estrutura o crescimento econômico sobre o declínio ecológico."

GODZILLA

A maioria de nós, no Primeiro Mundo, considera ponto pacífico que as cidades com aquecimento central e ar-condicionado vão nos abrigar dos desconfortos sazonais do clima – mesmo quando incidentes climáticos extremos se tornam mais comuns. Pelo contrário, encarar o golpe direto do calor sufocante, das chuvas torrenciais e das implacáveis tempestades de poeira é infortúnio dos favelados do Terceiro Mundo. É muito mais chocante, portanto, que o El Niño de 1997–1998 tenha escolhido agir como Godzilla e colocar duas metrópoles ricas – Montreal e Auckland – de joelhos em janeiro e fevereiro de 1998. Ao fazer isso, ele expôs a extraordinária vulnerabilidade até mesmo das infraestruturas urbanas e regionais mais avançadas diante de forças primordiais como o gelo e o calor.

Às quatro da madrugada de 5 de janeiro, enquanto Montreal dormia, um locutor de rádio alertou que um forte sistema de baixa pressão vindo do golfo de St. Lawrence para Quebec poderia trazer chuva e gelo. As tempestades de gelo são um acontecimento familiar no leste do Canadá, e no mês de novembro anterior o gelo havia derrubado linhas de alta voltagem no grande complexo hidrelétrico de Churchill Falls, no Labrador, que fornece energia de apoio para a Nova Inglaterra e Nova York. Os resistentes moradores de Montreal e seus vizinhos, portanto, estavam preparados para um desastre "comum" de inverno. Mas o que viram ao acordar na manhã de 5 de janeiro, e que suportaram com sofrimento durante o mês seguinte, foi o evento climático mais destruidor na história de Quebec. Graças a uma *jet stream* – corrente de ar muito veloz – desviada pelo El Niño (segundo meteorologistas do Environment Canada), uma vasta quantidade de ar úmido e quente foi sequestrada do sul dos Estados Unidos e colocada sobre uma camada fria que cobria os vales de St. Lawrence e Ottawa. Enquanto caía através da camada fria, a chuva foi super-resfriada e se transformou numa capa de gelo pesando milhões de toneladas que cobriu completamente Quebec e partes de Ontário e da Nova Inglaterra. Estruturas mais fracas como árvores, postes telefônicos e torres de transmissão desmoronaram sob o peso de camadas de gelo com 8 a 12 centímetros de espessura. (Numa malfadada atitude de corte de gastos e economia, a Hydro-Quebec havia reduzido os padrões de sustentação de gelo para seus postes e torres.)[11]

Nenhuma campanha de bombardeio estratégico poderia ter provocado um dano tão grande na Hydro-Quebec e em outras empresas de serviço público quanto *Le Grand Verglas*, que derrubou *115 mil quilômetros* de linhas elétricas e telefônicas, além de milhões de árvores (inclusive grande parte dos famosos bordos de Quebec). A nação cujo futuro está grandemente hipotecado como reservatório de eletricidade da América do Norte – com bilhões de dólares de investimentos recentes em barragens e lagos artificiais ecologicamente destrutivos – de repente se viu sem energia durante quase um mês. Quando foram anunciadas as primeiras mortes por hipotermia, mais de cem mil moradores de Montreal e de seus subúrbios ao sul foram levados para abrigos de emergência. (Moradores da região metropolitana mais duramente afetada – os 89 municípios do chamado "Triangle noir" – só tiveram a eletricidade restaurada no fim da primeira semana de fevereiro.) A vida econômica parou, e, pela primeira vez desde a "Crise de Outubro" de 1970, o Exército foi chamado para patrulhar as ruas escuras.

Como observou mais tarde Louis Francoeur, um dos jornalistas progressistas mais conhecidos de Montreal, o heroísmo dos encarregados das linhas elétricas e dos operários da Hydro-Quebec, que trabalharam, dia após dia, sem dormir para substituir 30 mil postes derrubados, foi usado para afastar qualquer crítica contra a empresa monstruosa que, assolada por recentes escândalos financeiros, havia muito era o principal inimigo dos ambientalistas e dos povos nativos de Quebec. *Le Grand Verglas*, pelo contrário, ofereceu a *raison d'être* de emergência para que o Parlamento de Quebec deixasse de lado o debate normal e ratificasse o novo plano estratégico da Hydro-Quebec para incrementar as vendas de eletricidade e gás em mercados desregulamentados dos EUA. Em vez disso, a controvérsia pública foi transferida para discussões irritadas sobre como as prefeituras e a província dividiriam o custo de vários bilhões de dólares da grande tempestade de gelo.[12]

O inverno em Quebec, claro, coincide com o verão nos antípodas. Enquanto os moradores de Montreal ainda avaliavam os danos causados pelo gelo no fim de fevereiro, o governo da Nova Zelândia estava pesando a opção sem precedentes de mandar o Exército evacuar a população do distrito empresarial central de Auckland. Diante de uma prolongada onda de calor devida ao El Niño, o fornecimento de eletricidade recentemente privatizado na cidade havia morrido numa dramática série de apagões que durou todo o mês. Cada queda de energia fora seguida por anúncios sorridentes da Mercury Energy Ltd. dizendo que "a crise acabou e a eletricidade será restaurada logo". De fato, como deixou claro um inquérito ministerial posterior, a empresa privada havia negligenciado a manutenção de rotina nos quatro cabos subterrâneos que levavam energia para 8.500 empresas e 75 mil pessoas no centro da maior cidade da Nova Zelândia. Na tentativa de aumentar os lucros, ela também havia demitido metade de sua força de trabalho, considerando-a "desnecessária".[13]

Apesar de uma conexão improvisada com um navio-gerador ancorado no porto, os apagões continuaram até o fim de maio. Cirurgiões operavam à luz de lanternas e o Tribunal Superior da Nova Zelândia foi obrigado a transferir as seções para uma cripta de igreja e depois para uma pista de corridas. Cento e vinte quarteirões do centro de Auckland se transformaram em cidade fantasma. Como confessou o prefeito da cidade a um manifestante irado: "Tivemos pessoas presas em elevadores, sufocadas por fumaça, houve incêndios... pessoas se feriram." Eventualmente, uma enorme quantidade de empresas foi levada à falência e milhares de moradores foram para os subúrbios.[14] (Enquanto isso, a UtiliCorp, sediada em Kansas City, que já possuía um terço das ações de eletricidade na Nova Zelândia, explorou a crise de Auckland para uma tomada de controle acionário hostil contra a Mercury Energy.)[15] Na verdade, isso acabou se tornando uma renovação urbana não planejada, graças à estranha aliança do ENSO com a política de privatização.

MARES MORTOS

No outono passado, os cadáveres de milhares de leões-marinhos e centenas de milhares de aves marinhas começaram a chegar às praias do Peru e do Equador. Em novembro, um naturalista descobriu 500 leões-marinhos mortos num único trecho de praia perto de Punta San Juan de Marcona, no Peru.[16] Como em 1972-1973 e 1982-1983, o El Niño estava dizimando espécies marinhas em todo o Pacífico ocidental. Suas águas quentes impedem a subida de nutrientes frios que alimentam a gigantesca biomassa de anchovas na Corrente de Humboldt, perto do Peru. À medida que a população de anchovas despenca, derruba toda uma cadeia alimentar de peixes maiores, aves e mamíferos marinhos. Nos eventos mais extremos do ENSO, perecem entre 80 e 90% das populações interdependentes. E o tumulto do ecossistema na costa peruana pode ricochetear a milhares de quilômetros acima e abaixo na margem oeste do Pacífico. Ao atingir as cavalinhas migratórias, por exemplo, matando milhões de filhotes de salmão perto da Colúmbia Britânica.[17]

Como os 12 milhões de toneladas métricas de anchovas são normalmente a maior fonte de proteína piscosa da Terra, seu desaparecimento também lança ondas de choque em todo o sistema de segurança alimentar do globo. Os preços futuros da soja e da carne bovina disparam na bolsa de mercadorias de Chicago enquanto os cintos são apertados em todo o Terceiro Mundo deficiente de proteínas. Ainda que o ciclo de anchovas provocado pelo ENSO exista há pelo menos cinco mil anos, a recuperação do número de anchovas e das outras espécies que se alimentam delas foi comprometida pelo excesso de pesca e pela poluição litorânea. A mudança climática, de novo, só está exacerbando uma crise existente, provocada pelo homem – desta vez com dimensões globais. O sonho das décadas de 1950 e 60, de que os oceanos alimentariam facilmente um mundo faminto, se mostrou um desapontamento cruel.[18]

De fato, os desertos biológicos de crescimento mais rápido na Terra são os sete mares. Como alertou recentemente o *Washington Post*: "Os oceanos, que durante muito tempo eram vistos como uma riqueza ilimitada, estão se esvaziando. Da Islândia à Índia, da Namíbia à Noruega, a pesca está decaindo a cada ano. Cerca de 60% dos tipos de peixe rastreados pela Organização de Alimentação e Agricultura da ONU são categorizados como totalmente explorados, superexplorados ou esgotados." Além disso, os números oficiais provavelmente subestimam a crise, já que "cinco espécies de pouco valor – apenas uma delas comida pelos seres humanos, o resto usado para alimentação animal – respondem por todo o crescimento da pesca marítima desde 1983".[19]

As frotas pesqueiras do mundo – dominadas por supertraineiras de 300 pés com alta tecnologia e que literalmente arrastam os mares com redes de quilômetros de comprimento que podem pegar 17.000 quilos de peixe e golfinhos desafortunados de uma só vez – são tremendamente capitalizadas e dependem de uma estimativa de 54 bilhões de dólares de subsídios nacionais por ano.[20] Além disso, como observou recentemente um editorial da BBC: "Ao mesmo tempo que se reduz o número de peixes, os governos continuam a subsidiar um aumento na capacidade de pesca... em particular das gigantescas traineiras-fábricas – que podem se aventurar mais longe, principalmente em águas do sul, onde a pesca não foi tão exaurida."[21] É a simples capacidade exagerada das frotas pesqueiras do Primeiro Mundo, em outras palavras, e não a ecologia populacional dos peixes, que diminui a pesca anual, em geral em detrimento de países pobres cujos cardumes são atacados para que empresas multinacionais possam vender a proteína de volta para eles na forma de ração para animais e outros produtos.

Essas frotas de fábricas, claro, são altamente eficientes em apagar ecologias marinhas inteiras. A pesca industrial para produzir ração destinada a galinhas e porcos (agora cerca de um terço da pesca mundial) é particularmente insidiosa ao destruir populações de peixes pequenos e assim matando de fome os peixes maiores e os mamíferos que se alimentam deles. Enquanto a pesca superficial de bacalhau, salmão, vermelho, cavalinhas, arenque, atum e assim por diante foi reduzida drasticamente, as frotas passaram a fazer pesca de profundidade, buscando espécies como o *orange roughy*, que vive mais de um quilômetro e meio sob a superfície, na borda da plataforma continental. Como observaram inutilmente biólogos marinhos, esses não são cardumes renováveis. "O *orange roughy* leva até 30 anos para se reproduzir, e alguns espécimes que estão nas bancadas dos peixeiros talvez estivessem vivos na época em que a rainha Vitória ocupava o trono."[22]

Enquanto isso, esquemas altamente tortuosos para introduzir a administração de produção sustentável nas grandes indústrias pesqueiras têm representado fracassos dispendiosos. Nos últimos 20 anos, por exemplo, as áreas de pesca litorânea do mundo foram divididas em zonas econômicas de 200 milhas nacionalmente exclusivas. Justificadas como solução para o excesso de pesca das frotas de traineiras estrangeiras, as zonas simplesmente encorajaram maior capitalização das indústrias pesqueiras locais subsidiadas pelos governos (ou, no caso de países pobres, um mercado lucrativo e frequentemente corrupto de venda de direitos de pesca a corporações estrangeiras à custa das comunidades pesqueiras locais). No caso dos EUA, os oito conselhos regionais de pesca foram estabelecidos para determinar limites de acordo com as melhores estimativas científicas. Mas, de modo clássico, o controle político dos conselhos foi assumido pelas grandes frotas comerciais que eles deveriam regular. Em consequência, os barcos de pesca menores, baseados em comunidades, foram postos contra a parede enquanto os figurões esgotavam 82% dos cardumes comerciais. Tentativas, nos Estados Unidos e em outros lugares, de consertar a situação com invenções da Harvard Business School como "quotas de pesca individuais e transferíveis" fizeram apenas com que as quotas fossem engolidas por entidades estranhas como a Caterpillar Corp., o gigantesco conglomerado contábil KPMG e o National Westminster Bank.[23]

Enquanto as populações marinhas são ameaçadas de extinção, o mesmo acontece com as comunidades de pesca tradicionais que dependem delas há séculos.[24] O colapso, em 1992, da pesca de bacalhau em Grand Banks (que já foi a mais produtiva do mundo), por exemplo, representou uma sentença de morte econômica para as minúsculas comunidades costeiras da Terra Nova, onde havia muito os pescadores locais vinham protestando em vão contra a conivência do Ministério da Pesca com interesses corporativos com o objetivo de inflar as avaliações da população de bacalhau e assim justificar os subsídios que Ottawa dava às grandes empresas para aumentar suas frotas e instalações de processamento. Os subsídios para um punhado de monopólios de alimentos marinhos integrados verticalmente (Fisheries Products International, National Sea Products e assim por diante) continuam enquanto 40 mil desempregados na Terra Nova são regularmente denunciados no Parlamento do Canadá como "sanguessugas da previdência social" e "parasitas". Mais pateticamente, políticos demagogos, liderados pelo ministro da pesca, Brian Tobin, agora estão afirmando que foram as focas harp, e não a cobiça corporativa, que destruíram o bacalhau, e estão exigindo uma expansão na controvertida matança anual de bebês-focas. Botões de lapela com o slogan "Salve nosso bacalhau, coma uma foca" são distribuídos pela Canadian Sealers Association, financiada pelo governo.[25]

Vários milhares de quilômetros abaixo das agonizantes aldeias de pescadores da Terra Nova, uma crise biológica mortal, que pode ser radicalmente agravada pelo aquecimento do clima, está escapando rapidamente do controle nas poluídas águas de estuário e costeiras dos estados mesoatlânticos e sulistas. Todo verão, uma enorme proliferação de algas alimentadas pelo lixo rico em nitrogênio trazido pelos rios das plantações de milho de Iowa, das granjas do Arkansas e das criações de porcos da Carolina do Norte sufoca e mata a biota das águas rasas. Um exemplo é a notória "zona morta" – atualmente 18 mil quilômetros quadrados se estendendo da foz do Mississippi até a fronteira do Texas – que emerge anualmente a partir da costa da Louisiana. Na primavera, o Mississippi fertiliza o Golfo com o escoamento agrícola e o esgoto municipal de 30 estados que ficam rio acima. À medida que o sol de verão aquece essa camada poluída na superfície, as algas se reproduzem explosivamente e morrem depressa, apodrecem e retiram o oxigênio da coluna d'água. A água com baixo teor de oxigênio resultante – graças à Archer Midlands Daniel e ao resto do agronegócio – é incapaz de sustentar a vida marinha.[26]

Para impedir a crescente eutroficação do Golfo, a agricultura comercial do Meio-Oeste e do Sul teria de ser radicalmente modificada para reduzir a dependência de fertilizantes químicos e pesticidas. Elaboradas fronteiras de capim e áreas úmidas teriam de ser criadas para capturar e diluir o escoamento das fazendas antes de chegar ao Mississippi ou a seus principais afluentes. Como uma modificação tão radical da agricultura americana é quase impossível de se imaginar, a zona morta continuará a crescer à custa da vida marinha e dos 200 mil pescadores e trabalhadores da indústria de processamento no Golfo, que dependem da saúde dos ecossistemas costeiros. Ao mesmo tempo o caldo venenoso composto de lixo petroquímico, esterco de gado e aves, fertilizantes artificiais, metais pesados e substâncias químicas exóticas no escoamento urbano está produzindo efeitos de pesadelo rio abaixo, em incontáveis comunidades costeiras.[27]

Nos estuários da Carolina e na baía de Chesapeake, "o protozoário do inferno", o incrivelmente sinistro dinoflagelado *Pfisteria piscidia* – que se reproduz em águas contaminadas por esterco – vem matando milhões de peixes e infligindo uma estranha doença nos pescadores locais, cujos sintomas lembram a esclerose múltipla aguda ou a doença de Alzheimer. A corajosa cruzada de uma bióloga da Carolina do Norte, a dra. JoAnn Burkholder, contra o encobrimento oficial da epidemia de *Pfisteria* forma o enredo cheio de suspense do best-seller escrito por Rodney Barker em 1977, *And the Waters Turned to Blood* [E a água virou sangue]. Como indica a pesquisa de Burkholder e seus colegas, a "microbiolização" das águas de Chesapeake e outras áreas costeiras parece ser uma colaboração entre o excesso de nutrientes e a pesca exagerada de ostras e outras criaturas que se alimentam de plâncton de modo eficiente. O *Pfisteria* é apenas o último estágio, ainda que o mais apavorante, no processo de eutroficação que pode ser rastreado até o impacto da colheita mecânica (introduzida nos anos 1930) nos anteriormente vastos recifes de ostras em Chesapeake.[28]

Mais para o sul, ao longo da costa do golfo, o perigo imediato e atual parece surgir principalmente das substâncias tóxicas e que causam interferência endócrina que entraram na cadeia alimentar marinha. O dano hormonal para a vida selvagem já está assumindo proporções de ficção científica, com gaivotas nascendo com glândulas tireoides tão grandes que acabam explodindo e aligatores machos com órgãos sexuais atrofiados que impedem a reprodução. Essas histórias de terror, claro, nos levam num círculo fechado até o oceano Ártico poluído por PCB e a espantosa prevalência de ursos polares hermafroditas...

1998

PÓS-ESCRITO: QUATRO ANOS DEPOIS

El Niño, e sua irmã delinquente, La Niña, vieram e se foram, mas tempos estranhos persistem. Foi o segundo ano mais quente (depois de 1988) em mil anos. Em março de 2002, enquanto equipes ainda escavavam para retirar os restos de bombeiros e corretores de valores mortos de dentro da cratera que já fora o World Trade Center, o banco de gelo Larsen B, na Antártida, desmoronou subitamente. Com espessura equivalente a um prédio de 60 andares e ocupando mais de 3.400 quilômetros quadrados, o banco de gelo sobrevivera a cada pulso de calor desde o fim do Pleistoceno. No entanto se pulverizou em apenas algumas semanas – como uma janela acertada por uma bala de canhão – criando milhares de icebergs. Onde o gelo branco estivera sólido durante talvez 50 mil anos, agora havia o furioso ondular de veludo do oceano glacial Antártico.

O mar azul profundo era uma visão igualmente perturbadora 16 mil quilômetros ao norte, onde, pela primeira vez na memória comunal dos inuit, da península de Chukotka, na Rússia, o estreito de Bering deixou de congelar. "Estranhos portentos estão em toda parte", informou um visitante americano. "Trovões e raios, que eram raros, tornaram-se comuns. Um estranho vento quente sopra do sul. Caçadores que se orgulham da capacidade de ler o céu dizem que não podem mais prever as nevascas súbitas. 'A Terra', concluiu um caçador 'está girando mais depressa'."[29]

De fato. Partes do Ártico esquentaram 10°C durante a última geração, e os climatologistas preveem que o oceano Ártico pode estar aberto para navegação durante o verão em meados deste século. Aqueles magníficos predadores do mar gelado, os ursos-polares, não vão se preocupar com a identidade sexual, já que estarão extintos. O mesmo acontecerá com as espécies de focas que dependem do gelo para dar à luz. A famosa seleção de focas no golfo de St. Lawrence teve de ser cancelada este ano porque havia muito pouco gelo. Em vez disso, as praias da Terra Nova foram cobertas de modo macabro por dezenas de milhares de filhotes de focas harp que se afogaram quando as mães não encontraram gelo para dar à luz.

Enquanto isso, o inverno desertou sem aviso em boa parte das latitudes temperadas. Os nova-iorquinos passearam em mangas de camisa no dia de Natal e ligaram os aparelhos de ar-condicionado no meio de abril. Os gansos ficaram em casa no agradável Wisconsin em vez de migrar para os climas sulistas, enquanto ratos e carrapatos assolavam os subúrbios de Boston. Pequim, normalmente assolada pelos gélidos ventos siberianos, sufocou num calor de 28°C em março, enquanto cientistas indianos ponderavam a probabilidade de enchentes catastróficas devido ao degelo no Himalaia. Auckland estendeu um tapete de boas-vindas para contingentes de refugiados de Tuvalu: a primeira nação insular a começar uma evacuação planejada diante da elevação do nível do mar.

Nada disso, claro, teve o menor impacto sobre a cidade (futuramente tropical) à margem do Potomac. Mesmo que o gramado oeste se transformasse numa duna de areia ou que macacos saracoteassem nas galerias do Congresso, os lobistas da indústria de energia – ecoados por Rush Limbaugh – ainda diriam que o aquecimento global é ficção científica. Mesmo que possa ser teoricamente possível imaginar um capitalismo global "verde" sem a dependência avassaladora dos combustíveis fósseis, o resultado atual é a contrarrevolução ambiental suja. A controvertida eleição de Bush em 2000 foi, acima de tudo, um golpe de Estado em favor dos principais produtores de dióxido de carbono: as indústrias automobilística e de energia. As subsequentes intervenções americanas no Afeganistão e na Colômbia, além do fracassado golpe patrocinado por Washington contra a Venezuela, seguiram descaradamente as rotas (existentes ou propostas) de oleodutos. Ainda que a academia possa continuar a favor da esotérica relatividade do textualismo pós-moderno, o determinismo econômico vulgar – que começa e termina com os superlucros do setor de energia – atualmente ocupa os verdadeiros assentos do poder. Não precisamos de Derrida para saber em que direção o vento sopra ou por que a camada de gelo está desaparecendo.

2002

NOTAS

1. "Polar Bears and PCBs", *Science* 280 (26 de junho de 1998), p. 2053.
2. Ver a entrevista pessimista ("esta depressão pode durar muito") com o vice-presidente do Banco Mundial para a Ásia, Jean-Michel Severino, no *Sidney Morning Herald*, 17 de junho de 1998.

3. A "segunda contradição" decorre da externalização individual dos custos sociais e ambientais que, como um exército de fantasmas, retornam para assombrar o capital como um todo. Ainda que as comunidades de mão de obra local sejam as primeiras vítimas da degradação ambiental, O'Connor argumenta que o crescimento urbano, a poluição, o desflorestamento e o aquecimento global eventualmente se tornam restrições à lucratividade global. Ver "The Second Contradiction of Capitalism: Causes and Consequences" em O'Connor, *Conference Papers* (CNS Pamphlet 1), Santa Cruz, Calif., 1991.
4. Há debates quanto a se a onda de calor de 1994 e a pior seca no sudeste da Ásia em meio século foram causadas pela permanência do El Niño de 1990–1992 ou por condições sinóticas incomuns no Platô Tibetano. Ver Chung-Kyu Park e Siegfried Schubert, "On the Nature of the 1994 East Asian Summer Drought", *Journal of Climate* 10 (maio de 1997), p. 1056-57.
5. Cf. "Global Warming and Vietnam", *Tiempo* (revista on-line do University of East Anglia Climate Research Group); "Drought Damage to Vietnam Coffee Seen Increasing", *Financial Express* (Cingapura), 17 de abril de 1998; "Parched: El Niño Is Blamed", *Los Angeles Times*, 17 de junho de 1998.
6. Le Huy Bat, "The Change Of Regional Climate and Environment Caused by Deforestation, Irrational Land Use and Urbanization, Biotic Responses", poster na PAGES Open Science Meeting, University of London, 20–23, 1998.
7. Lester Brown e Brian Halwell, "China's Water Shortage Could Shake World Food Security", *World Watch Magazine* (julho-agosto de 1998).
8. Huang Bingwei, citado em Ian Douglas e outros, "Water Resources and Environmental Problems of China's Great Rivers", em Denis Dwyer, org., *China: The Next Decades*, Londres, 1994, p. 192.
9. A erosão e o desflorestamento aumentam as perdas provocadas pela seca e pelas enchentes ao obstruir os sistemas de irrigação e reduzir a absorção da chuva pelo solo. Na província de Guangxi, por exemplo, a erosão destruiu um oitavo da vital infraestrutura de irrigação, com declínios correspon-

dentes na produção de grãos. Ver Scott Rozelle e outros, "The Impact of Environmental Degradation on Grain Production in China, 1975-1990", *Economic Geography* 73, nº 1 (janeiro de 1997), p. 52-53.

10. Joshua Muldavin, "Environmental Degradation in Heilongjiang: Policy Reformand Agrarian Dynamics in China's New Hybrid Economy", *Annals of the AAG 87*, nº 1 (1997), p. 579-613.
11. Esse relato sobre o sofrimento de Montreal e Quebec é baseado em Louis Francoeur, "Le Québec 'Sonne' par le Grand Verglas", em *Le Monde Diplomatique*, maio de 1998, p. 20-21, e vários press-releases e informações gerais (inclusive "Is There a Link to El Niño?") do Environment Canada, Ottawa, 1998.
12. Ib.
13. BBC News, 20 de março de 1998; e *The Press* (Christchurch, Nova Zelândia), 11 de maio de 1998.
14. Telegrama da Associated Press, 26 de fevereiro de 1998.
15. "Blackouts in New Zealand a Real Turn-on for UtiliCorp", *Kansas City Business Journal*, 16 de março de 1998.
16. Do quadro de avisos dos eventos sobre o ENSO em *The 1997 El Nino/ Southern Oscillation* (www.darwin.bio.uci.edu).
17. Ver Michael Glantz, *Currents of Change: El Niño's Impact on Climate and Society*, Cambridge, 1996, esp. p. 23-32.
18. As primeiras estimativas de que os seres humanos exploraram apenas 2% da produção primária dos oceanos foram suplantadas por estudos indicando que a verdadeira retirada nas principais áreas de pesca costuma se aproximar de 40% do potencial teórico. (Ver o relato do trabalho do biólogo de pesca Daniel Pauly na *Science* 296 [19 de abril de 2002].)
19. Anne Swardson, "Once Bountiful, the Seas Slowly Empty", *Washington Post*, 3 de outubro de 1994.
20. Da premiada série do *New Orleans Times-Picayune*, "Oceans of Trouble", 24-30 de março de 1995.
21. Kieran Mulvaney, "The Fish is Off", *BBC Wildlife Magazine*, outubro de 1994.

22. "The Fisheries Effect", relato do World Wide Fund for Nature, 1997.
23. Dick Russell, "Vacuuming the Sea", *E Magazine* 7, n° 4 (julho–agosto de 1996).
24. Enquanto os cardumes de peixe e a renda familiar despencam ao mesmo tempo, os pescadores são compelidos a buscar trabalho potencial em qualquer mar, em qualquer tempo. *The Perfect Storm*, de Sebastian Junger (Nova York, 1997), é um brilhante relato – de fato, uma análise de classe – dos riscos quase suicidas que agora são corridos rotineiramente pelos barcos pesqueiros da Nova Inglaterra.
25. Cf. Alan Finlayson e Bonnie McCay "The Political Ecology of Crisis and Institutional Change: The Case of Northern Cod", em Fikret Berkes e outros, orgs., *Linking Social and Ecological Systems: Management Practices and Social Mechanisms for Building Resilience*, Cambridge, 1998; Christopher Chipello, "Nothing But Net", *Wall Street Journal*, 19 de maio de 1998; e David Lavigne, "Seals and Fisheries, Science and Politics" (artigo lido na Eleventh Biennial Conference on the Biology of Marine Mammals, Orlando, Fl., dezembro de 1995).
26. 26 "Oceans of Trouble", ib.
27. Ib.
28. C. B. Officer e outros, *Science 223*, n° 22 (1995).
29. Usha McFarling no *Seattle Times*, 15 de abril de 2002.

AGRADECIMENTOS

Publicações originais apenas: *New Left Review* (Prefácio e Capítulos 9, 12 e 14), *Socialist Review* (Capítulo 10), *International Socialism* (Capítulo 11), e *Capital, Nature, Socialism* (Capítulo 18). O Capítulo 7 foi publicado pela primeira vez em Mark Shiel e Tony Fitzmaurice, orgs., *Cinema and the City*, Londres, 2001; o Capítulo 8 em Diane Ghirardo, org., *Out of Site*, Seattle, 1991; e o Capítulo 15 em Lars Nittve e outros, *Sunshine and Noir*, Nova Orleans, 1998.

Muito obrigado a Colin Robinson, Steve Hiatt, Samita Sinha e o resto da turma da New Press.

CRÉDITOS FOTOGRÁFICOS

As fotos que abrem os Capítulos 8, 10 e 16 são do extraordinário portfólio de Diego Cardoso. Nascido no Equador, Diego (um importante planejador municipal e ativista cívico) mantém há anos um diário de fotos mágico-realistas das ruas de Los Angeles. Suas imagens incríveis influenciaram profundamente minha percepção da cidade.

Prefácio, *Los Muertos*, de José Clemente Orozco, cortesia da família Orozco, Centro Nacional de Conservación, e Museo de Carrillo Gil, Cidade do México; Capítulo 1, cortesia do Southwest Museum, Los Angeles, foto nº *P36657;* Capítulo 2, *Dead Animals* nº 327, © 1987 de Richard Misrach, cortesia da Robert Mann Gallery; Capítulo 3,

Exército dos Estados Unidos; Capítulo 6, © Premium Stock/CORBIS; Capítulo 7, US Works Progress Administration; Capítulo 9, © Robert Yager; Capítulo 11, Los *Angeles Herald Examiner*; Capítulo 12, © Ted Soqui; Capítulo 16, © Premium Stock/ CORBIS; Capítulo 17, © 1988 de Camilo Vergara. Outras fotos: MD.

ÍNDICE REMISSIVO

A
aburguesamento, 164-65, 224, 229, 233, 238, 393-94
Adamic, Louis, 171-72, 184
Adams, Ansel, 64
Adams, Robert, 64
afro-americanos:
    classe média, 310, 369, 371, 378-79
    direitos civis e, 271, 282, 288, 312-13, 351
    juventude, 289-91, 298-99, 379, 385-88, 393-94
    luta contra o racismo, 263, 271, 289-93, 298-99, 367-69
    polícia e, 271, 290, 310-11, 351-52, 365-67
    rebeliões entre os, 308-13
    relações com latinos, 322-23, 364-66, 371-73
After London (Jefferies), 473, 476, 478, 481-85
aids, 511-12, 516, 526-27
Alatorre, Richard, 231, 233
Aldrich, Robert, *A morte num beijo*, 189-92
Alhambra, Califórnia, 295-97
Alvarez, Walter, 411, 420, 438, 458n45
American Ground Zero (Gallagher), 68-73
American Notes (Dickens), 181-82
And the Waters Turned to Blood (E a água virou sangue) (Barker), 540-41

Angel's Flight (Sheets), 185
Angel's Flight, 185, 188, 193, 209
anos 1960, interpretação dos, 297-301
Another World (Grandville), 26
Antártida, 541
anticomunismo, 281-82, 286-87
antissemitismo, 103
"Anxiety of an Engineer, The" (Block), 25
Arapahoe, povo, 50-52
Área de Testes Nucleares de Nevada, 53, 68-69, 72, 76
arranha-céus, 30-31, 197, 213-14, 217, 230, 236
Ártico, 525, 541-42
asiático-americanos, 277, 311-12
Assassination of New York, The (Fitch), 507
Associação dos Fotógrafos Atômicos, 64-65, 68
asteroides, 401-02, 404, 412-17, 424-30, 440-49
astrofísica, 422-23
astronomia, 456n28
    descobertas, 401-02, 452n4, 463n94
At Work in the Fields of the Bomb (Del Tredici), 68
Auckland, 535, 543
Autoridade de Transportes Metropolitanos (MTA), 251-59

B

baía de são Francisco, área da, 336, 338, 351
Baixeza (Siodmak), 183, 186-89
Ballard, J.G., 62
Baltz, Lewis, 64
Banham, Reyner, 179
Barker, Rodney, *And the Waters Turned to Blood* (E a água virou sangue), 540-41
Barrett, Wayne, 28
Bell, Califórnia, 268, 275-76
Bell Gardens, Califórnia, 263, 268-71
Benjamin, Walter, 20
Berlim:
    bombardeios em, 99-118, 497, 500
    ecologia ruderal de, 497-505
Bernardi, Ernani, 210-11, 214, 225, 234
biosfera, conceito de, 436
Birds in London, The (Hudson), 498
Bloch, Ernst, 24-27, 474-75
    The Anxiety of an Engineer, 25
    O princípio da esperança, 26
bombardeios:
    Alemanha, 497, 500-01
    blitz contra Londres, 104, 498
    de precisão x de área, 103-08
    desurbanização e, 497-98
    incendiários, 99-118
Booker, Claude, 274
Boyle Heights (Los Angeles), 273
Bradley, Omar, 372
Bradley, Tom, 210-12, 217, 222, 234, 320-21
brancos:
    fuga das cidades, 335-36, 368
    nativismo entre os, 309, 315
    racismo entre os, 263-64, 368
Brecht, Bertolt e Kurt Weill, *A ópera dos três vinténs*, 179
Bretz, Harlen, 66
Brittain, Vera, *Massacre by Bombing*, 105-06
Brown, Jerry, 320
brutalidade policial, 363-68
Bunker Hill (Los Angeles), 179-86, 188-89, 191-94, 201-6, 208-10, 214, 215, 217, 220, 222
Burkholder, JoAnn, 540-41
Bush, administração, 312-13, 319-20, 324-27
Bush, George, 324

C

Califórnia, crise de orçamento na, 351-56
    cultura jovem, 281-301
    imigração, 261-63, 271, 305-06
    impostos na, 274-75, 348, 361n64
    meio-ambiente, 267, 489-96
    recessão na, 308
Campo de Provas de Dugway, 79-83, 86-87, 99-103
Canaries on the Rim (Ward), 96n77
caos, teoria do, 404, 414-15, 419, 453n8
capitalismo, 67, 527-28, 531-32, 537-38
Carpenter, John, *Eles vivem*, 193-94
Carter, administração, 327-28
"catastrofismo coerente", 404, 418, 421, 442
"catastrofismo estocástico", 441-51
Catedral de Cristal, 173-74
causalidade, na ciência, 423-30, 451
Cazaquistão, 57-58, 75-76
Central Business District Association (CBDA), 200, 211-12, 253
Central City Committee (CCC), 205-6
Central City West Association (CCWA), 227-29

ÍNDICE REMISSIVO

Centro-sul de L.A., 214
Century City (Los Angeles), 208
Chandler, Raymond, 183-84
Cherokee, povo, 46
Chesapeake, baía de, 450, 540-41
Cheyenne, povo, 51-52
Chicxulub, impacto de, 411, 417-18, 438, 455n21
China:
    astronomia na, 444
    economia da, 526
    escassez de água na, 528-32
    investimentos estrangeiros, 264, 267
    tradição científica na, 420
Churchill, Winston, 104-06, 109-10, 112-13, 115
"Cidade Periférica" (Edge City), 334-39
cidades:
    centros das cidades, 30, 197-240
    estudo científico das, 475, 485-89
    falta de investimento nas, 511-17
    jogos e meios de financiamento, 276-78, 370-71
    mudanças étnicas na população, 261-64, 271, 335-39
    natureza e, 25-26, 481-89, 493-505
    política federal para as, 508
    problemas de saúde nas, 511-17
    religião e, 169-76, 180
    renovação urbana, 197-240, 275, 322, 370, 507-17
    sustentabilidade das, 474-75
    tecnologia e, 25-26, 473-74
City of Commerce, Califórnia, 218, 265, 268, 276
classe trabalhadora:
    Berlim e, 101-03, 109-11
    Havaí e, 156, 158-59, 164-6
    juventude da, 282-84, 289-92, 298-301
    Los Angeles e, 261-64
    moradia da, 101-03, 105, 202-05, 268-69, 507-14
    reciclagem da, 331-34
Clements, Frederic E., 497
    Plant Succession, 519n25
    Research Methods in Ecology, 519n25
clima, efeito dos impactos sobre o, 450
    mudanças no, 526-34, 542-43
Clinton, administração, 76-77, 320, 323-24, 340-43, 360n46, 401
Clube, Victor, 404, 409, 418, 420, 441-51
    The Cosmic Serpent, 444
    The Cosmic Winter, 444
    The Origin of Comets, 444
colapso ambiental ficcional, 489-96
cometas, 443-45
    medo de, 402, 409-10, 444-45
    observação dos, 402
    papel dos, na história, 440, 444-45, 466n122, 469n149
Comissão de Energia Atômica, 69, 71-72
Committee for Central City Planning, Inc. (CCCP), 206-12
Community Redevelopment Agency (CRA), 204, 207-14, 215-27, 239-36
Compton, Califórnia:
    corrupção em, 365, 370
    departamento de polícia, 363-68
    fuga dos brancos, 368
    gangues em, 363-64
    política, 368-73
    políticos negros, 368-69
Cooper, James Fenimore, *O último dos moicanos*, 180
coreano-americanos, 310-11, 314, 381

Corwin, Bruce, 224
Cosmic Serpent, The (Clube e Napier), 444
Cosmic Winter, The (Clube e Napier), 444
Cracatoa, 446, 480, 518n12
Craters, Cosmos, and Chronicles (Shaw), 404
Cretáceo e Terciário (fronteira K/T), 411, 413, 417-18, 420, 422, 450
Crystal Age, A (Hudson), 485-86
Cudahy, Califórnia, 268-70, 274-76

D

Dança Fantasma, religião da, 45-55
Darman, Richard, 326, 347
Darwin, Charles, 408, 410, 437-38
darwinismo, 492
Dawkins, Richard, 438
de Duve, Christian, *Vital Dust*, 436
Deal, Joel, 64
déficit federal, política do, 343-47
degradação ambiental, 57-64, 267, 479, 525
Del Tredici, Robert, 64
    At Work in the Fields of the Bomb, 68
Departamento de Defesa dos EUA, 63, 82-88, 401
Departamento de Polícia de Los Angeles (DPLA), 194, 206, 290, 294, 296, 307, 310, 312-13, 315, 324, 383, 394-96
Departamento do Xerife do condado de Los Angeles, 289, 292, 294, 310, 385-88
Desert Cantos (Misrach), 60, 63-64
desindustrialização, 59, 157, 214, 217, 254, 263-64, 314
Dickens, Charles, 181-82
    American Notes, 181-82

Disney Corporation, 223
Dollarhide, Douglas, 368
Dos Passos, John, *Manhattan Transfer*, 27-28
Downwinders, Inc., 80-83
Dresden, bombardeio de (1945), 114-16

E

Earth Abides (Stewart), 476, 489-96
Earthly Paradise, The (Morris), 486
Ecocide in the USSR (Friendly), 59
ecologia, 473-505, 519n25, 525-43
ecologia ruderal, 477, 497-504, 521n45
ecologia urbana, 25, 474-77
educação, 270, 306, 323, 381-82
El Cajon, Califórnia, 284-85
El Niño, 527-36, 541
Eles vivem (Carpenter), 193-94
enchentes, 530-31
Erickson, Steve, 80, 82
estados dos EUA e cortes nos orçamentos, 347-51
eutroficação, 538-41
evolução, teorias da, 437-39, 451
Exposição Internacional Colombiana de Chicago, 48
extinções, 416-17, 420-21, 424, 433, 438-39, 450-51, 469-70n149

F

Fanon, Franz, 33, 36-37
FBI, 37, 325, 365, 370, 390
fertilizantes, uso excessivo de, 540
film noir, 171-76, 179-85
Fire (Stewart), 491
Fitch, Robert, *The Assassination of New York*, 507
Five Points, Nova York 180-82

ÍNDICE REMISSIVO

Força Aérea do Exército, 107-18
Força Aérea dos EUA, 103-08
Freud, Sigmund, 23-24
Friendly, Al, *Ecocide in the USSR*, 59

G
Gaia, controvérsia, 435-38
Gallagher, Carole, 64
   American Ground Zero, 68-73
Galmond, Mary, 169-70
Galveston, Texas, 289
Gampel, Yolanda, 23-24
gangues, 263-71
   em Compton, 363-64
   guerra de, 375-78, 380-98
   trégua de gangues em L.A., 308-12, 316, 385, 389
   protestos de 1992, 310-13
García Lorca, Federico, "Dança da morte", 19
Garden Grove, Califórnia, 173-74
geleiras, derretimento de, 541-42
gelo, tempestades de, 533-35
geofísica, 422, 427
geologia:
   catastrofismo, 403-04, 416-33, 440-51
   descobertas, 404, 444, 447-50, 453-54n12, 469n149
   uniformitarianismo, 403, 406-09, 415
geomorfologia, 66
Ghilarov, Alexej, 436
Gilbert, Grove Karl, 66, 413
Gitlin, Todd, 300, 303n41
Giuliani, Rudolph, 28-29, 33, 512
Glassner, Barry, 21
Glendale, Califórnia, 218
Goebbels, Joseph, 110-11

Goin, Peter, 64
   Nuclear Landscapes (Paisagens nucleares), 68
Gonzalez, Eusebio Joaquín, 175
Gosiúte, povo, 50, 78-80, 88-89
Gould, Stephen Jay, 404, 417, 420, 438, 449, 458n46
Grainville, Jean-Baptiste Cousin de, *Le Dernier Homme* (O último homem), 476
Grande Bacia, 59-68
Grandville, Jean-Ignace de, 26
Graves, Michael, 223
Green, Mark, 33
Grieve. R.A.F., 420, 458n45, 460n66
Griffith Park (Los Angeles), 289-91, 296-97
guerra biológica, 79-82, 112-13
Guerra Contra as Drogas, 333, 349
"guerra dos mundos, A" (Welles), 21
Guerra Fria, 58-59, 83, 99, 114, 191, 202, 281, 287-97, 403, 406

H
Haagen, Alexander, 314
Halley, Edmond, 439
Harlins, Latasha, 310-12
Harris, sir Arthur, 109-12, 115
Hawaiian Gardens, Califórnia, 377, 390
Hayden, Tom, 254, 257, 259
Hernandez, Rosa Maria, 273
Heym, George, 25
High School Sex Club (O clube do sexo do ensino médio), 287
Hilo, Havaí, 153-65
Hitler, Adolph, 115-16
Hollywood, Califórnia, 207, 235, 252, 258-59

Holmes, Arthur, 416-17
Holmes, Dewavne, 385-86
Holmes, Dick, 61-62
Hudson, W. H., 485, 520n28
   The Birds of *London*, 498
   A Crystal Age, 485-86
Huggett, Richard, 425
Huntington Park, Califórnia, 267-69, 274-76
Hutchinson, C. Evelyn, 437

I
Igreja católica, reforma urbana e, 238
imigração, 268-69, 271, 305-08, 333
incêndio criminoso, 514-16
índios (nativos americanos), 45-55, 58, 78-79, 83, 88-89
indústria cinematográfica, 179-80, 182
Instituto de Tecnologia Criativa, 22
Instituto Smithsonian, 46
Irlanda, 46-47
Islamismo, 34-35

J
Japão:
   bombardeio do, 117-18, 123n56
   investimento em L.A., 212-14
Jefferies, Richard, 481
   After London or Wild England, 473, 476-85
   "Snowed Up", 480
jogo, 275, 277
Johnson, administração, 322
Johnson, Philip, 173
Judson, E.Z.C., *Mysteries and Miseries of New York*, 181
juventude:
   cadeias e, 385-88

   gangues e, 375-78, 381-84, 388-91, 394-98
   rebeldia da, 281-301
   violência policial contra a, 271, 288-93, 310

K
Kemp, Jack, 325-26
Kennedy, Edward, 357n15
Kiowa, povo, 46
Kirchner, Ernst, 25
Klett, Mark, 64-65
Kristan-Tollmann, Edith, 440-41
K/T, debate, 434, 436-39, 450
Ku Klux Klan (KKK), 172, 290, 392

L
Lakota, povo, 47-48, 52
latinos:
   imigrantes, 261-64, 271-72, 305-08, 335-37
   Los Angeles e, 211, 232, 264, 271-73, 289-90
   política e, 271-73, 367-73
   relações com afro-americanos, 322-23, 364-66, 371-73
Le May, Curtis, 107, 116-18
Lewis, John, 440, 448-49
Little Tokyo, 169, 214, 221, 224-25, 231-2
London, Jack, *The Scarlet Plague* (A praga escarlate), 489-90, 492
Londres:
   colapso ambiental ficcional, 481-85
   ecologia ruderal, 485-89, 497-500
   poluição, 479
   submundo de, 181
Long Beach, Califórnia, 289

Los Angeles:
	boêmia em, 183-84
	centro da cidade, 183-84, 197-240, 252-53
	como cenário de filmes, 179-80, 182-83, 189-94
	como centro financeiro, 197, 210-14
	investimento estrangeiro em, 212-14, 265
	meio-ambiente e, 474
	plano *Central City L.A.* (*Livro de Prata*), 206-17, 224
	plano *Centropolis*, 205-7
	política em, 17-38, 210-15, 221, 228, 231-32, 235, 238-39, 329-31
	racismo em, 172, 201
	religião em, 169-76
	renovação urbana em, 201-7
	Skid Row (área favelizada), 202-6, 209-11, 214, 219, 235
	transporte, 200, 228
	protestos em, 206-7
	vias expressas em, 201, 228
Los Angeles Community Redevelopment Agency, 201-03
Los Angeles Examiner, 284, 292, 296-97
Los Angeles Times, 37, 192, 200, 202, 292, 296, 313, 319, 333, 353, 368
Lovelock, James, 437
Luz del Mundo, La, 175-76
Lyell, Charles, 405, 407-10, 421

M
MacArthur Park (Los Angeles), 305-08
Manhattan Transfer (Dos Passos), 27-28
Mann, Eric, 255-56, 259
Marc, Franz, 25
Marshall, George, 106, 113

Marvin, Ursula, 418-19, 457n39, 459n50
Maywood, Califórnia, 268
McPherson, Aimee Semple, 171-73
medo:
	estudo social do, 20-24
	exploração econômica do, 31
Mencken, H. L., 184
Mendelsohn, Erich, 100-03
mexicano-americanos, 335, 337, 379-80
México, 175, 267
milenarismo, 47-55, 169-71
Milestones (Qutb), 34
Misrach, Richard, 59-64
	Desert Cantos, 63-64
	Violent Legacies, 62, 74
mistérios de Paris, Os (Sue), 180
Molina, Gloria, 227-28, 231, 233, 247n54
Monod, Jacques, 438-39
	Chance and Necessity, 435
Montreal, 533-34
Mooney, James, 46-52, 54, 60
moradia, 100-03, 202-6, 218-23, 268-70
	abandono de, 507-14
mórmons, 69, 71, 73, 76, 78-79, 81-82, 86, 163
Morris, William, 481
	The Earthly Paradise, 486
	News from Nowhere, 486
morte num beijo, A (Aldrich), 189-92
Movimento Nevada-Semipalatinsk, 75
movimento pelos direitos civis, 282, 288, 298, 313
Muertos, Los (Orozco), 19
Mysteries and Miseries of New York, The (Judson), 181

N
Nagatani, Patrick, 64

Napier, William, 404, 409, 418, 420-21, 441-51, 459n53, 469-70n149
  The Cosmic Serpent, 444
  The Cosmic Winter, 444
  The Origin of Comets, 444
Nápoles, 25
Navajo, povo, 50
Nazista, ideologia e ecologia, 501
Nevada, 45-47, 49-50, 52-53, 59-62, 74-77
New American Ghetto, The (Vergara), 477
New Scientist, 463n94, 485-89
News from Nowhere (Morris), 486
Newton, Sir Isaac, 408-10, 418, 454n17
Nietzsche, Friedrich, 505
nipo-americana, comunidade 232
Nisbet, E.G., 410
Nixon, administração, 343, 356-57n10, 505, 508, 522n57, 523n61
Nova York:
  ataque contra, em 11 de Setembro, 20-22, 27, 475
  ataques ficcionais contra, 17-22
  como centro financeiro, 29-30
  crise fiscal de, 32-33, 329, 509
  meio ambiente e, 474-75, 510-11
  racismo em, 33, 507-17
  renovação urbana em, 27-31, 505-17
  submundo, 181
Nova Zelândia, 535
Novos Topográficos, 64
Nuclear Landscapes (Paisagens nucleares) (Coin), 68

O
O'Sullivan, Timothy, 66
Objetos Próximos da Terra (OPT), 402, 414-17, 426, 440-49

oceanografia, 404-07, 411-12
Olvera Street (Los Angeles), 205, 231
Ópera dos Mendigos, A (Gay), 180
ópera dos três vinténs, A (Brecht e Weill), 179
Origin of Comets, The (Clube e Napier), 444
Orozco, Jose Clemente, 19-20
  Los Muertos, 16, 19

P
Paiute, povo, 48-50, 53, 57
Pallan, Pedro, 372
Parker, William, 202, 290-91, 324
Partido Democrata, 271-73, 319-20, 324, 327-29, 340-41, 347, 349, 352-56
Partido dos Panteras Negras, 298, 301, 312
Partido Republicano, 273, 320, 324-30, 332-33, 347, 349, 352-56
Pasadena, Califórnia, 294-95
Pasadena Star-News, 294
Pawnee, povo, 51
peixes, esgotamento dos, 536-41
pentecostais, 169-76
Perot movemento, 344-47
Pershing Square (Los Angeles), 203, 206, 214, 227
Peterson, D.J., *Troubled Lands*, 59
Pitchess, Peter, 292, 297, 385
Plague on Your Houses, A (Wallace e Wallace), 511-17
planetologia, 402-04, 412, 415, 419, 457n39
Plant Succession (Clements), 519n25
Poincaré, Henri, 456-57n35
poluição, 266-67, 480-81, 531, 536, 539-41

ÍNDICE REMISSIVO

pontocom, empresas, 316
Pool, Robert, Jr., 326-27
pós-modernismo, 403
Powell, Colin, 37-38
Powell, John Wesley, 46, 66-67, 92n28
   Report on the Lands of the Arid Region (Relatório sobre as terras da região árida), 67
Princípio da esperança, O (Bloch), 26
programas sociais, cortes nos, 348-50, 352-56
Projeto de Pesquisa Refotográfica, 64
Proposta 13, 348-49, 352-53, 355, 381

Q

Quayle, Dan, 320, 326, 357n15
Quebec, 533-35
Qutb, Sayyid, 34-35
   Milestones, 34

R

racismo, 34-36, 88-89, 170, 172, 206-07, 254-56, 271, 289-91, 298-99, 309-10, 316-17, 339-40, 490
   linguagem política e, 339-40
   religião e, 169-70, 172-73
   segregação, 172-73, 334-39, 378-79, 389-90
Rampino, Michael, 417, 420, 430, 439, 450, 461n67
Rand Institute, 512-14
Raup, David, 416, 420-22, 457n39
Reagan, governo, 324-28, 345, 347, 354, 356-57n10
realinhamento político, 234, 330, 345
Reason Institute, 326
Rebuilt LA (RLA) (Reconstruir LA), 321
recusa de hipotecas, 508-17
"reindustrialização", 265

renovação urbana, 197-240, 265-66, 274-75, 370, 507-17
   oposição à, 226-30
Report on the Lands of the Arid Region (Relatório sobre as terras da região árida) (Powell), 67
Research Methods in Ecology (Clements), 519n25
Reviving the American Dream (Rivlin), 360n46
Riel, Louis, 47
Riordan, Richard, 218, 238-39, 255, 257-58, 316
Rivlin, Alice, 345
   Reviving the American Dream, 360n46
Rodney King, protestos (1992), 13-14, 142, 144, 271, 305-09, 365, 383
   reação aos, 319-23
Roosevelt, Franklin, 105-06, 112-13, 122n41
Ruskin, John, *The Storm-Cloud of the Nineteenth Century* (A nuvem de tempestade do século XIX), 478

S

salvadorenho-americanos, 305
San Diego, Califórnia, 281-88
San Diego Union, 282-84, 286-87
Sauer, Carl, 490-91
Savas, Emmanuel, 328, 335
Scarlet Plague, The (A praga escarlate) (London), 489-90, 492
Schabarum, Peter, 273
Schuller, Robert A., 174
Schwartz, Fred, 281-82, 287-88, 300
Schwarz, Max Karl, 501
seca:
   China, 528-32

Nova Zelândia, 535
Vietnã, 528-29
sem-teto, população, 510, 512, 516-17
serviços de segurança/tecnologia, 31-33, 37-38, 209
Seymour, William Joseph, 169-71, 173, 175-76
Shaw, Herbert, 450-51, 460n62, 461n74
  Craters, Cosmos, and Chronicles, 404, 421-30, 460n60
Sheep Rock (Monte de Ovelhas) (Stewart), 491
Sheets, Millard, 184
  Angel's flight, 185
Shiva, impactos de, 417, 419-20, 439-40
Shoemaker, Carolyn, 420, 457n42
Shoemaker, Eugene, 413-14, 416, 420, 457n42, 460n66
Shoemaker-Levy 9, cometa, 402
Shoshone, povo, 50, 53, 57, 74-76, 78, 83
sindicatos profissionais, 262, 264, 274
  no Havaí, 156
Siodmak, Robert, *Baixeza*, 183, 186-89
Skull Valley, Utah, 78-89
"Snowed Up" (Jefferies), 480
Sociedade Zoroastrista, 103-08, 116
Solar System Evolution (Taylor), 404
South Gate, Califórnia, 268-70
South Park (Los Angeles), 221-23
Spillane, Mickey, 189, 191, 194
Steel, Duncan, 420-21, 439, 441, 444, 448
Stegner, Wallace, 490-92
Stewart, George R., 490-93
  Earth Abides (A terra permanece), 476, 489-96
  Fire (Fogo), 476, 491-92
  Sheep Rock (Monte de Ovelhas), 491-92

Storm (Tempestade), 476, 491-92
Stimson, Henry, 106, 120n16
Stockman, David, 328
Storm (Tempestade) (Stewart), 476, 491-92
subúrbios:
  crescimento dos, 333-35
  poder político dos, 321-23, 328, 339-47
  segregação e, 334-39
  subsídios federais aos, 333-34
Sue, Eugene, *Os mistérios de Paris*, 180

T
Taiwan, 265
Taylor, Stuart Ross, 415, 420, 431-32, 462n82
  Solar System Evolution, 404
tectônica de placas, 403-04, 406-10
Templo do Ângelus, 171-73
teoria do equilíbrio pontuado, 419-20, 440
testes nucleares, protestos/campanhas contra, 72-79
This Is That (MacPherson), 172
"Tio Poderoso" (teste), 73-77
Tollmann, Alexander, 440-41
Tóquio:
  bombardeio de, 116-18
  meio-ambiente e, 475
Trakl, Georg, 25
transporte de massa:
  bondes, 200
  metrô Light Rail, 244
  metrôs, 200, 208, 216, 251-59
  ônibus, 251-53, 254-56
  terminais, 200, 210, 231
Troubled Lands (Peterson), 59

tsunamis, 25, 154-63, 440, 446, 448-49
Tunguska, impacto de, 414, 452n2, 467n130
turismo, 29, 32-33, 153, 157, 181-82

U
Ueberroth, Peter, 314, 321-22, 354
último dos moicanos, O (Cooper), 180
União dos Usuários de Ônibus de Los Angeles (*Los Angeles Bus Riders Union*), 252, 254-59
Universal City, Califórnia, 254
Universidade da Califórnia, Berkeley, 490
Universidade do Sul da Califórnia, 22, 208, 216, 222, 233
URSS, 57-59
US Geological Survey, 46
Utah, 62, 68-75, 78-89
Ute, povo, 50-51
utopias:
    burguesas, 25
    "negras", 24-27

V
Vale de San Fernando (Los Angeles), 131, 200-2, 216, 270, 299, 306
    movimento de secessão no, 239, 316
Van Hoddis, Jakob, 24, 40n14
    "World's End", 24
Vergara, Camilo, 477
    The New American Ghetto, 477, 510-12, 516
Vernadsky Vladimir, 404, 419, 436-37
Vernon, Califórnia, 261, 265-68
vida, condições de, 433-39
vida selvagem, 483-84, 489, 494-96, 498-99, 501-03, 525, 537-41
Village Voice, 28

Violent Legacies (Misrach), 62, 74
Vital Dust (de Duve), 436

W
Wallace, Rodrick e Deborah, 477
    A Plague on Your Houses (*Uma praga em suas casas*), 512-17
War in the Air, The (Wells), 17-18
Ward, Chip, 86-88
    Canaries on the Rim, 96n77
Washington, D.C., 334
Washington Post, 37, 537
Washoo, povo, 50
Watts, rebelião de (1965), 206, 263, 297-98, 309, 312-13, 319, 368
"Weed and Seed", programa, 325
Welles, Orson, "A guerra dos mundos", 21
Wells, H. G., 17-19
    The War in the Air (A guerra no ar), 17-18, 26
Westlake (Los Angeles), 205, 273
Westside (Los Angeles), 144, 192, 202, 206, 309, 378
Wilson, J. Tuzo, 407
Wilson, Pete, 352-55
World Trade Center, 19, 23, 27-28, 30
"World's End" (Van Hoddis), 24
Wounded Knee, massacre de, 47-48, 60
Wovoka, 48-55

Y
Yaroslavsky, Zev, 225, 240
Yorty, Sam, 211, 296
Yowell, Raymond, 73-75

Z
"zonas de sacrifício nacional":
    EUA e, 59-89
    URSS e, 57-59

Este livro foi composto na tipografia Adobe Garamond Pro, em corpo 12/16, e impresso em papel off-white na Gráfica Santa Marta.